Preface

어렵다고 하는 IT!

신 개념의 IT 교재인 Nwe My Love 시리즈는 독자 여러분에게 보다 쉽고도 친근하게 다가갈 수 있도록 정성을 다했습니다.

실습 위주의 따라하기 구성

기본 기능 및 실무에서 꼭 필요한 예제 중심으로 실습 체계를 구성하여 누구나 쉽게 따라하면서 경험을 쌓을 수 있도록 하였습니다.

베테랑 교사들의 알찬 노하우 수록

일선에서 강의하면서 학생들의 집중적인 질문을 받았던 핵심 사항들을 'Tip', 'Note', '알아두기' 코너를 만들어 담아놓아 학습 능률을 배가시켰습니다.

시원하고 미려한 디자인

학습 능률을 UP시킬 수 있도록 시원한 디자인과 글꼴 크기를 키웠습니다.

한달 단위로 마스터하도록 구성

전체 20단원으로 나누어 한달 단위 교육 커리큘럼에 맞추어 학습을 진행할 수 있도록 하였습니다.

스스로 해보는 풍부한 문제 수록

각 단원이 끝날 때마다 난이도 별로 기초 문제와 심화 문제로 분류한 문제를 수록하여 학습 이해도 및 응용 능력을 키울 수 있도록 하였습니다.

홈페이지에서 자료 다운로드

본 교재에 사용된 각종 예제 및 결과 파일들은 교학사 홈페이지(www.kyohak.co.kr)–[IT/기술/수험서]–[도서자료]–[뉴마이러브]에서 다운받아 실습에 사용할 수 있습니다.

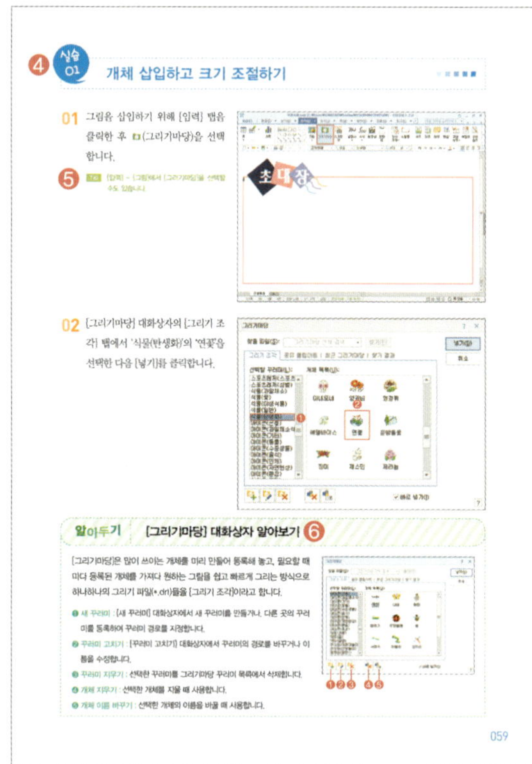

❶ **섹션 설명** : 섹션에서 다룰 내용에 대한 전체적인 개념을 설명합니다. 본문에 대한 이해도를 높이기 위한 코너이므로 꼭 읽어주세요.

❷ **완성파일 미리보기** : 섹션에서 만들어볼 결과를 '핵심 기능'과 함께 미리 보여주어 전체적인 흐름을 잡을 수 있습니다.

❸ **체크포인트** : 섹션에서 배울 내용 중에 액기스만을 모아 한눈에 들어올 수 있도록 간단 명료하게 정돈해 놓았습니다.

❹ **실습** : 하나의 섹션에는 하나 이상의 따라하기식 실습 과제가 나타납니다. 실제로 만들어가는 과정을 하나하나 따라해가다 보면 쉽게 기능을 이해할 수 있을 것입니다.

❺ **Tip** : 실습을 따라하면서 꼭 기억해 두어야할 핵심 사항이나 주의해야 할 부분, 즉 학생들의 집중적인 질문을 받았던 내용들을 수록하여 이해도를 높이도록 해줍니다.

샘플 예제

New My Love 시리즈의 예제 파일 및 결과 파일은 교학사 홈페이지(www.kyohak.co.kr)에서 다운 받으실 수 있습니다.

➜ [IT/기술/수험서]에 마우스 커서를 올려놓은 후 [도서자료]를 클릭합니다.

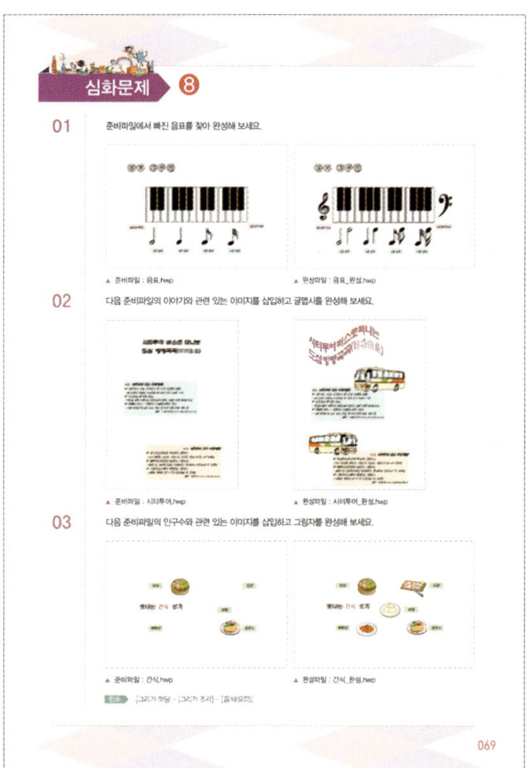

❻ **알아두기** : 실습에서 다루지는 않았지만 알아두면 큰 도움이 될 내용이나 좀더 고급적인 기능들을 담았습니다.

❼ **기초문제** : 하나의 섹션을 끝낸 후 스스로 풀어볼 수 있는 문제를 담아 배운 기능을 복습할 수 있도록 하였습니다.

❽ **심화문제** : 기초문제가 끝난 후 좀 더 난이도가 높은 문제를 풀면서 응용 능력을 키우도록 하였습니다.

➡ New My Love 시리즈에 체크표시 합니다.

➡ 검색란에 한글 2014을 입력합니다.

➡ 해당 도서명의 게시물을 클릭하여 첨부파일을 다운 받습니다.

➡ 다운 받은 후 압축 프로그램을 이용하여 압축을 풀어 사용합니다.

Contents

Contents

01 SECTION 새로운 한글 2014 시작하기

한글 2014는 사용자가 사용하기에 편리한 새로운 모양과 더욱 강력해진 문서 편집 기능으로 문서 편집 작업을 더욱 빠르고 편리하게 할 수 있습니다. 또한 기존 사용자가 한글 2014를 쉽게 사용할 수 있도록 기본 사용 방법은 이전 모양을 갖추고 있어서 초보자에서 전문 사용자에 이르기까지 폭넓게 사용할 수 있습니다. 한글 2014의 실행과 종료, 새로운 기능을 알아보고 기본적인 기능을 위한 화면 구성을 알아보겠습니다.

PREVIEW

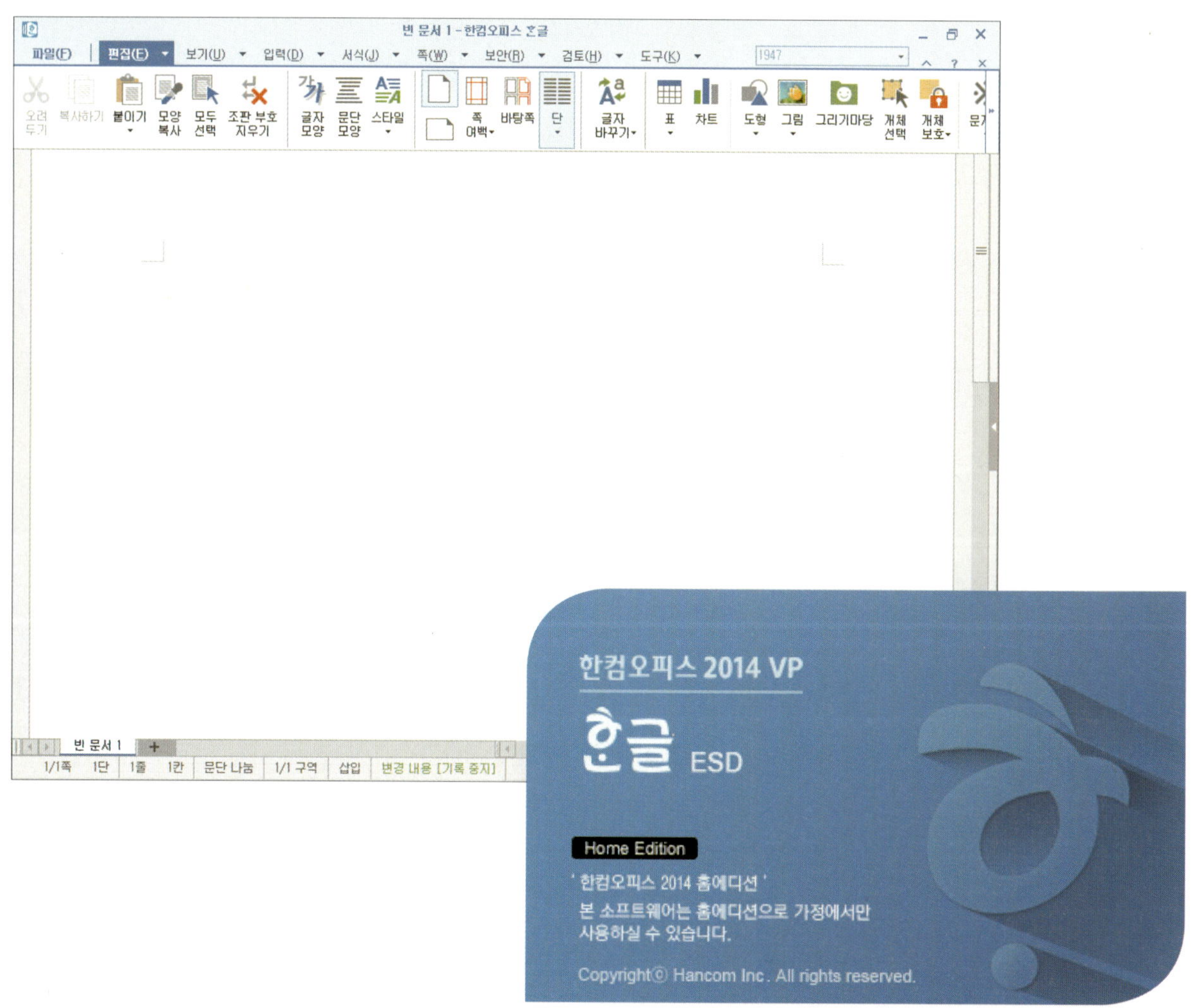

학습내용

실습 01 한글 2014 문서 미리보기

실습 02 한글 2014의 새로운 기능 알아보기

실습 03 한글 2014의 실행과 종료

실습 04 한글 2014 화면 구성 살펴보기

한글 2014 문서 미리보기

01 문서 마당을 이용하여 신문을 만들거나 달력을 만들 수 있습니다.

02 그리기 개체로 그림을 그리거나 그리기 마당으로 문서를 꾸밀 수 있습니다.

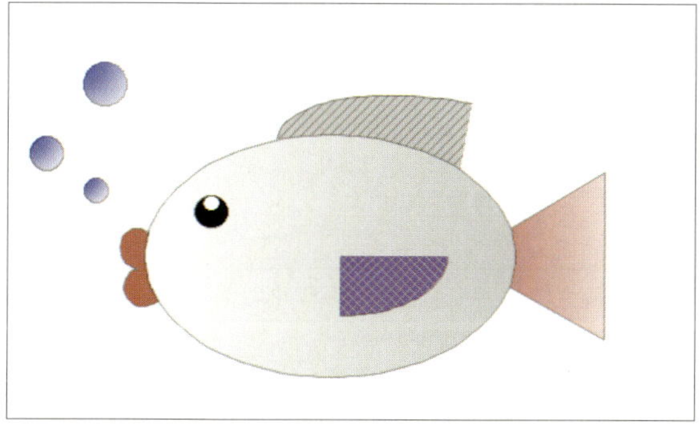

03 표를 이용하여 필요한 화면이나 목록 표를 만들 수 있습니다.

2014년 영화흥행순위

제목	순위 및 누적 관람객	
명량	1등	17,613,682명
국제시장	2등	13,811,289명
겨울왕국	3등	10,296,101명
인터스텔라	4등	10,273,115명
해적: 바다로 간 산적	5등	8,666,046명
수상한 그녀	6등	8,657,982명
트랜스포머: 사라진 시대	7등	5,295,801명
님아, 그 강을 건너지 마오	8등	4,795,169명

출처: 2015년 2월 네이버영화

04 메일 머지를 이용하여 많은 회원들에게 보내는 청첩장과 편지 봉투를 작성할 수 있습니다.

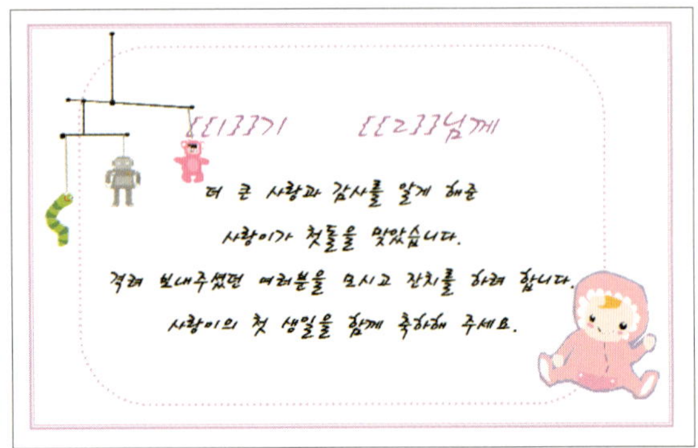

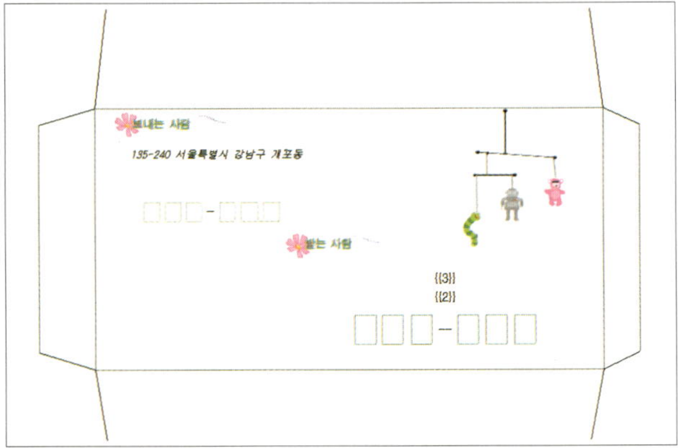

05 간단한 계산식이 있는 문서를 쉽게 만들고 차트로 표현할 수 있습니다.

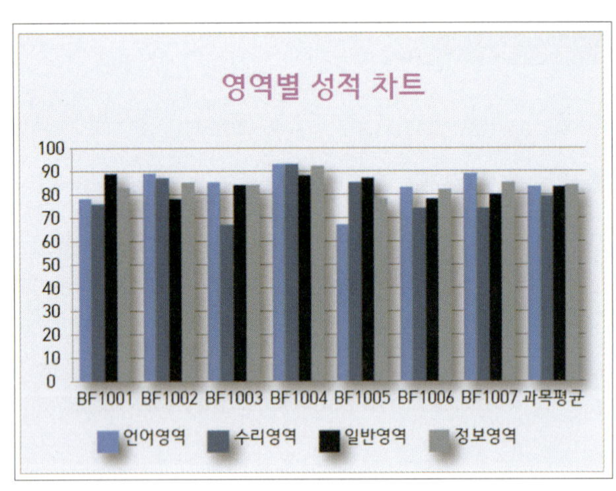

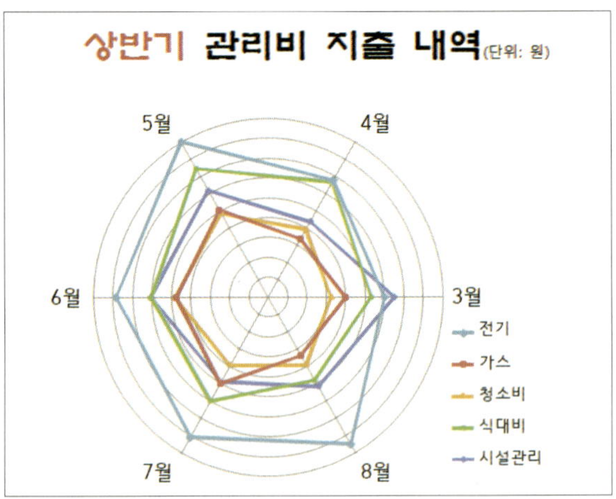

06 본문에 각주나 미주를 넣고 차례가 있는 문서를 만들 수 있습니다.

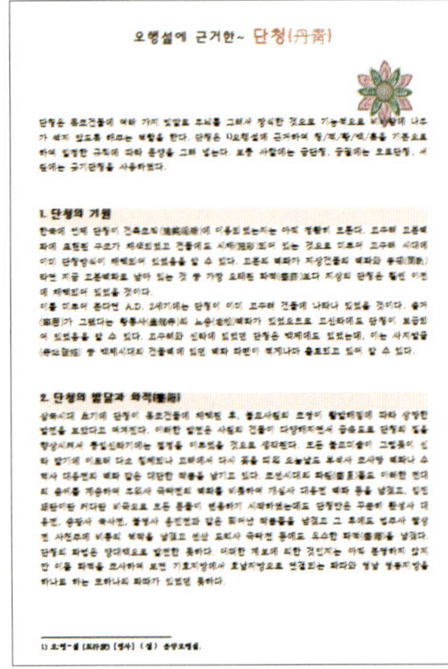

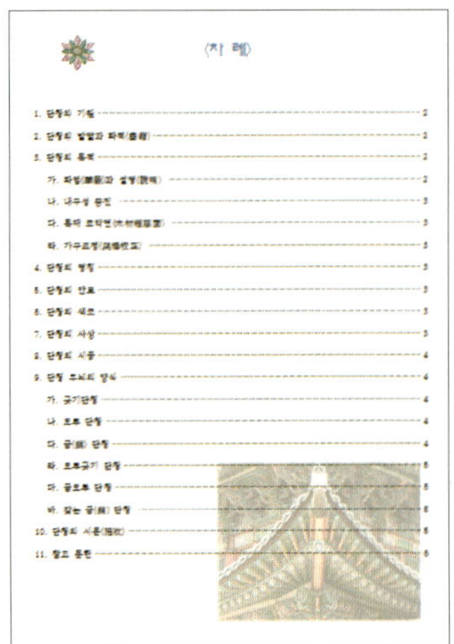

07 문서를 전체 다단이나 부분 다단으로 처리하고 바탕쪽을 지정할 수 있습니다.

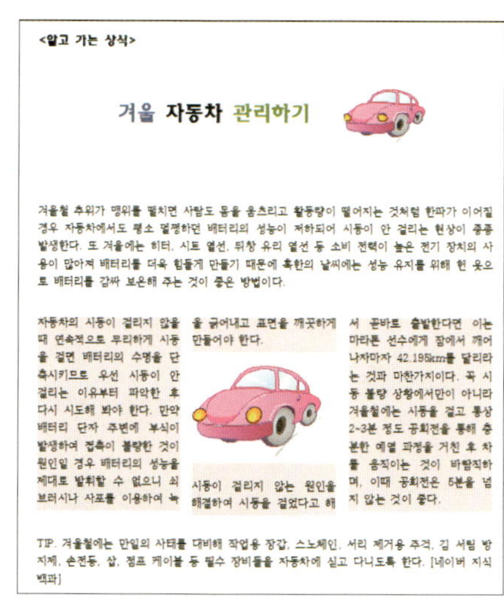

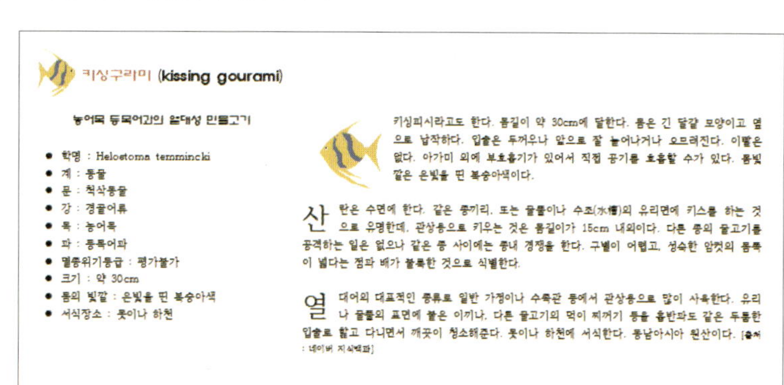

08 매크로 기능을 이용하여 반복된 작업을 간단하게 할 수 있습니다.

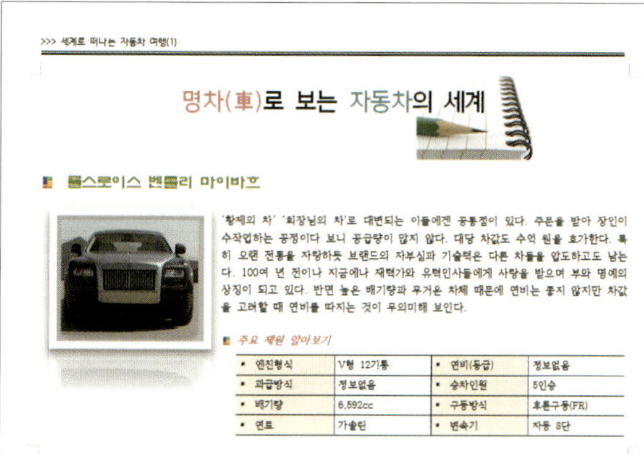

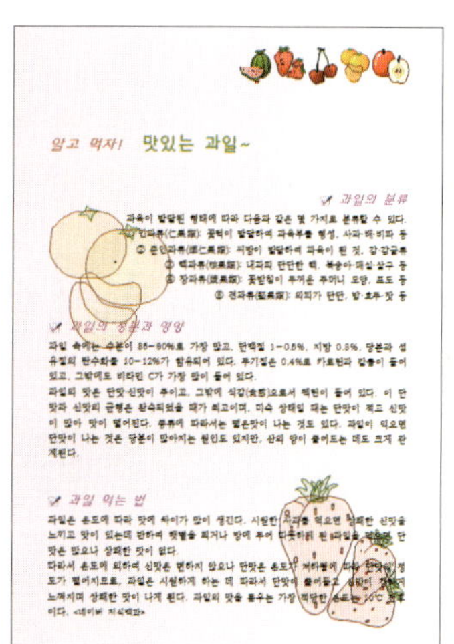

09 업무 보고서나 논문을 만들어 발표할 수 있는 프레젠테이션을 만들거나 블로그에 올릴 수도 있습니다.

한글 2014의 새로운 기능 알아보기

➜ 개선된 사용자 인터페이스

›› 세련된 프레임 적용

한컴오피스 2014에서는 산뜻한 색감의 새로운 화면을 확인할 수 있습니다. 한글에는 파란색 계열, 한셀에는 녹색 계열, 한쇼에는 주황색 계열의 색상이 적용되어 프레임만으로도 각 프로그램의 변화된 모습을 한눈에 알아볼 수 있습니다.

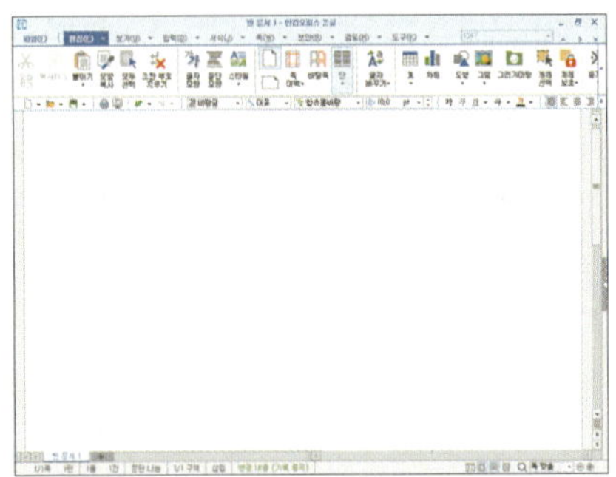
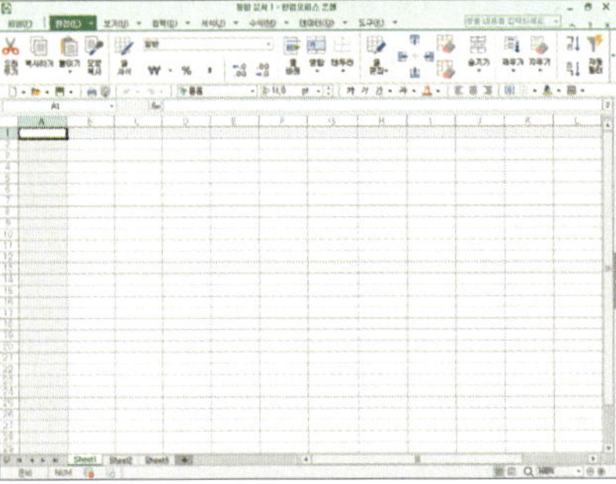

›› 온라인 도움말 제공

한컴오피스가 설치된 사용자 컴퓨터가 인터넷에 연결된 경우 수시로 업데이트되는 최신 온라인 도움말이 제공됩니다. 릴리스 및 패치 일정과 관계없이 새로운 기능에 대한 설명을 신속하게 업데이트하여 웹에 게시함으로써 사용자가 최신 내용의 도움말을 즉시 확인할 수 있도록 합니다. 네이버나 구글 등 포털 사이트에서의 검색도 지원합니다. 기존의 목차와 색인, 도움말 내 검색 기능도 제공되며 처음 사용자도 쉽게 사용할 수 있습니다. 작업 환경이 오프라인인 경우 패키지에 포함된 오프라인 전용 도움말을 사용할 수 있습니다.

›› 한컴 자동 업데이트 강화

한컴 업데이터는 프로그램 기능이 수정되거나 향상되었는지 주기적으로 검토합니다. 업데이트할 내용이 있으면 작업 표시줄의 알림 영역에 업데이트 알림 메시지가 나타나므로 사용자는 편리하게 프로그램을 최신 버전으로 유지할 수 있습니다. 오피스 프로그램이 실행 중일 때 업데이트를 적용할 수 없으며 업데이트가 진행되는 동안에는 프로그램을 실행할 수 없습니다. 업데이트를 적용한 이후에는 이전 버전으로 되돌릴 수 없습니다.

➜ 더 강력한 편집 기능

≫ 오피스 커뮤니케이터 추가

오피스 커뮤니케이터 추가는 한/글, 한/셀, 한/쇼와 연동되는 방식의 오피스 커뮤니케이터를 여러 사람이 실시간으로 문서의 변경 내용을 확인하고 편집할 수 있습니다. 실시간 협업 기능은 [보기-작업 창-오피스 커뮤니케이터] 또는 [도구-오피스 커뮤니케이터]를 선택합니다. 협업할 문서와 사용자의 메일 계정 리스트를 만들어 사용할 수 있으며, 사용자에게 전자 우편을 발송하여 협업에 참여시킬 수도 있습니다.

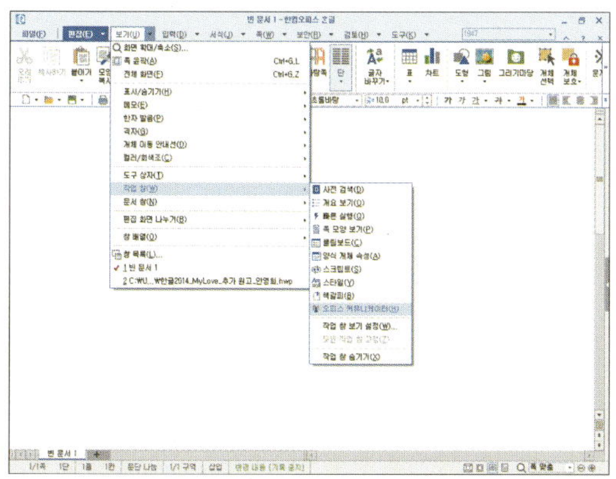
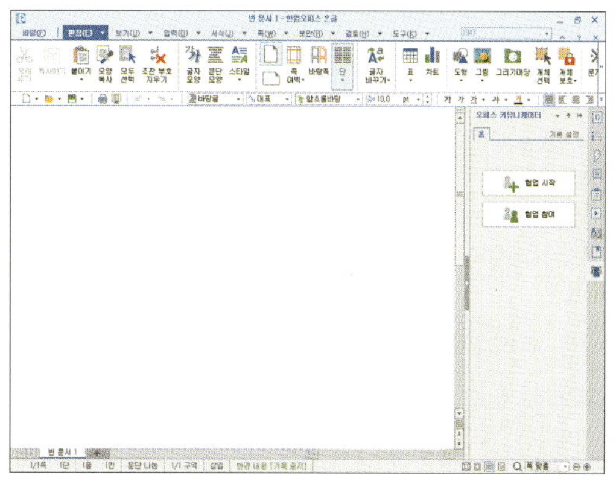

≫ 스크린 샷 넣기 기능 추가

스크린 샷은 배경 화면에서 실행 중인 프로그램을 그대로 유지한 채 화면을 캡처하여 문서에 스크린 샷을 추가할 수 있는 기능입니다. 스크린 샷 넣기 기능은 [입력-개체-스크린 샷]을 선택합니다. 배경 화면에 열려 있는 창의 전체를 캡처하거나 영역을 직접 지정하여 창의 일부분을 캡처할 수도 있습니다.

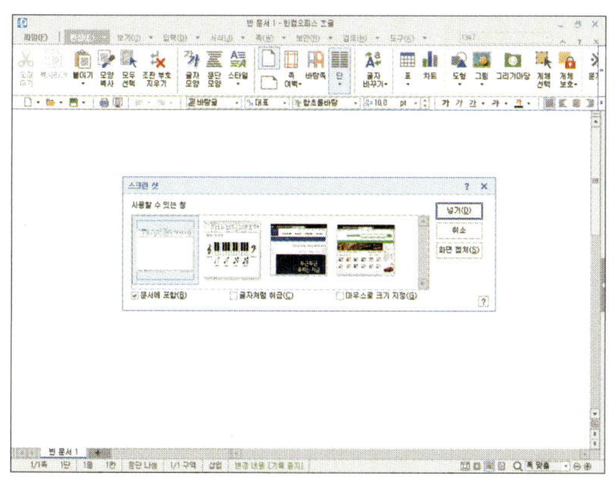
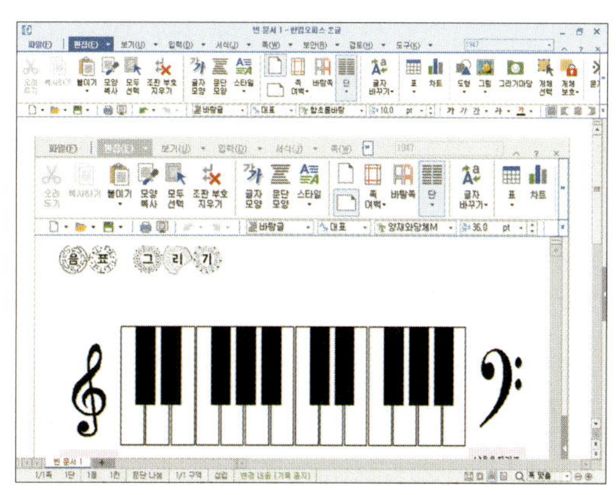

≫ 실시간 사전 검색 및 상용구 입력 기능 추가

단어를 입력하는 동시에 단어의 뜻을 검색하고 등록된 상용구를 지체 없이 입력할 수 있는 기능입니다. 검색할 사전 및 상용구의 종류를 선택하거나 검색 지연 시간, 검색 결과 개수도 설정할 수 있습니다. 실시간 검색 기능은 [도구-환경 설정]의 [기타] 탭에서 [실시간 검색]을 선택합니다.

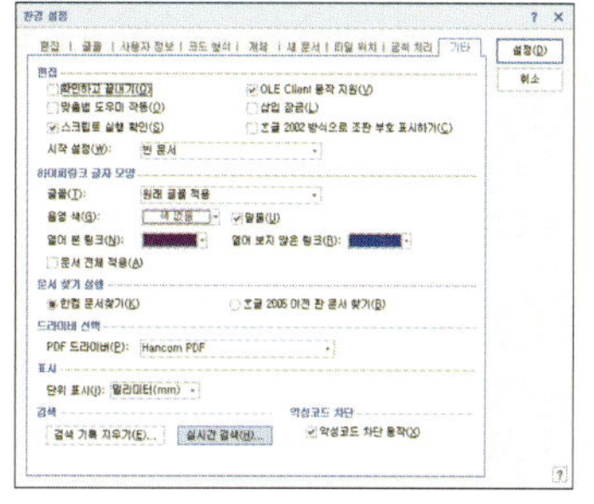
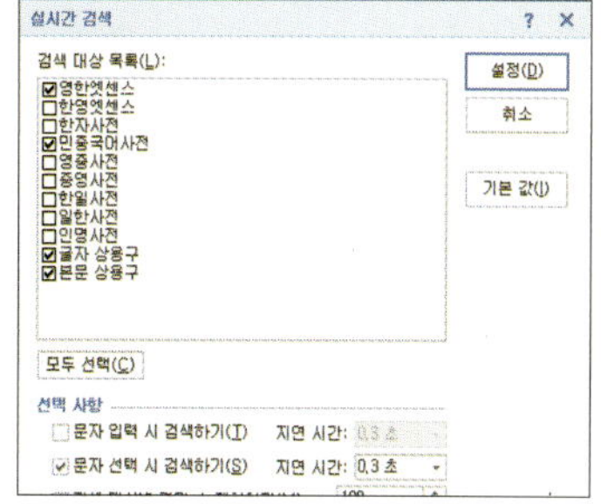

》》동영상 개체 넣기 기능 추가

동영상 파일을 문서에 직접 삽입하여 보다 동적인 문서를 만들 수 있습니다. .avi, .wmv, .mpeg, .mpg 확장자의 동영상 파일을 개체로 삽입할 수 있도록 지원합니다. 문서 용량에 제한이 있다면 로컬 드라이브의 동영상 파일을 문서에 완전히 포함하지 않고 링크로만 연결할 수도 있습니다. 웹 사이트에 게시된 동영상의 소스 코드를 이용하여 동영상 파일을 문서에서 재생할 수 있습니다. 동영상 개체 삽입은 [입력-개체-동영상]을 선택합니다.

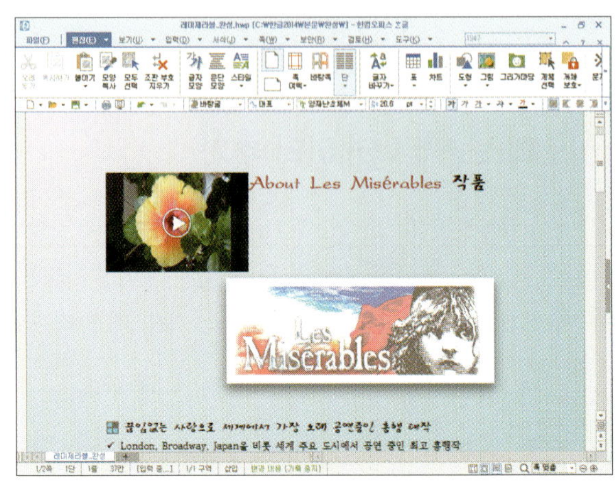

》》편집 화면 회색조 보기 지원

회색조 보기 기능은 컬러 인쇄가 필요하지 않을 경우 양질의 회색조 인쇄물을 출력할 수 있도록하는 기능입니다. 컬러, 회색조, 연한 회색조 중에서 사용자가 원하는 효과를 선택할 수 있습니다. 편집 화면을 회색조로 보려면 [보기-컬러/회색조-회색조]를 선택하거나 [미리 보기] 탭에서 [회색조]를 선택합니다.

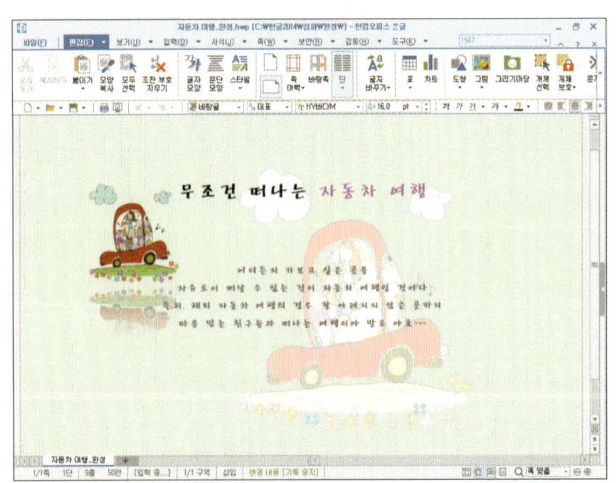

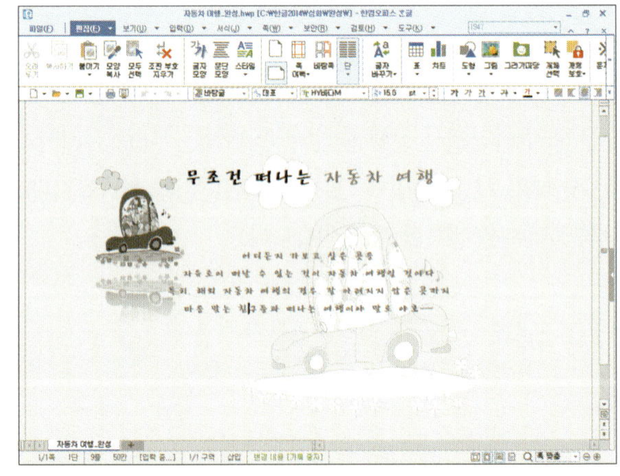

》》줄 번호 매기기 기능 추가

줄 번호 매기기 기능은 문서 전체 또는 일부에 줄 번호를 표시하거나 숨길 수 있는 기능입니다. 줄 번호는 문서의 각 줄 앞에 번호를 표시하거나 한 페이지에 포함된 줄 수를 확인할 수 있습니다. 줄 번호를 표시하려면 [쪽-줄 번호-줄 번호 표시]를 선택합니다.

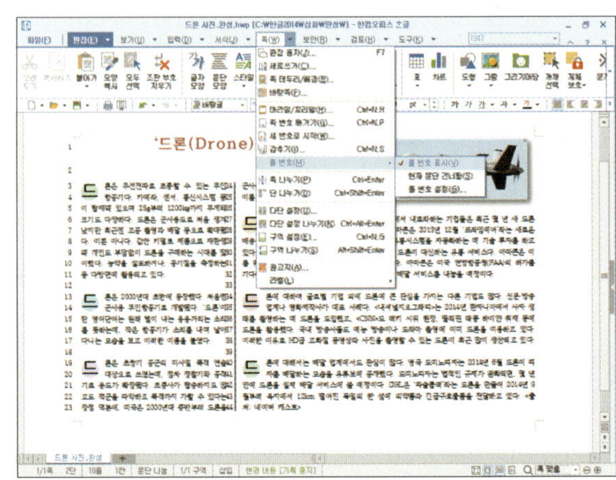

〉〉쪽 번호 기능 개선

새로워진 한글 2014에서는 오른쪽/왼쪽 여백에도 쪽 번호를 입력할 수 있도록 스타일이 추가되었습니다. 원하는 스타일을 선택하면 쪽 번호가 해당 위치에 삽입되며, 쪽 번호는 시작 번호를 1이 아닌 0부터 지정할 수 있습니다. 쪽 번호 스타일은 [쪽]－[머리말/꼬리말]을 선택한 후 [머리말/꼬리말] 대화 상자의 [머리말/꼬리말마당]에서 원하는 스타일을 선택합니다. 쪽 번호를 0부터 시작하려면 [쪽]－[새 번호로 시작]를 클릭한 후 [새 번호로 시작] 대화 상자에서 시작 번호를 0으로 설정합니다.

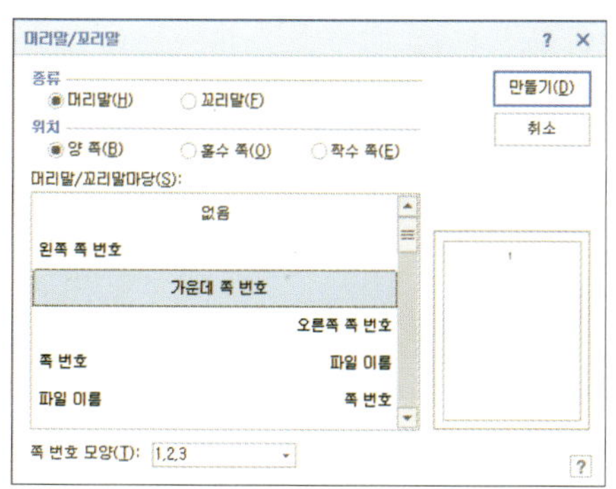
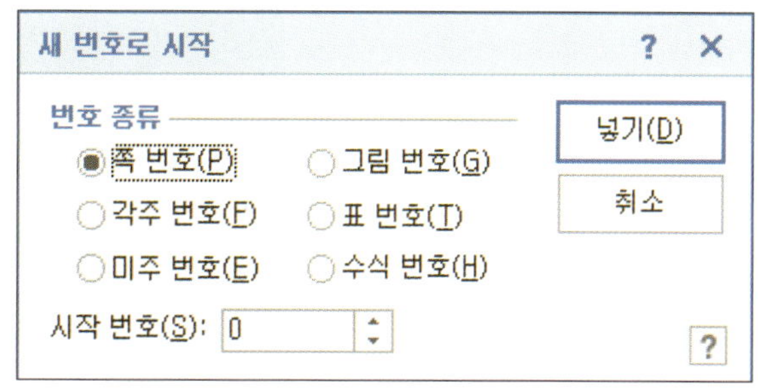

〉〉소책자 모양으로 인쇄하기 기능 추가

소책자 모양으로 인쇄하기는 여러 장으로 구성된 문서를 책처럼 펼쳐지도록 용지 한 면에 두 쪽을 인쇄할 수 있는 기능입니다. 소책자를 만들기에 용이하도록 쪽 순서가 자동으로 재배열되어 출력되므로 사용자가 쪽 순서를 직접 계산하지 않아도 됩니다. 소책자 모양으로 인쇄는 [파일] －[인쇄]를 클릭한 후 [인쇄] 대화상자의 [인쇄 방식] 영역에서 [소책자 모양으로 찍기]를 선택합니다.

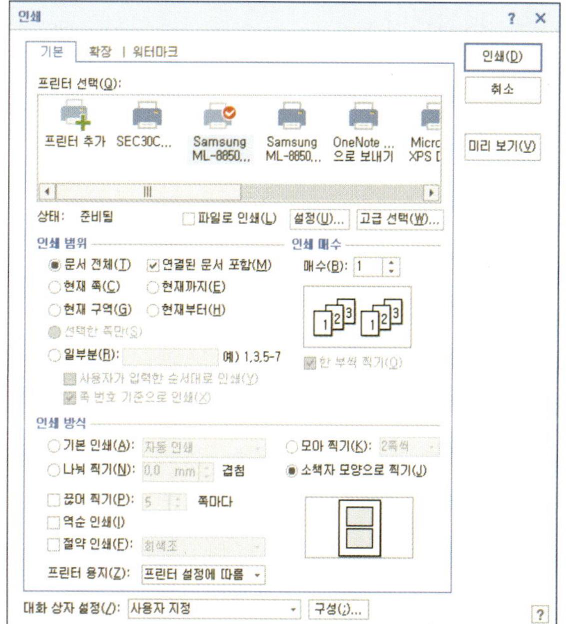

〉〉악성코드 차단 기능 지원

한글 문서를 불러올 때 악성코드 포함 여부를 확인하고 만약 악성코드가 포함된 경우 이를 사전에 차단해주는 기능입니다. 악성코드 차단 기능은 [도구] － [환경 설정]의 [기타] 탭에서 [악성코드 차단 동작]을 선택합니다. 문서에 악성코드가 탐지된 경우 사용자에게 메시지를 통해 알려주고 해당 문서를 불러오지 않습니다.

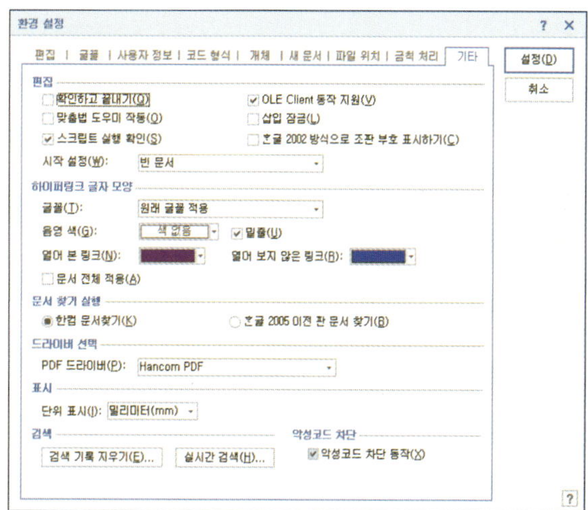

한글 2014의 실행과 종료

01 바탕화면의 ⬛(한컴 오피스 한글 2014)을 더블클릭합니다.

02 다음과 같이 한글 2014 화면이 나타납니다.

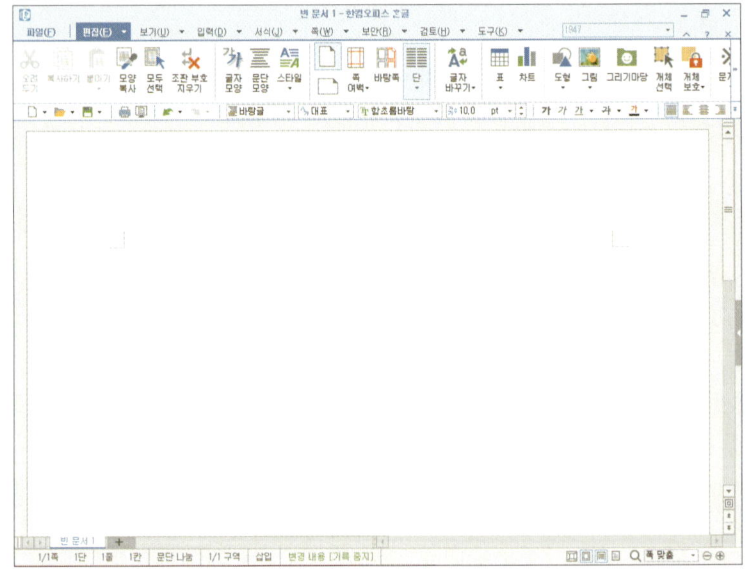

03 한글 2014를 종료하려면 [파일] – [끝]을 클릭합니다.

> **Tip** 한글 2014를 실행한 후 종료할 때 입력한 내용이 있으면 저장 여부를 확인하는 메시지 창이 나타납니다. 이 때, [저장]을 클릭하면 저장 후 종료를, [저장 안 함]을 클릭하면 저장하지 않고 종료를, [취소]를 클릭하면 종료를 취소합니다.

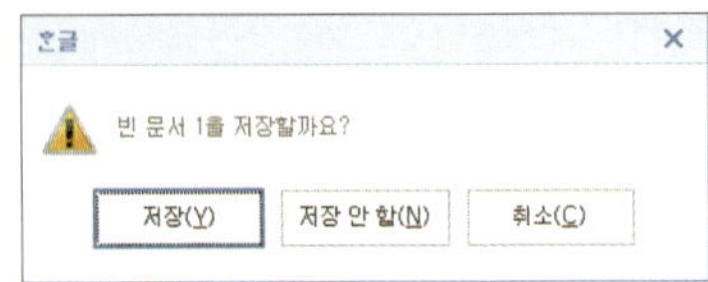

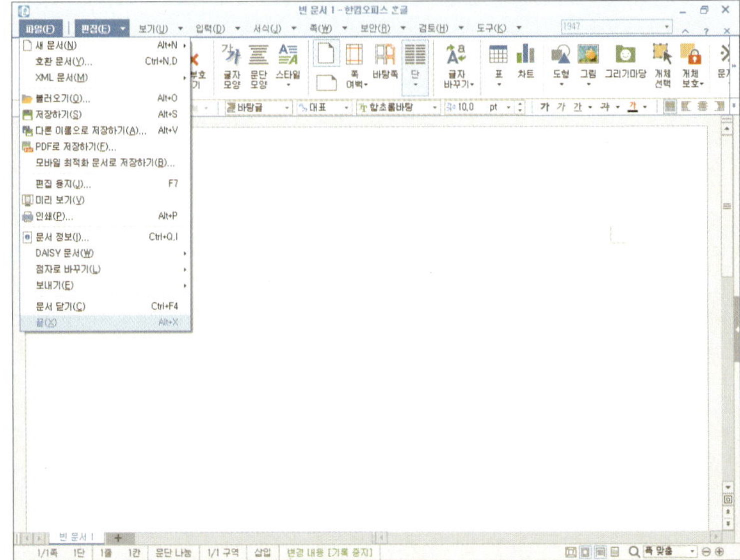

한글 2014 화면 구성 살펴보기

한글 2014의 화면 구성은 메뉴 표시줄과 열림 상자를 표시하는 탭이 있으며 각각의 메뉴 탭을 선택하면 도구 모음이 나타납니다. 기본적인 화면 구성과 각 도구의 명칭과 기능을 알아봅니다.

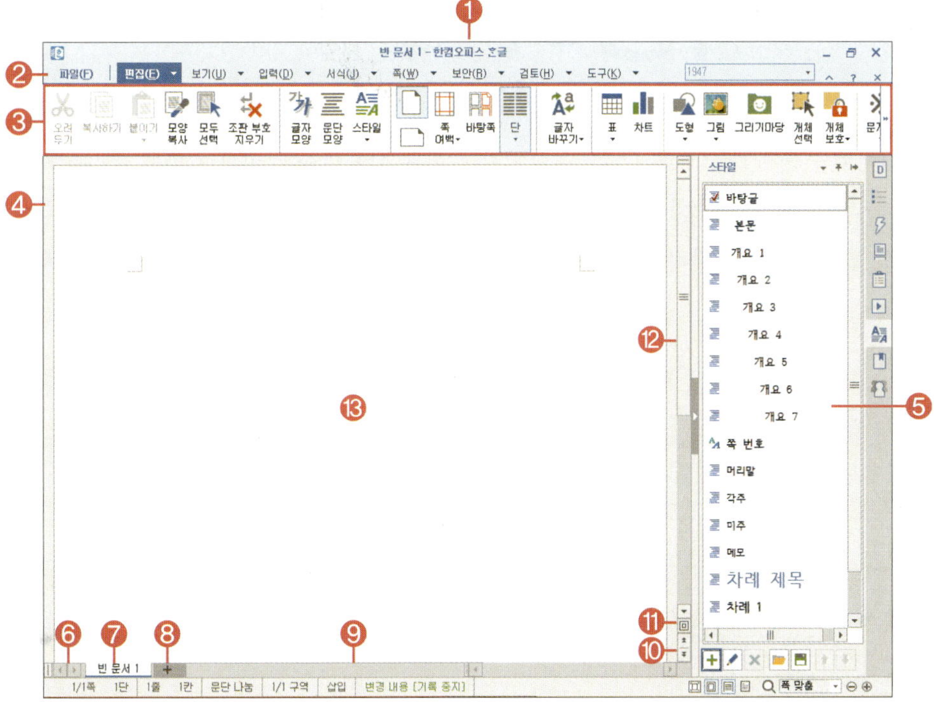

❶ **제목 표시줄** : 현재 작업 중인 문서의 경로와 파일 이름을 표시하며 제어 아이콘과 창 조절 단추가 있습니다.

❷ **메뉴 표시줄** : 한글 2014에서 제공하는 모든 기능이 줄 단위로 표시되어 있으며 해당 메뉴의 목록 단추를 클릭하면 하위 메뉴가 나타납니다.

❸ **기본도구상자** : 각 메뉴에서 자주 사용하는 기능을 그룹별로 묶어 메뉴 탭을 클릭하면 선택한 기능이 열림 상자 형식으로 나타납니다.

❹ **서식도구상자** : 문서 편집 시 자주 사용하는 기능을 모아 아이콘으로 묶어 놓은 곳입니다.

❺ **작업 창** : [보기] − [작업 창] − [스타일]에서 볼 수 있으며 보이기/감추기 상태를 정하거나 위치를 이동할 수 있습니다. 한글에서는 11개의 작업 창이 제공되며 작업 창을 활용하면 문서 편집 시간을 줄이고 작업 속도를 높이는 등 효율적인 문서 작업을 수행할 수 있습니다.

❻ **탭 이동 아이콘** : 여러 개의 탭이 열려 있을 때 이전 탭/다음 탭으로 이동합니다.

❼ **문서 탭** : 작성 중인 문서와 파일명을 표시하며 저장하지 않은 문서는 빨간색, 자동 저장된 문서는 파란색, 저장 완료된 문서는 검은색으로 표시됩니다.

❽ **새 탭 삽입 탭** : 문서에 새 탭을 추가합니다.

❾ **가로 이동 막대** : 문서 내용이 편집 화면보다 클 때 화면을 가로로 이동합니다.

❿ **쪽 이동 아이콘** : 작성 중인 문서가 여러 장일 때 쪽 단위로 이동합니다.

⓫ **보기 선택 아이콘** : 쪽 윤곽, 문단 부호 보이기/숨기기, 조판 부호 보이기/숨기기, 투명 선 보이기/숨기기, 격자 설정, 찾기, 쪽 찾아가기, 구역 찾아가기, 줄 찾아가기, 스타일 찾아가기 설정, 조판 부호 찾아가기 설정, 책갈피 찾아가기 설정, 개체 찾아가기 설정과 같은 보기 관련 기능을 선택할 수 있습니다.

⓬ **세로 이동 막대** : 문서 내용이 편집 화면보다 클 때 화면을 세로로 이동합니다.

⓭ **편집 창** : 작업 공간으로 글자나 그림과 같은 내용을 넣고 꾸미는 곳입니다.

02 문서 작성하고 저장하기

SECTION

문서에서 반복 입력되는 문자열을 상용구로 등록하여 편리하게 사용하는 방법과 입력된 문자를 한자로 변환하는 방법을 알아봅니다. 또한 키보드에 없는 특수문자나 일반 글자판에서 입력할 수 없는 문자를 입력하는 방법을 알아보고, 문자표에 없는 원문자나 사각문자는 글자 겹치기를 사용하여 입력한 다음 작성한 문서를 저장하는 방법을 알아봅니다.

PREVIEW

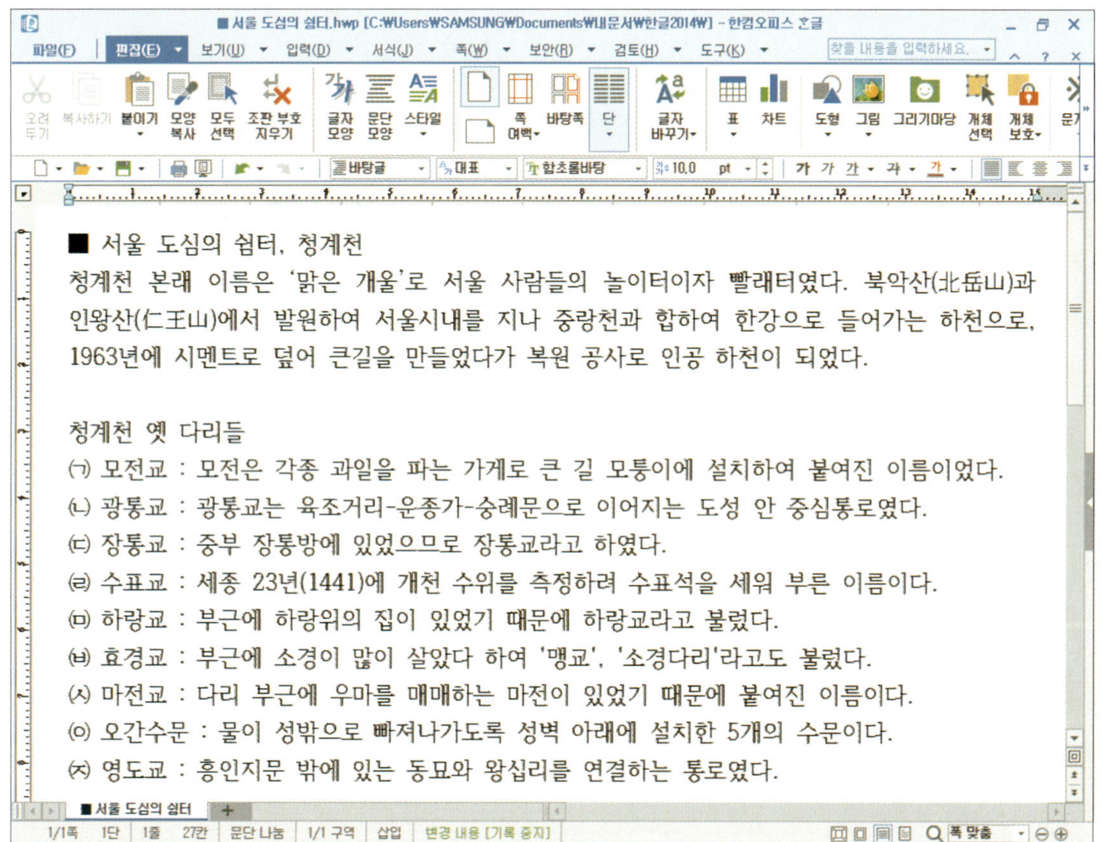

▲ 완성파일 : 서울 도심의 쉼터.hwp

학습내용

실습 01 상용구 등록하기

실습 02 한자 입력하기

실습 03 특수문자 입력하기

실습 04 문서 저장하기

체크포인트

● 반복되는 문자열을 상용구로 만드는 방법을 알아본다.

● 문자열을 한자로 변환하는 방법을 알아본다.

● 키보드에 없는 특수문자를 입력하는 방법을 알아본다.

● 완성된 문서를 저장하는 방법을 알아본다.

상용구 등록하기

01 한글 2014를 실행하고 다음과 같이 내용을 입력합니다. 반복되는 문자열을 상용구로 만들기 위해 첫 줄 마지막에 커서를 위치합니다.

> **NOTE**
>
> 내용을 입력하기 어려울 경우에는 예제파일의 본문예제/폴더에서 '청계천–텍스트.hwp' 파일을 불러옵니다.

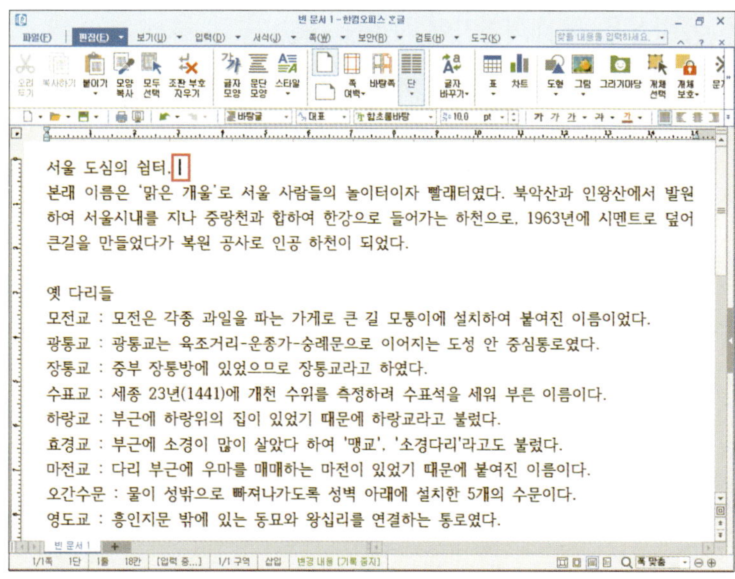

02 메뉴 표시줄의 [입력] 탭을 클릭한 다음 [상용구] – [상용구 내용]을 선택합니다.

> **Tip** 상용구의 단축키는 Ctrl + F3 을 누릅니다.

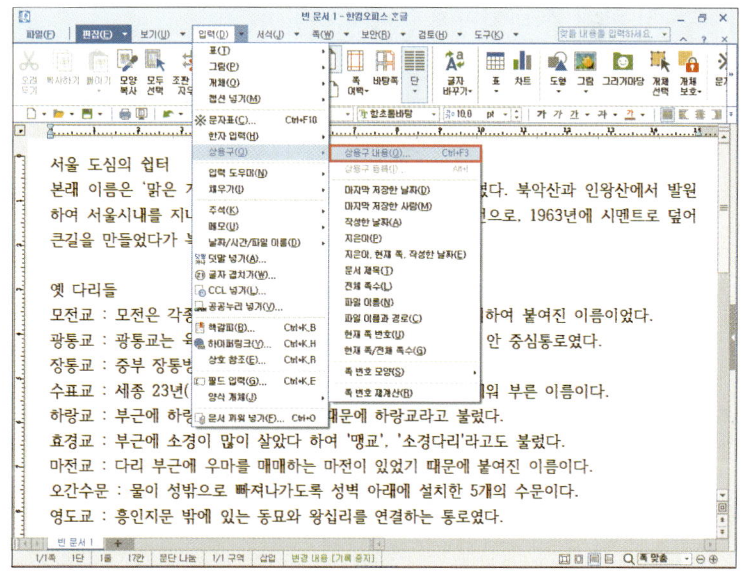

03 상용구 대화상자의 [글자 상용구] 탭에서 ➕(상용구 추가하기)를 클릭합니다. [상용구 추가하기] 대화상자에서 준말에 '청', 본말에 '청계천'를 입력한 다음 [설정]을 클릭합니다.

> **Tip** 등록된 상용구를 삭제하려면 [상용구] 대화상자에서 상용구를 선택한 다음 ✖(상용구 지우기)를 클릭합니다.

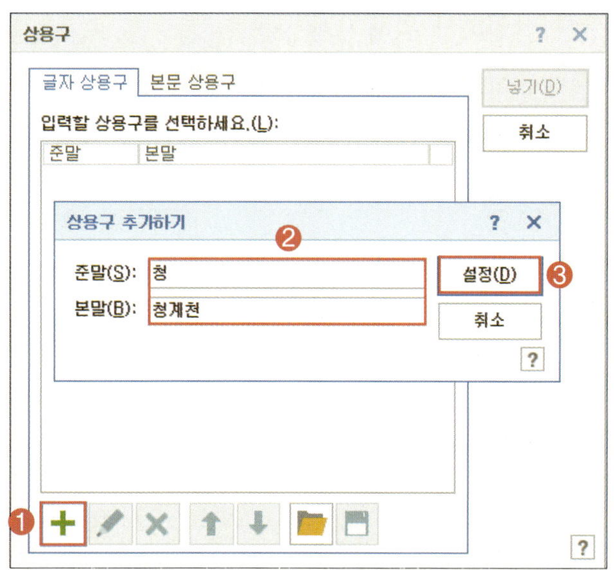

04 [상용구] 대화상자에 적용할 준말과 본말이 입력되면 [넣기]를 클릭합니다.

> **Tip** 추가된 상용구를 수정하려면 [상용구] 대화상자에서 수정할 상용구를 클릭한 다음 ✎ (상용구 편집 편집하기)를 선택합니다.

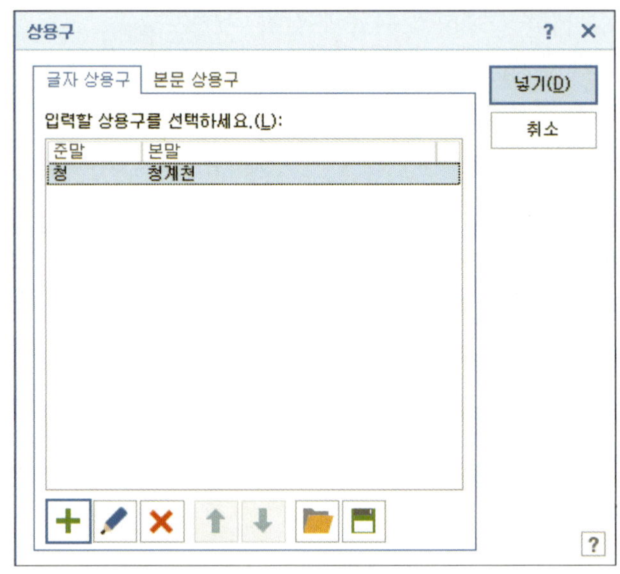

05 첫 번째 줄 마지막에 앞에서 등록한 상용구인 '청계천'이 입력됩니다. 등록된 상용구를 적용하기 위해 커서를 두 번째 블록의 첫 번째 칸으로 이동한 다음 '청'을 입력합니다.

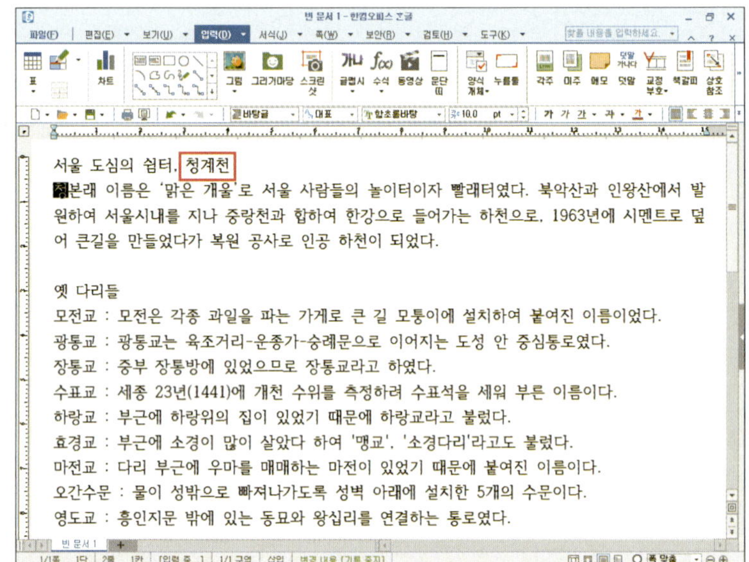

06 상용구를 삽입하기 위해 Alt 를 누른 상태에서 I 를 누르면 등록된 상용구 '청계천'이 삽입됩니다. 세 번째 블록의 첫 번째 칸에도 반복하여 상용구를 삽입합니다.

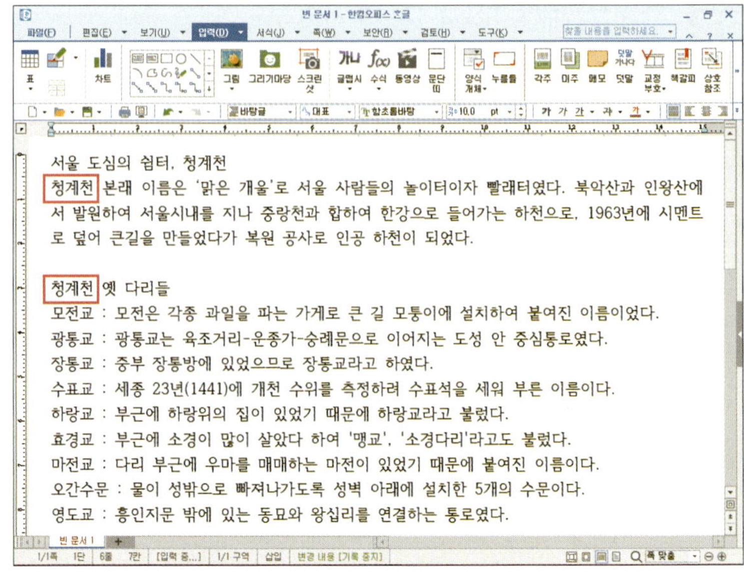

한자 입력하기

01 한자를 입력하기 위해 두 번째 블록의 첫 번째 줄의 '북악산' 뒤에 커서를 이동한 다음 [입력] 탭의 [한자 입력] – [한자로 바꾸기]를 선택하거나 한자를 누릅니다.

> **Tip** 문자표 입력 단축키는 F9 를 누릅니다.

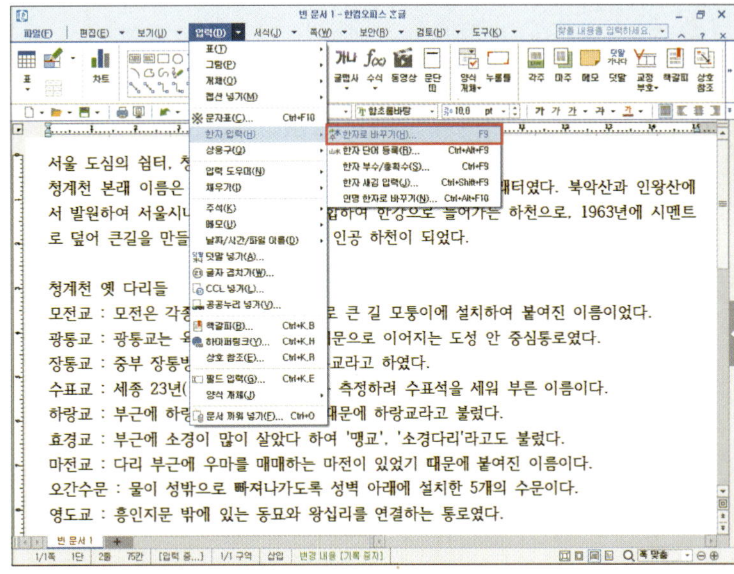

02 [한자로 바꾸기] 대화상자의 한자 목록에서 한자를 선택하고 입력 형식을 화면과 같이 선택한 다음 [바꾸기]를 클릭합니다.

03 다음과 같이 '북악산'은 '북악산(北岳山)', '인왕산'은 '仁旺山(인왕산)'으로 입력 형식을 선택하여 바뀝니다.

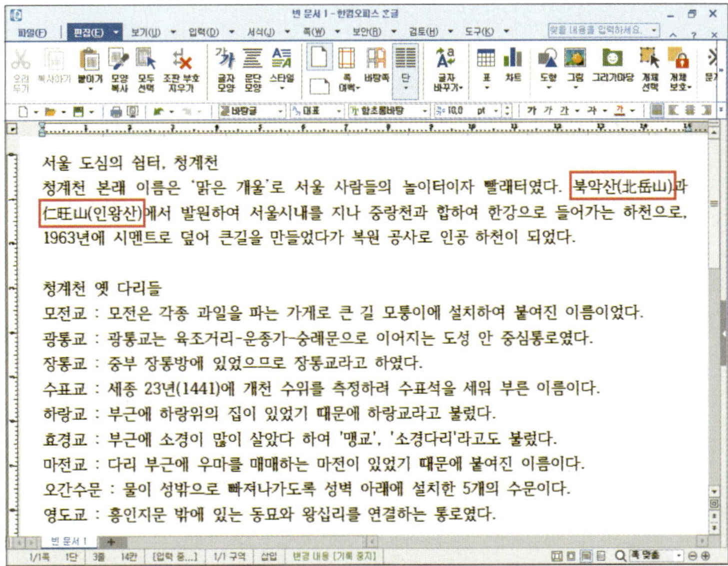

특수문자 입력하기

01 특수문자를 입력하기 위해 첫 번째 제목줄의 '서울' 앞에 커서를 이동하고 [입력] – [문자표]를 클릭합니다.

> **Tip** 문자표 입력의 단축키는 Ctrl + F10 을 누릅니다.

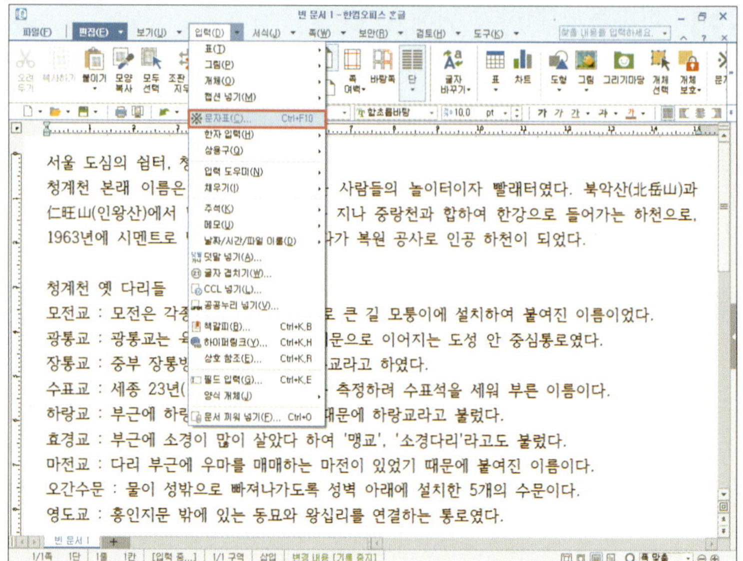

02 [문자표 입력] 대화상자의 [사용자 문자표] 탭에서 '※ 기호1'을 선택한 다음 화면과 같은 문자를 클릭하고 [넣기]를 선택합니다.

> **Tip** 반복하여 [문자표 입력] 대화상자를 사용할 때에는 문자를 선택하고 [넣기]를 클릭한 다음, 편집화면에서 원하는 위치를 선택하고 [문자표 입력] 대화상자에서 다시 [넣기]를 클릭합니다.

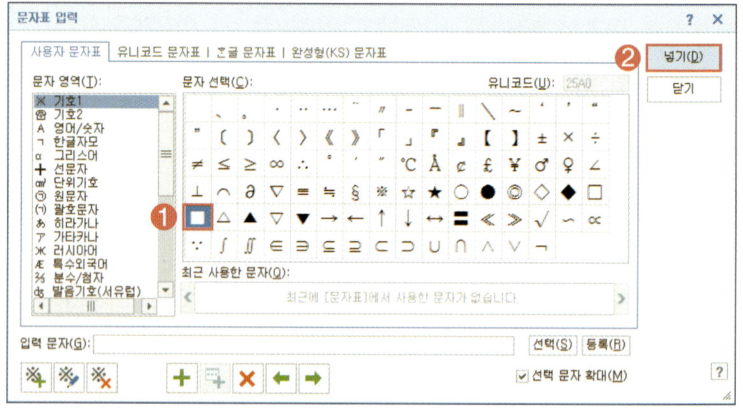

03 이번에는 '청계천 옛 다리들'의 내용에 [한글(HNC)문자표] 탭의 '전각기호(괄호)'을 선택하여 괄호문자를 입력합니다.

> **Tip** 여러 개의 문자열을 동시에 입력하는 경우 문자열 선택 후 입력 문자의 [선택]을 클릭하여 원하는 문자열을 입력 문자 창에 삽입한 후 [넣기]를 선택합니다.

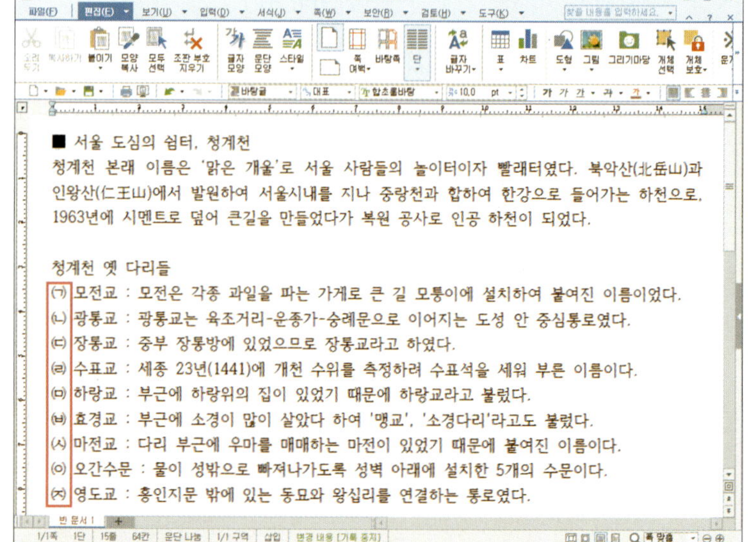

알아두기   [글자 겹치기] 기능

[글자 겹치기] 기능은 일반 글자판에서 입력할 수 없는 문자나, 문자표에 없는 원 문자, 사각 문자를 입력할 때 사용합니다. [입력] – [글자 고치기]를 클릭합니다. [글자 겹치기]를 통해 만들어진 글자를 수정할 때에는 겹쳐진 글자 바로 앞에 커서를 놓고 [편집] – [고치기]를 실행하거나 마우스 오른쪽 버튼을 클릭하여 [글자 겹치기 고치기]를 선택합니다.

1 글자끼리 겹치기

[글자 겹치기] 대화상자에서 '글자끼리 겹치기'를 선택한 후 겹쳐 쓸 글자에 "사랑"를 입력하고 [넣기]를 클릭합니다. 결과는 미리보기에서 미리 확인합니다.

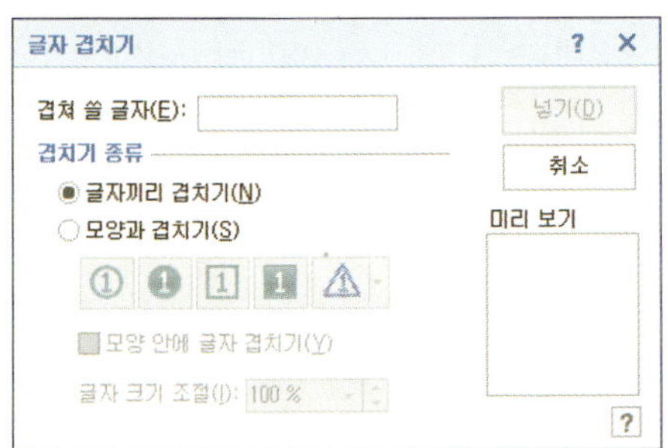
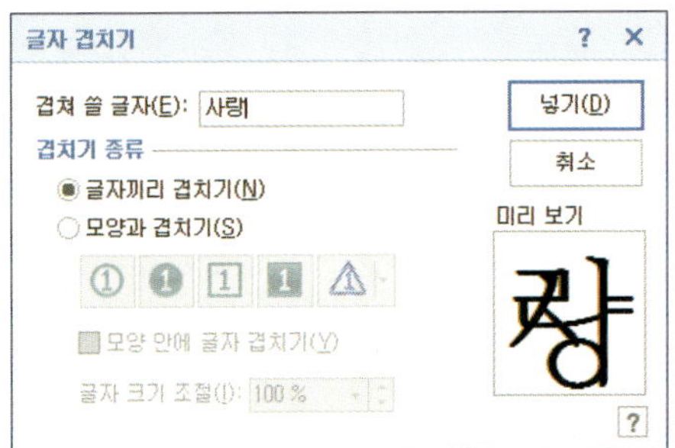

이번에는 '글짜끼리 겹치기'에서 겹쳐 쓸 글자 창을 선택한 후 Ctrl + F10 을 누릅니다. [문자표 입력] 대화상자에서 [한글(HNC) 문자표]에서 ○ 와 ※를 더블클릭을 한 다음 [넣기]를 선택합니다.

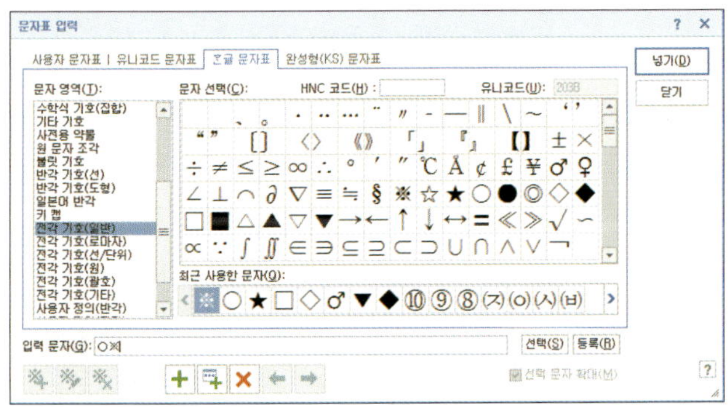
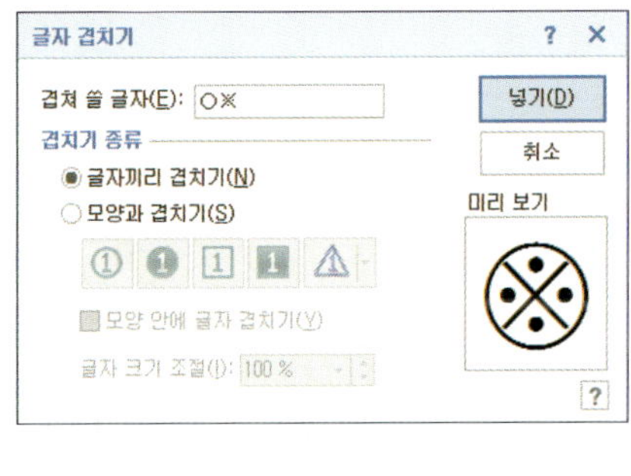

2 모양과 겹치기

세 자리 문자를 삽입하기 위해 겹치기 종류에서 [모양과 겹치기]를 선택합니다. ▣ (반전된 원 문자)를 선택한 다음 'abc'을 입력하고 [넣기]를 클릭합니다. '모양 안에 글자 겹치기'를 선택하면 모양 안에 글자가 겹쳐서 나타납니다.

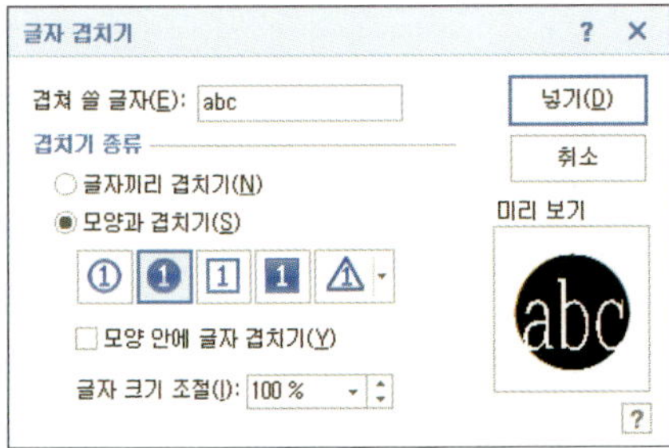
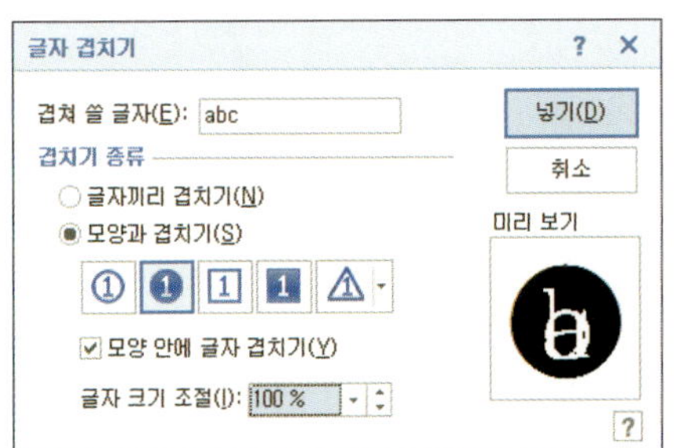

문서 저장하기

01 문서를 저장하기 위해 [파일] – [저장하기]를 선택하거나 `Ctrl`+`S`를 누릅니다.

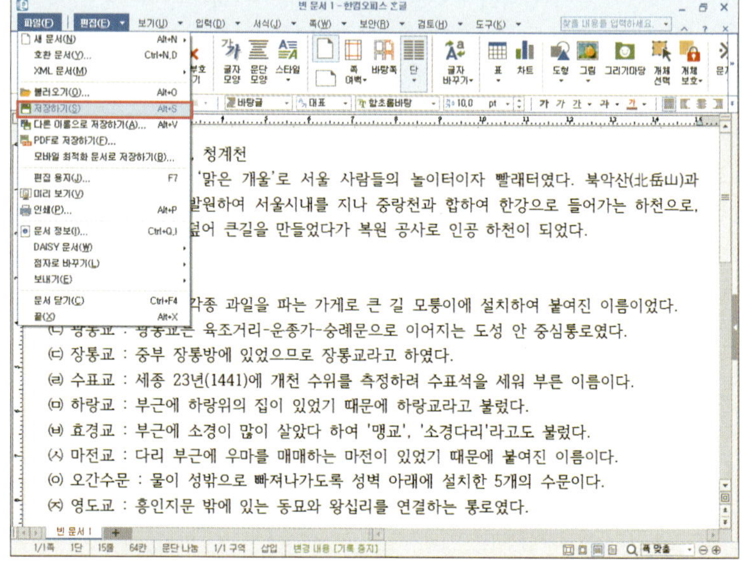

02 [다른 이름으로 저장하기] 대화상자에서 📂(새 폴더 만들기)를 선택한 다음 [새 폴더 만들기] 대화상자의 이름에 '한글2014'를 입력하고 [확인]을 클릭합니다.

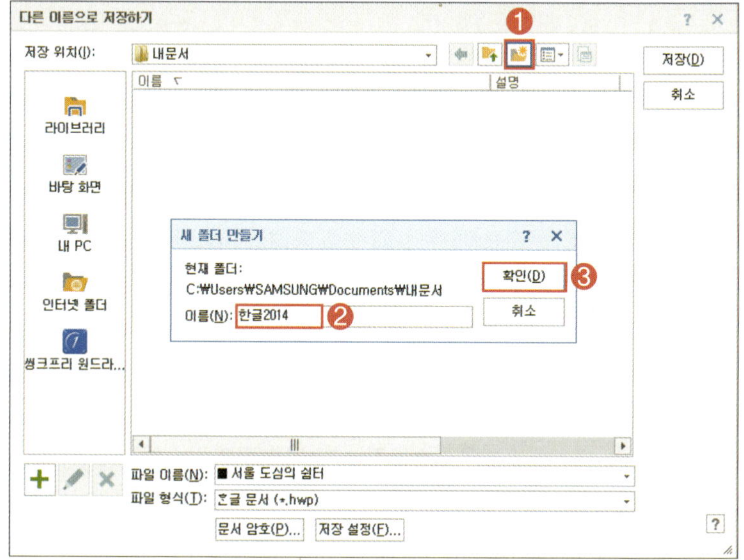

03 [다른 이름으로 저장하기] 대화상자에서 저장 위치가 '한글2014' 폴더로 바뀌면 파일 이름을 확인하고 [저장]을 클릭합니다.

> **Tip** 문서를 처음 저장할 때 파일 이름을 새로 지정하지 않으면 문서의 첫째 줄 내용이 파일 이름으로 자동 저장됩니다.

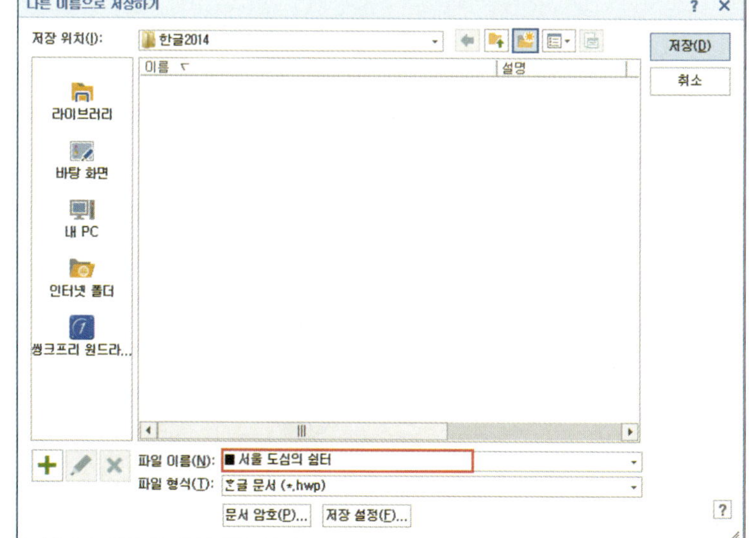

04 제목 표시줄과 문서 탭 이름에 저장된 파일 이름이 나타납니다.

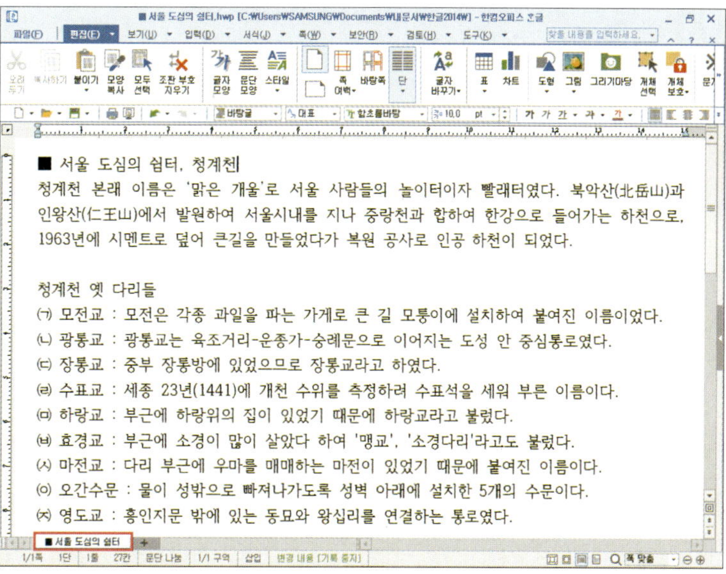

알아두기   [다른 이름으로 저장하기] 대화상자 알아보기

한글 2014를 실행하여 기본적으로 열리는 '빈 문서'에서 문서를 작성하고 [파일] – [저장하기]를 선택하거나 (저장하기)를 클릭하면 [다른 이름으로 저장하기] 대화상자가 나타납니다.

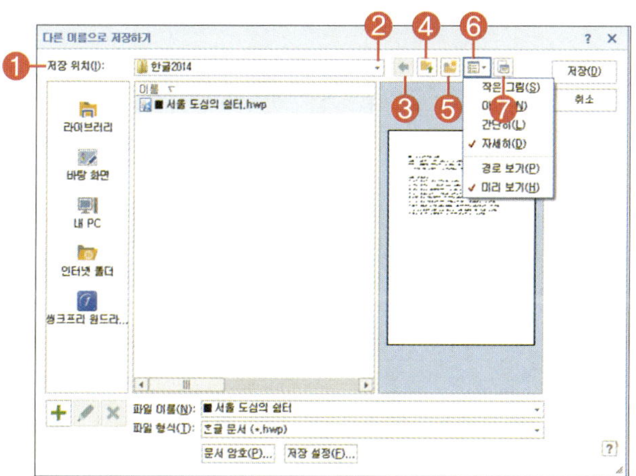

❶ **저장 위치** : 현재 선택되어 있는 폴더의 위치를 나타냅니다.

❷ **저장 위치 목록 단추** : 단추를 클릭하면 선택할 수 있는 드라이브와 폴더를 보여줍니다.

❸ **마지막으로 열어본 폴더로 이동** : 마지막으로 열어본 폴더로 다시 이동합니다.

❹ **한 수준 위로** : 현재 경로의 바로 위 경로로 이동합니다.

❺ **새 폴더 만들기** : 찾는 위치에서 새로운 폴더를 작성합니다.

❻ **보기** : 파일 목록을 볼 수 있는 방법을 선택할 수 있습니다.

　• 작은 그림 : 그림 파일을 미리 작게 보여줍니다.

　• 아이콘 : 파일 이름과 해당 파일의 아이콘을 보여줍니다.

　• 간단히 : 파일 이름만 나타내며 많은 파일을 확인할 수 있습니다.

　• 자세히 보기 : 현재 파일의 크기, 종류, 수정날짜를 확인할 수 있습니다.

　• 경로 보기 : 두 개의 창으로 나뉘어 왼쪽 창에는 경로, 오른쪽 창에는 해당 경로에 보이는 파일의 목록이 표시됩니다.

　• 미리 보기 : 왼쪽 창에는 파일이름이 나타나고 오른쪽 창에는 선택한 문서의 첫 번째 페이지를 미리 보여줍니다.

❼ **문서 요약** : [파일] 메뉴의 '문서 정보'를 선택하면 나타나는 '문서 요약' 탭의 내용을 보여줍니다.

❽ **문서 암호** : 문서 암호와 보안 수준을 설정하며, 암호의 파일 형식은 '한글 문서(*.hwp)' 또는 '한글 서식(*.hwt)'으로 지정할 때만 가능합니다.

❾ **저장 설정** : [복구용 임시 파일 무조건 자동 저장], [쉴 때 복구용 임시 파일 자동 저장], [동시 저장], [미리 보기 이미지 저장], [압축 저장]과 같은 [저장 선택 사항]등을 설정할 수 있습니다.

기초문제

01

다음 내용을 입력한 다음 특수문자를
삽입하고 저장하세요.

◈ 중용 23장 ◈

작은 일도 무시하지 않고 최선을 다해야 한다.
작은 일에도 최선을 다하면 정성스럽게 된다.
정성스럽게 되면 겉에 배어나고
겉에 배어나면 겉으로 드러나고
겉으로 드러나면 이내 밝아지고
밝아지면 남을 감동시키고
남을 감동시키면 이내 변화게 되고 변화면 생육된다.
그러니 오직 세상에서
지극히 정성을 다하는 사람만이
나와 세상을 변화게 할 수 있는 것이다.

완성파일 : 중용.hwp ▶

02

위 01번 파일에서 문자를 한자로 변환
한 다음 다른 이름으로 저장하세요.

힌트
중용(中庸)
정성(精誠)

◈ 중용(中庸) 23장 ◈

작은 일도 무시하지 않고 최선을 다해야 한다.
작은 일에도 최선을 다하면 정성(精誠)스럽게 된다.
정성(精誠)스럽게 되면 겉에 배어나고
겉에 배어나면 겉으로 드러나고
겉으로 드러나면 이내 밝아지고
밝아지면 남을 감동시키고
남을 감동시키면 이내 변화게 되고 변화면 생육된다.
그러니 오직 세상에서
지극히 정성(精誠)을 다하는 사람만이
나와 세상을 변화게 할 수 있는 것이다.

준비파일 : 중용.hwp ▶
완성파일 : 중용_완성.hwp ▶

03

글자 겹치기 기능을 사용하여 다음과
같이 완성하세요.

글자끼리 겹치기

모양과 겹치기

완성파일 : 글자 겹치기.hwp ▶

01 '상품명'을 상용구를 만들고, 원문자를 삽입하여 다음과 같이 문서를 완성하세요.

힌트
[입력] – [문자표], 단축키 Ctrl + F10

```
***************************
        국내 여행지 상품 안내
***************************

① 상품명 : 서울 시티투어 밤도깨비

② 상품명 : 정선아리랑 열차 A-train

③ 상품명 : 기차타고 서해 보물 찾기

④ 상품명 : 남도 해양 열차, 전주 한옥 마을

⑤ 상품명 : 와인 시네마 열차
```

완성파일 : 여행상품.hwp ▶

02 간단한 영어 속담을 입력한 다음 특수 문자를 삽입하여 완성하세요.

```
=====================>>>> 영어속담 한마디

♠ Love begets love.
   사랑은 사랑을 낳는다.

♠ A friend is known in necessity.
   친구는 필요할때 알 수 있다.

♠ Good health is above wealth.
   건강이 재산보다 낫다.

♠ A good book is a great friend.
   좋은 책은 좋은 친구다.
```

완성파일 : 영어속담.hwp ▶

03 한시를 반복 입력한 후 앞에 입력된 한글을 한자로 변환하세요.

힌트
[입력] – [한자] – [한자 바꾸기]나 한자 선택

```
        강촌(江村)

          ★두보(杜甫)

▶ 淸江一曲抱村流(청강일곡포촌류)
맑은 강물 한 굽이 마을을 안고 흐르고

▶ 長夏江村事事幽(장하강촌사사유)
긴 여름 강마을 일마다 한가로워라

▶ 自去自來梁上燕(자거자래양상연)
들보 위 제비는 마음대로 오고 가고

▶ 相親相近水中鷗(상친상근수중구)
강물 위의 갈매기는 짝지어 노닌다.
```

준비파일 : 강촌.hwp ▶
완성파일 : 강촌_완성.hwp ▶

03
SECTION

복사, 이동과 글자 강조하기

한글 2014에서 한글 파일을 불러와 본문 내용에서 반복 입력되는 문단을 복사하여 원하는 위치에 붙이거나 잘라내어 이동하는 방법을 알아봅니다. 또한 작업 문서의 본문에서 문단의 첫 글자를 강조하기 위해 첫 글자를 장식하거나 수정하는 방법도 알아봅니다.

PREVIEW

■ 서울 도심의 쉼터, 청계천
청계천 본래 이름은 '맑은 개울'로 서울 사람들의 놀이터이자 빨래터였다. 북악산(北岳山)과 인왕산(仁王山)에서 발원하여 서울시내를 지나 중랑천과 합하여 한강으로 들어가는 하천으로, 1963년에 시멘트로 덮어 큰길을 만들었다가 복원 공사로 인공 하천이 되었다.

■ 서울 도심의 쉼터, 청계천

청 계천의 성격
청계천은 조선왕조 500년 동안 도성에서 배출되는 많은 생활쓰레기를 씻어내는 하수도로서 기능을 함으로써 도성 전체를 깨끗하게 유지할 수 있었다.

청 계천 옛 다리들
(ㄱ) 모전교 : 모전은 각종 과일을 파는 가게로 큰 길 모퉁이에 설치하여 붙여진 이름이었다.
(ㄴ) 광통교 : 광통교는 육조거리-운종가-숭례문으로 이어지는 도성 안 중심통로였다.
(ㄷ) 장통교 : 중부 장통방에 있었으므로 장통교라고 하였다.
(ㄹ) 수표교 : 세종 23년(1441)에 개천 수위를 측정하려 수표석을 세워 부른 이름이다.
(ㅁ) 하랑교 : 부근에 하랑위의 집이 있었기 때문에 하랑교라고 불렀다.
(ㅂ) 효경교 : 부근에 소경이 많이 살았다 하여 '맹교', '소경다리'라고도 불렀다.
(ㅅ) 마전교 : 다리 부근에 우마를 매매하는 마전이 있었기 때문에 붙여진 이름이다.
(ㅇ) 오간수문 : 물이 성밖으로 빠져나가도록 성벽 아래에 설치한 5개의 수문이다.
(ㅈ) 영도교 : 흥인지문 밖에 있는 동묘와 왕십리를 연결하는 통로였다.

▲ 완성파일 : 청계천_완성.hwp

학습내용

실습 01 파일 불러오기

실습 02 복사하기와 이동하기

실습 03 문단 첫 글자 장식하기

체크포인트

● 한글 파일을 불러오는 방법을 알아본다.

● 문장을 복사하거나 자르기하여 위치를 이동하는 방법을 알아본다.

● 문단의 첫 글자를 장식하고 형광펜을 사용하는 방법을 알아본다.

실습 01 파일 불러오기

▼ 준비파일 : 청계천.hwp

01 한글 2014를 실행한 다음 파일을 열기 위해 기본도구상자의 📂(불러오기)를 클릭합니다.

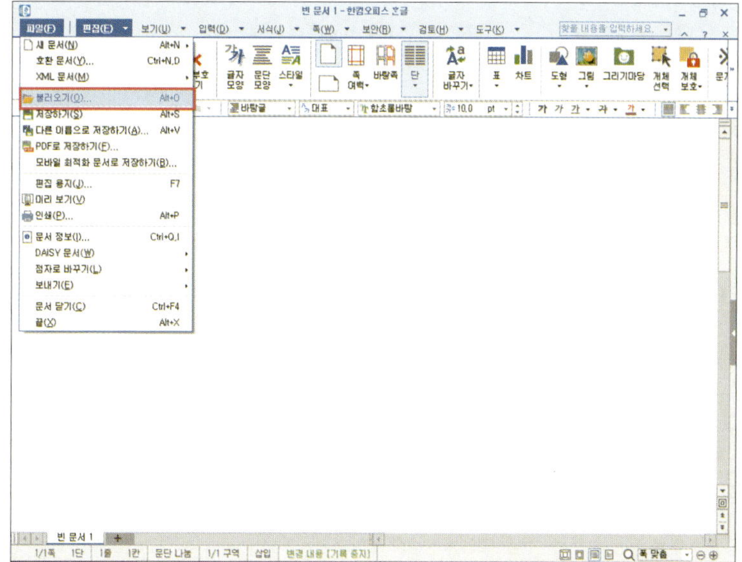

02 [불러오기] 대화상자의 찾는 위치를 '준비'에서 '청계천.hwp' 파일을 선택한 다음 [열기]를 클릭합니다.

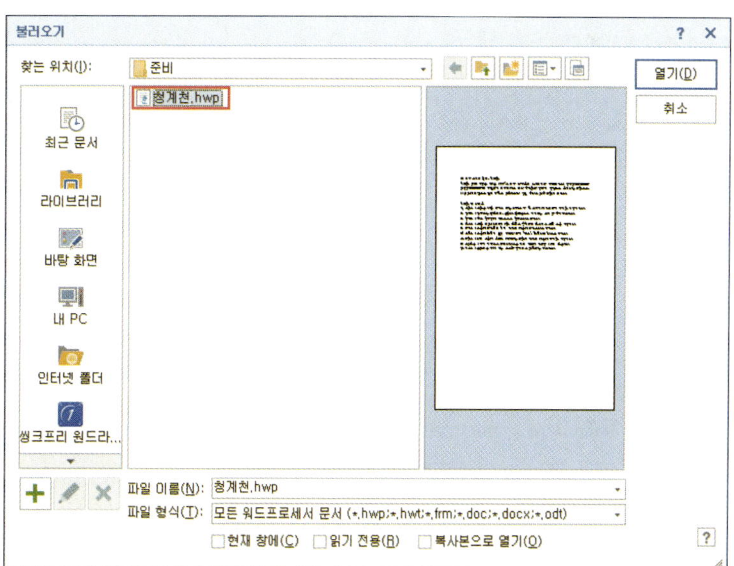

03 문서가 열리면서 제목 표시줄에 현재 파일의 이름과 저장되어 있는 위치 경로가 나타납니다.

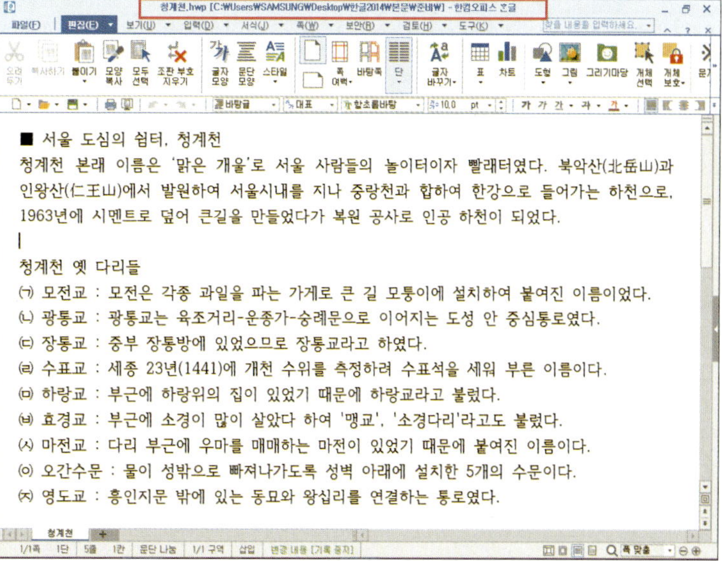

알아두기 | 최근 문서 알아보기

한글 2014에서 저장한 파일을 불러오는 방법은 메뉴에서 [파일] – [불러오기]를 선택하거나, 기본도구상자의 📂 (불러오기), 단축키로 Ctrl + O 를 선택할 수 있습니다.

또한, 최근에 작업한 문서들을 확인하려면 [파일] – [불러오기]를 선택하여 최근 문서 파일을 보거나 기본도구상자의 📂 · (불러오기) 옆의 목록상자를 클릭하면 확인하거나 선택합니다.

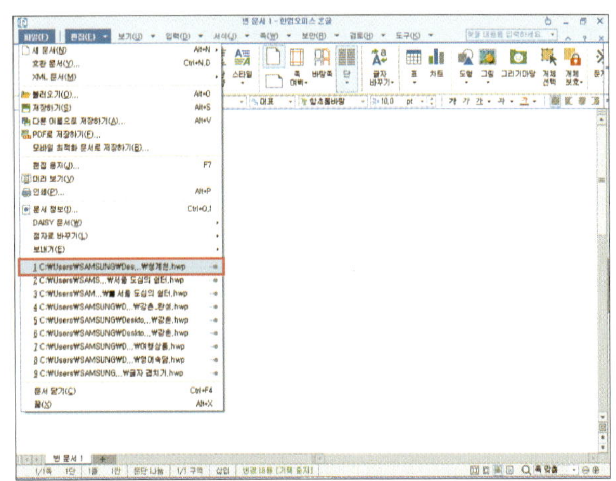
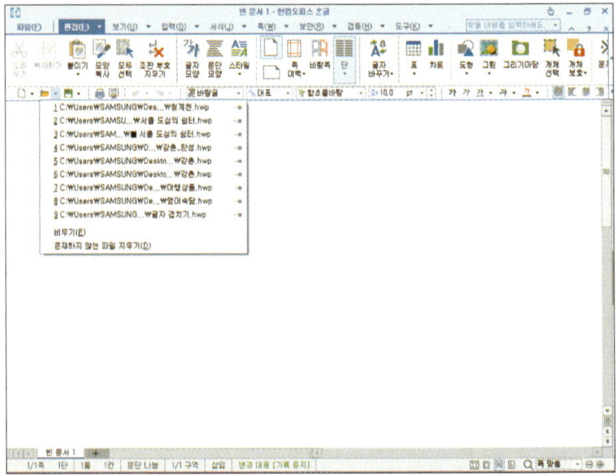

알아두기 | 최근 문서 개수 조절하기

보이는 최근 문서의 개수를 조절하려면 [도구] 탭의 [환경 설정]를 선택합니다. [환경 설정] 대화상자의 [편집] 탭에서 최근 문서 열기의 '메뉴에 최근 문서 보이기' 입력란에 숫자를 입력하거나 체크를 해제하여 문서의 개수를 조절할 수 있습니다. 이 때, 입력할 수 있는 수는 1에서 최대 9까지입니다.

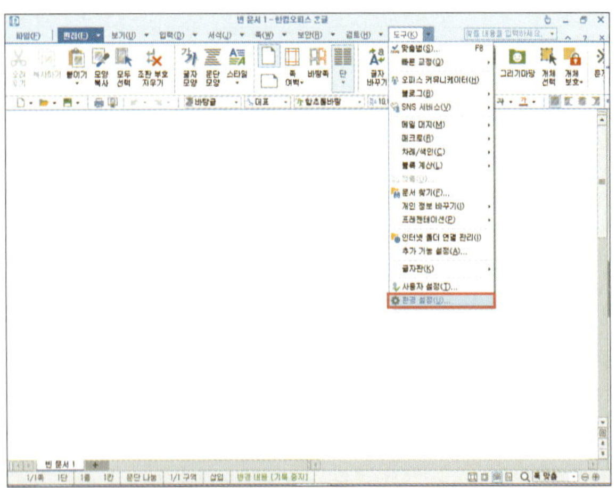
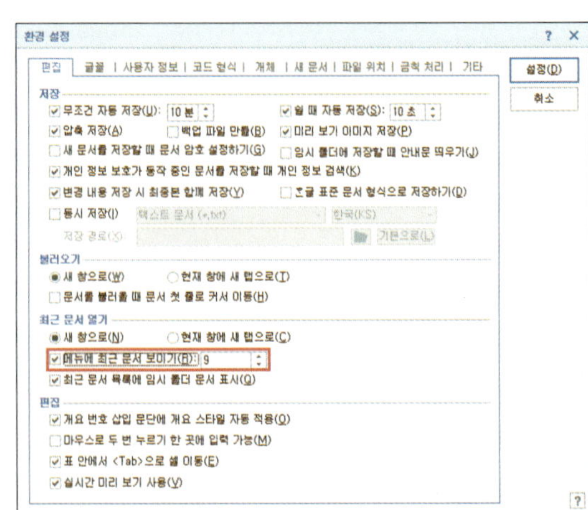

복사하기와 이동하기

01 "청계천" 파일에서 첫 줄을 복사하기 위해 블록을 설정하고 [편집] 탭의 [클립보드]에서 (복사하기)를 클릭합니다.

> **Tip** 문단 전체를 블록 지정하려면 문단의 앞에서 마우스 포인트가 화살표로 바뀌면 클릭하거나 원하는 부분만큼 마우스로 드래그합니다. '복사하기'의 단축키는 Ctrl + C 입니다.

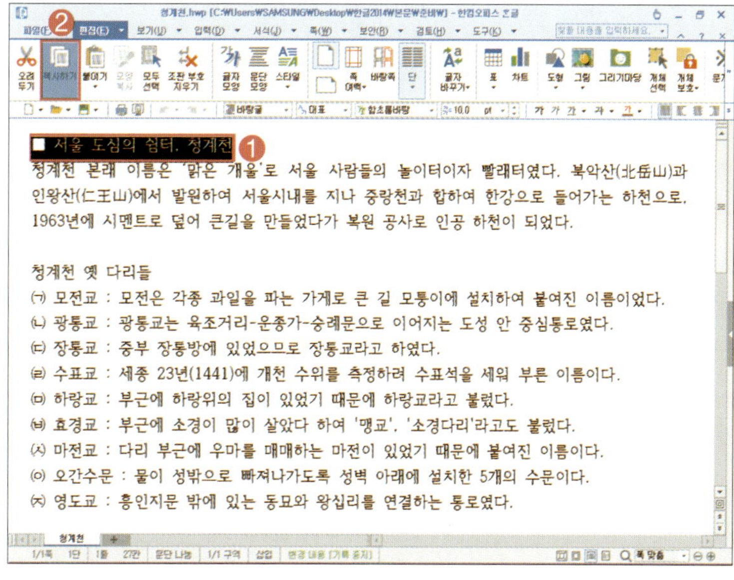

02 복사한 내용을 붙이기 위해 화면을 맨 아래로 이동하여 복사할 위치를 클릭한 다음 [편집] 탭의 [클립보드]에서 (붙이기)를 선택합니다.

> **Tip** 붙이기의 목록을 선택하면 있는 모양을 그대로 붙이는 [붙이기]와 원하는 데이터 형식만을 선택하여 붙이는 [골라 붙이기]가 있으며 각각의 단축키는 Ctrl + V 와 Ctrl + Alt + V 입니다.

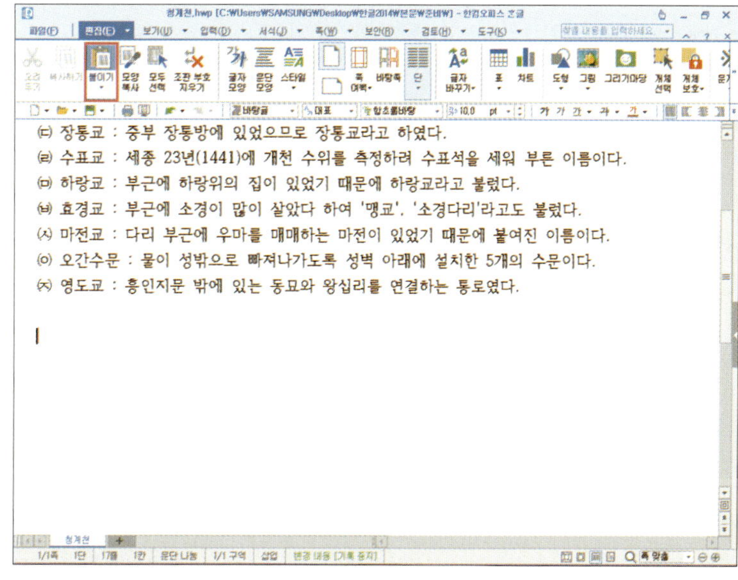

03 복사하여 붙이기한 제목글이 나타나면 청계천의 의미와 관련된 내용을 추가 입력합니다.

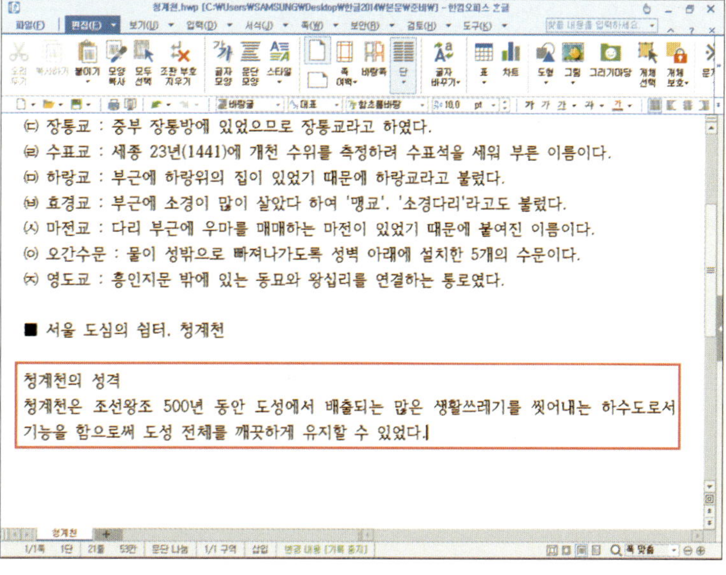

04 이번에는 추가 삽입한 내용을 위쪽 방향으로 이동하기 위해 블록을 설정한 다음 [편집] 탭의 [클립보드]에서 ✂(오려두기)를 클릭합니다.

> **Tip** '오려두기' 단축키는 Ctrl + X 입니다.

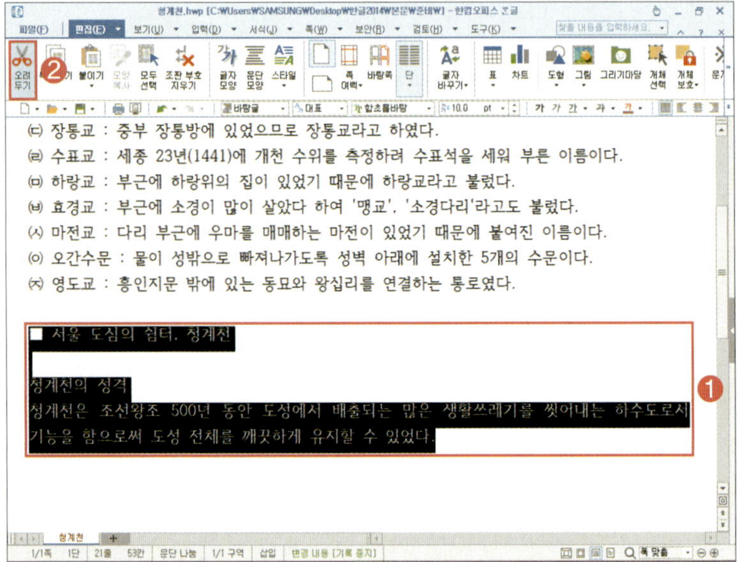

05 화면을 위쪽으로 이동하여 붙이기할 위치를 첫 번째 내용 문단 아래에 클릭한 후 [편집] 탭의 [클립보드]에서 📋(붙이기)를 클릭합니다.

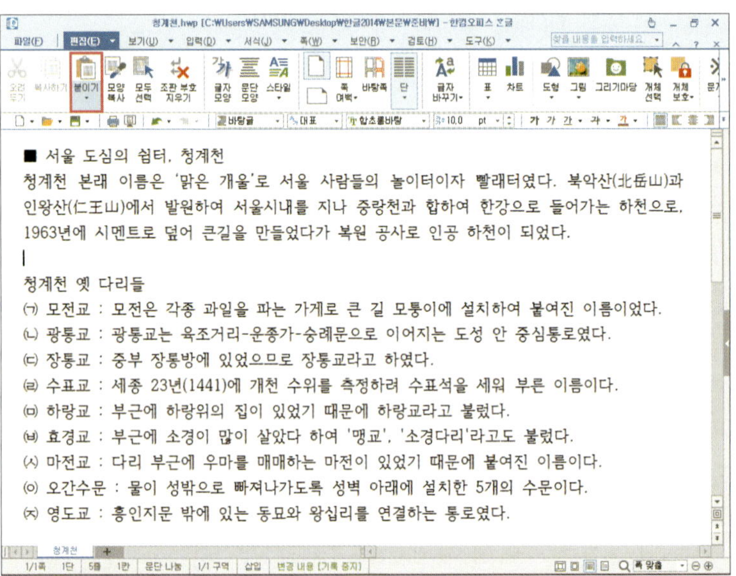

06 다음과 같이 [오려두기]한 내용을 원하는 위치로 이동합니다.

> **Tip** 이동한 위치를 재 지정하거나 실행을 취소하려면 서식도구상자의 ↩(되돌리기)를 선택하거나 ↪(다시 실행)을 선택합니다. 이 때 단축키는 각각 Ctrl + Z 와 Ctrl + Shift + Z 입니다.

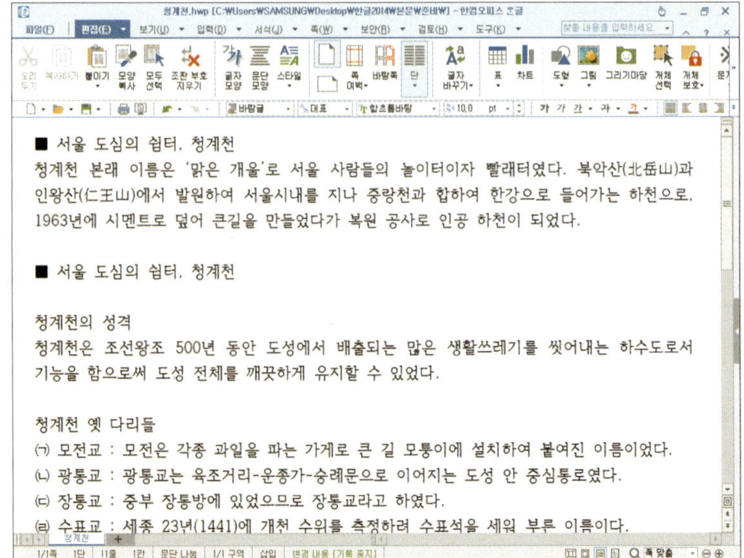

문단 첫 글자 장식하기

01 문단의 첫 글자를 장식하기 위해 첫 번째 내용 문단의 '청계천'의 '천' 앞으로 커서를 이동하고 [서식] – [문단 첫 글자 장식]을 클릭합니다.

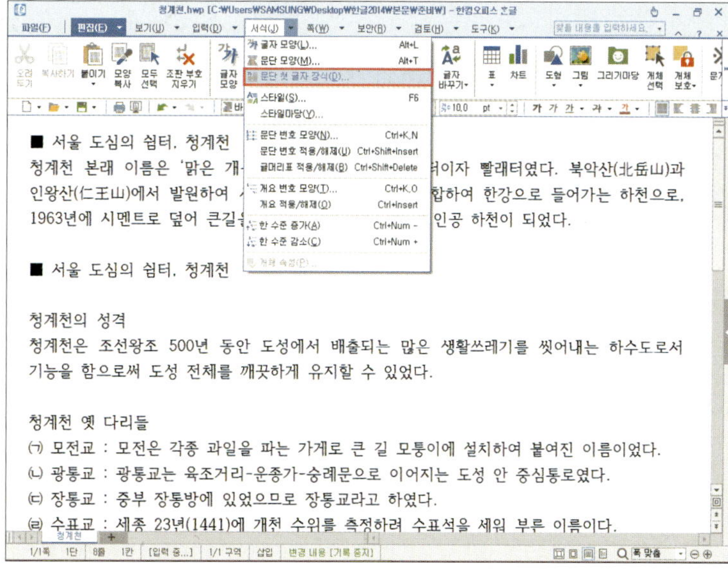

02 [문단 첫 글자 장식] 대화상자에서 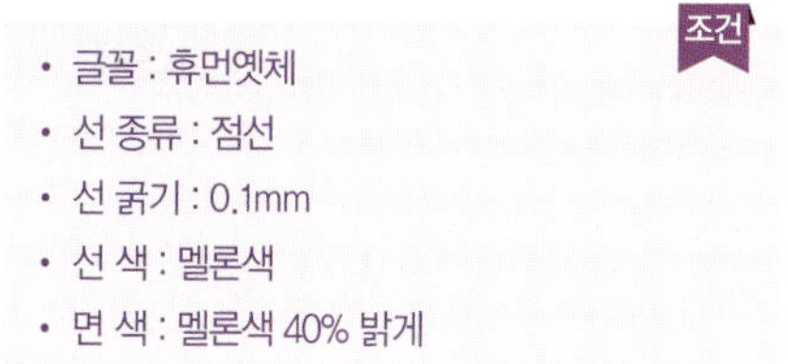(2줄(2))를 클릭한 다음 글꼴과 테두리를 설정합니다.

조건
- 글꼴 : 휴먼옛체
- 선 종류 : 점선
- 선 굵기 : 0.1mm
- 선 색 : 멜론색
- 면 색 : 멜론색 40% 밝게

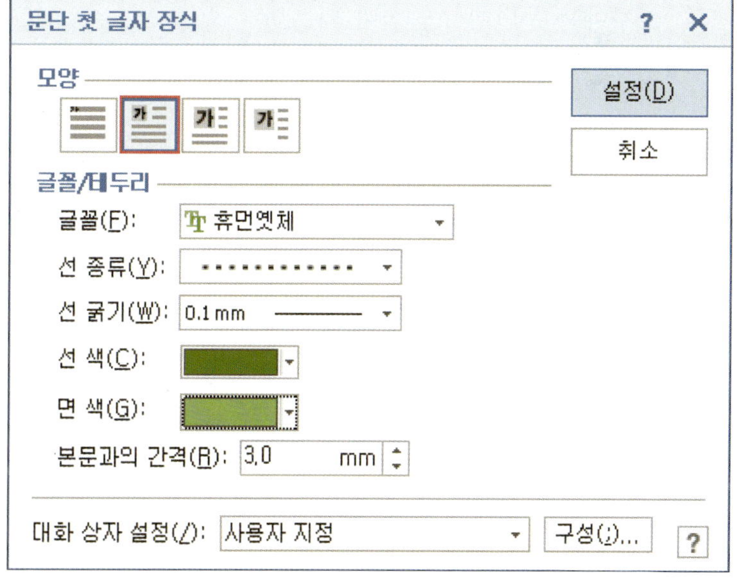

03 첫 번째 내용 문단인 '청계천'의 첫 글자인 '청'이 2줄 크기로 장식되었습니다.

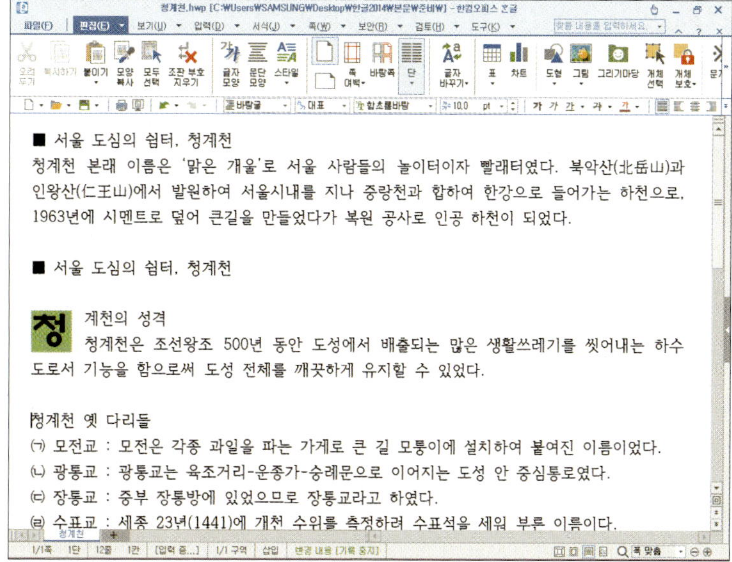

04 같은 방법으로 다른 문단의 첫 글자도 주어진 조건에 맞게 설정합니다.

조건

- 글꼴 : 휴먼옛체
- 선 종류 : 점선
- 선 굵기 : 0.1mm
- 선 색 : 노른자색
- 면 색 : 노른자색 40% 밝게

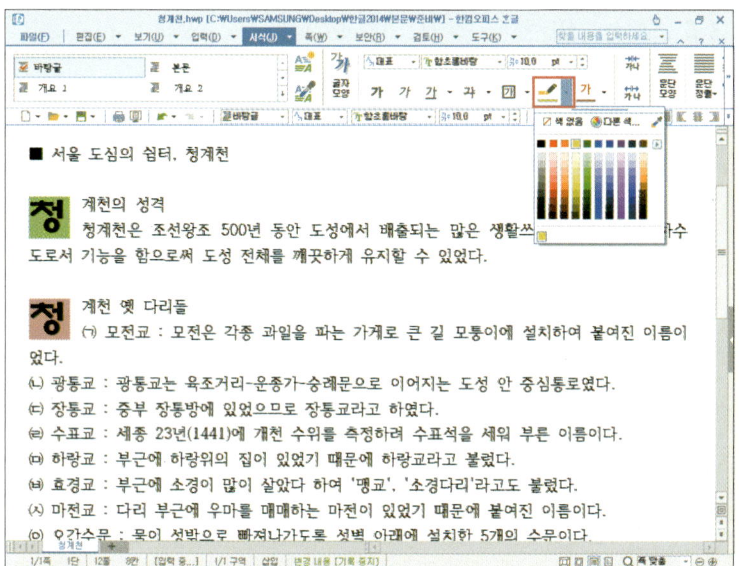

05 이번에는 문단에서 중심이 되는 부분을 강조하기 위해 [서식] 탭을 클릭합니다. 서식도구모음의 글자에서 (형광펜)의 목록을 클릭한 후 원하는 색상을 선택합니다.

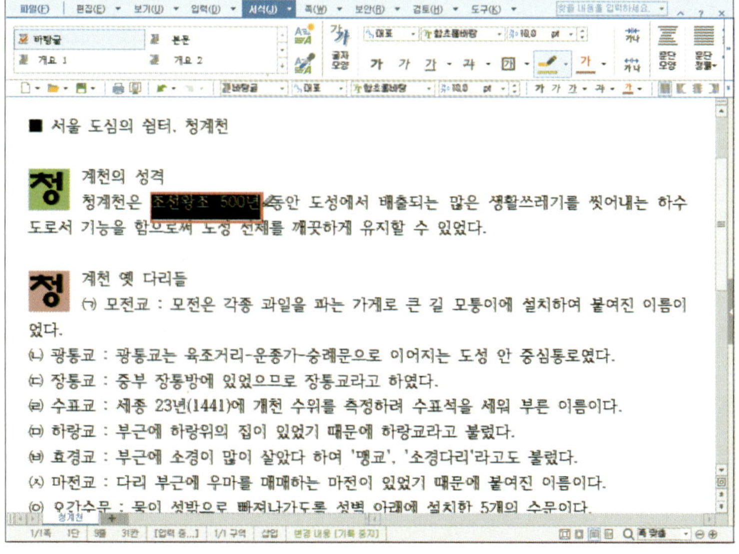

06 마우스 포인트의 모양이 로 바뀌면 강조하고 싶은 내용을 끌기하여 블록을 지정합니다.

07 다음과 같이 문단에서 강조하고 싶은 부분은 형광펜을 이용하여 완성합니다.

> **Tip** 형광펜 모양의 마우스 포인트를 해제하는 방법은 서식도구모음에서 ✎(형광펜)을 클릭하거나, `Esc`를 누릅니다.

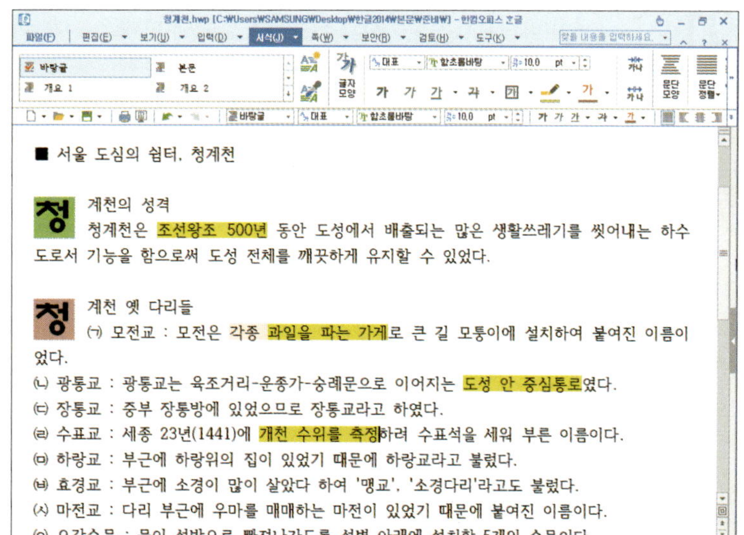

알아두기 | 문단 첫 글자 수정하기

장식한 문단 첫 글자를 다양한 방법으로 수정하기 위해 장식한 첫 글자에서 마우스 오른쪽 버튼을 클릭한 다음 [사각형 고치기], [개체 속성]을 선택하거나 단축키 `Ctrl`+`N`+`K`를 누릅니다.

[개체 속성] 대화상자의 [선] 탭에서 선색을 진달래에서 멜론으로 지정하고 사각형 모서리 곡률을 '반원'으로 선택한 후 [설정]을 클릭합니다.

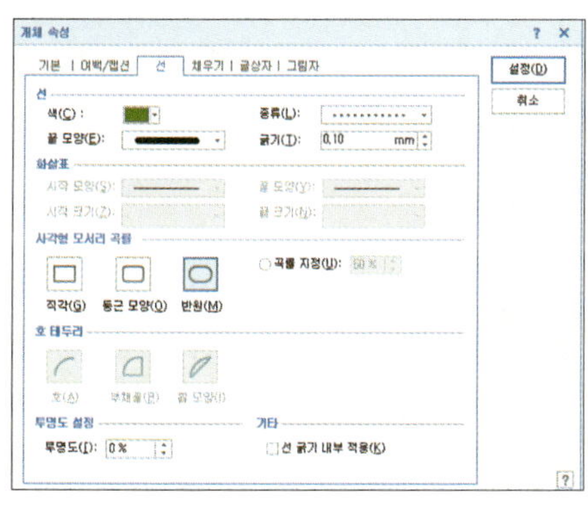

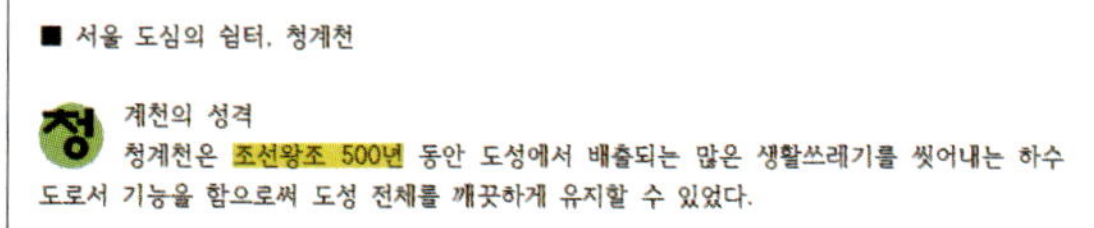

[개체 속성] 대화상자의 [그림자] 탭에서 종류를 '오른쪽 뒤'로 선택하고 그림자 색을 '멜론색 60% 밝게'로 지정한 후 [설정]을 클릭합니다.

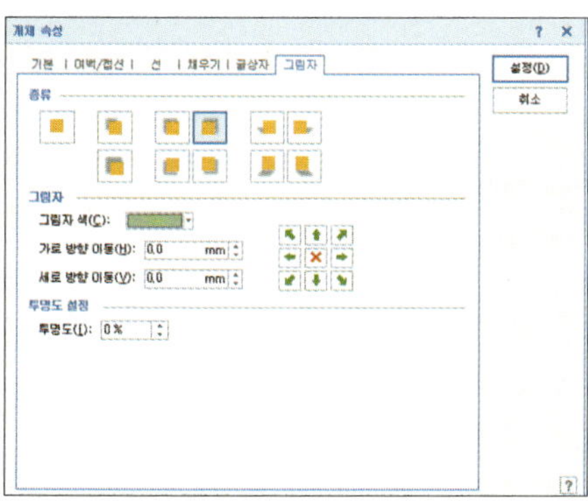

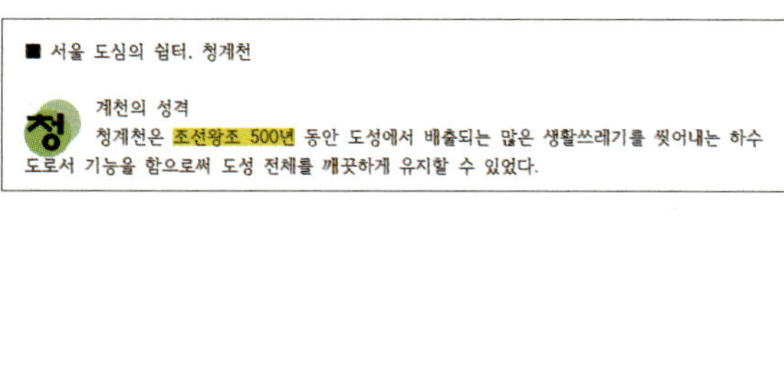

01

준비파일에서 특수문자와 원문자를 입력해 보세요.

지리산 대피소

지리산은 '지혜를 주는 산'이라는 뜻을 가졌으며, 지리산을 어머니 품속 같은 산이라 칭하며 깊은 애정을 표시한다. 국립공원관리공단에서 관리하는 공식적인 대피소는 6곳이며, 모두 예약제로 운영한다.

장터목 대피소 : 165명, 010-2883-1750
세석 대피소 : 190명, 010-3346-1601
벽소령 대피소 : 120명, 011-1767-1426
로타리 대피소 : 35명, 010-2851-1401
노고단 대피소 : 82명, 061-783-1507
연하천 대피소 : 60명, 063-625-1586

◆ 지리산 대피소

지리산은 '지혜를 주는 산'이라는 뜻을 가졌으며, 지리산을 어머니 품속 같은 산이라 칭하며 깊은 애정을 표시한다. 국립공원관리공단에서 관리하는 공식적인 대피소는 6곳이며, 모두 예약제로 운영한다.

① 장터목 대피소 : 165명, 010-2883-1750
② 세석 대피소 : 190명, 010-3346-1601
③ 벽소령 대피소 : 120명, 011-1767-1426
④ 로타리 대피소 : 35명, 010-2851-1401
⑤ 노고단 대피소 : 82명, 061-783-1507
⑥ 연하천 대피소 : 60명, 063-625-1586

▲ 준비파일 : 지리산 대피소.hwp

▲ 완성파일 : 지리산 대피소_완성.hwp

02

준비파일에서 '생선' 부분을 이동하고 다음과 같이 형광펜을 설정해 보세요.

>>>>>>> 세기의 금지 음식

생선 : 아프리카에서는 동북부와 동부 지역에서 주로 기피한다. 건조 지역과 반건조 지역, 유목생활의 전통이 있는 지역에서 주로 나타나며, 열대우림 지역에서는 거의 없다.
쇠고기 : 인도에서 대부분의 힌두교도들은 먹지 않는다.
보신탕 : 유럽에서나 미국에서는 혐오 음식으로 여긴다.
돼지고기 : 유대인과 이슬람교도들은 멀리한다. 이유는 돼지의 더러운 습성과 불결한 식습관 때문에 금했다는 것과, 선모충 감염 위험 때문이라는 가설을 들 수 있다.
문어와 오징어 : 북유럽인과 게르만 민족은 먹기를 꺼린다. 문어는 '악마의 물고기(devil fish)'라고 불릴 정도로 기피하는 대상이다.

>>>>>>> 세기의 금지 음식

쇠고기 : 인도에서 대부분의 힌두교도들은 먹지 않는다.
보신탕 : 유럽에서나 미국에서는 혐오 음식으로 여긴다.
돼지고기 : 유대인과 이슬람교도들은 멀리한다. 이유는 돼지의 더러운 습성과 불결한 식습관 때문에 금했다는 것과, 선모충 감염 위험 때문이라는 가설을 들 수 있다.
문어와 오징어 : 북유럽인과 게르만 민족은 먹기를 꺼린다. 문어는 '악마의 물고기(devil fish)'라고 불릴 정도로 기피하는 대상이다.
생선 : 아프리카에서는 동북부와 동부 지역에서 주로 기피한다. 건조 지역과 반건조 지역, 유목생활의 전통이 있는 지역에서 주로 나타나며, 열대우림 지역에서는 거의 없다.

▲ 준비파일 : 세기의 금지 음식.hwp

▲ 완성파일 : 세기의 금지 음식_완성.hwp

03

준비파일에서 다음과 같이 문단 첫 글자 장식을 완성해 보세요.

◆ 인간과 자연, 문화와 산업이 어우러진 책의 도시

파주 출판도시는 출판사와 인쇄사, 디자인사와 저작권중개사 등 250여 개의 관련기업이 입주하여 더 좋은 책을 만들고 빠른 공급을 위해 협력하고 있다. 청소년의 책에 대한 관심을 높일 수 있도록 책방, 갤러리, 공연장 등의 40여 곳의 문화공간에서 다양한 책 문화 프로그램을 운영한다.

파주 출판도시의 견학프로그램은 책을 기획하는 단계에서 편집, 인쇄, 제책과정을 거친 후 출판물 종합유통센터를 통해 전국의 독자들에게 공급되기까지 일련의 과정을 모두 체험할 수 있다. 전문 해설사가 동행하여 출판도시의 역사와 문화는 물론, 생태와 건축에 대한 이야기와 함께 다양한 체험활동을 진행한다.<출처 : 한국관광공사>

◆ 인간과 자연, 문화와 산업이 어우러진 책의 도시

파 주 출판도시는 출판사와 인쇄사, 디자인사와 저작권중개사 등 250여 개의 관련기업이 입주하여 더 좋은 책을 만들고 빠른 공급을 위해 협력하고 있다. 청소년의 책에 대한 관심을 높일 수 있도록 책방, 갤러리, 공연장 등의 40여 곳의 문화공간에서 다양한 책 문화 프로그램을 운영한다.

파 주 출판도시의 견학프로그램은 책을 기획하는 단계에서 편집, 인쇄, 제책과정을 거친 후 출판물 종합유통센터를 통해 전국의 독자들에게 공급되기까지 일련의 과정을 모두 체험할 수 있다. 전문 해설사가 동행하여 출판도시의 역사와 문화는 물론, 생태와 건축에 대한 이야기와 함께 다양한 체험활동을 진행한다.<출처 : 한국관광공사>

▲ 준비파일 : 파주 출판도시.hwp

▲ 완성파일 : 파주 출판도시_완성.hwp

힌트 ▶ 맑은고딕, 원형 점선, 0.5mm, 바다색, 바다색 60% 밝게
루비색 60% 밝게

심화문제

01

준비파일에서 제목과 특수문자를 입력하고 복사하여 붙이기하세요.

반상에는 반찬의 가짓수에 따라서 3첩~12첩까지 있다. 반찬은 김치를 기본으로 하여 생채·숙채·구이·조림·전·회·젓갈과 마른반찬에서 세 가지~열두 가지를 선정하여 배합한다.

3첩 반상 : 생채와 숙채에다 구이나 조림 중 한가지를 택한다.
5첩 반상 : 3첩의 반찬에다 전과 마른반찬이나 젓갈을 더하고 국 이외에 찌개를 더한다.
7첩 반상 : 5첩에다 구이(혹은 조림)와 회를 더하고 찌개와 찜을 다 차린다.

9첩 이상에서는 구이와 조림, 전에서 식품이 다른 것으로 두세 종류를 차리고 마른반찬과 젓갈을 모두 쓴다. 각 반상에는 음식 내용에 맞추어 3첩에는 간장, 5첩에는 간장과 초간장(전에 필요함), 7첩 이상에서는 간장·초간장·초고추장(또는 겨자즙 : 회에 필요함.)의 종지를 놓는다.

▲ 준비파일 : 반상.hwp

◉ 우리의 민속문화_반상(飯床)
반상에는 반찬의 가짓수에 따라서 3첩~12첩까지 있다. 반찬은 김치를 기본으로 하여 생채·숙채·구이·조림·전·회·젓갈과 마른반찬에서 세 가지~열두 가지를 선정하여 배합한다.

☞ 3첩 반상 : 생채와 숙채에다 구이나 조림 중 한가지를 택한다.
☞ 5첩 반상 : 3첩의 반찬에다 전과 마른반찬이나 젓갈을 더하고 국 이외에 찌개를 더한다.
☞ 7첩 반상 : 5첩에다 구이(혹은 조림)와 회를 더하고 찌개와 찜을 다 차린다.

◉ 우리의 민속문화_반상(飯床)
9첩 이상에서는 구이와 조림, 전에서 식품이 다른 것으로 두세 종류를 차리고 마른반찬과 젓갈을 모두 쓴다. 각 반상에는 음식 내용에 맞추어 3첩에는 간장, 5첩에는 간장과 초간장(전에 필요함), 7첩 이상에서는 간장·초간장·초고추장(또는 겨자즙 : 회에 필요함.)의 종지를 놓는다.

▲ 완성파일 : 반상_완성.hwp

02

준비파일에서 문자표를 잘라 이동하고 첫 글자를 장식하세요.

Let It Go

The snow glows white on the mount tonight.
not a footprint to be seen
A kingdom of isolation and
it looks like I'm the Queen

The wind is howling like this swirling storm inside
Couldn't keep it in. Heaven knows I've tried
Don't let them in. don't let them see
Be the good girl you always have to be
Conceal. don't feel. don't let them know
Well. now they know
●●●●●●●●●●●●●●●●●●●●●●<< 영화 '겨울왕국'의 주제곡

▲ 준비파일 : 겨울왕국.hwp

Let It Go
●●●●●●●●●●●●●●●●●●●●●●<< 영화 '겨울왕국'의 주제곡

T he snow glows white on the mount tonight.
not a footprint to be seen
A kingdom of isolation and
it looks like I'm the Queen

T he wind is howling like this swirling storm inside
Couldn't keep it in. Heaven knows I've tried
Don't let them in. don't let them see
Be the good girl you always have to be
Conceal. don't feel. don't let them know
Well. now they know

▲ 완성파일 : 겨울왕국_완성.hwp

힌트 실선 0.1mm, 진달래색 80% 밝게, 에메랄드 블루 80% 밝게, 둥근 모양

03

준비파일에서 첫 줄의 첫 글자를 장식하고 중요한 부분에 형광펜을 그어 보세요.

맛에 대한 우리의 고정 관념

우리가 맛을 느낄 때 미각은 1% 정도에 지나지 않고 시각이 87% 정도 작용한다고 한다. 즉, 맛이라는 것은 눈을 통해 습득한 관념들이 더해져서 느끼게 된다는 것이다.

색채학자 노무라 준이치(일본 도요(東陽) 대학)는 미각에 관한 흥미로운 실험을 했다. 먼저 똑같은 커피가 든 4개의 캔을 각각 빨간색, 노란색, 파란색, 진한 갈색으로 칠한 다음. 칸막이가 쳐진 4개의 테이블 위에 각각 올려둔다. 그리고 각각의 색을 입힌 캔 커피를 똑같은 컵 4개에 각각 따른 다음. 컵 옆에는 그 컵에 따른 커피 캔을 놓아둔다. 실험 결과, 피실험자의 73%가 진한 갈색 캔의 커피가 '맛과 향이 제일 진하다'라고 응답했으며, 87%가 노란색 캔 커피가 '맛과 향이 제일 연하다'라고 응답하였다.

▲ 준비파일 : 맛.hwp

맛 에 대한 우리의 고정 관념

우리가 맛을 느낄 때 미각은 1% 정도에 지나지 않고 시각이 87% 정도 작용한다고 한다. 즉, 맛이라는 것은 눈을 통해 습득한 관념들이 더해져서 느끼게 된다는 것이다.

색채학자 노무라 준이치(일본 도요(東陽) 대학)는 미각에 관한 흥미로운 실험을 했다. 먼저 똑같은 커피가 든 4개의 캔을 각각 빨간색, 노란색, 파란색, 진한 갈색으로 칠한 다음. 칸막이가 쳐진 4개의 테이블 위에 각각 올려둔다. 그리고 각각의 색을 입힌 캔 커피를 똑같은 컵 4개에 각각 따른 다음. 컵 옆에는 그 컵에 따른 커피 캔을 놓아둔다. 실험 결과, 피실험자의 73%가 진한 갈색 캔의 커피가 '맛과 향이 제일 진하다'라고 응답했으며, 87%가 노란색 캔 커피가 '맛과 향이 제일 연하다'라고 응답하였다.

▲ 완성파일 : 맛_완성.hwp

힌트 태나무, 노른자색, 반원, 오른쪽 뒤

04 글자 모양과 문단 모양 만들기

SECTION

한글에서 문서의 성격에 맞는 다양한 글자 모양을 지정해 보고, 반복하여 사용되는 글자 모양은 [모양 복사]를 기능으로 다른 문자열에도 사용하는 방법도 알아봅니다. 또한 문단에는 문단 모양을 지정하여 평면적인 문서를 입체적으로 만드는 방법을 알아봅니다.

PREVIEW

건강한 밥상을 위한 먹거리

'새싹채소' 또는 '베이비채소'의 효능

씨앗에서 처음으로 발아되어 나오는 어린 잎이나 줄기를 싹이라 하며, 발아한 지 4~5일 된 것은 새싹채소 또는 베이비채소라 부르고 15일 정도 되어 본잎이 나온 것을 어린잎채소라고 한다. 건강한 밥상을 위한 새싹채소의 효능을 알아보자.

겨자 새싹은?

섬유질과 매운맛의 조화로 카로틴, 비타민C, 칼슘, 인, 철이 풍부하여, 눈, 귀를 밝게 하고 마음을 안정시키는 효과, 무나 와사비같은 톡 쏘는 매운 맛과 향이 있는 채소이다.

새싹 들깨은?

여성들과 성장기 어린이들에게 좋은 것으로 알려있으며, 들깨 특유의 향을 가지고 있으나, 다른 싹에 비해 생장이 늦으며, 실내재배가 적합하다.

밀 새싹은?

단백질 덩어리로 건강식품중 최고로 약 70%가 엽록소이며 산소가 풍부하며, 성장속도가 9~12일 정도로 비교적 긴편으로, 연한 녹색의 잔디 모양의 싹을 먹으면 단맛이 나는 채소이다.

순무 새싹은?

입맛을 돋구어 주는 강화순무싹은 덜 매운 맛을 내고, 샐러드등으로 생으로 먹을 수 있고 입맛을 돋구며 씨앗과 자라는 새싹이 마르지 않게 물을 뿌려주면 4~6일째 수확가능하다.

쌀보리 새싹은?

시금치보다 많은 칼슘, 철분 함유하여 성장을 돕고 면역기능이 강하며 고혈압에 좋으며 10일정도 키우면 수확가능 섬유질이 있어 즙을 내어 먹는 것이 좋고, 생으로 좋다.

◀ 완성파일 : 새싹채소_완성.hwp

학습내용

실습 01 글자 모양 지정하기

실습 02 지정한 글자 모양 복사하기

실습 03 문단 모양 지정하기

체크포인트

- [글자 모양] 대화상자에서 서식을 지정하고 그림자를 넣는 방법을 알아본다.
- 글자 모양은 [모양 복사] 기능을 사용하여 복사하는 방법을 알아본다.
- 서식도구상자에서 문단을 정렬하는 방법을 알아본다.
- [문단 모양] 대화상자에서 테두리/배경을 지정하는 방법을 알아본다.

글자 모양 지정하기

▼ 준비파일 : 새싹채소.hwp

01 준비파일을 열어 화면과 같이 큰 제목줄을 블록 지정합니다.

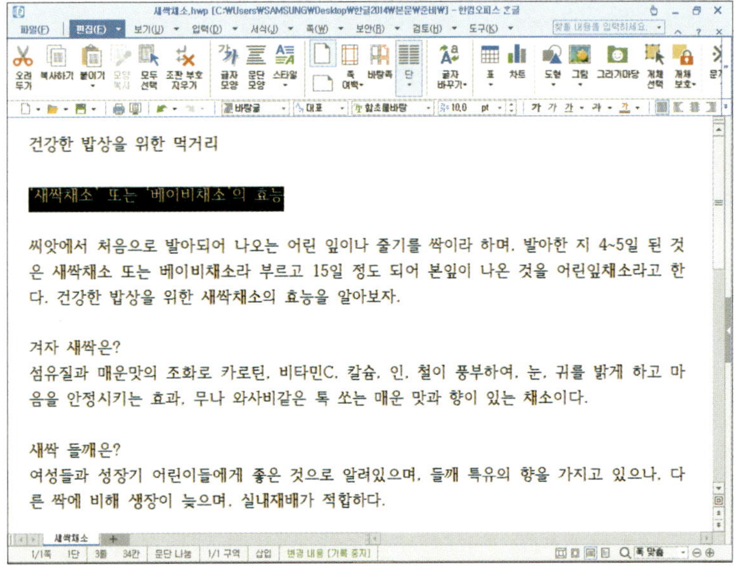

02 글꼴을 지정하기 위해 [서식] 탭을 선택한 후 글자에서 합초롬바탕 (글꼴) 목록 단추를 클릭하고 'MD 개성체'을 선택합니다.

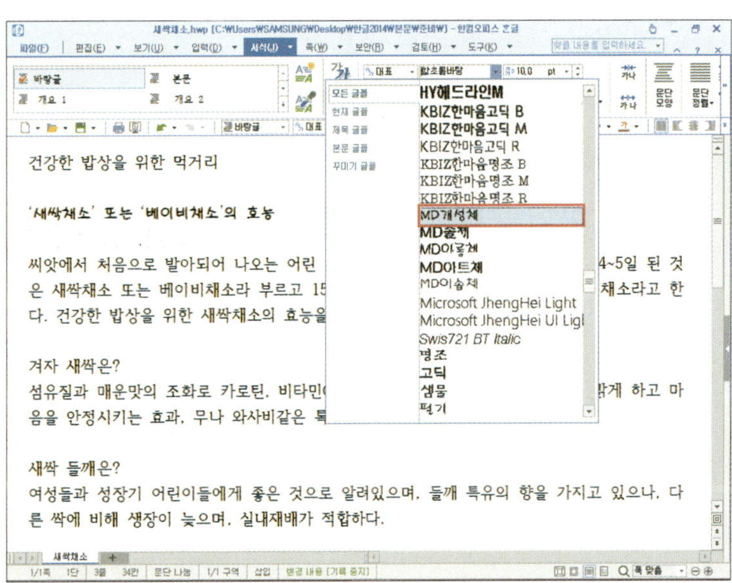

03 글자크기를 지정하기 위해 10.0 pt (글자크기) 목록 단추를 클릭하여 글자 크기를 '18'으로 지정합니다.

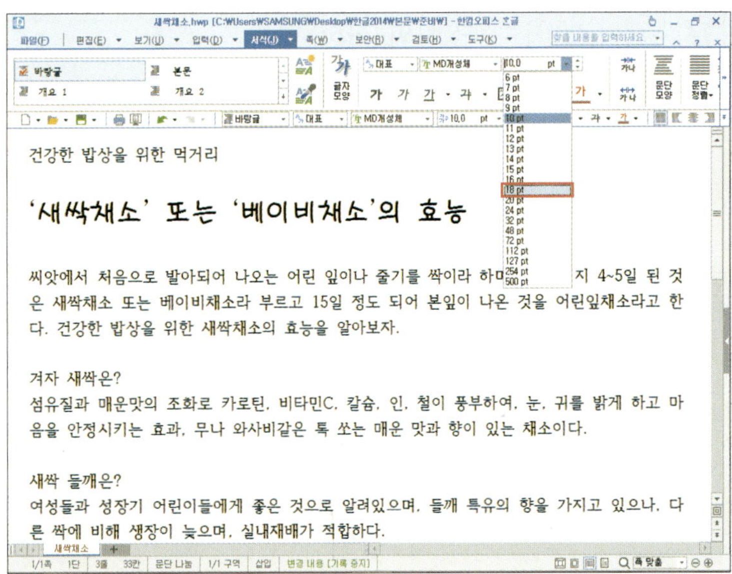

04 글자색을 지정하기 위해 가·(글자색) 목록 단추를 클릭한 다음 '멜론색'을 선택합니다.

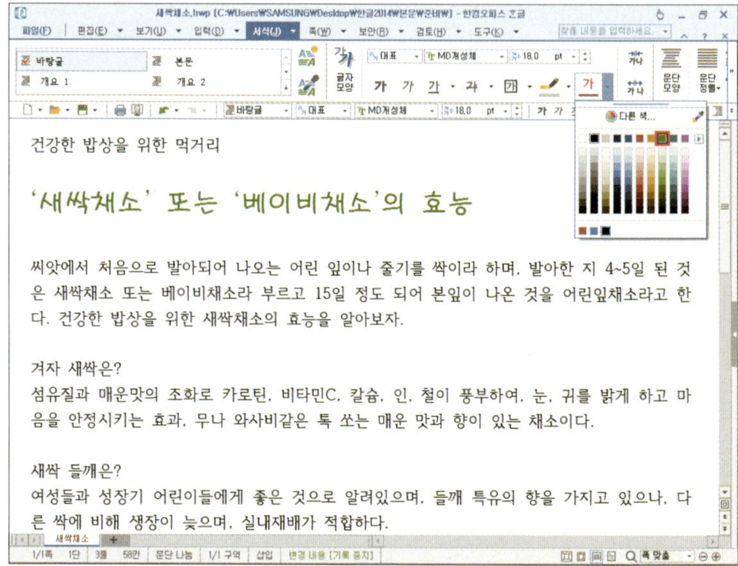

05 이번에는 글자에 그림자를 지정하기 위해 블록을 지정한 후 가(글자모양)을 클릭합니다.

Tip 글자 모양의 단축키는 Alt + L 입니다.

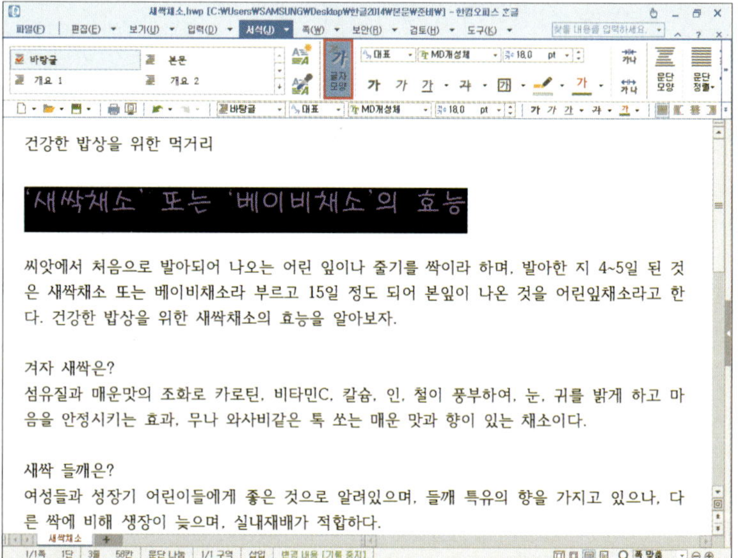

06 [글자 모양] 대화상자의 [확장] 탭에서 그림자는 '연속', 그림자색은 '진달래색 60% 밝게'를 선택한 다음 [설정]을 클릭합니다.

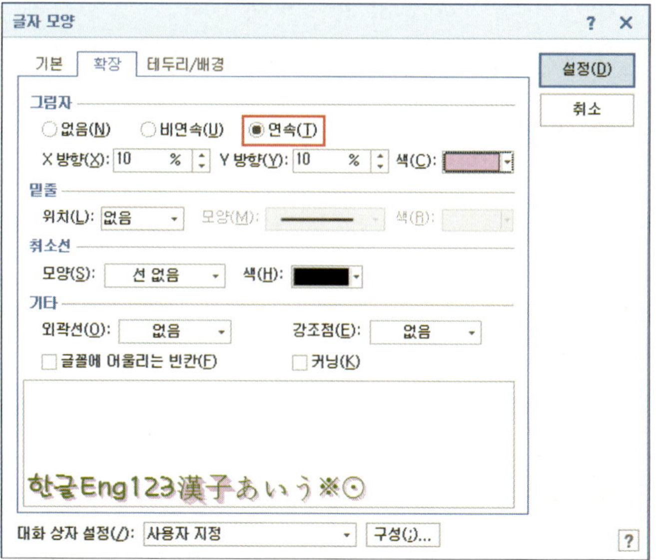

지정한 글자 모양 복사하기

01 이번에는 소제목에 글자 모양을 지정하고 지정한 글자 모양을 복사한 후 다른 소제목에 동일한 글자 모양을 지정합니다. 먼저 첫 번째 소제목인 '겨자 새싹은?'을 블록 지정하고 [서식] 탭에서 (글자 모양)을 클릭합니다.

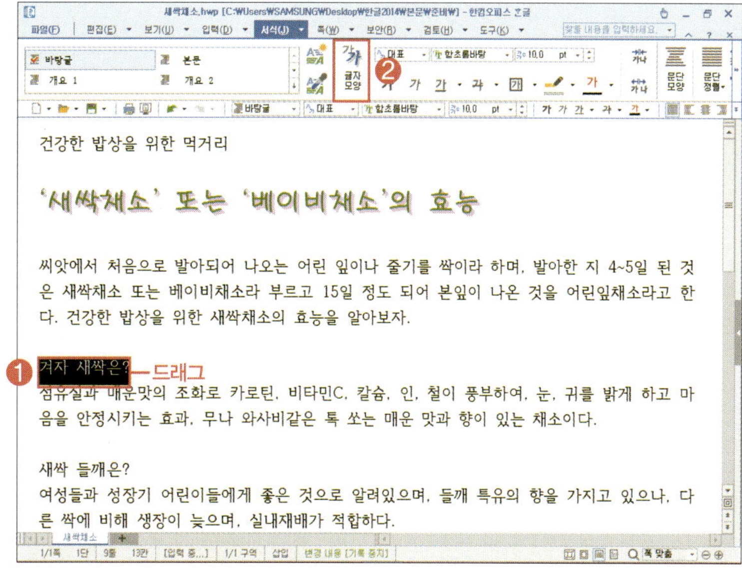

02 [글자 모양] 대화상자에서 기준 크기 '12pt', 글꼴 'HY엽서L', 속성 '진하게', 글자색 '루비색 10% 어둡게'을 선택하고 [설정]을 클릭합니다.

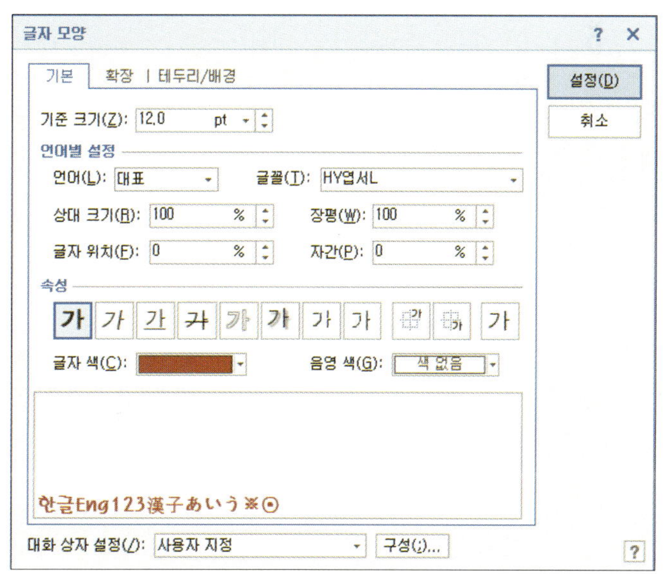

03 이번에는 다른 소제목도 같은 모양을 지정하기 위해 복사할 소제목에 커서를 이동합니다. [편집] 탭을 클릭하고 클립보드에서 (모양 복사)를 선택합니다.

> **Tip** 모양 복사의 단축키는 Alt + C입니다.

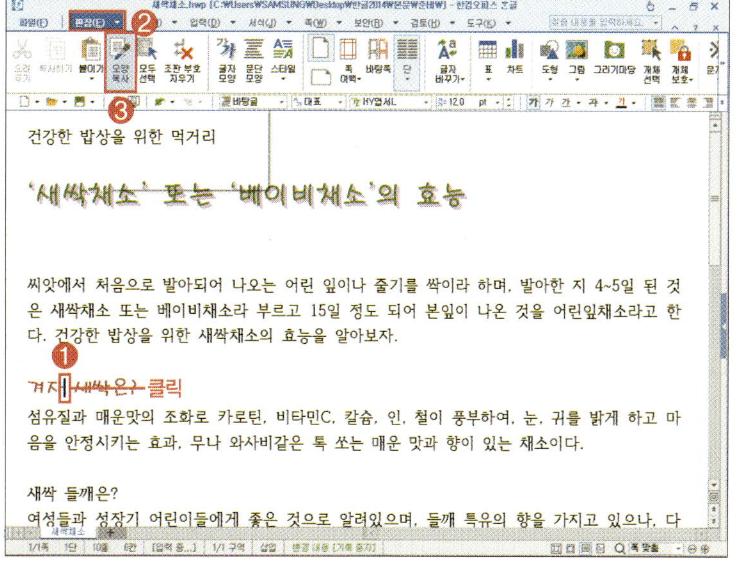

04 [모양 복사] 대화상자의 본문 모양 복사에서 '글자 모양'을 선택한 다음 [복사]를 클릭합니다.

05 복사한 모양을 적용하기 위해 다른 소제목인 '새싹 들깨은?'을 블록 지정하고 (모양 복사)를 클릭합니다.

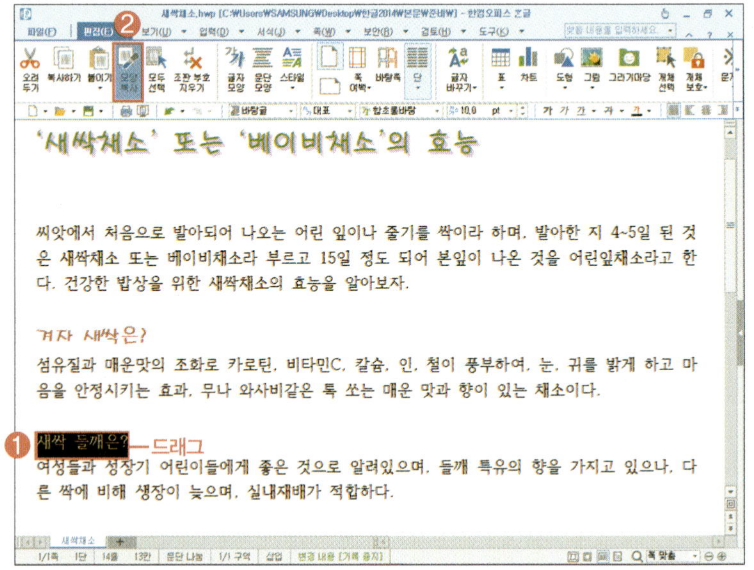

06 모양 복사가 끝나면 서식도구상자의 가·(글자 색) 목록 단추를 클릭하고 원하는 색을 선택합니다. 같은 방법으로 다른 소제목에도 모양 복사를 지정하고 원하는 글자색으로 수정합니다.

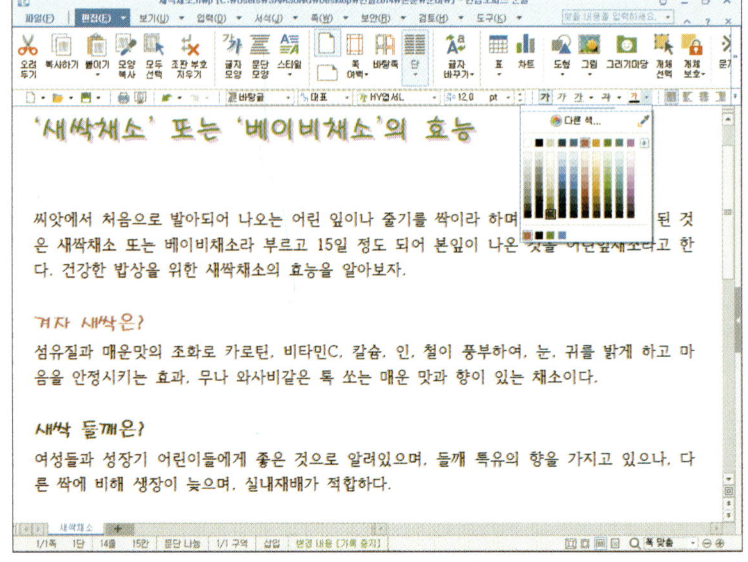

문단 모양 지정하기

01 문단 모양을 지정할 위치에 커서를 두고 [편집] 탭의 서식에서 ☰(문단 모양)을 선택합니다.

> **Tip** 문단 모양의 단축키는 Alt + T 입니다.

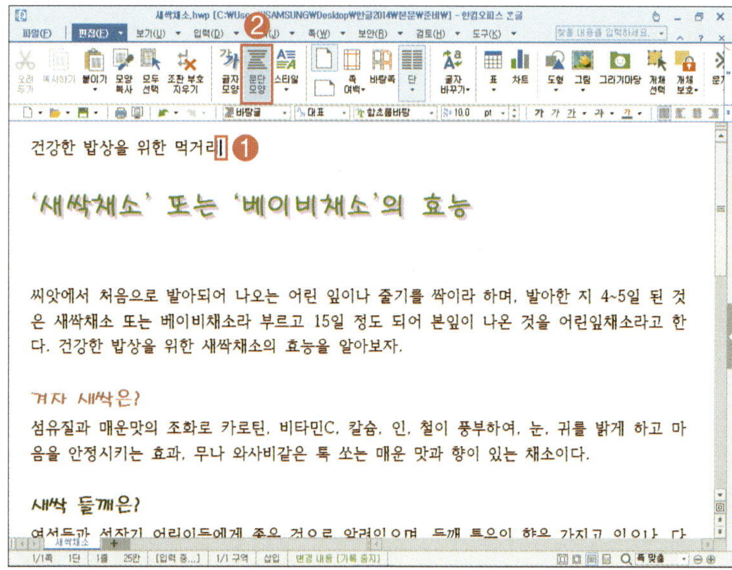

02 [문단 모양] 대화상자의 [기본] 탭에서 ☰(오른쪽 정렬)을 클릭합니다.

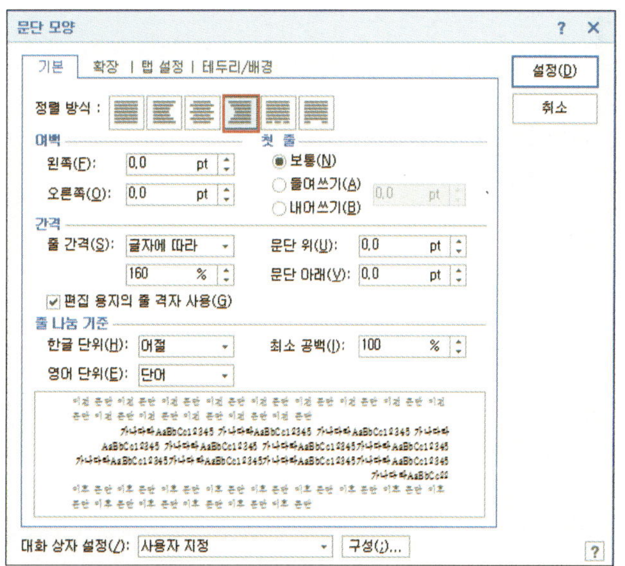

03 [문단 모양] 대화상자의 [테두리/배경] 탭에서 배경의 면 색을 선택하고 간격을 모두 '1mm', '문단 여백 무시'를 클릭한 후 [설정]을 선택합니다.

> **Tip** 간격은 문단의 여백을 지정하며, '문단 여백 무시'에 체크하면 문단에 기본적으로 지정되어 있는 문단의 여백이 무시됩니다.

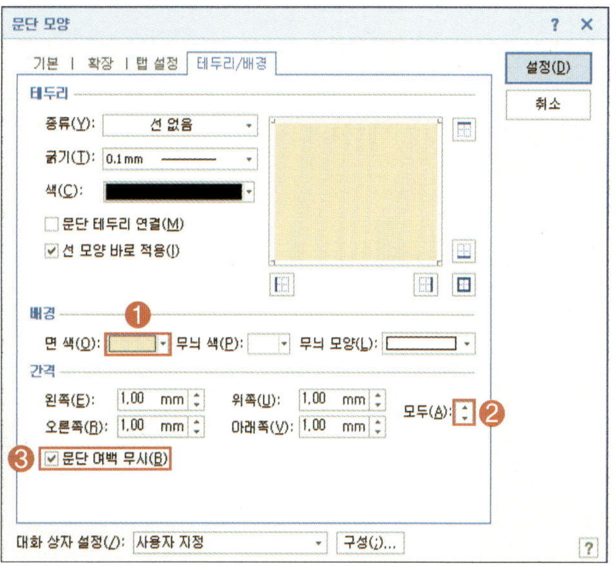

04 글꼴을 변경하기 위해 블록으로 지정하고 서식도구상자에서 글꼴을 '휴먼모음T'로 선택합니다.

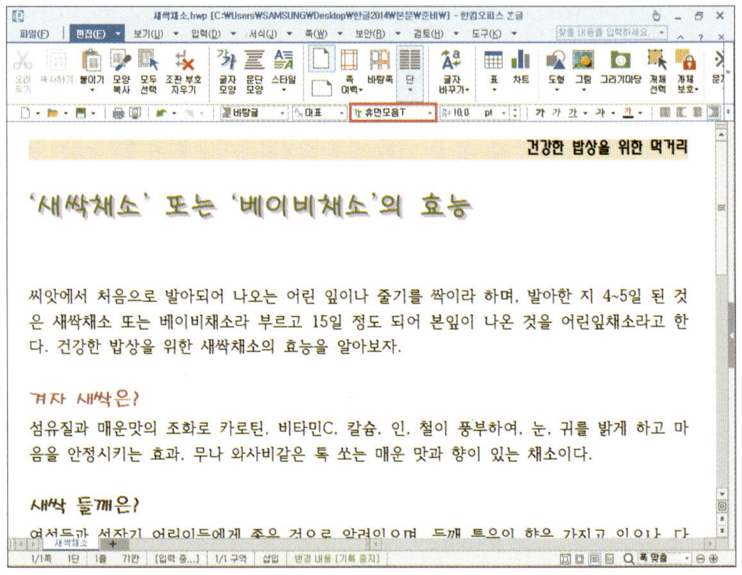

05 이번에는 문단의 정렬을 지정하기 위해 지정할 위치에 커서를 이동한 다음 [서식] 탭의 문단에서 ▤(가운데 정렬)을 클릭합니다.

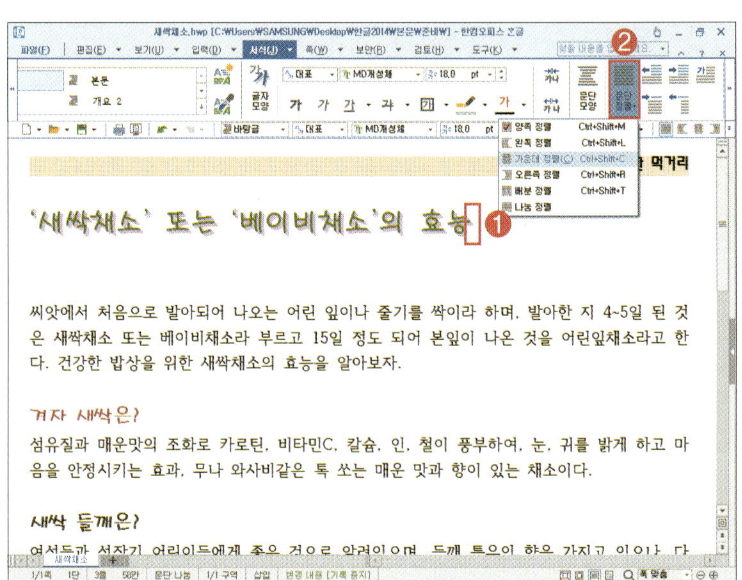

06 다음 문단에 배경을 지정하기 위해 블록을 지정하고 [서식] 탭에서 문단 ▭(문단 모양)을 선택합니다.

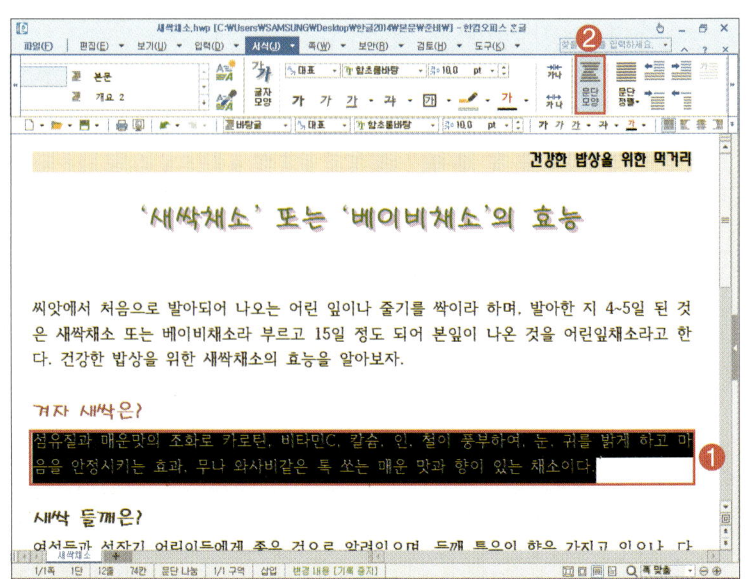

07 [문단 모양] 대화상자 [기본] 탭의 여백에서 문단 전체를 오른쪽으로 이동하기 위해 왼쪽을 '10pt'로 지정합니다.

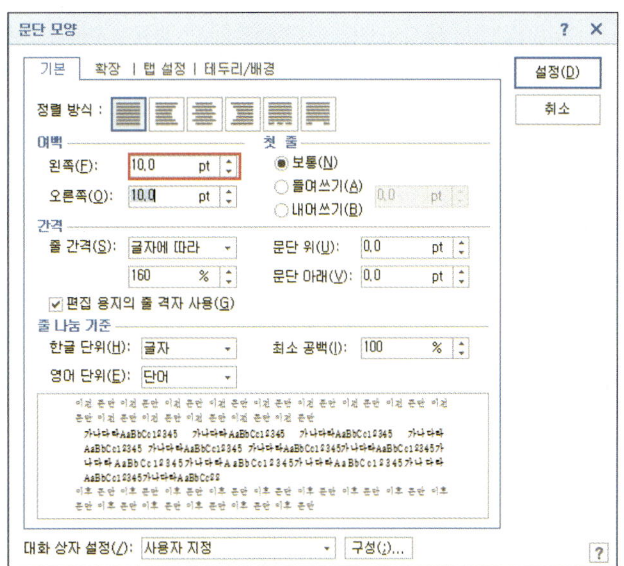

08 [테두리/배경] 탭에서 테두리 종류, 굵기, 색을 선택하고 미리보기 창에서 回(모두)를 선택합니다. 배경의 면 색을 선택하고 문단의 위아래 간격을 지정하기 위해 '모두' 증감 단추를 클릭하여 1mm로 지정한 후 [설정]을 선택합니다.

> Tip [문단 모양] 대화상자에서 '문단 테두리 연결'은 두 개 이상의 문단을 하나의 문단으로 연결하며, 만약 체크를 해제하면 문단마다 테두리가 나타납니다.

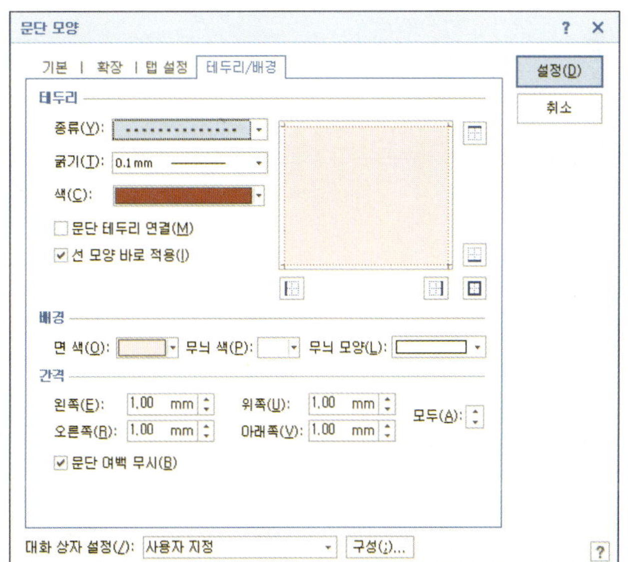

09 다른 문단에도 같은 방법으로 문단 테두리를 지정하고 [파일] 탭의 [미리보기]를 선택하여 확인합니다.

> Tip 문단을 복사하려면 [모양 복사] – [문단 모양]을 선택한 후 '테두리/배경'만 변경할 수도 있습니다.

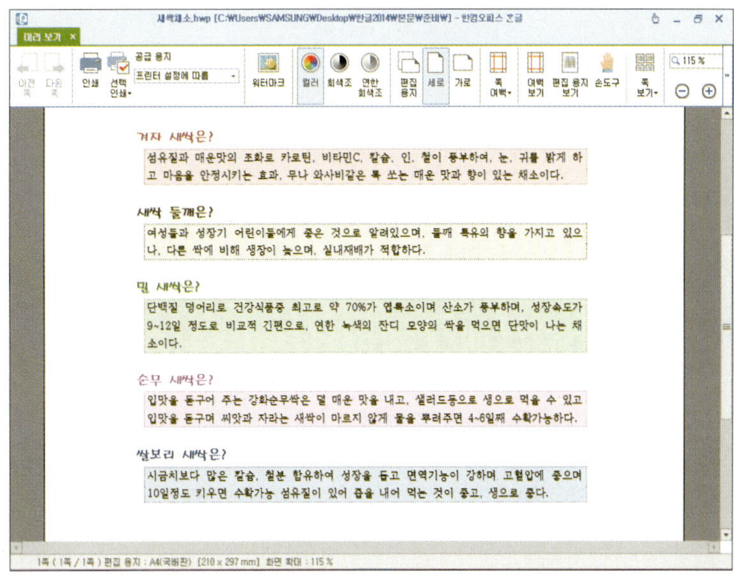

01

준비파일에서 글자 모양을 변경하고 문단 정렬을 변경해 보세요.

▲ 준비파일 : 고로쇠.hwp

▲ 완성파일 : 고로쇠_완성.hwp

조건

- 글꼴 : MD 솔체, 휴먼모음T
- 글자 크기 : 9pt, 11pt, 15pt
- 정렬 : 오른쪽 정렬, 가운데 정렬

02

준비파일에서 문단을 정렬하고 문단에 배경을 만들어 보세요.

▲ 준비파일 : 벼룩시장.hwp

▲ 완성파일 : 벼룩시장_완성.hwp

조건

- 글꼴 : 태나무, 휴먼엑스포
- 글자 크기 : 9pt, 12pt, 14pt
- 문단 테두리 : 실선, 0.1mm
- 문단 테두리 간격 : 1mm
- 문단 테두리 연결
- 문단 여백 무시

01 준비파일에서 글자 모양을 변경하고 문단 모양에 선과 배경을 만들어 보세요.

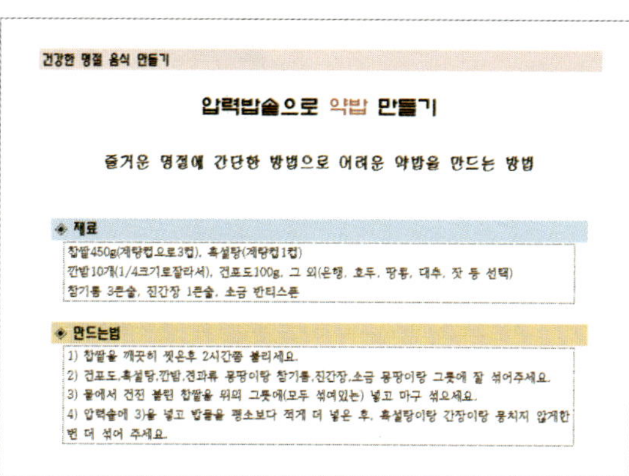

▲ 준비파일 : 명절음식.hwp

▲ 완성파일 : 명절음식_완성.hwp

- 글꼴 : 휴먼모음T, 휴먼엑스포, 태나무
- 글자 크기 : 9pt, 12pt, 15pt
- 정렬 : 가운데 정렬
- 테두리 굵기 : 0.1mm

- 문단 테두리 간격 : 1mm
- 문단여백 무시
- 문단 테두리 연결

02 준비파일에서 제목 글을 정렬하고 글자 모양과 문단 모양을 변경해 보세요.

▲ 준비파일 : 무주산골영화제.hwp

▲ 완성파일 : 무주산골영화제_완성.hwp

- 글꼴 : 양재난초체, 휴먼엑스포, 휴먼모음T
- 글자 크기 : 9pt, 12pt, 18pt
- 정렬 : 오른쪽 정렬, 가운데 정렬

- 문단 테두리 간격 : 1mm
- 문단여백 무시
- 문단 테두리 연결

05
SECTION

문서마당으로 초대장 만들기

문서마당은 평소에 자주 사용하는 문서 모양을 미리 서식 파일(*.Hwt)로 만들어 [문서마당 꾸러미]에 분류하여 필요할 때마다 불러와 사용할 수 있는 템플릿(Template) 방식의 기능입니다. 문서마당은 처음 사용자도 쉽게 필요한 용도에 따라 선택하여 내용에 어울리는 문서를 쉽고 빠르게 만들 수도 있습니다.

PREVIEW

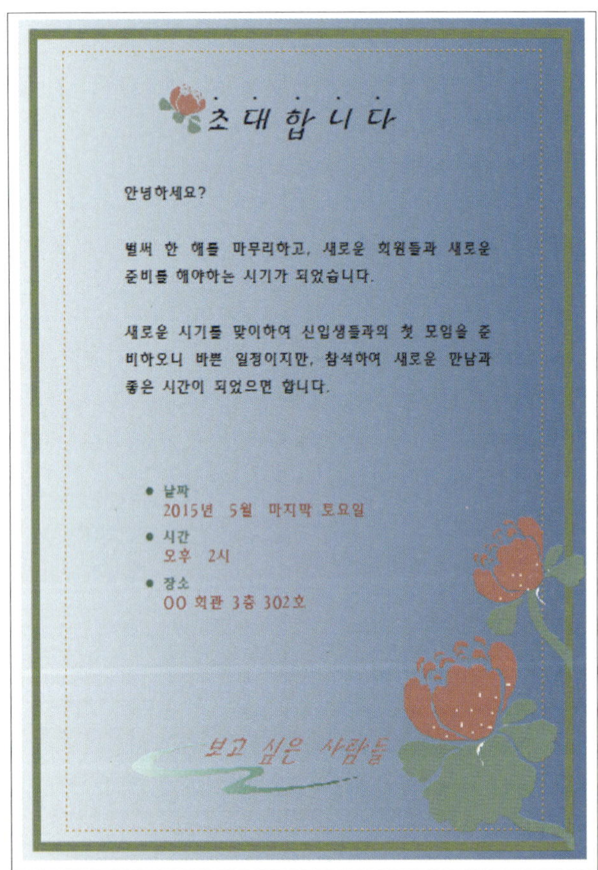

▲ 완성파일 : 초대장_완성.hwp

학습내용

실습 01 [문서마당] 문서 불러오기

실습 02 문서 배경 꾸미기

실습 03 문서 미리보고 인쇄하기

체크포인트

● [파일] − [새 문서] − [문서마당]을 이용하여 문서를 작성한다.

● 문서에 배경을 삽입하기 위해 [쪽] −[쪽 테두리/배경]에서 지정한다.

● 다양한 배경을 삽입하는 방법을 알아보고 활용한다.

● 문서의 가장자리에 테두리를 만드는 방법을 알아본다.

● 미리보기 화면에서 문서를 설정하는 방법과 인쇄하는 방법을 알아본다.

[문서마당] 문서 불러오기

01 빈 문서에서 [파일] – [새 문서] – [문서 마당]을 선택합니다.

> **Tip** [문서마당]을 여는 단축키는 `Ctrl` + `Alt` + `N` 을 누릅니다.

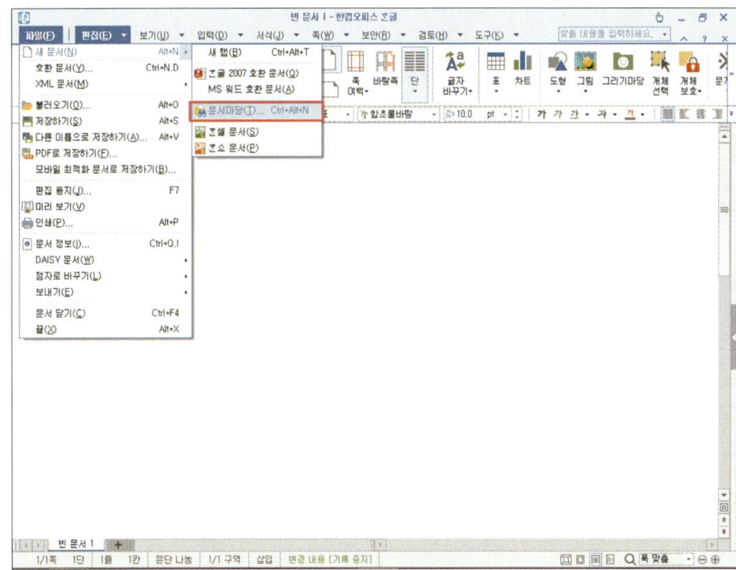

02 [문서마당] 대화상자에서 [문서마당 꾸러미] 탭을 선택하고 [초대장 문서]에서 서식 파일 종류로 '동문 모임 초대장 2'를 클릭한 후 [열기]를 선택합니다.

> **Tip** [최근 이용한 문서마당] 탭에는 사용한 적이 있는 문서의 목록이 나타나고, [서식 파일 찾기] 탭에서는 서식의 이름을 입력하면 쉽게 찾을 수 있습니다.

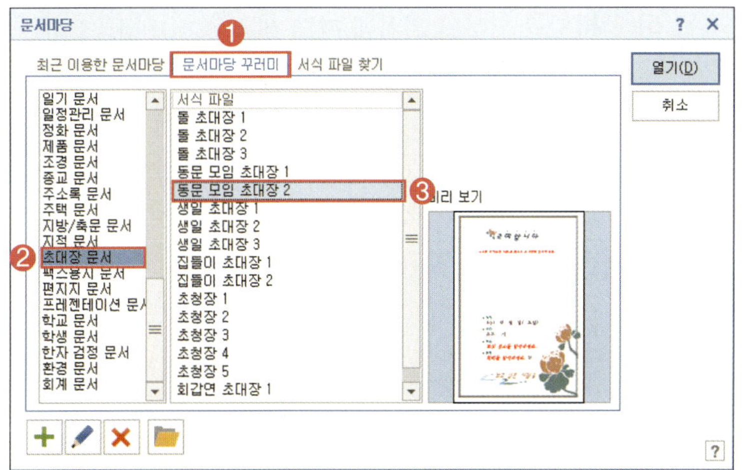

03 '빈 문서 1'라는 파일명으로 문서 마당에서 선택한 '동문 모임 초대장 2' 문서가 나타납니다.

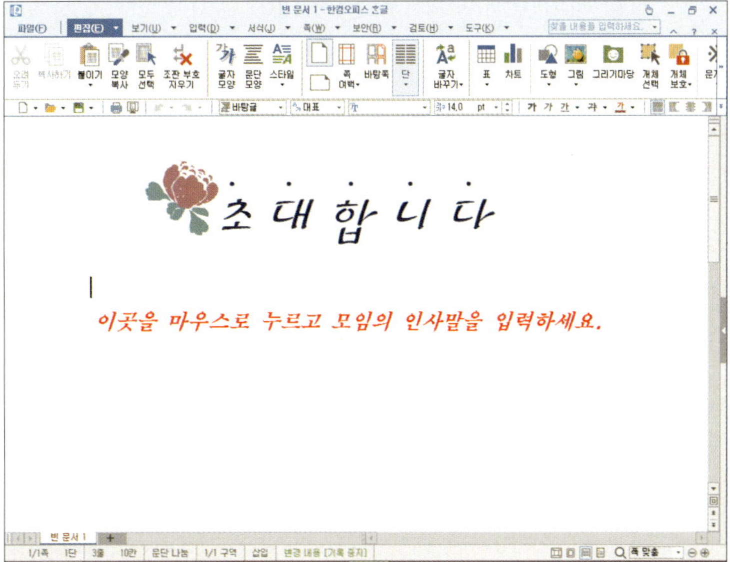

04 원하는 부분을 선택하여 나타나는 메뉴를 사용할 수 있습니다. 이 때 삽입된 문서에서 이미지를 선택하면 자동으로 [도형] 탭이 선택되어 메뉴가 바뀝니다.

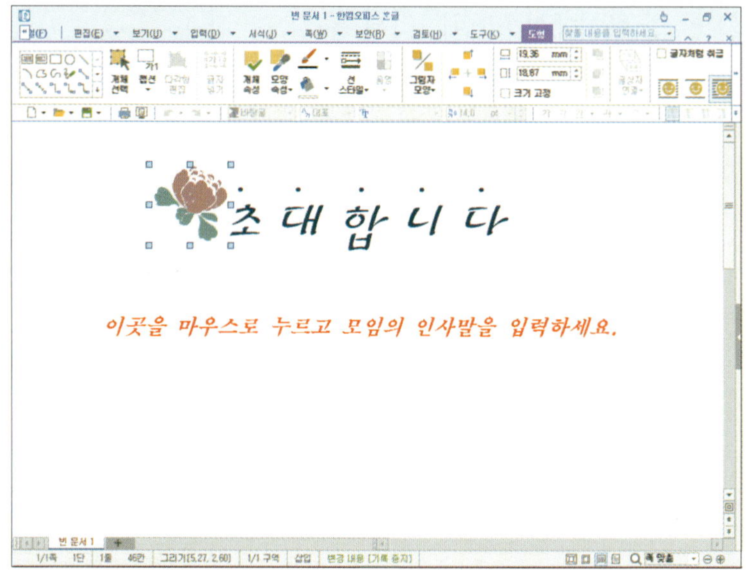

05 내용 입력 부분을 선택하면 [표] 탭이 선택되고 커서의 위치에 따른 셀 편집 상태를 확인할 수 있습니다. 현재 내용 입력 창은 표로 구성되어 있으며 [세로 위로 정렬], [셀 가운데 위 정렬] 상태임을 알 수 있습니다.

> **Tip**　현재 지정된 정렬 위치를 변경하려면 다른 정렬 아이콘에 마우스를 이동하고 풍선말을 확인하고 원하는 정렬 위치를 선택합니다.

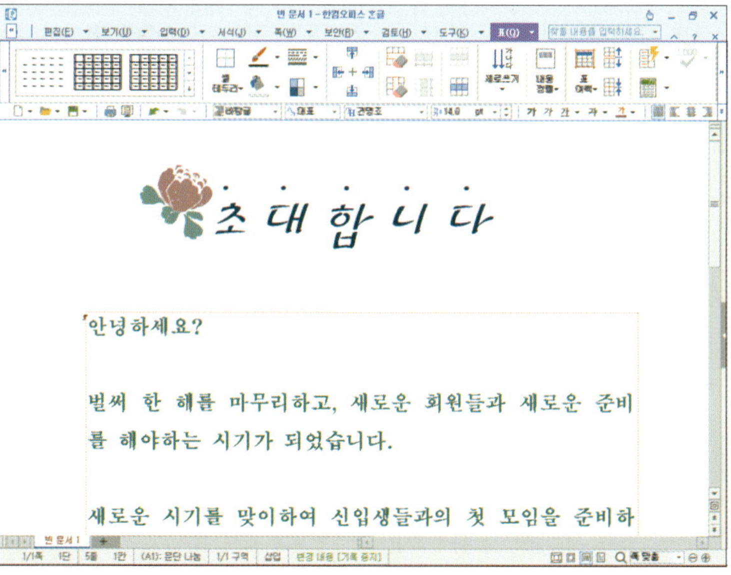

06 내용 입력 부분을 클릭한 후 초대와 관련된 내용을 입력합니다.

07 입력한 내용을 블록 지정한 후 서식 도구상자에서 [글꼴], [글자 크기], [글자색]을 각각 선택하여 글자 속성을 지정합니다.

조건
- 글꼴 : HY 크리스탈M
- 글자 크기 : 15pt
- 글자 색 : 검은바다색 10% 어둡게

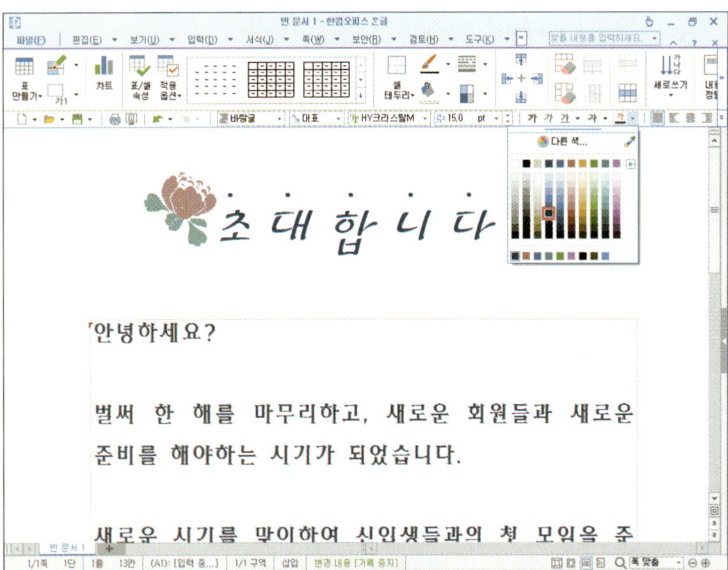

08 오른쪽 셀로 커서를 이동하여 나머지 셀에도 내용을 입력하고 다음과 같이 글자 속성을 지정합니다.

조건
- 글꼴 : HY 크리스탈M
- 글자 크기 : 14pt, 15pt

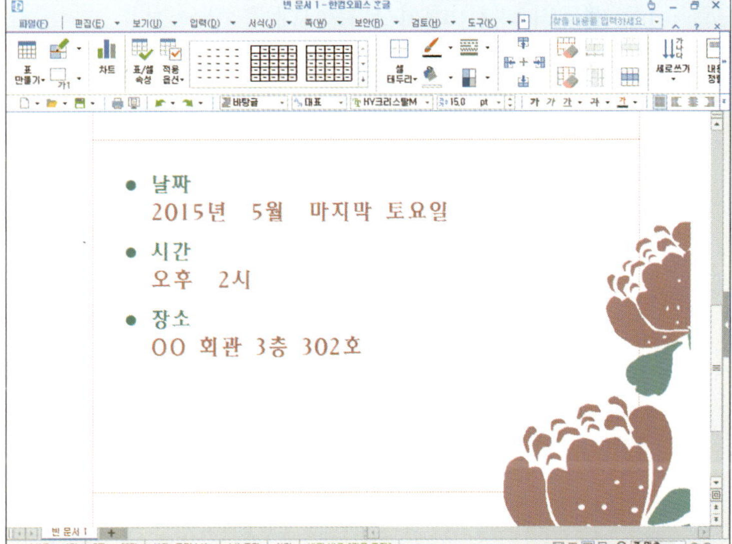

09 현재 화면보다 영역이 큰 화면을 전체 화면으로 보기 위해 [보기] 탭을 선택한 다음 [확대/축소]에서 [쪽 맞춤]을 선택합니다.

Tip [쪽 맞춤]을 확인한 후 가로 기준인 화면으로 돌아오기 위해 [보기] 탭의 [확대/축소]에서 [폭 맞춤]을 다시 선택합니다.

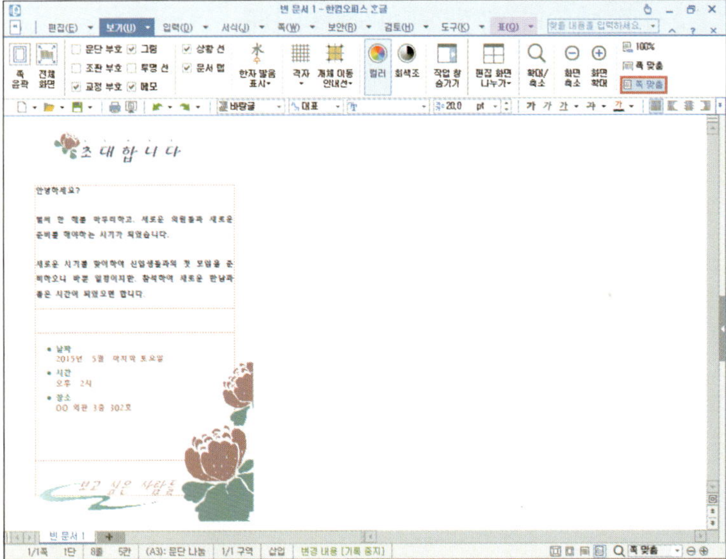

01 작성한 문서에 배경색 또는 이미지를 삽입하거나 문서 테두리에 선을 지정하기 위해 [쪽] 탭을 클릭하고 [쪽 테두리/배경]을 선택합니다.

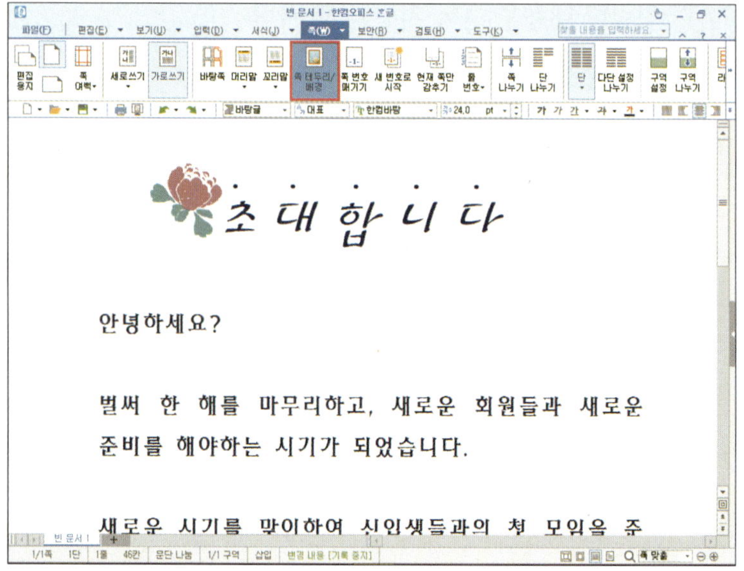

02 [쪽 테두리/배경] 대화상자의 [테두리] 탭에서 테두리의 종류와 색을 선택하고 미리보기 화면에서 ▫(모두)를 선택합니다.

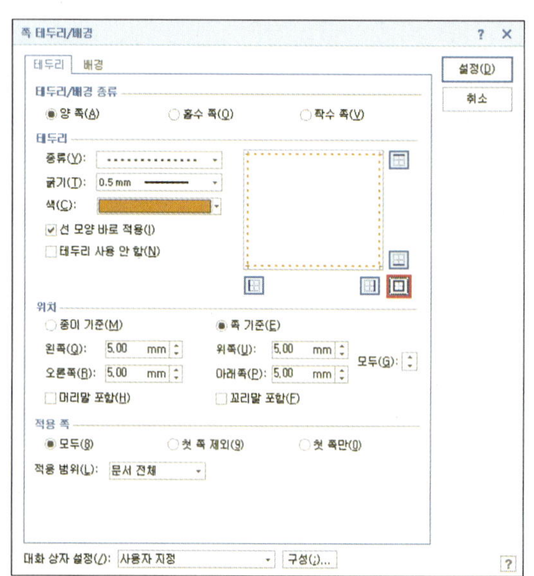

03 [쪽 테두리/배경] 대화상자의 [배경] 탭에서 채우기의 '그러데이션'을 클릭하여 배경색을 선택하고 [설정]을 클릭합니다.

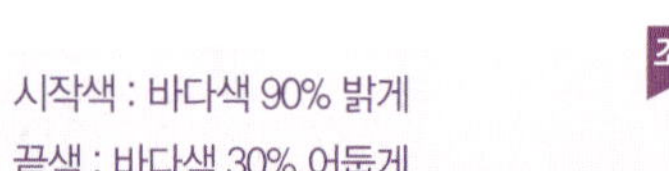

- 시작색 : 바다색 90% 밝게
- 끝색 : 바다색 30% 어둡게
- 유형 : 수직

조건

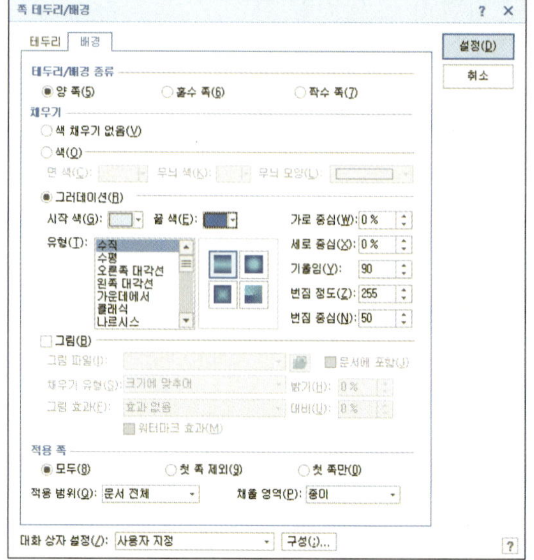

04 다음과 같이 배경 전체에 색이 나타납니다. 이 때 설정한 테두리는 편집 화면에서는 나타나지 않고 [미리보기]에서 확인할 수 있습니다.

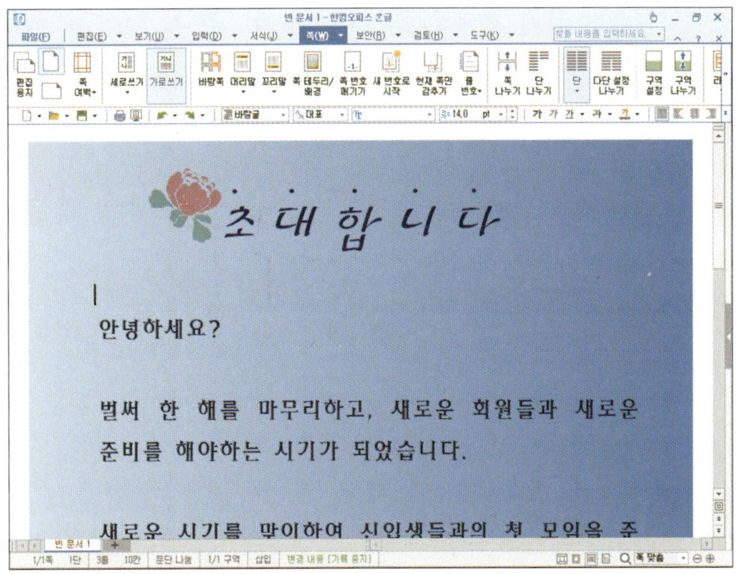

알아두기 | 배경 삽입하기

문서의 배경은 [쪽] – [쪽 테두리/배경]을 클릭하고 [쪽 테두리/배경] 대화상자의 [배경] 탭에서 다양한 배경을 선택합니다.

1 그러데이션 배경 만들기

그러데이션을 선택한 다음 시작색, 끝색, 유형을 선택하면 다양한 그러데이션을 만들 수 있습니다.

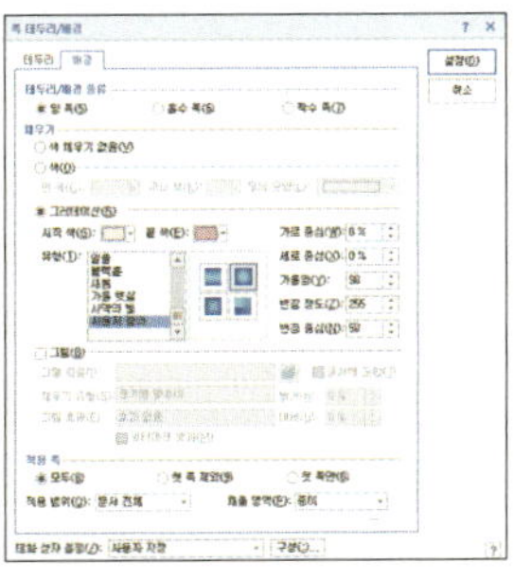
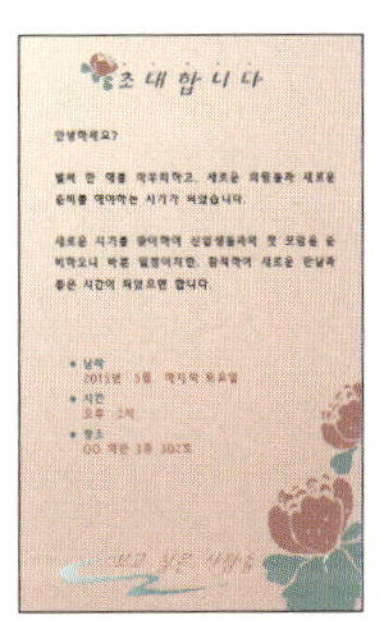

2 그림 배경 만들기

그림을 선택한 다음 그림 파일을 찾아 문서에 포함하면 배경그림을 만들 수 있습니다.

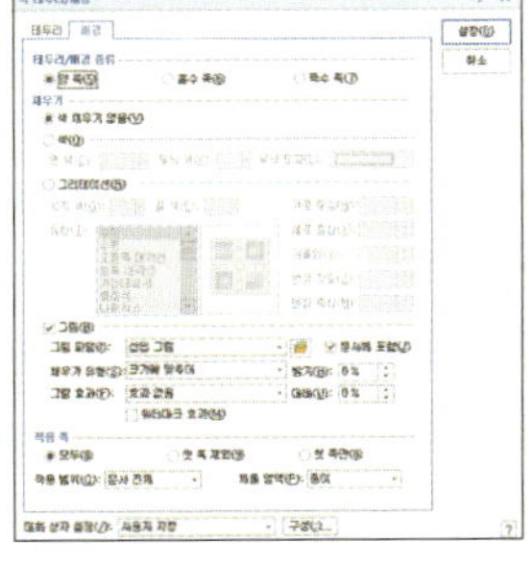

3 워터마크 효과 배경 만들기

그림 배경에서 워터마크 효과를 클릭하면 밝기와 대비가 지정된 배경을 확인할 수 있습니다.

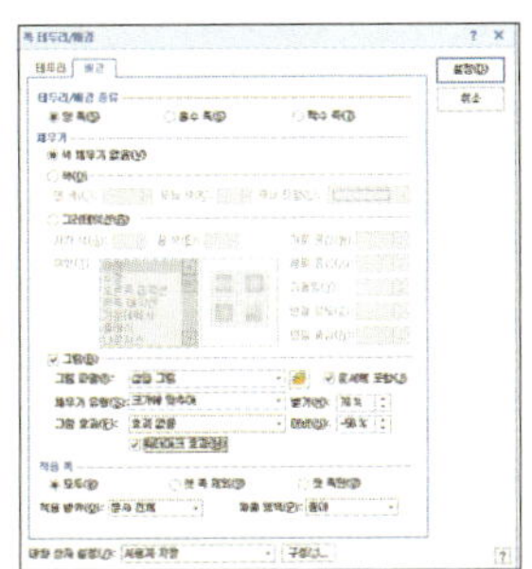
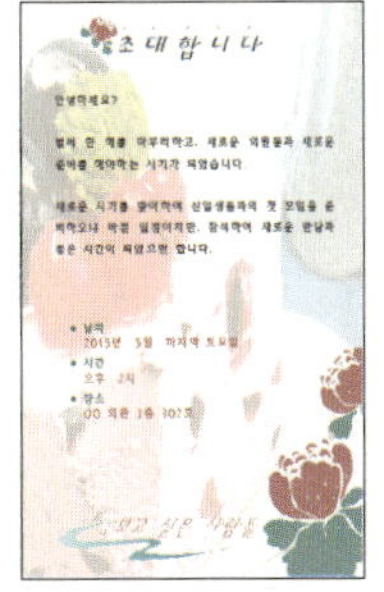

문서 미리보고 인쇄하기

01 인쇄를 하기 전에 화면을 미리보기 위해 [파일] – [미리보기]를 선택하거나 서식도구상자의 (미리보기)를 클릭합니다.

> **Tip** 작성한 문서를 미리보기 전 '다이어트 일기.hwp'로 저장합니다.

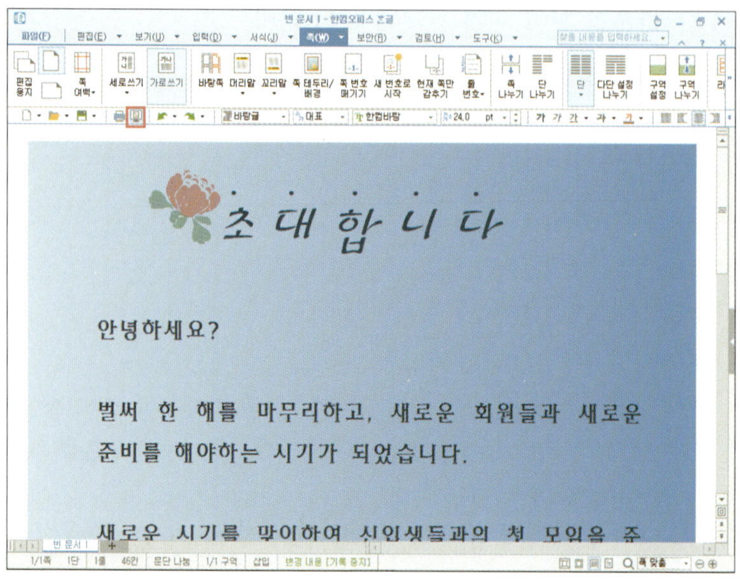

02 미리보기 화면에서 인쇄하기 전 편집 용지 설정 상태를 확인 재설정하기 위해 [편집 용지]를 선택합니다.

> **Tip** 미리보기 화면에서 문서 전체에 배경색이 설정된 것을 확인할 수 있습니다. 또한 설정한 편집 용지의 여백은 [여백보기]를 선택하면 빨간 점선으로 표시됩니다.

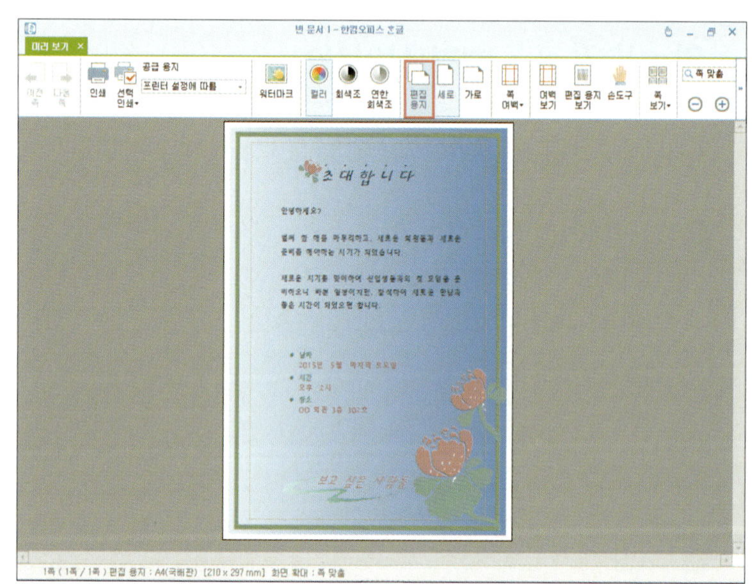

03 [편집 용지] 대화상자에서 용지의 종류, 용지의 인쇄 방향, 제본 모양, 편집 용지 여백을 설정합니다.

> **Tip** [편집 용지] 대화상자 단축키는 F7입니다.

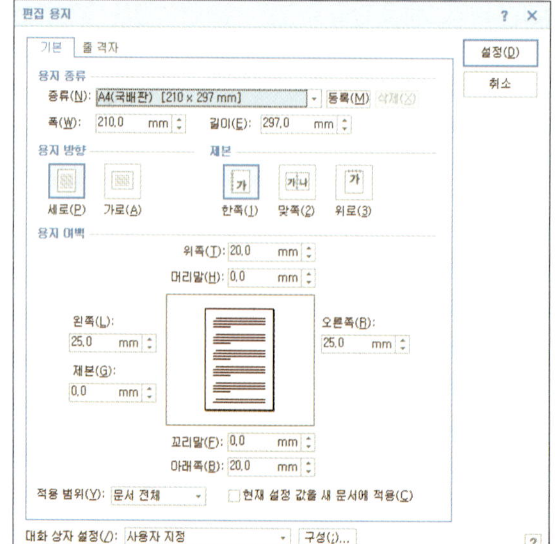

04 미리보기 화면에서 인쇄를 하기 위해 [인쇄]를 클릭합니다. [인쇄] 대화상자에서 연결된 프린터를 선택하고 인쇄 범위와 인쇄 매수, 인쇄 방식을 선택한 다음 [인쇄]를 클릭합니다.

> **Tip** 인쇄는 편집 화면의 서식도구상자의 🖨(인쇄)를 선택하거나 단축키 Alt + P 를 클릭합니다.

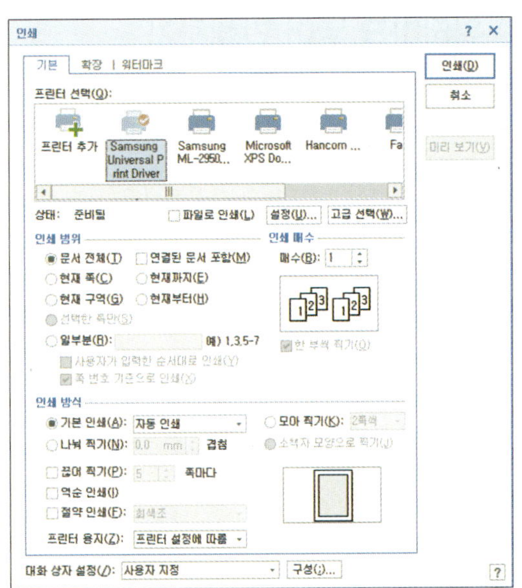

알아두기   도구 상자 알아보기

[파일] – [미리 보기]를 실행하면, 문서 편집 창이 미리 보기 창으로 바뀌고 편집 화면에 있던 도구 상자와 메뉴는 사라지고 미리 보기 도구상자만 나타납니다.

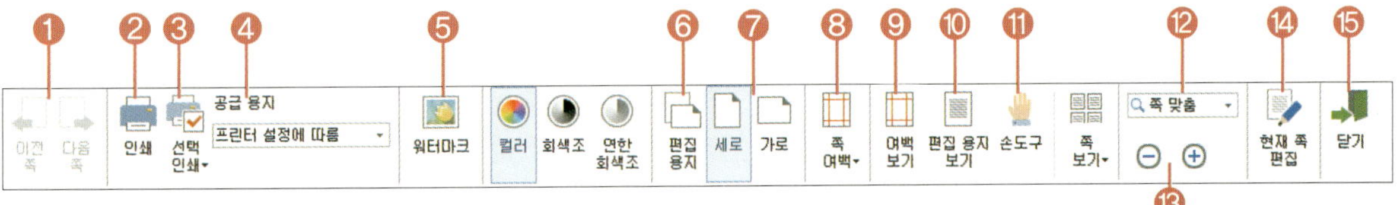

❶ **쪽 이동** : 현재 쪽보다 이전 쪽이나 다음 쪽으로 이동합니다. 이전 페이지나 다음 쪽이 없는 경우 비활성화됩니다.

❷ **인쇄** : 현재 편집 화면에 있는 문서를 인쇄합니다. 인쇄에 관련된 인쇄 범위, 인쇄 매수, 인쇄 방식, 확대/축소 등을 지정합니다.

❸ **선택 인쇄** : 인쇄할 때 필요한 각종 선택 사항을 지정하여 사용자의 필요에 따라 인쇄할 수 있도록 합니다.

❹ **공급 용지** : 프린터에 공급할 종이의 종류를 지정하며, 보통의 경우 [프린터 설정에 따름]으로 합니다.

❺ **워트마크** : 그림 워트마크나 글자 워트마크를 사용할 수 있도록 [인쇄 워트마크] 탭을 나타냅니다.

❻ **편집 용지** : 편집 용지의 크기와 용지 방향 등을 설정할 수 있도록 [편집 용지] 대화상자를 나타냅니다.

❼ **용지 방향** : 편집 용지를 가로나 세로로 지정합니다.

❽ **쪽 여백** : 편집 용지의 여백을 미리 만든 화면(기본, 좁게, 넓게)을 제시하여 쉽게 선택할 수 있도록 합니다.

❾ **여백 보기** : [편집 용지]에서 지정한 용지 여백을 빨간색 점선으로 나타냅니다.

❿ **편집 용지 보기** : [편집 용지]에서 지정한 용지 종류의 크기를 녹색 선으로 나타납니다.

⓫ **손도구** : 화면 비율을 높여 사용할 경우 화면을 이동할 때 사용합니다.

⓬ **쪽 맞춤** : 미리 보기 창에 한 쪽의 문서를 쪽 맞춤 크기로 보여 줍니다.

    맞쪽 : 오른쪽에는 항상 홀수 쪽으로 하여 두 쪽을 한 화면에 나란히 보여줍니다.

    여러 쪽 : 한 화면에 가로, 세로 몇 쪽씩을 볼 것인지 지정하며, 최대 8×8 쪽까지 볼 수 있습니다.

⓭ **확대/축소** : 확대 배율을 선택하면 확대된 화면을 볼 수 있습니다.

⓮ **현재 쪽 편집** : 미리 보기 상태를 끝내고 편집 화면에서 현재 선택된 쪽의 첫 줄로 돌아갑니다.

⓯ **닫기** : 미리 보기 상태를 끝내고 문서 편집 상태 화면으로 돌아갑니다.

알아두기 | 워터마크 넣어 인쇄하기

인쇄시 문서 배경으로 워터마크를 넣어 인쇄하려면 [미리보기]에서 [워터마크]를 선택합니다.
워터마크에는 그림을 삽입하는 '그림 워터마크'와 원하는 텍스트를 입력하여 표시할 수 있는 '글자 워터마크'가 있습니다.

• 그림 워터마크

원하는 그림을 선택한 후 채우기 유형이나 회색조, 흑백과
같은 효과, 밝기, 대비를 선택할 수 있습니다.

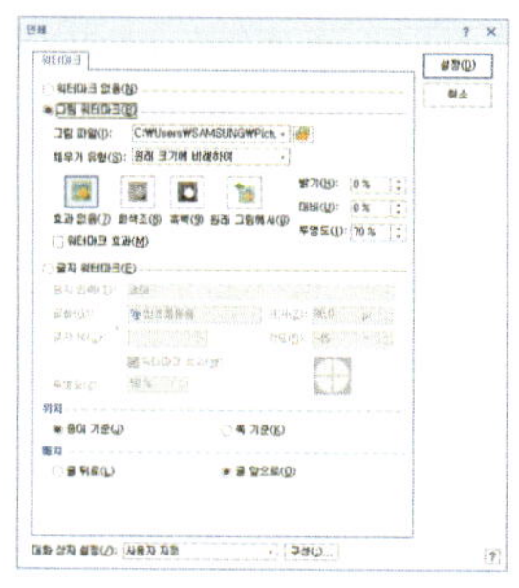 

• 글자 워터마크

인쇄시 표시하고자 하는 텍스트를 입력하고 글꼴, 크기,
글자 색, 글자의 각도나 투명도도 지정할 수 있습니다.

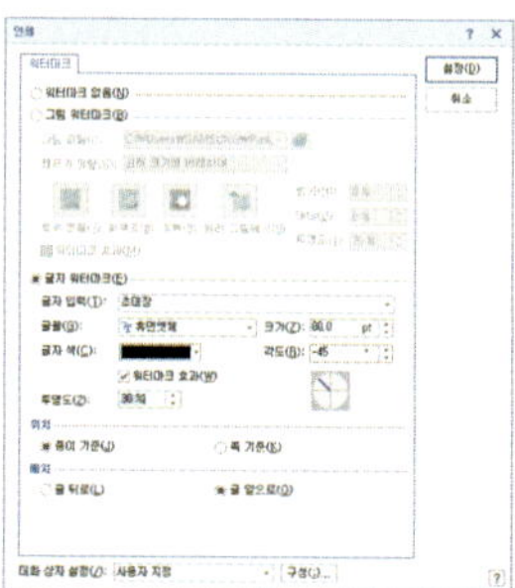 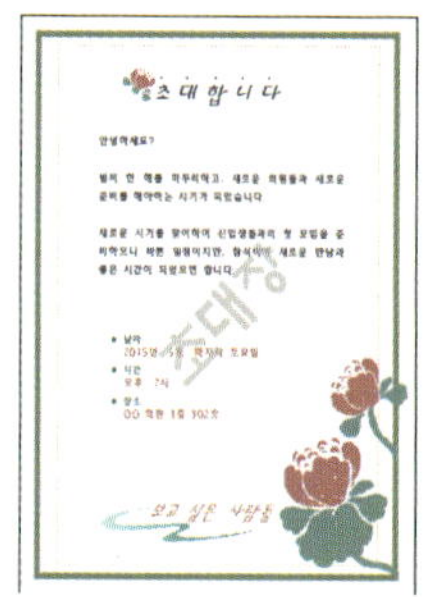

기초문제

01 문서마당에서 라벨 문서를 불러와 텍스트를 수정하고 글자 모양을 지정해 보세요.

조건
- [문서마당] – [광고지 문서] – [전면 공고문4칸]
- 글자 크기 : 휴먼엑스포, 휴먼모음T
- 글자 크기 : 15pt, 18pt, 22pt

▲ 완성파일 : 공고문.hwp

02 문서마당에서 학생 문서를 불러와 텍스트를 입력하고 테두리와 배경색을 지정해 보세요.

조건
- [문서마당] – [명함 문서] – [명함 07 안내문 2]
- 글자 크기 : 18pt, 50% 어둡게

▲ 완성파일 : 명함.hwp

01 문서마당에서 광고지 문서를 불러와 텍스트를 추가해 보세요.

- [문서마당] – [광고지 문서] – [아르바이트 모집 2]
- 글자색 : 휴먼엑스포, HY크리스탈

완성파일 : 아르바이트 모집.hwp ▶

02 문서마당에서 결혼 문서를 불러와 보관 문서 내용을 만들어 보세요.

- [문서마당] – [초대장 문서] –[집들이 초대장 1]
- 글자 : 21pt

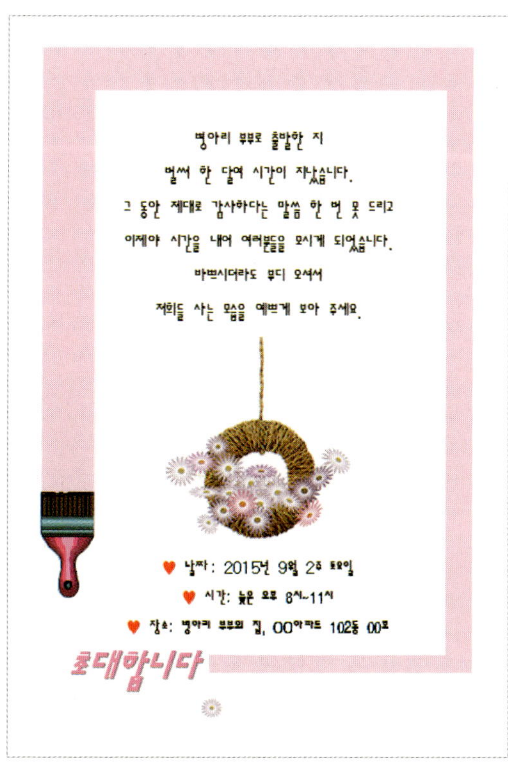

▲ 완성파일 : 초대장.hwp

03 문서마당에서 달력 문서를 불러와 일정을 기록하고 배경색을 지정해 보세요.

- [문서마당] – [달력 문서] – [2015년 6월 달력]
- 글자 : 맑은 고딕
- 배경색 : 그러데이션, 멜론색 20% 밝게, 노른자색 80% 밝게

▲ 완성파일 : 달력.hwp

06
SECTION

그리기마당 개체로 축제 알리기

[그리기마당]은 자주 사용하는 개체를 미리 만들어 등록해 놓고, 필요할 때마다 등록된 개체를 불러와 사용할 수 있어 원하는 그림을 쉽고 빠르게 그릴 수 있습니다. 그리기마당에 있는 하나하나의 그리기 파일들을 [그리기 조각]이라고 하며, [그리기마당 꾸러미]는 같은 종류의 그리기 조각끼리 모아 놓은 것입니다.

PREVIEW

▲ 완성파일 : 연꽃축제_완성.hwp

조건

- [입력] – [그림] – [그리기마당]
- [입력] – [개체] – [글상자]
- [입력] – [개체] – [글맵시]

학습내용

실습 01 개체 삽입하고 크기 조절하기

실습 02 개체 복사하고 회전하기

실습 03 글맵시 개체로 제목 만들기

실습 04 글상자 개체 활용하기

체크포인트

- 그리기마당은 [입력] – [그림] – [그리기마당]을 선택하거나 (그리기 마당)을 클릭한다.

- 개체 대칭은 회전/대칭에서 좌우 대칭이나 상하 대칭을 선택한다.

- 개체 회전은 (개체 회전)을 선택하고 조절점을 드래그한다.

- 글맵시는 [입력] – [개체] – [글맵시]를 선택하거나 (글맵시)를 클릭한다.

개체 삽입하고 크기 조절하기

▼ 준비파일 : 연꽃축제.hwp

01 그림을 삽입하기 위해 [입력] 탭을 클릭한 후 (그리기마당)을 선택합니다.

> Tip [입력] – [그림]에서 [그리기마당]을 선택할 수도 있습니다.

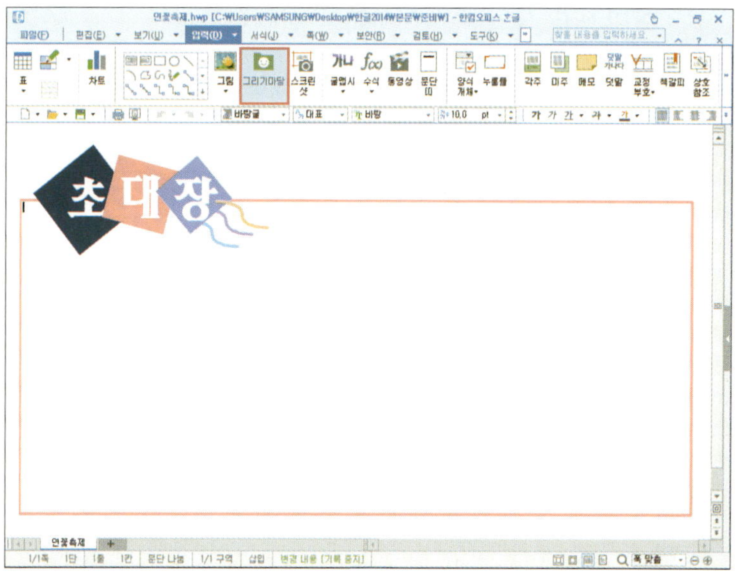

02 [그리기마당] 대화상자의 [그리기 조각] 탭에서 '식물(탄생화)'의 '연꽃'을 선택한 다음 [넣기]를 클릭합니다.

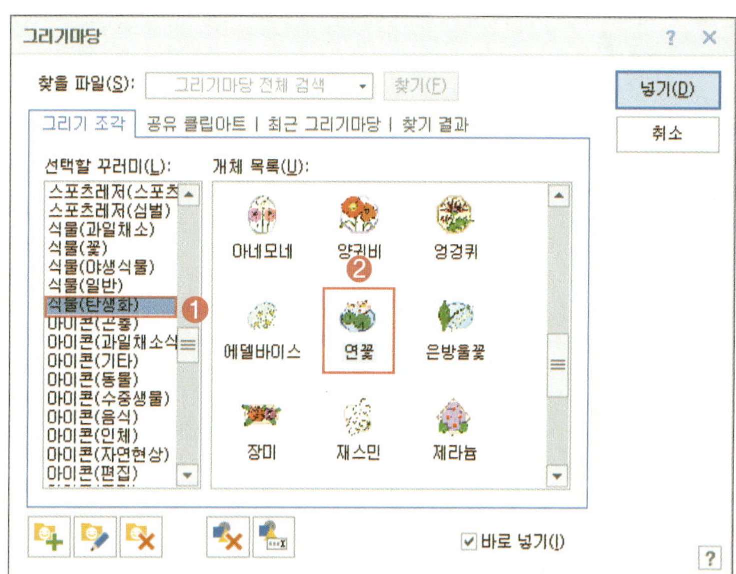

03 마우스 포인트의 모양이 ＋(십자가)로 바뀌면 마우스로 드래그하여 그림을 삽입합니다.

> Tip 마우스 포인터가 십자 모양에서 마우스를 드래그하지 않고 빈 문서를 클릭하면, 그리기 조각의 기본 크기로 그림이 삽입됩니다.

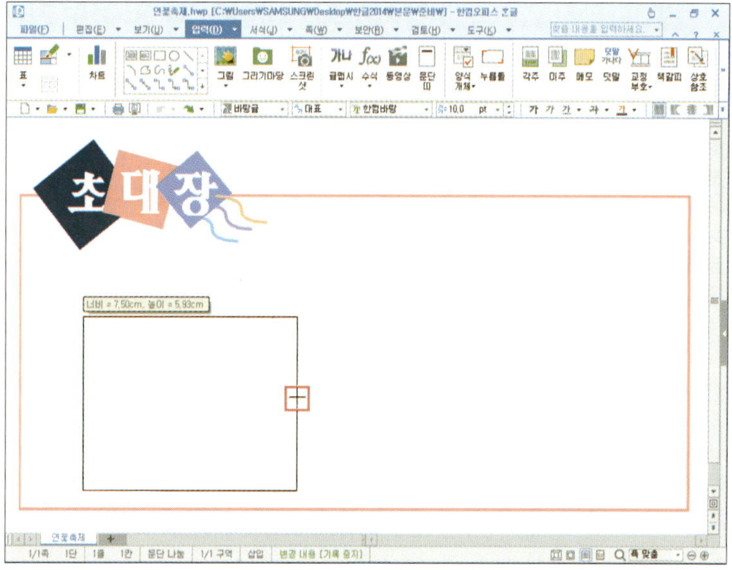

04 이미지가 삽입되면 이미지를 클릭하여 조절점이 나타나게 합니다. 8개의 조절점을 원하는 방향으로 드래그하여 크기를 조절합니다.

> **Tip** 정확한 크기의 이미지를 삽입하려면 이미지를 더블클릭하여 [개체 속성] 대화상자에서 크기에 너비와 높이 값을 직접 입력합니다.

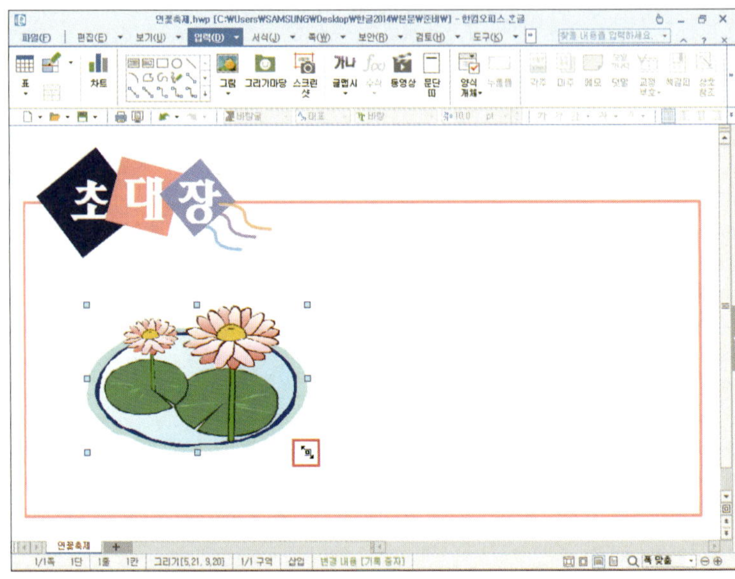

05 이미지를 선택하여 조절점이 나타나는 상태에서 마우스 포인트에 ✛ 모양이 나타나면 드래그하여 이미지를 원하는 위치로 이동합니다.

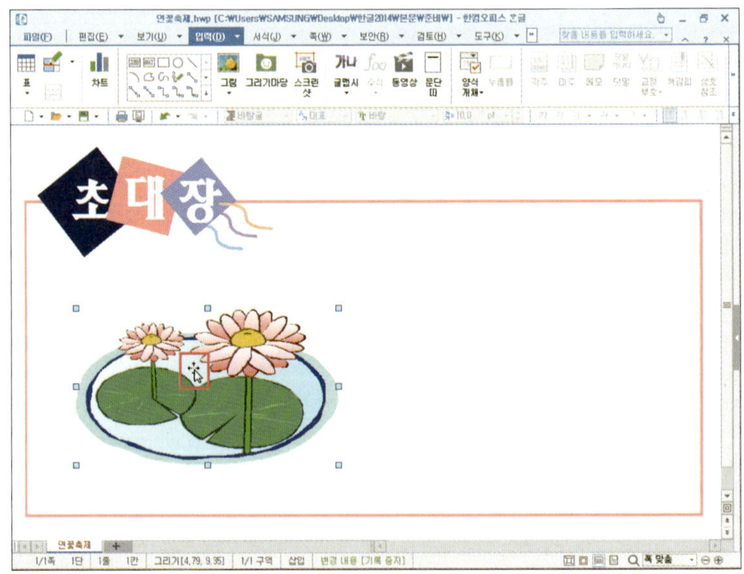

알아두기　　[그리기마당] 대화상자 알아보기

[그리기마당]은 많이 쓰이는 개체를 미리 만들어 등록해 놓고, 필요할 때마다 등록된 개체를 가져다 원하는 그림을 쉽고 빠르게 그리는 방식으로 하나하나의 그리기 파일(*.drt)들을 [그리기 조각]이라고 합니다.

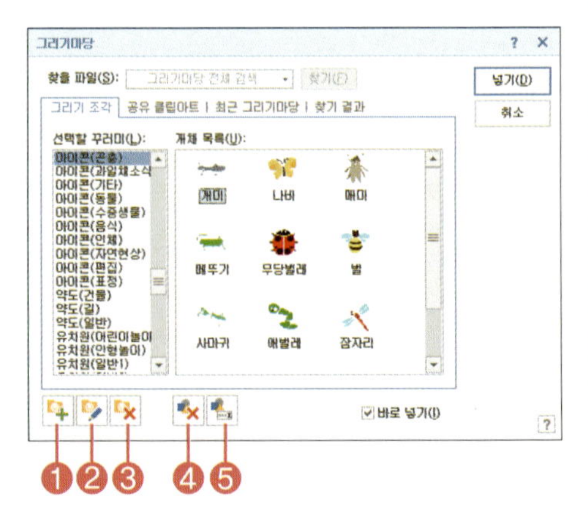

❶ **새 꾸러미** : [새 꾸러미] 대화상자에서 새 꾸러미를 만들거나, 다른 곳의 꾸러미를 등록하여 꾸러미 경로를 지정합니다.

❷ **꾸러미 고치기** : [꾸러미 고치기] 대화상자에서 꾸러미의 경로를 바꾸거나 이름을 수정합니다.

❸ **꾸러미 지우기** : 선택한 꾸러미를 그리기마당 꾸러미 목록에서 삭제합니다.

❹ **개체 지우기** : 선택한 개체를 지울 때 사용합니다.

❺ **개체 이름 바꾸기** : 선택한 개체의 이름을 바꿀 때 사용합니다.

개체 회전하고 복사하기

01 그리기마당의 아이콘(수중생물)에서 '물고기08'을 선택하여 삽입하고 크기와 위치를 조절합니다.

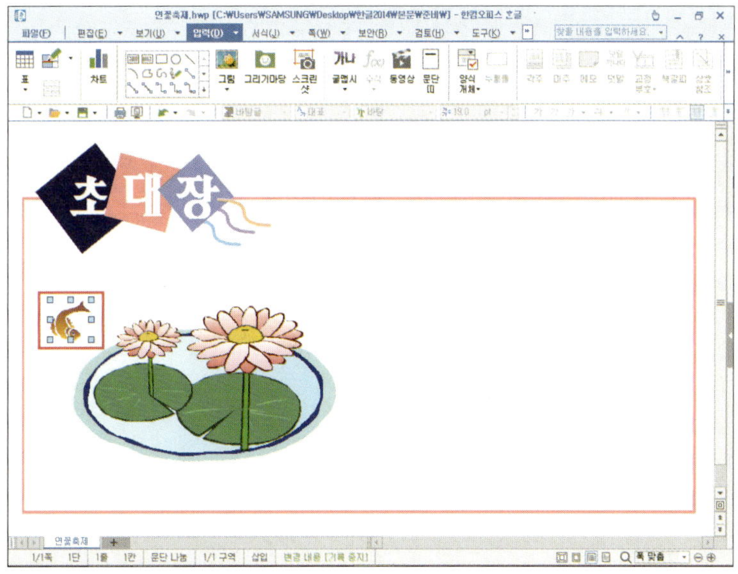

02 삽입한 개체를 클릭한 상태에서 Ctrl 을 누르고 드래그하여 복사합니다.

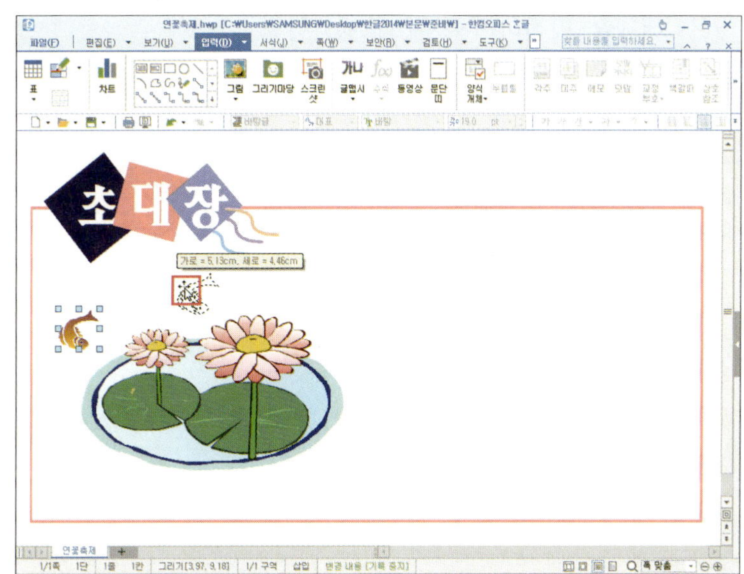

03 복사한 개체들을 선택하여 크기를 조절하고 원하는 위치로 이동합니다.

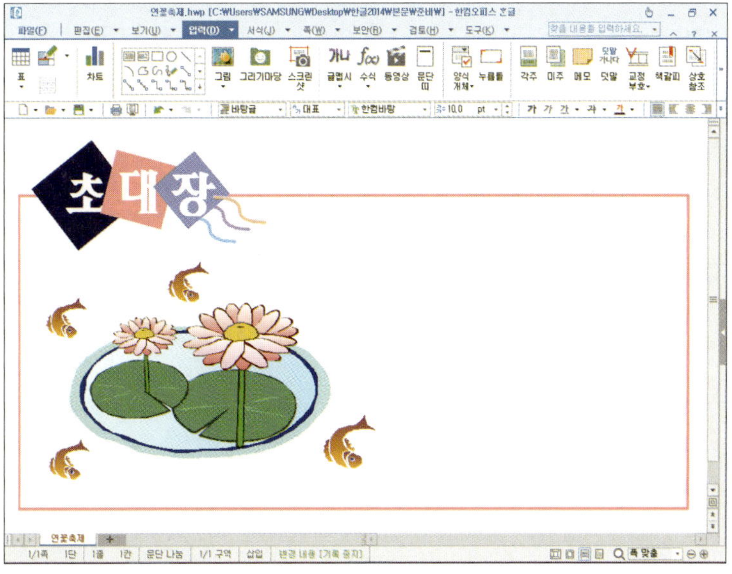

04 이번에는 개체를 좌우로 바꾸기 위해 첫 번째 개체를 클릭합니다. 자동으로 나타나는 [도형] 탭의 회전에서 △(좌우대칭)을 선택합니다.

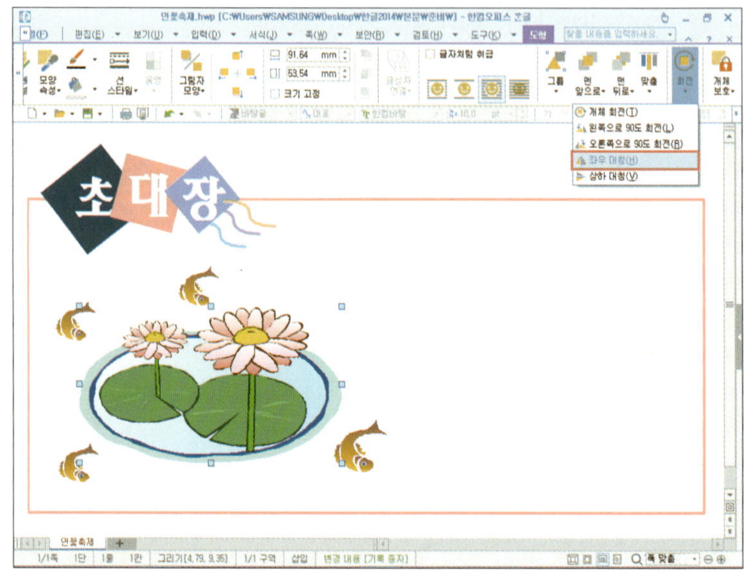

05 개체를 회전하기 위해 [도형] 탭의 회전/대칭에서 ◎(개체회전)을 선택합니다. 개체 가장자리의 ◉를 드래그하여 원하는 방향으로 회전합니다.

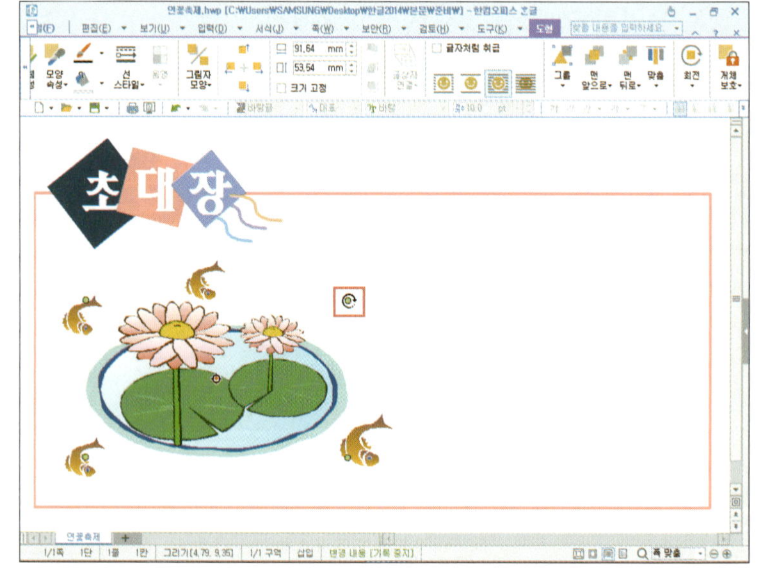

06 모든 개체를 Shift를 눌러 선택한 후 [도형] 탭의 정렬에서 ♨(개체 묶기)를 선택합니다.

> Tip 묶인 개체를 다시 각각의 개체로 돌아가게 하려면 [도형] 탭의 정렬에서 ♨(개체 풀기)를 선택합니다.

글맵시 개체로 제목 만들기

01 제목 글을 만들기 위해 다음과 같이 개체들을 아래로 이동시킨 다음 (글맵시)를 클릭합니다.

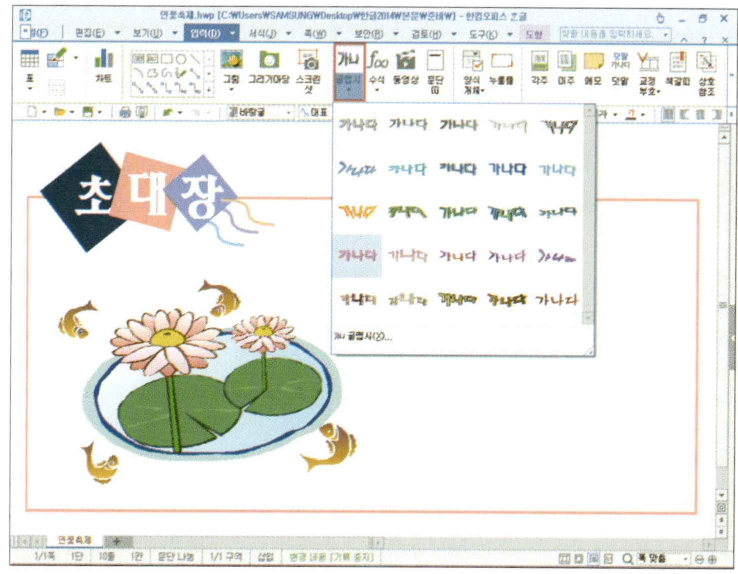

02 [글맵시 만들기] 대화상자에서 '무안 연꽃 축제'을 입력한 다음 글꼴은 '휴먼옛체'를 선택합니다.

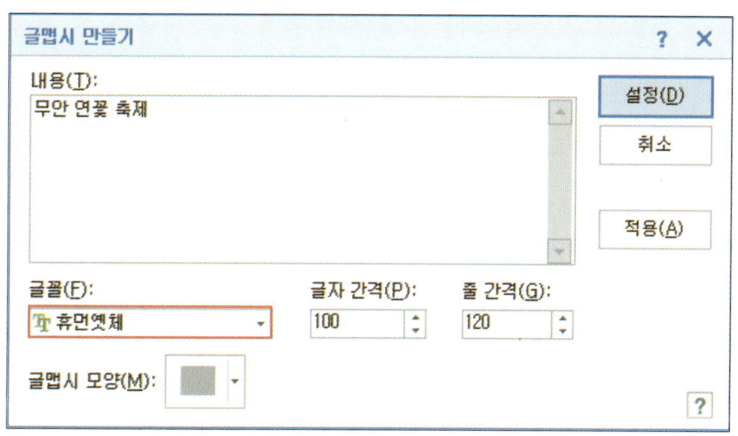

03 글맵시 개체가 삽입되면 개체를 선택하여 개체의 크기와 위치를 이동합니다.

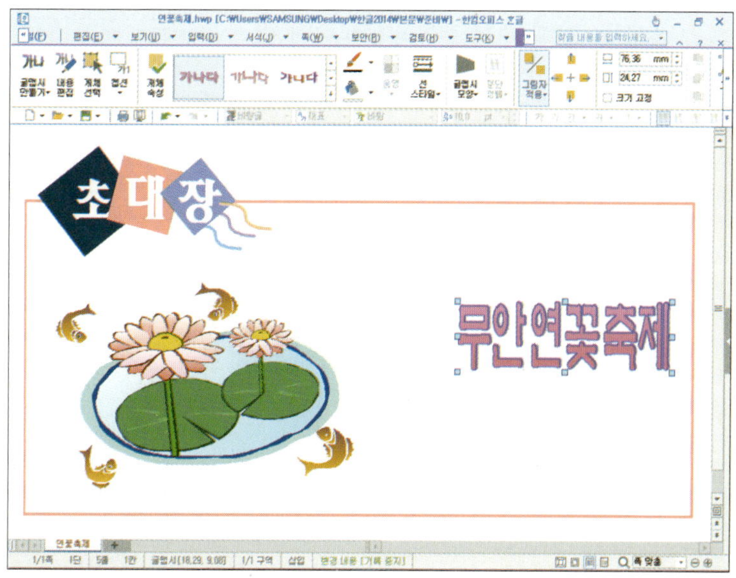

04 글맵시 개체를 더블클릭하여 [개체 속성] 대화상자의 [글맵시] 탭에서 글맵시 모양을 선택하여 '팽창'을 선택합니다.

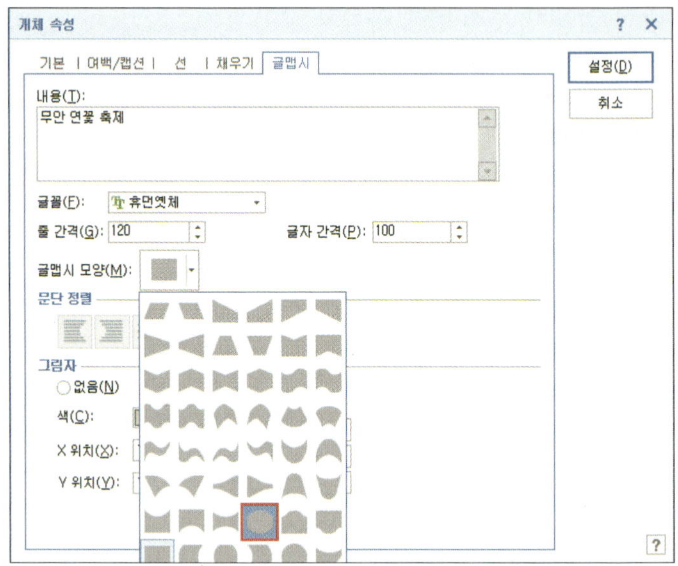

05 [개체 속성] 대화상자의 [글맵시] 탭에서 그림자의 색을 '노른자색 20% 밝게', X 위치와 Y 위치를 '2%'로 선택합니다.

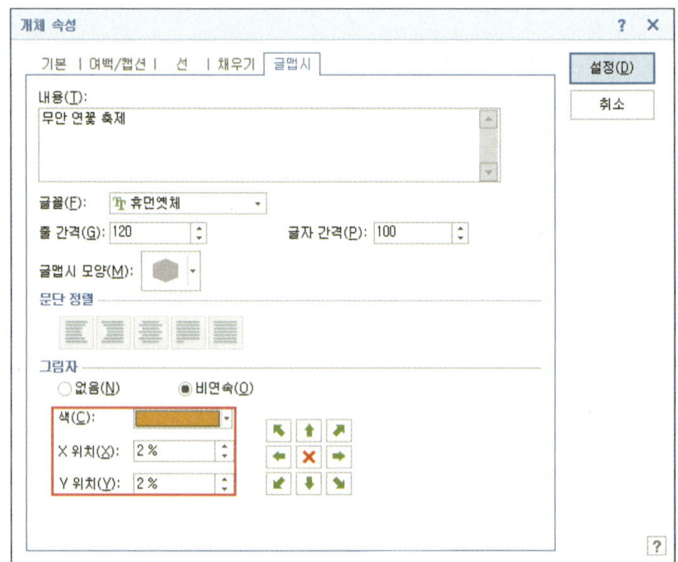

06 [개체 속성] 대화상자의 [채우기] 탭에서 채우기 면 색을 '진달래색 10% 어둡게'를 선택합니다.

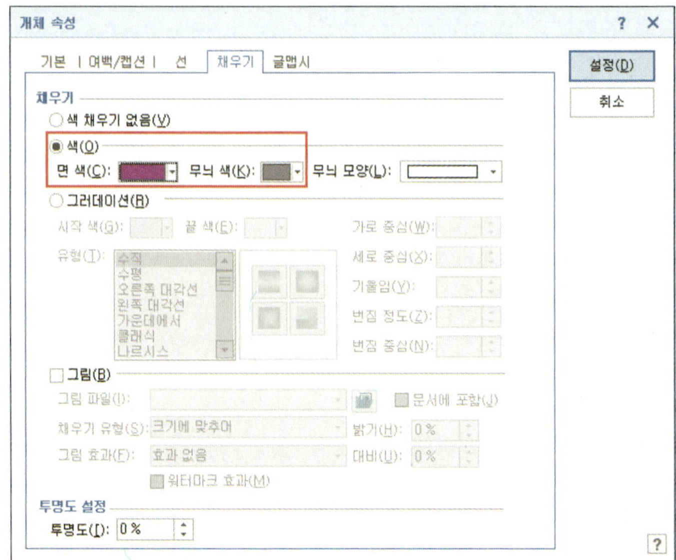

07 글맵시가 완성되면 그리기마당의 아이콘(곤충)의 '잠자리'을 삽입하고 크기와 위치를 조절합니다.

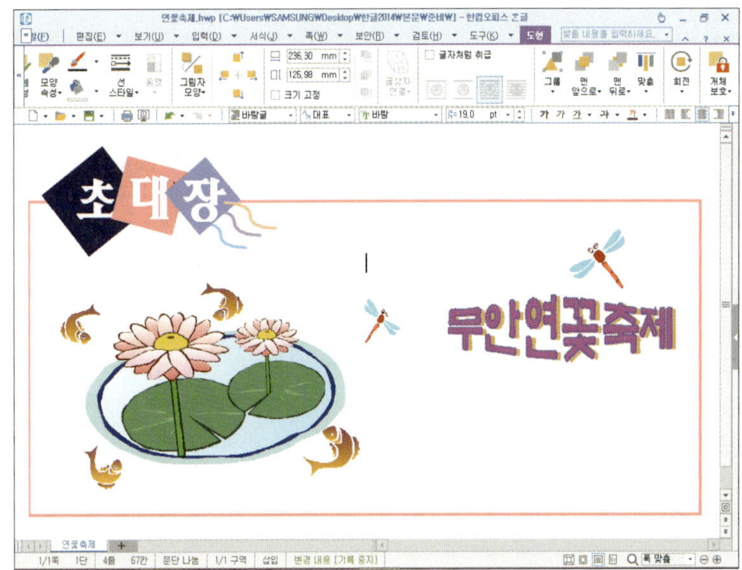

알아두기　　글맵시 알아보기

글맵시는 글자를 구부리거나 글자에 외곽선, 면 채우기, 그림자, 회전 등의 효과를 주어 문자를 꾸미는 기능입니다. 삽입된 글맵시가 선택된 상태에서 도구 상자의 [글자 모양] 아이콘을 누르면 여러 가지 이미지 모양들이 나타나 원하는 모양을 선택할 수 있습니다. 여기서는 [개체 속성] 대화상자의 [글맵시] 탭에 대해 알아봅니다.

1 글자 모양

다양한 이미지 모양을 선택할 수 있습니다.

나비넥타이
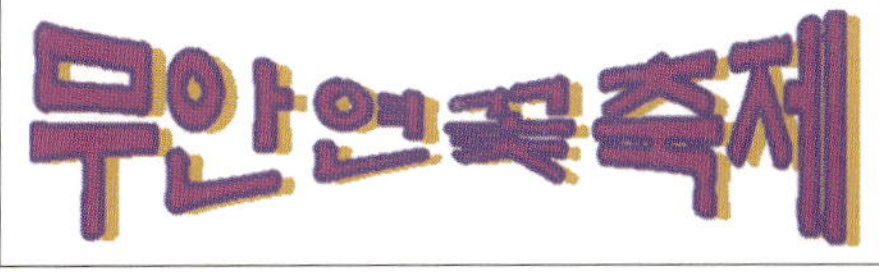

물결1

위쪽수축

2 문단 정렬

정렬 방식은 두 줄 이상 입력된 문자를 정렬합니다.

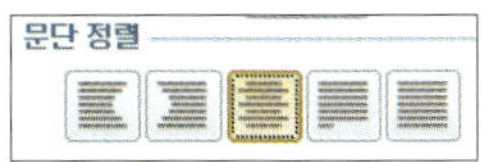

3 그림자

입력된 문자에 그림자를 만들며 X, Y 위치와 방향을 지정합니다.

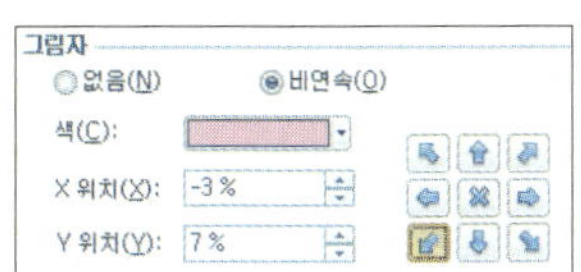

글상자 개체 활용하기

01 글상자를 입력하기 [입력] 탭을 클릭한 후 개체에서 ▤(가로 글상자)를 선택합니다.

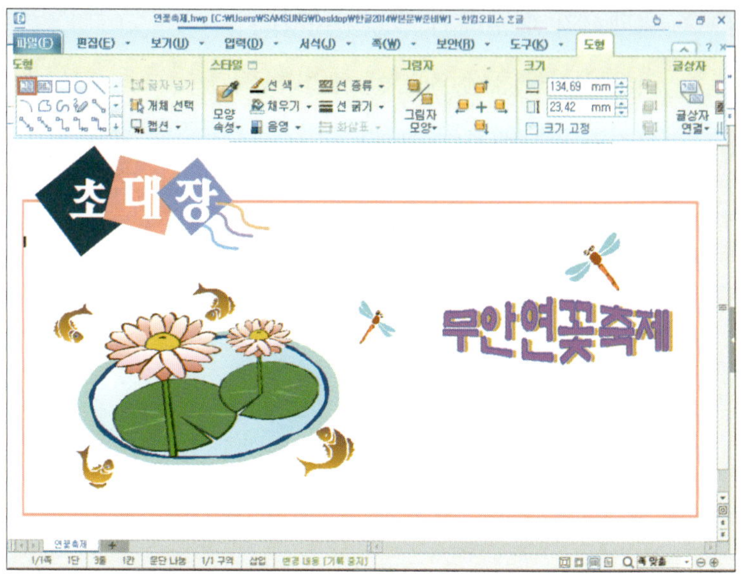

02 글상자 안에 다음과 같이 문자표와 텍스트를 입력한 후 글상자를 더블 클릭합니다.

조건
- 글꼴 : 휴먼엑스포
- 글자 크기 : 21pt

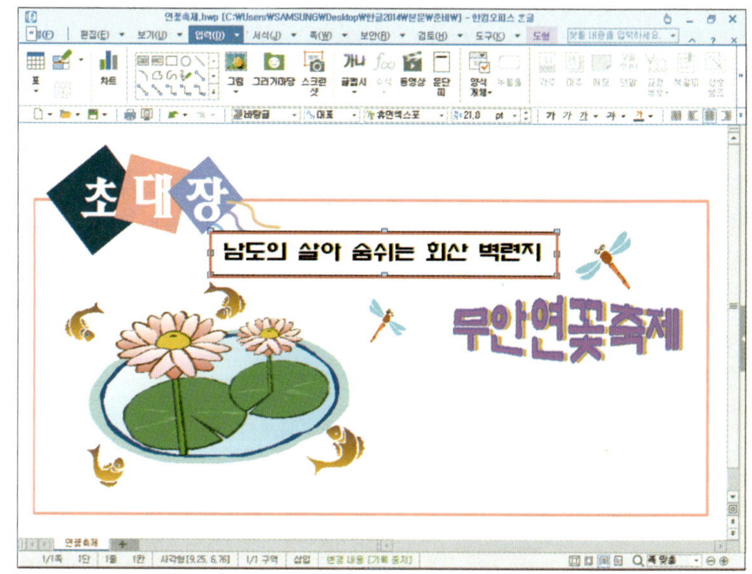

03 [개체 속성] 대화상자에서 [선] 탭의 선 종류를 '선 없음'으로 선택합니다.

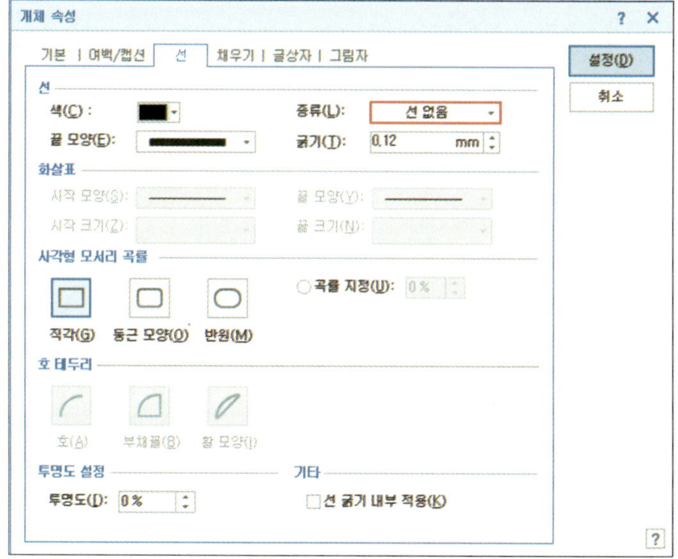

04 화면 아래 부분에 글상자를 이용하여 다음과 같이 텍스트를 입력하고 글자 속성을 지정합니다.

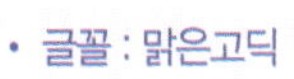

- 글꼴 : 맑은고딕
- 글자 크기 : 13pt

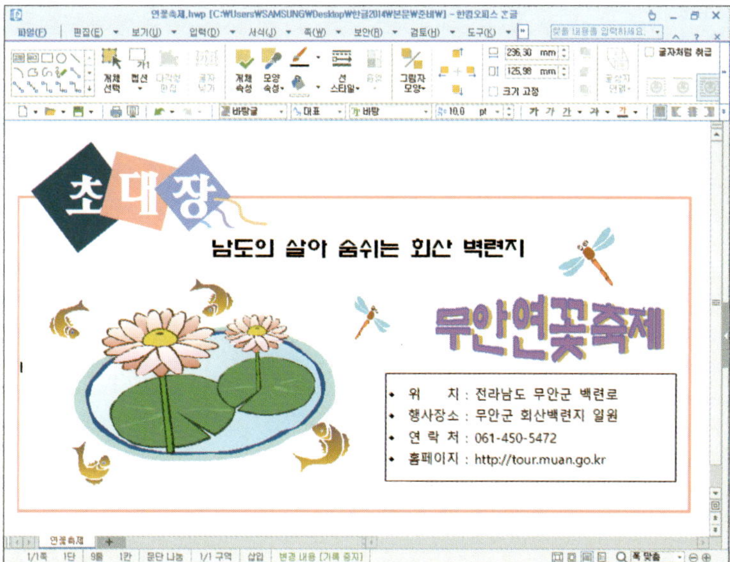

05 [개체 속성] 대화상자에서 [채우기] 탭의 그러데이션을 설정합니다.

- 채우기 색 : 그러데이션, 진달래색 90% 밝게, 진달래색 20% 밝게

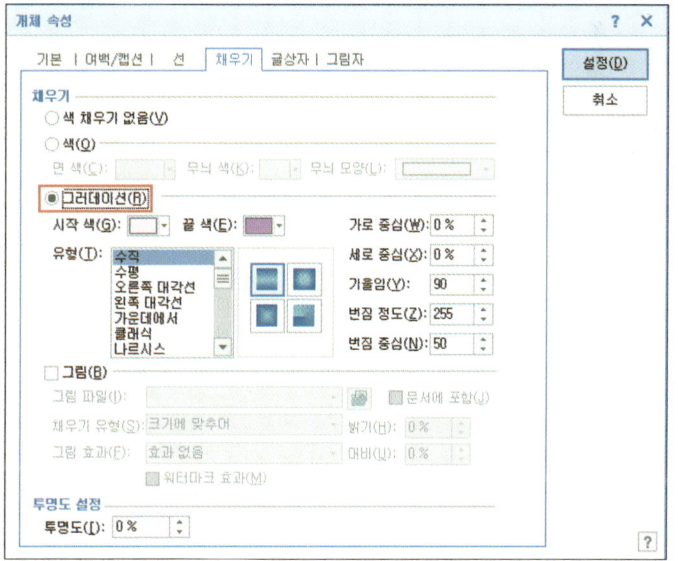

06 다음과 같이 초대장 문서를 완성합니다.

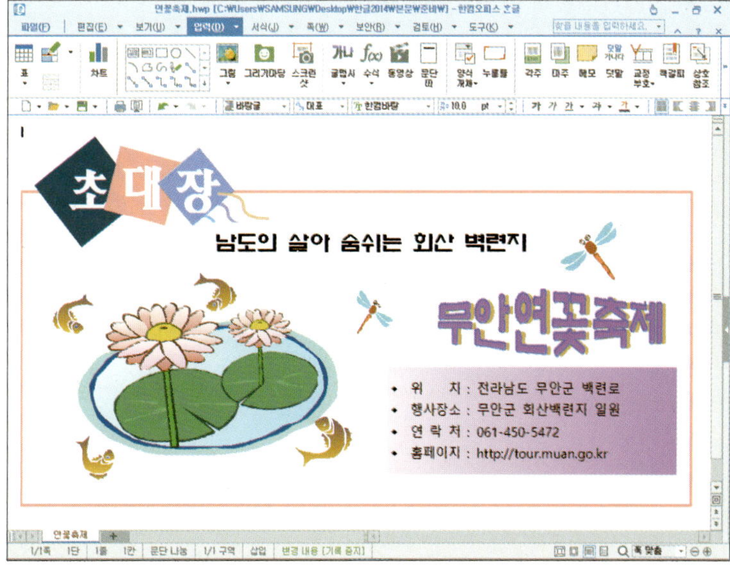

기초문제

01 다음 프레젠테이션을 그리기마당에서 찾아 완성해 보세요.

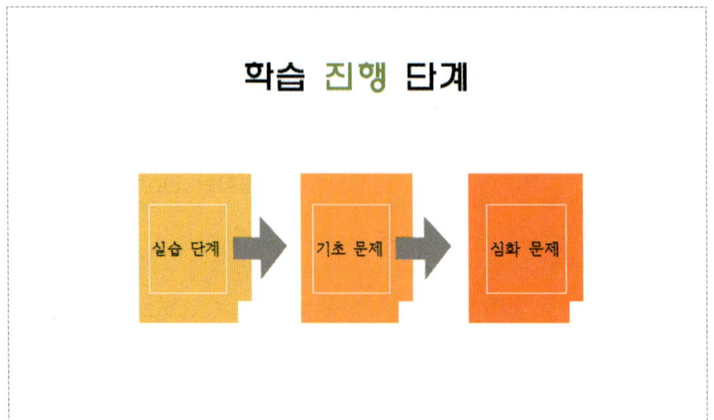

힌트 [그리기 마당] – [그리기 조각] – [프레젠테이션(도표)]

▲ 완성파일 : 학습단계_완성.hwp

02 다음 준비파일에서 빠진 이미지를 그리기마당에서 찾아 완성해 보세요.

통행금지	진입금지	직진금지	우회전금지
통행금지			
좌회전금지	횡단금지	유턴금지	앞지르기금지
주정차금지	주차금지	3색 정지	도로 3색
주정차금지			

▲ 준비파일 : 안전표지판.hwp

통행금지	진입금지	직진금지	우회전금지
통행금지	진입금지		
좌회전금지	횡단금지	유턴금지	앞지르기금지
주정차금지	주차금지	3색 정지	도로 3색
주정차금지	주차금지		

▲ 완성파일 : 안전표지판_완성.hwp

03 다음 준비파일에서 이미지를 복사하고 글상자를 완성해 보세요.

▲ 준비파일 : 수생생물.hwp

▲ 완성파일 : 수생생물_완성.hwp

심화문제

01 준비파일에서 빠진 음표를 찾아 완성해 보세요.

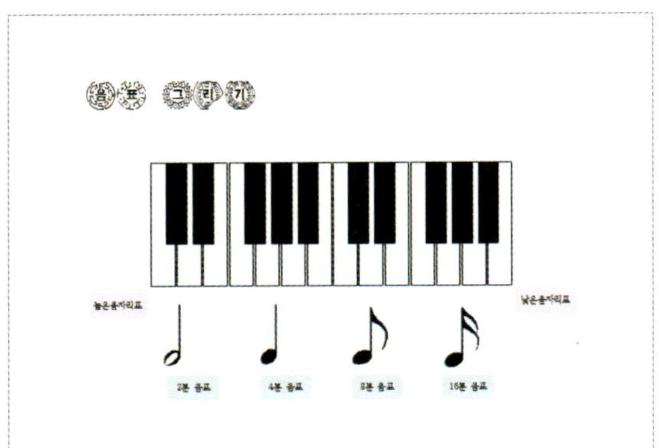

▲ 준비파일 : 음표.hwp

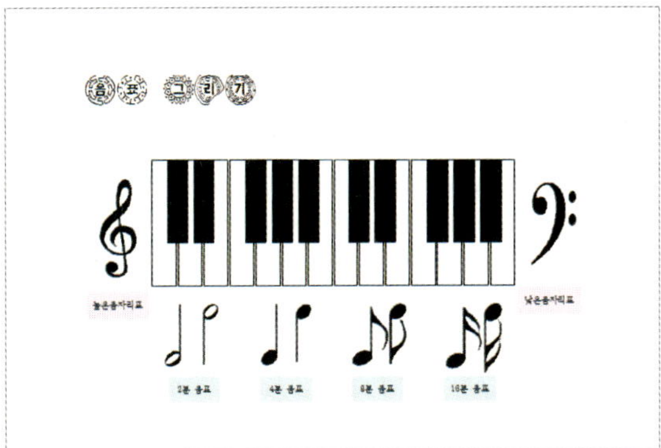

▲ 완성파일 : 음표_완성.hwp

02 다음 준비파일의 이야기와 관련 있는 이미지를 삽입하고 글맵시를 완성해 보세요.

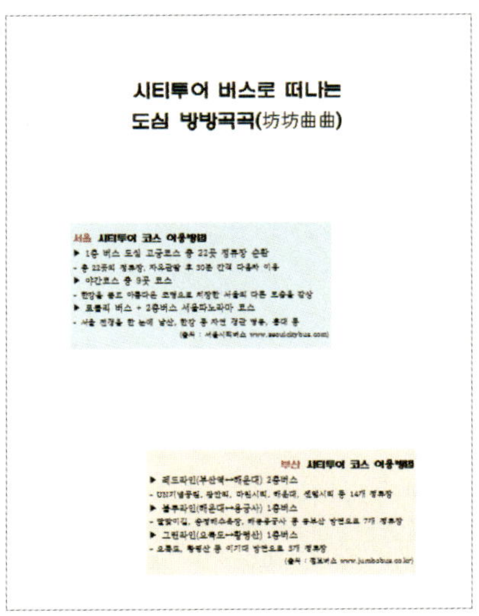

▲ 준비파일 : 시티투어.hwp

▲ 완성파일 : 시티투어_완성.hwp

03 다음 준비파일의 간식과 관련 있는 이미지를 삽입하여 완성해 보세요.

▲ 준비파일 : 간식.hwp

▲ 완성파일 : 간식_완성.hwp

힌트 　[그리기 마당] – [그리기 조각] – [음식(요리)]

07 그리기 개체로 꽃 그리기

SECTION

편집 화면에 선, 사각형, 원, 호와 같은 그리기 개체를 삽입하여 다양한 그림을 그리고, [개체 속성] 대화상자에서 선이나 채우기 등을 할 수 있습니다. 여러 개의 개체를 묶거나 하나의 개체를 여러 개의 개체로 풀어 개체를 수정 하거나 쉽게 이동할 수 있으며 자신이 만든 그리기 개체를 그리기 마당에 등록할 수도 있습니다.

PREVIEW

▲ 완성파일 : 꽃바구니.hwp

조건

- [입력] – [개체] – [그리기 개체]에서 개체 선택
- [보기] – [격자] – [격자 보기]에서 격자 설정

학습내용

실습 01 타원으로 그림 그리기

실습 02 곡선으로 그림 그리기

실습 03 개체 묶기와 풀기로 속성 지정하기

체크포인트

- 그리기 개체는 [입력] – [개체] – [그리기 개체]를 선택한다.
- 타원 그리기 개체를 삽입하여 색을 채우고 위치를 지정한다.
- 곡선 그리기 개체를 삽입하여 회전을 하거나 위치를 이동한다.
- 여러 개의 개체를 묶거나 풀어 개체 속성을 지정한다.

실습 01　타원으로 그림 그리기

01 먼저 그림을 크기를 정확하게 그리기 위해 [보기] – [격자] – [격자 보기]를 선택합니다.

> **Tip** 작업의 내용에 따라 [보기] – [문서 창]에서 [가로 눈금자]와 [세로 눈금자]를 선택합니다.

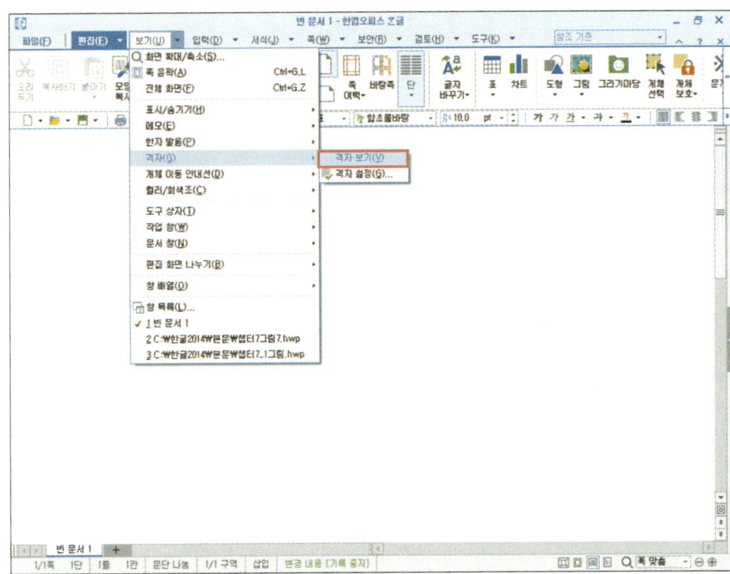

02 [입력] 탭을 클릭하여 개체에서 ◯(타원)을 선택합니다. 마우스 모양이 + 모양으로 바뀌면 원하는 위치에서 마우스를 드래그하여 원을 그립니다.

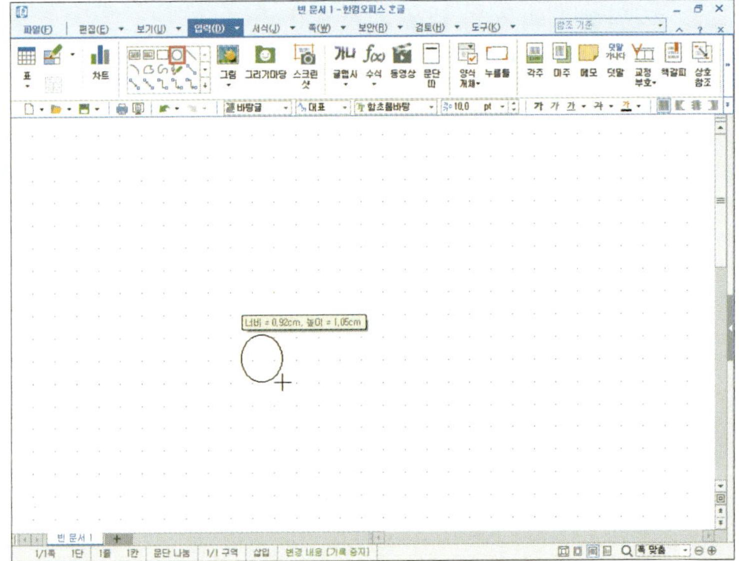

알아두기　　타원 그리기

[타원]으로 정원과 타원을 그릴 수 있습니다.

1 정원 그리기

◯(타원)를 클릭한 다음 작업 창에서 클릭하면 자동으로 정원이 그려집니다.

[Shift] + 끌기 : 가로와 세로가 같은 비율로 크기를 조절할 수 있습니다.

2 원 조절하기

- 원 개체를 선택하고 조절점에서 [Shift]를 누른 채 끌기 : 원래의 비율로 한 방향으로 크기 조절할 수 있습니다.
- 원 개체를 선택하고 조절점에서 [Ctrl]을 누른 채 끌기 : 중심을 기준으로 임의의 모양으로 크기 조절할 수 있습니다.
- 원 개체를 선택하고 조절점에서 [Shift]+[Ctrl]을 누른 채 끌기 : 중심을 기준으로 정원으로 크기 조절할 수 있습니다.

03 삽입된 타원 개체를 선택하여 나타나는 조절점을 드래그하여 원하는 크기로 조절합니다.

> **Tip** 기본적으로 선색은 검정, 굵기는 0.12mm, 면 색은 '노랑'으로 지정되어 있습니다.

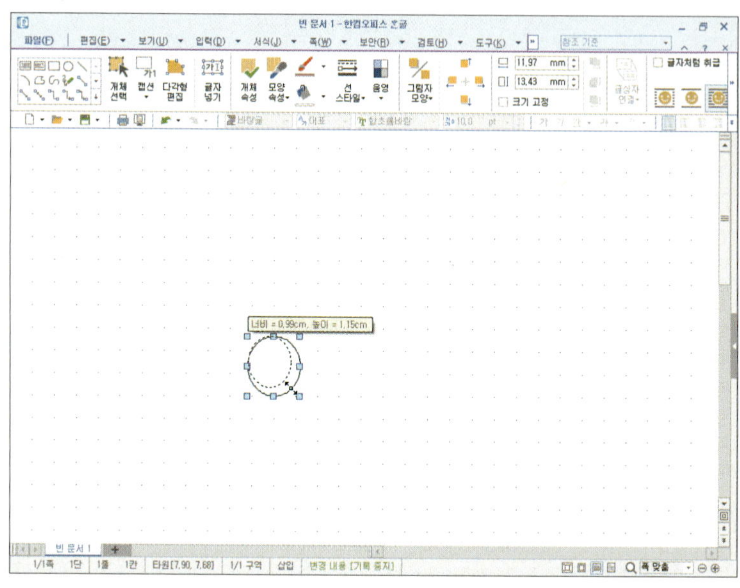

04 타원 개체의 선과 색을 지정하기 위해 개체를 더블클릭합니다. [개체 속성] 대화상자의 [선] 탭에서 선색은 '루비색', 선의 종류를 '점선'으로 선택합니다.

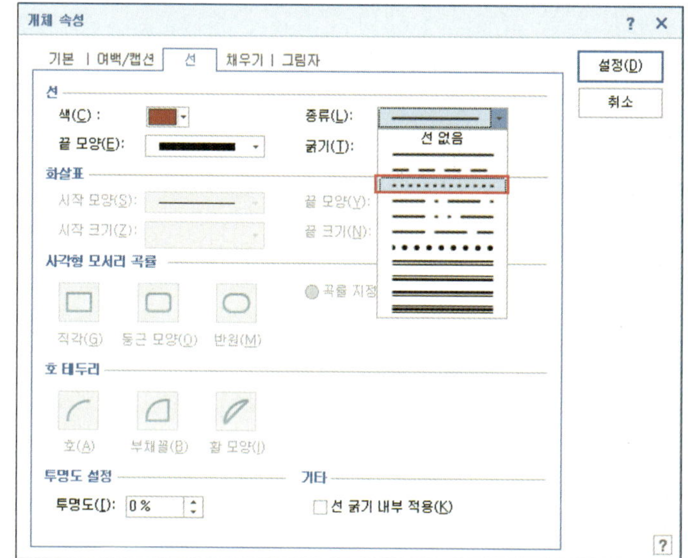

05 [채우기] 탭의 채우기에서 '색'을 선택하고 '면 색'과 '무늬 색', '무늬 모양'을 선택한 후 [설정]을 클릭합니다.

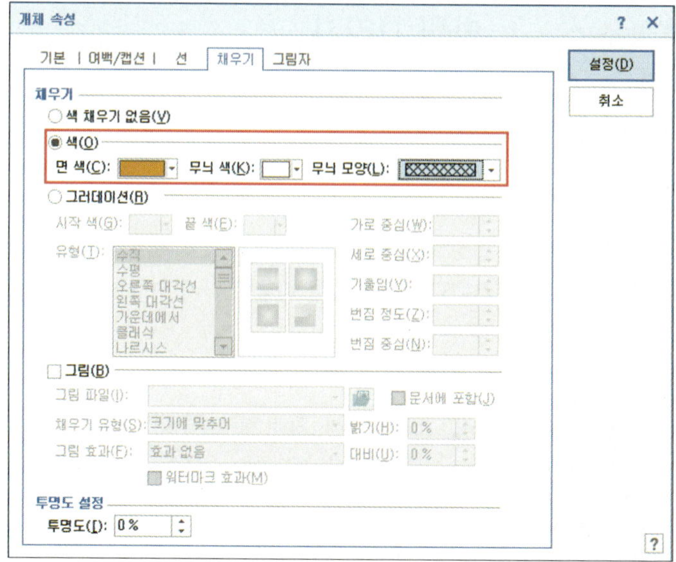

06 삽입된 타원 개체를 선택하고 Ctrl 을 눌러 드래그하여 복사한 후 크기를 이전 타원 개체보다 크게 조절합니다. 복사된 타원 개체를 더블클릭하여 [개체 속성] 대화상자에서 색을 지정합니다.

> **Tip** 개체의 위치 순서는 먼저 삽입된 개체가 아래로 뒤에 만들어진 개체가 위쪽에 위치합니다.

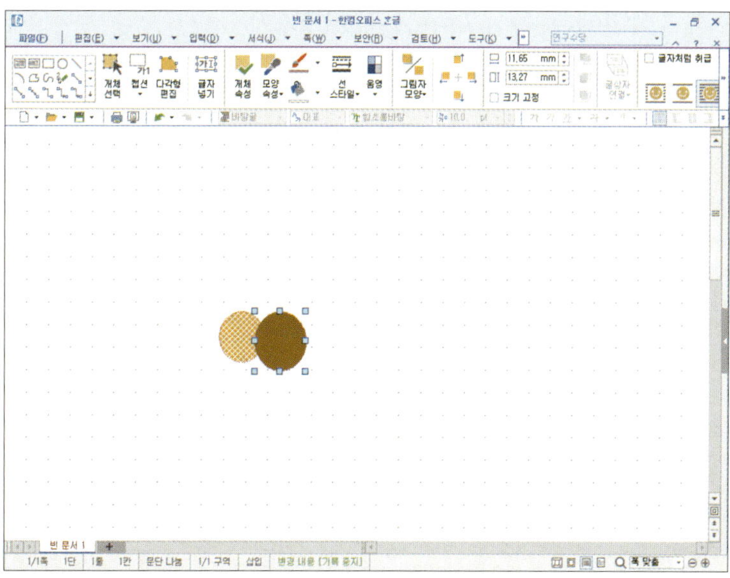

07 두 개의 타원 개체를 겹친 후 위쪽에 위치한 복사된 타원 개체에서 마우스 오른쪽 버튼을 눌러 [맨 뒤로]를 선택합니다.

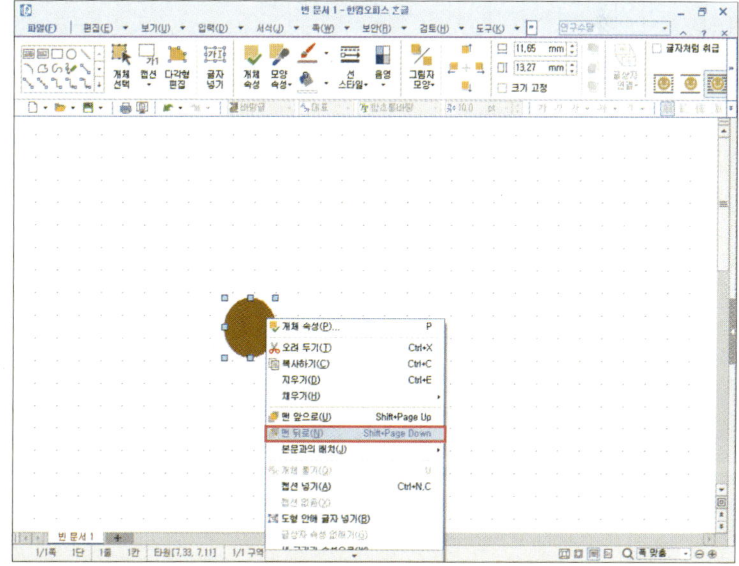

08 타원 개체의 순서가 바뀌었음을 확인할 수 있습니다.

> **Tip** 개체 정렬은 [도형] 탭의 정렬에서 (맨 앞으로), (맨 뒤로)를 선택하여 정렬할 수 있습니다.

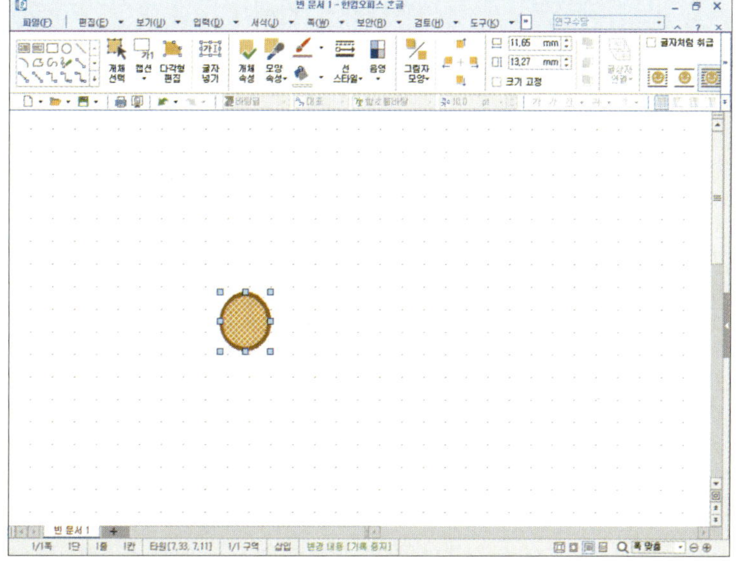

곡선으로 그림 그리기

01 이번에는 곡선으로 그림을 그리기 위해 [입력] 탭의 개체에서 ✎(자유선)을 선택합니다. 마우스 모양이 + 모양으로 바뀌면 원하는 모양으로 곡선을 그리고 처음과 끝점을 만나게 합니다.

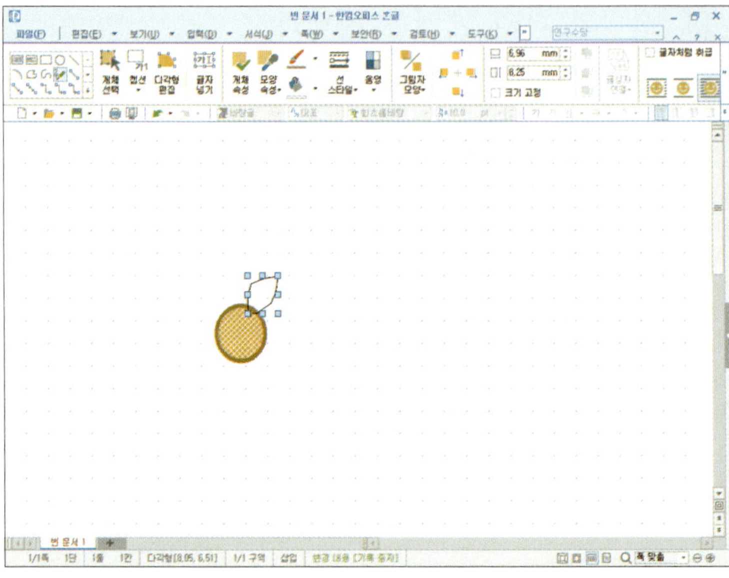

02 삽입된 곡선 개체를 더블클릭하여 [개체 속성] 대화상자에서 선과 채우기를 지정합니다.

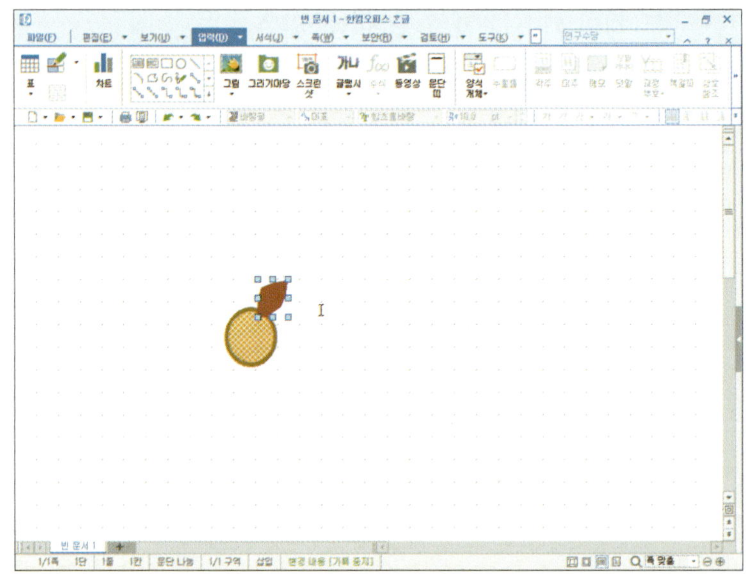

03 삽입된 곡선 개체를 복사하기 위해 Ctrl 을 눌러 드래그합니다.

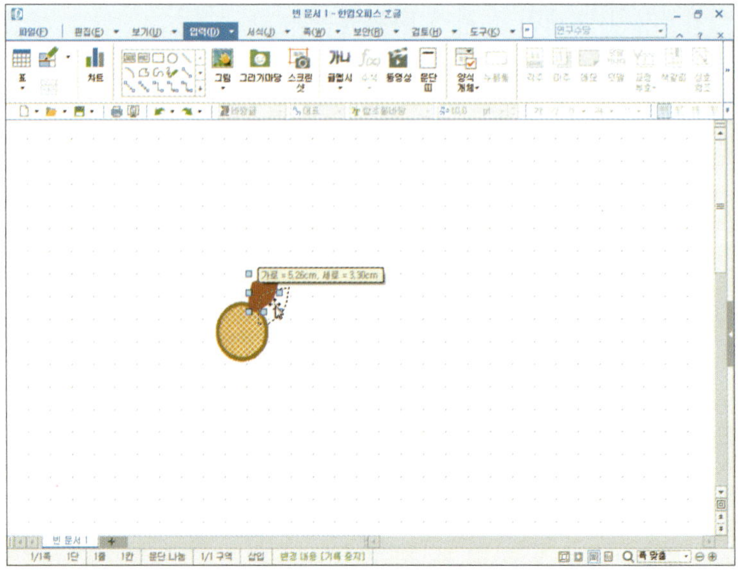

04 복사된 곡선 개체의 위치를 이동하거나 회전하기 위해 곡선 개체를 선택합니다. [도형] 탭의 회전/대칭에서 (개체 회전)을 선택한 후 (회전점)을 드래그하여 위치를 회전하거나 ✛ 표시에서 위치를 이동합니다.

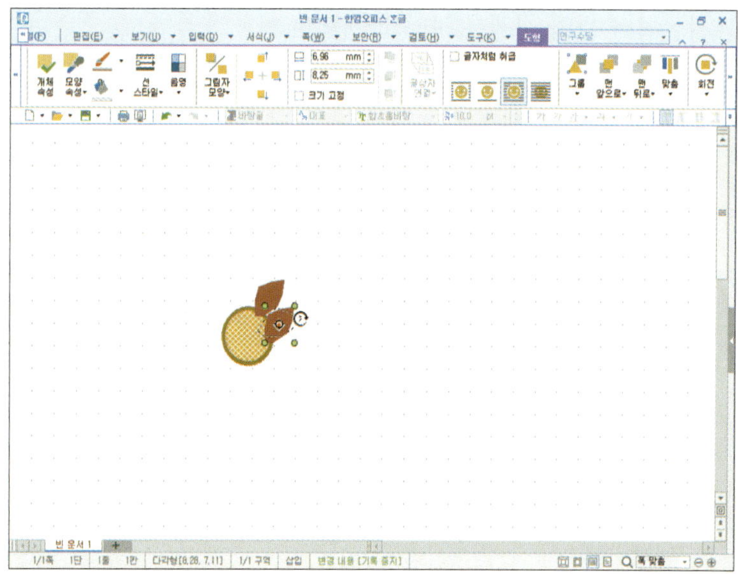

05 다음과 같이 곡선 개체를 복사하여 위치를 지정하고 위치에 알맞은 회전을 하여 완성합니다.

알아두기 | 곡선 그리기

❶ ⑤(곡선)을 선택하여 시작점을 클릭하고 위치를 이동한 다음 다시 클릭합니다.

❷ 아래로 이동한 다음 위치를 클릭하면 선이 곡선으로 나타납니다.

❸ 같은 방법으로 위치를 이동하면서 클릭하면 곡선이 되고 직선은 Shift + Ctrl 을 누른 채 클릭합니다.

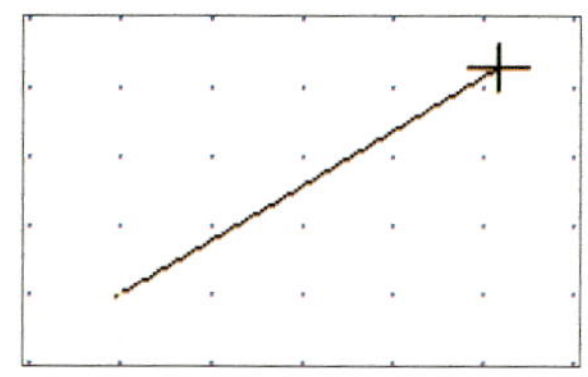
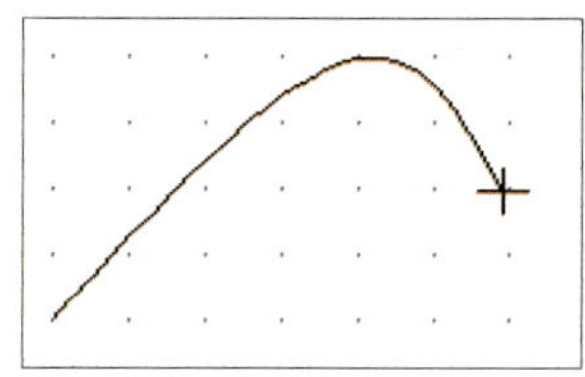
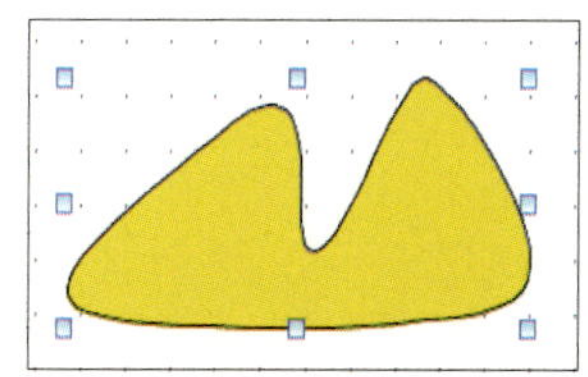

01 여러 개의 개체를 하나의 개체로 만들기 위해 개체를 선택하고 [도형] 탭의 도형에서  (개체 선택)을 클릭합니다. 이 때 마우스에 사각형 모양이 생깁니다.

> **Tip** 연결되어 있지 않는 여러 개의 개체를 선택할 경우 Shift 를 눌러 선택합니다.

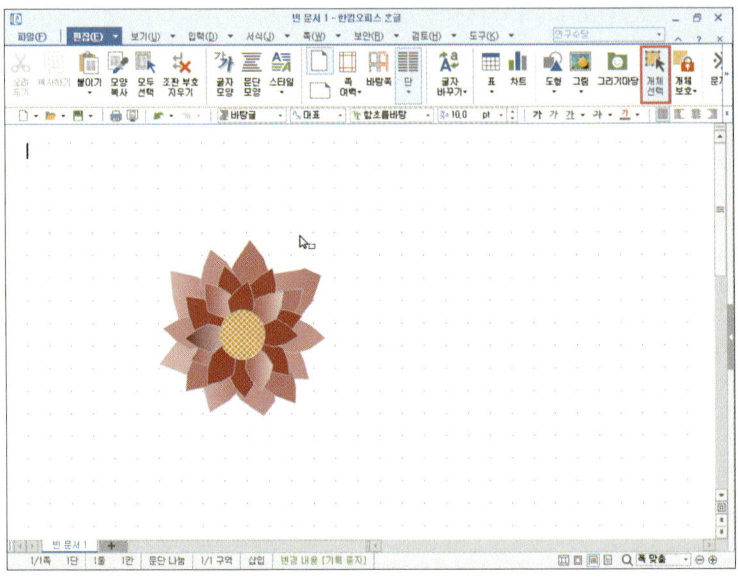

02 여러 개의 개체를 전부 드래그하여 영역을 지정합니다. 이 때 각각의 개체가 개체 선택 영역 안에 모두 포함되어야 합니다.

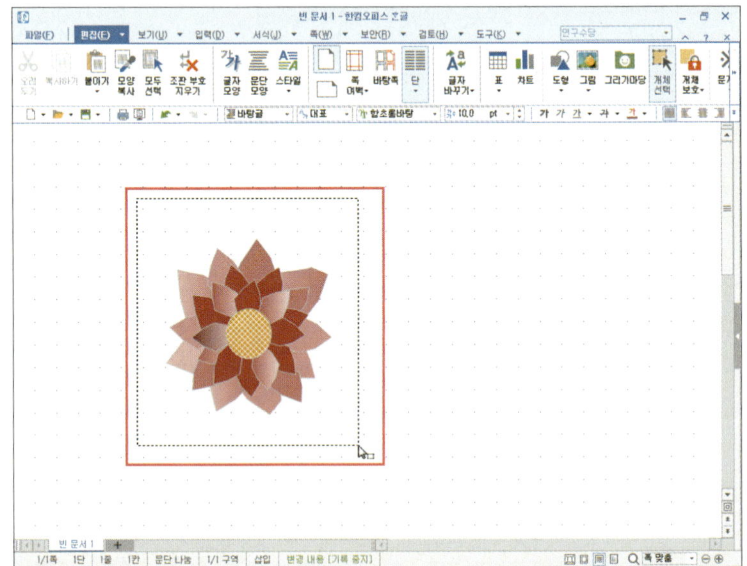

03 각각의 개체의 조절점이 나타나면 [도형] 탭의 그룹에서 (개체묶기)를 선택합니다.

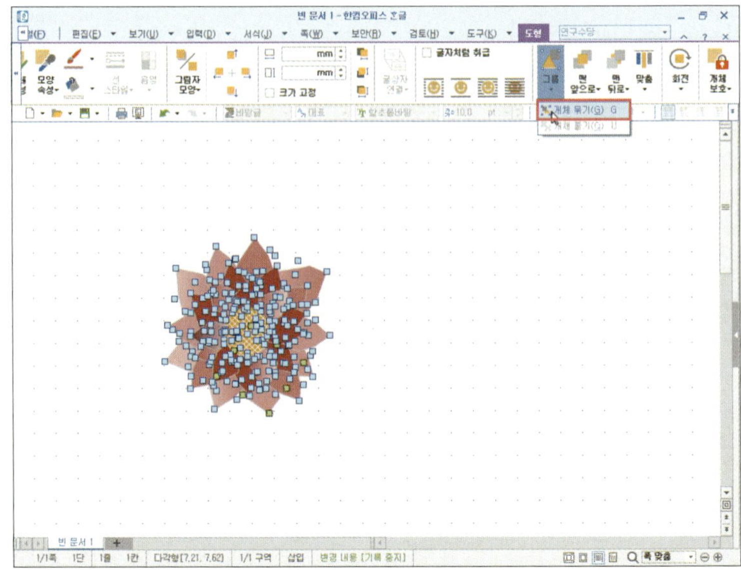

04 다음과 같이 여러 개의 개체가 하나의 개체로 만들어집니다.

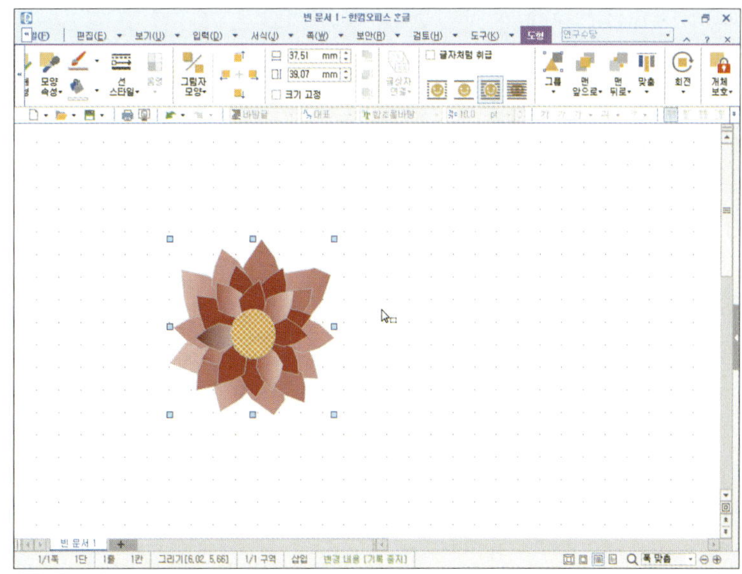

05 화면과 같이 Ctrl 을 눌러 개체를 복사한 후 각각의 크기를 조절합니다.

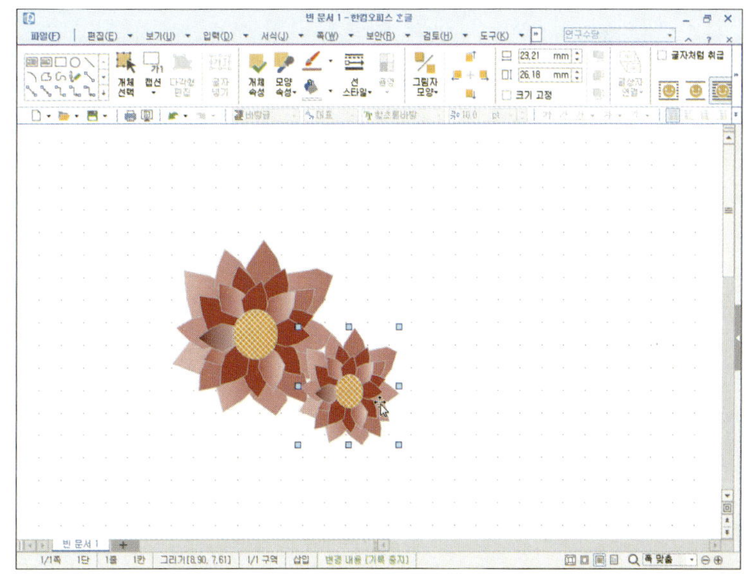

06 그리기 개체의 속성을 수정하기 위해 복사한 개체를 클릭한 다음 [도형] 탭의 회전/대칭에서 ❋(개체 풀기)를 선택합니다.

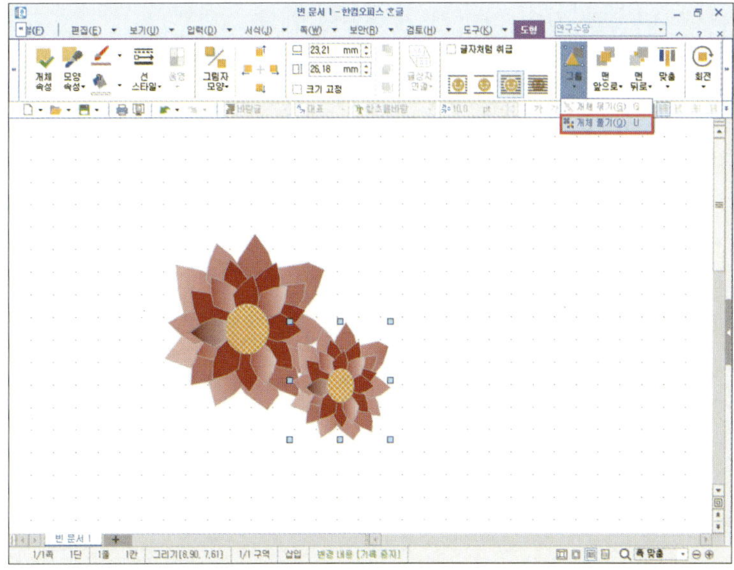

07 하나의 개체에 개체 풀기가 실행되면 각각의 개체들에 조절점이 나타납니다.

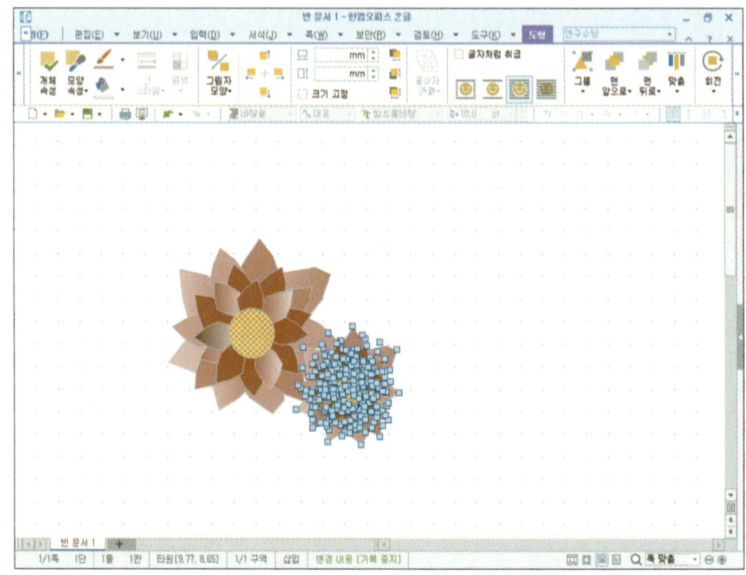

08 해체된 각각의 개체를 더블클릭하여 [개체 속성] 대화상자의 [채우기]에서 색을 수정합니다. [도형] 탭의 도형에서 ▨(개체 선택)을 클릭하여 영역을 지정하고 정렬에서 ▨(개체 묶기)를 선택합니다.

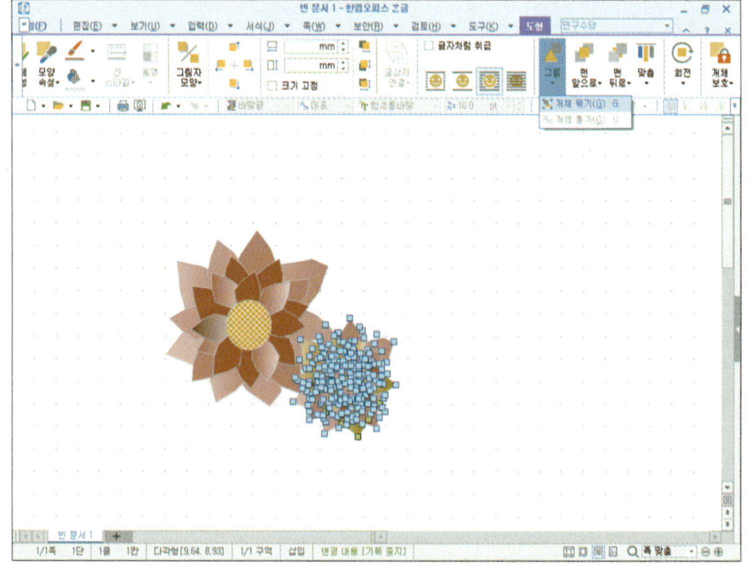

09 다음과 같이 나머지 개체들도 개체 풀기를 하여 개체를 수정하고 수정한 개체를 다시 하나의 개체로 묶습니다.

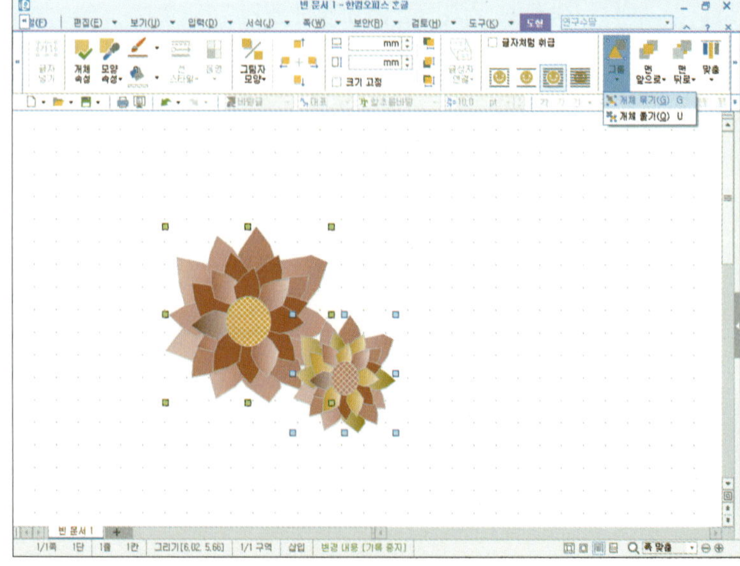

10 다음과 같이 그리기 개체 중에서 ∽(곡선)과 ☌(다각형)를 이용하여 개체를 추가하여 완성합니다.

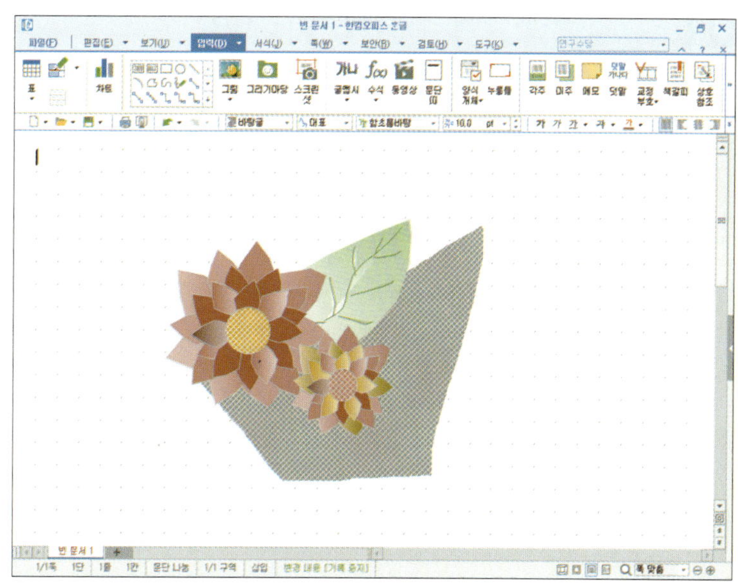

알아두기　　**그리기 도구로 그린 그림을 [그리기 마당]에 등록하기**

그리기 도구를 이용하여 그린 그림을 [그리기 마당]에 등록해 두고 필요할 때 다시 불러 사용할 수 있습니다. 여기서는 [그리기 마당]에 등록하는 방법을 알아봅니다.

1 하나의 그림으로 등록하기 위해 각각의 개체를 모두 선택한 다음 [개체 묶기]를 선택합니다.

2 하나의 개체로 묶어지면 바로가기 메뉴를 클릭하여 [그리기 마당에 등록]을 선택합니다.

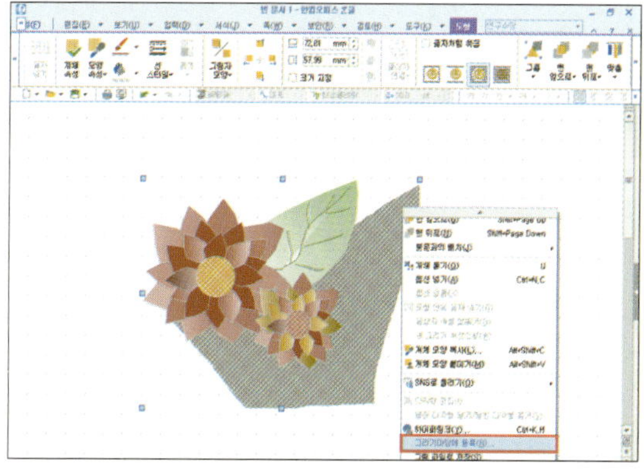

3 [그리기 조각 등록] 대화상자의 등록할 꾸러미 목록에 '식물(꽃)'을 선택한 다음 이름에 '꽃바구니'를 입력하고 [등록]을 클릭합니다.

4 편집 화면의 그리기도구상자에서 🖿(그리기 마당)을 클릭한 다음 '식물(꽃)'을 선택하면 '꽃바구니'가 등록되어 있습니다.

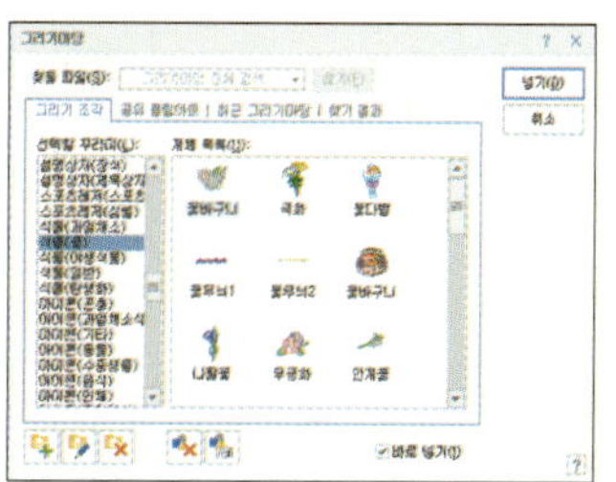

01 그리기 개체를 이용하여 귀여운 인형을 그려보세요.

 조건
- [타원]

완성파일 : 인형.hwp ▶

02 그리기 개체를 이용하여 맛있는 케익을 그려 보세요.

 조건
- [글상자], [자유선], [직사각형]

완성파일 : 케익.hw ▶

03 그리기 개체를 이용하여 눈사람을 그려 보세요.

 조건
- [타원], [자유선], [곡선], [다각형]

완성파일 : 눈사람.hwp ▶

01 그리기 개체를 이용하여 물고기를 그려보세요.

- [직선], [타원], [곡선]  조건

완성파일 : 물고기.hwp ▶

02 그리기 개체를 이용하여 휴대폰을 그려보고 [그리기 마당]에 등록해 보세요.

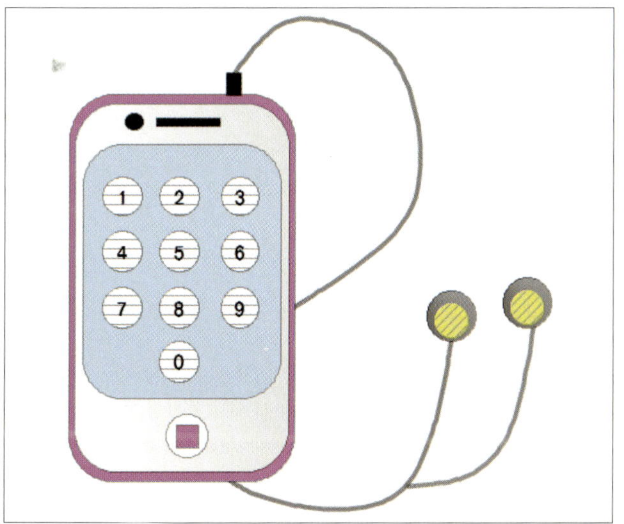

- [직사각형], [곡선], [타원] 조건
- 글상자 삽입

◀ 완성파일 : 휴대폰.hwp

03 그리기 개체를 이용하여 재미있는 게임 캐릭터를 그려보고 면 색을 채워보세요.

- [직사각형], [타원], [다각형], [자유선]  조건
- 그러데이션

완성파일 : 캐릭터.hwp ▶

08 SECTION 그림 삽입하고 스타일 지정하기

한글 문서 작성에서 단순해 보일 수 있는 텍스트 문서에 그림을 삽입하여 전달력 있는 문서를 작성할 수 있습니다. 삽입한 그림은 크기를 조절하거나, 본문과의 배치, 회전을 할 수 있으며 각각의 그림 개체에 스타일을 선택하거나 효과에서 그림자, 반사, 네온, 옅은 테두리를 지정할 수 있습니다.

PREVIEW

조건

- [입력] – [그림]에서 그림 선택
- [개체 속성]에서 그림 크기, 여백 지정
- [그림] 탭의 스타일과 효과에서 그림 효과 선택

◀ 완성파일 : 요리 만들기_완성.hwp

학습내용

실습 01 문서 속성 지정하기

실습 02 그림 삽입하고 크기와 여백 지정하기

실습 03 그림에 스타일과 효과 지정하기

체크포인트

- 그림 삽입은 [입력] 탭의 (그림)을 선택한다.
- [개체 속성] 대화상자에서 그림의 크기는 확대/축소 비율로 조절한다.
- [개체 속성] 대화상자의 [캡션/여백] 탭에서 여백을 지정한다.
- [그림] 탭의 스타일과 효과에서 다양한 그림 효과를 선택한다.

문서 속성 지정하기

▼ 준비파일 : 요리 만들기.hwp

01 '요리 만들기.hwp'를 불러온 다음 첫 줄을 블록 지정하고 [편집] 탭의 서식에서 글자 모양을 선택합니다.

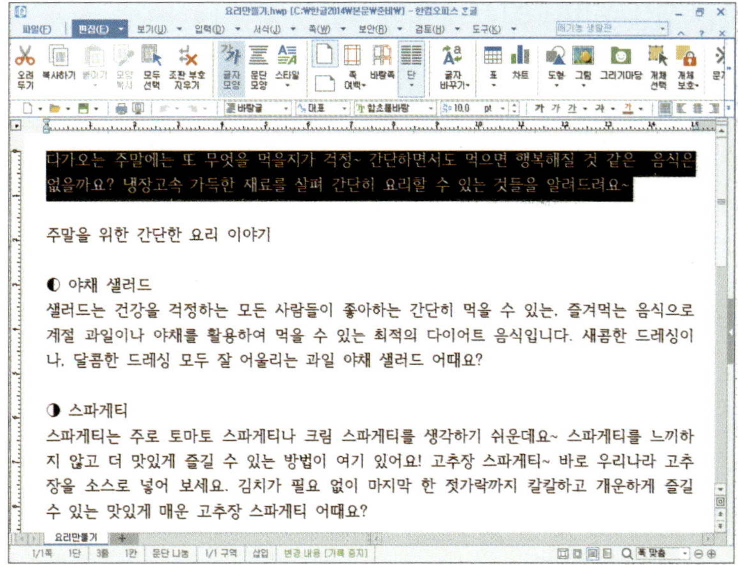

02 [글자 모양] 대화상자에서 글자 크기는 '9pt', 글꼴은 '태나무', 글자색은 '바다색'을 선택한 다음 [설정]을 클릭합니다.

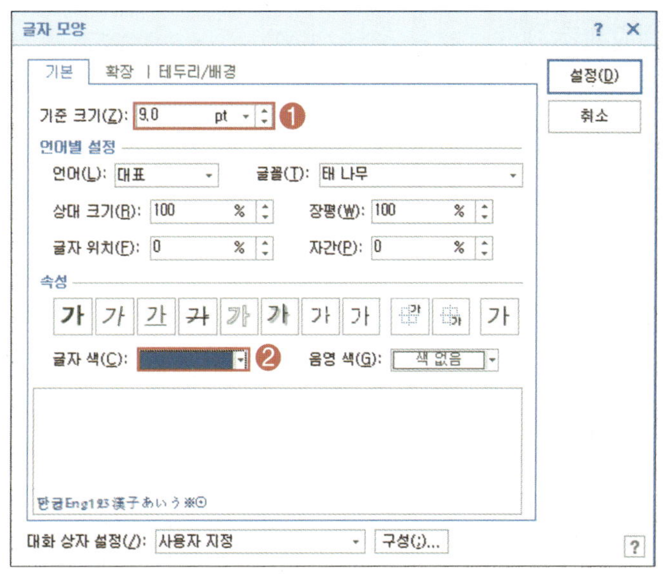

03 이번에는 [편집] 탭의 서식에서 문단 모양을 클릭한 다음 [문단 모양] 대화상자의 정렬 방식에서 ▤(오른쪽 정렬), 왼쪽 여백을 '100'으로 입력합니다.

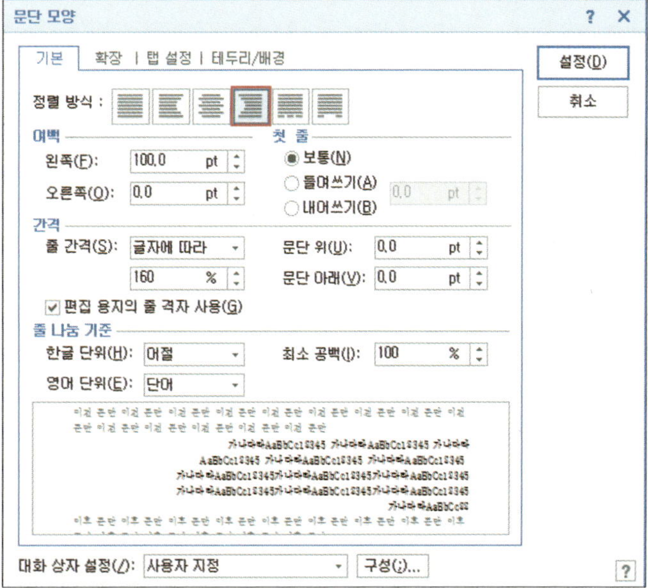

04 [테두리/배경] 탭에서 면 색을 '루비색 80% 밝게'으로 선택하고 간격에서 모두 '1mm', 문단 여백 무시를 체크하고 [설정]을 클릭합니다.

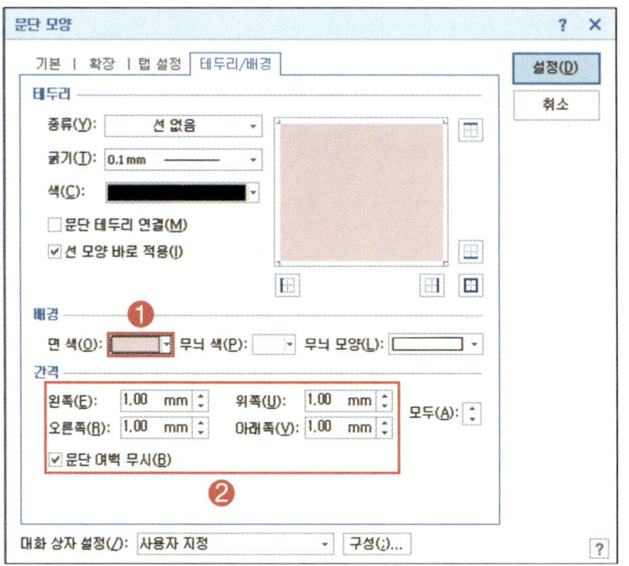

05 이번에는 제목 부분을 블록 지정하고 글꼴은 '양재 튼튼체B', 글자 크기는 '18pt', 글자색은 각각 '멜론색', '루비색'을 지정합니다.

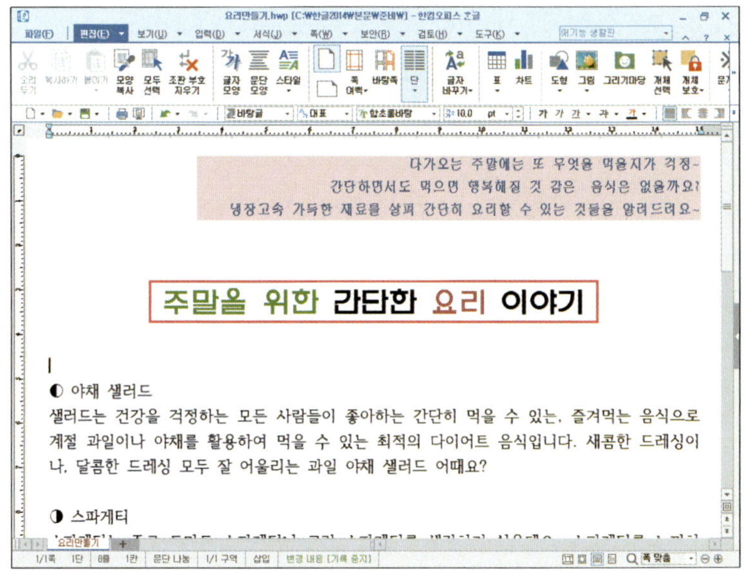

06 본문 내용의 글자 모양은 글꼴은 '함초롬 돋움', 글자 크기는 '10pt', '9pt'로 지정합니다.

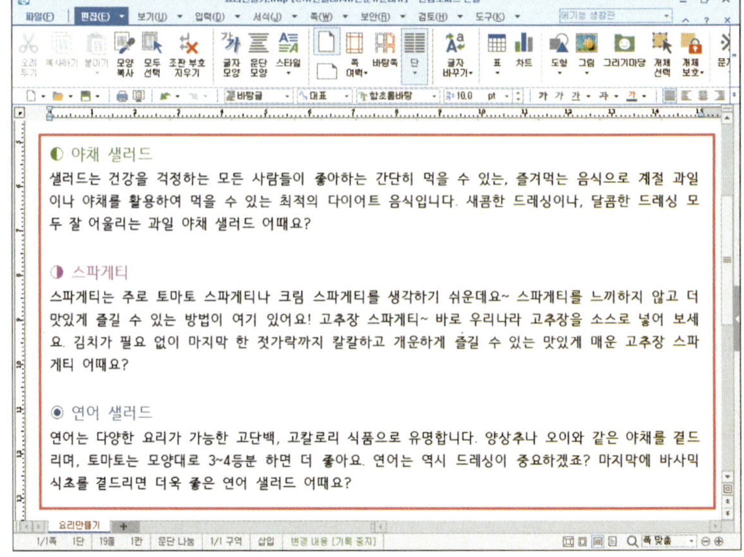

그림 삽입하고 크기와 여백 지정하기

01 편집 내용과 관련된 그림을 삽입하기 위해 그림을 넣을 곳에 커서를 이동시킨 다음 (그림)을 클릭합니다.

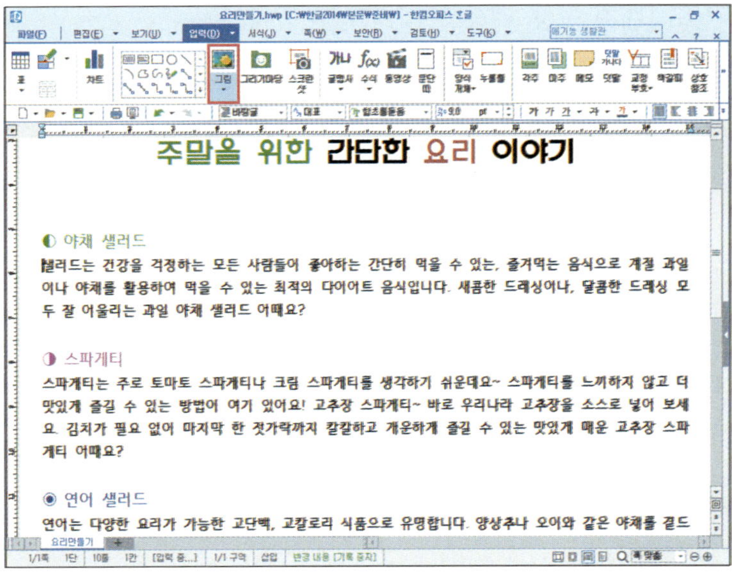

02 [그림 넣기] 대화상자의 찾는 위치에서 [본문] 폴더를 선택한 다음 '요리1.png'를 클릭하고 [넣기]를 선택합니다. 파일 형식에서 '문서에 포함'을 클릭합니다.

03 삽입된 그림을 편집하기 위해 삽입된 그림 위에서 마우스 오른쪽 버튼을 클릭한 다음 [개체 속성]을 선택합니다.

> **Tip** 삽입한 그림을 더블클릭하여도 [개체 속성] 대화상자를 확인하거나 [그림] 탭의 도구상자에서 그림을 편집할 수 있습니다.

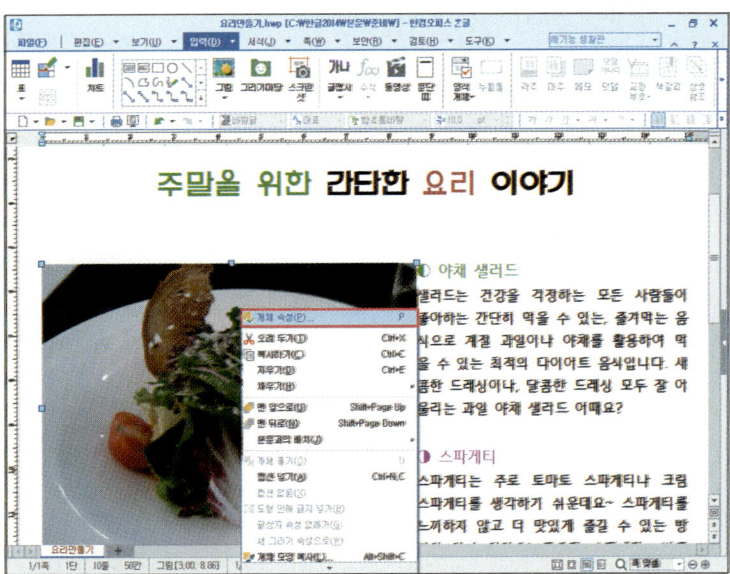

04 [개체 속성] 대화상자의 [그림] 탭에서 확대/축소 비율을 '50%'로 지정합니다.

> **Tip** 삽입된 그림의 크기는 선택하여 마우스로 드래그하여 조절할 수 있으며 [개체 속성] 대화상자의 이미지 크기 지정에서 '크기 고정'을 선택하면 편집 상태에서 마우스로 크기를 조절할 수 없습니다.

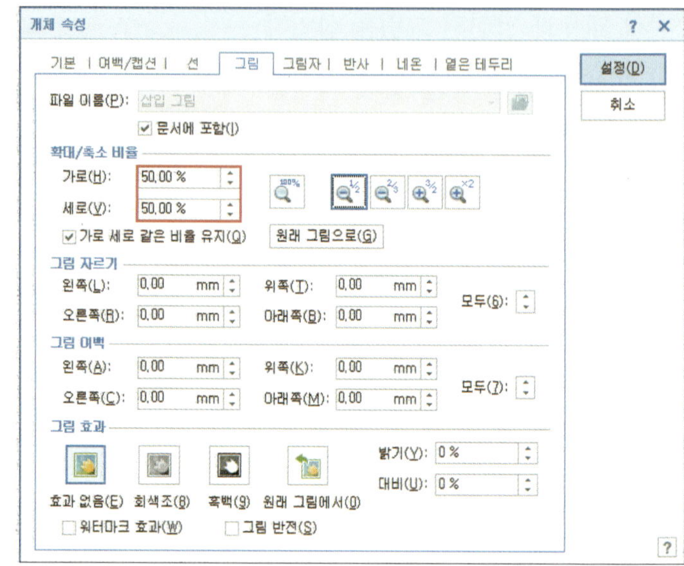

05 [여백/캡션] 탭에서 바깥 여백의 왼쪽, 오른쪽, 위쪽, 아래쪽 값을 '3mm'로 지정하고 [설정]을 클릭합니다.

> **Tip** 캡션에서 캡션 넣기의 위치를 선택하면 그림에 캡션을 삽입할 수 있으며 캡션의 크기와 개체와의 거리도 조절할 수 있습니다.

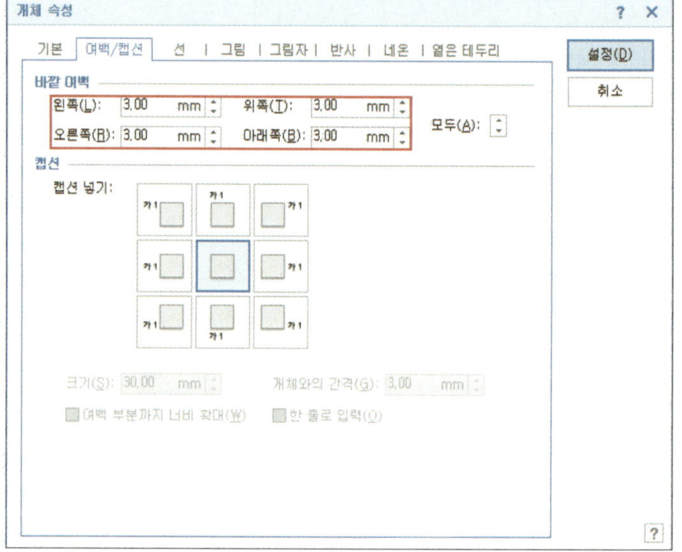

06 다음과 같이 삽입 그림의 크기가 조절되고 왼쪽, 오른쪽, 위쪽에 바깥 여백이 적용됩니다.

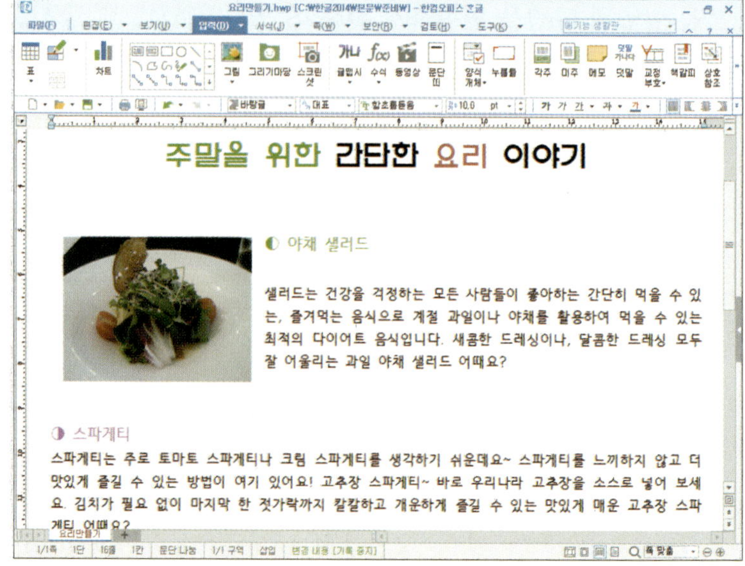

그림에 스타일과 효과 지정하기

01 이번에는 그림을 오른쪽으로 배치하기 위해 문단 전체를 오른쪽 정렬한 다음 그림을 삽입합니다. [그림 넣기] 대화상자에서 '요리2'를 삽입한 다음 마우스 오른쪽 버튼을 클릭하고 [개체 속성]을 선택합니다.

02 [개체 속성] 대화상자의 [기본] 탭에서 가로 문단을 '가운데'로 선택한 다음 개체 회전에서 회전각을 '5'로 지정하고 [설정]을 클릭합니다.

> **조건**
> [그림] 탭에서 확대/축소 비율을 '50%'로 적용
> [여백/캡션] 탭에서 왼쪽, 오른쪽, 위쪽에 바깥 '3mm' 여백 적용

> **Tip** 회전각은 그림을 회전하는 메뉴로 −360부터 360까지 지정할 수 있습니다.

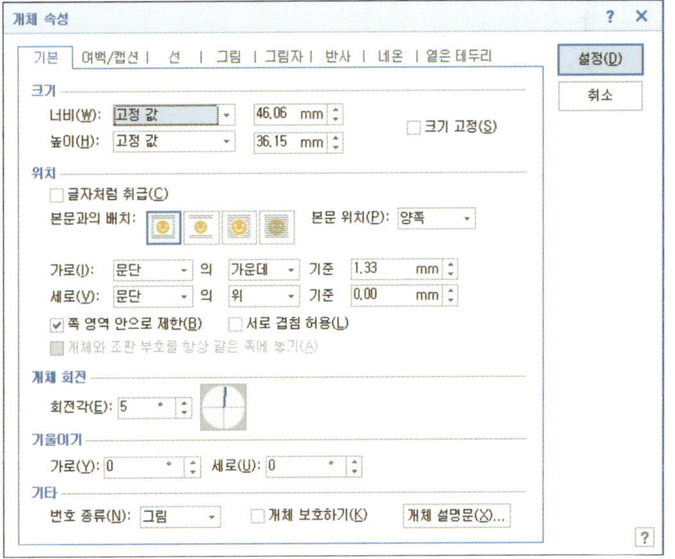

03 다음과 같이 두 번째 그림이 삽입되면 세 번째 그림도 주어진 조건으로 삽입합니다.

> **조건**
> • 그림 : 본문/요리3.png
> • 그림 크기 : 50%
> • 개체 속성 : 가로 문단 '오른쪽'
> • [여백/캡션] 탭에서 왼쪽, 오른쪽, 위쪽에 바깥 '3mm' 여백 적용

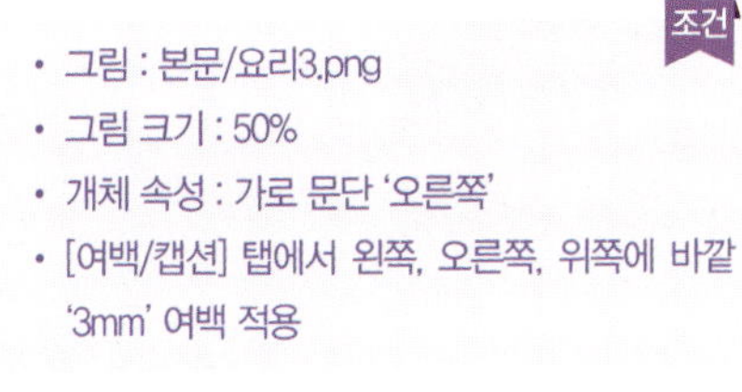

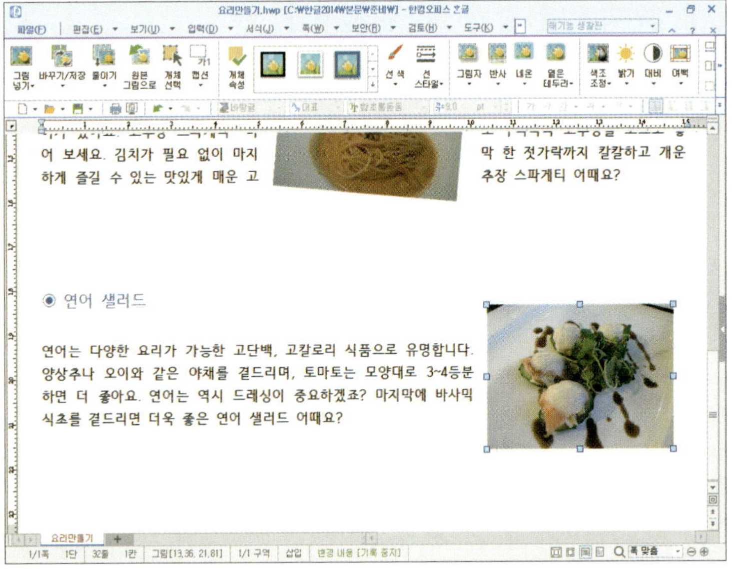

04 이번에는 삽입된 그림에 스타일을 지정하기 위해 첫 번째 그림을 선택하고 [그림] 탭의 스타일 목록에서 '회색 아래쪽 그림자'를 지정합니다.

Tip 스타일에서는 테두리, 그림자, 반사, 네온 등의 효과를 미리 지정하여 만든 목록으로 간단하게 사용할 수 있습니다.

05 [그림] 그룹의 [네온] 목록을 클릭하고 '강조색 3.5pt'를 선택합니다.

Tip 효과에서는 그림 개체에 그림자, 반사, 네온, 옅은 테두리를 지정할 수 있습니다.

06 위와 같은 방법으로 두 번째와 세 번째 그림에도 그림 스타일이나 효과를 지정합니다.

조건

- 두 번째 그림 : 스타일은 '엷은 테두리 반사'
- 세 번째 그림 : 효과에서 그림자의 '대각선 왼쪽 위 반사'의 1/3 크기, 근접

알아두기 　 그림 효과

[서식]–[개체 속성]–[그림]에서 문서에 삽입한 그림 파일에 대하여 회색조 처리를 하거나, 흑백 또는 워터마크로 바꾸는 등의 다양한 효과를 줄 수 있습니다.

〉〉 색조 조정

- 효과 없음 : 회색조나 흑백, 워터마크 같은 그림 효과 없이 그림 파일을 원래 이미지로 되돌립니다.

- 흑백 : 선택한 그림 파일을 흑백 이미지로 바꿔줍니다.

- 회색조 : 선택한 그림 파일을 회색조 이미지로 변환하여 같은 수준의 회색으로 바꿔줍니다.

- 워터마크 : 원래 그림에 '밝기 : 70, 명암 : –50'의 효과를 주어, 그림을 밝고 명암 대비가 작은 그림으로 바꿔줍니다.

〉〉 밝기

- 선택한 그림 밝기를 조절하며 처음 값은 0입니다. 밝기의 단계는 –100부터 100까지 퍼센트(%) 단위로 설정할 수 있으며, –100을 설정하면 그림이 검정으로, 100을 설정하면 흰색으로 나타납니다.

원본

밝게 +40

어둡게 –40

〉〉 대비

- 선택한 그림 파일의 명암을 조절하며 처음 값은 0입니다. 명암의 단계는 –100부터 100까지 퍼센트(%) 단위로 설정할 수 있습니다.

원본

높게 +40

낮게 –50

01

다음 준비파일에서 각각의 이미지에 그림 효과를 지정하여 완성하세요.

▲ 준비파일 : 조화.hwp

조건

- 스타일 : 파란색 아래쪽 그림자
- 그림 효과 : 회색조 반사 3/4, 8pt
- 회전 : 상하 대칭

▲ 완성파일 : 조화_완성.hwp

02

다음 준비파일에서 이미지를 그리기마당에서 찾아 삽입해 보세요.

▲ 준비파일 : 곰배령.hwp   ▲ 완성파일 : 곰배령_완성.hwp

조건

- 조건 : 곰배령.jpg
- 글꼴 : 휴먼엑스포, 맑은 고딕 글자 크기 : 20pt, 12pt

- 여백 : 왼쪽 5.0mm
- 효과 : 반사효과 1/3 크기, 4pt
- 개체 속성 : 본문과의 배치 : 어울림

01 다음 준비파일에서 주어진 이미지를 복사하여 조건에 맞게 완성하세요.

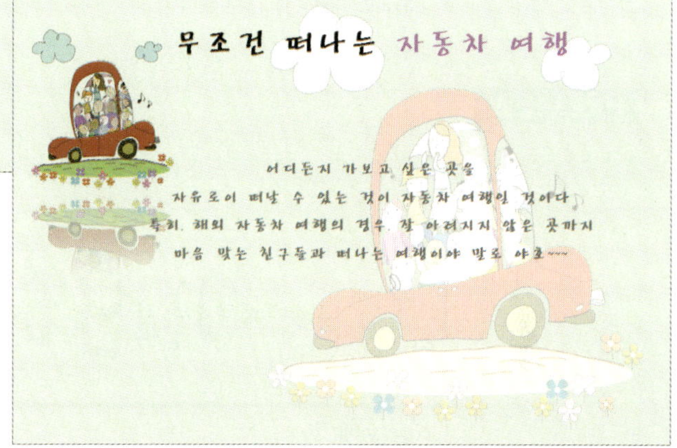

▲ 준비파일 : 자동차 여행.hwp

조건

- 조건 : [그리기 마당] – [클립아트]의 [학교] 꾸러미
- 효과 : 회색 그림자 테두리, 1/2 크기 반사, 네온 강조색1 15pt
- [기본] 위치 '맨 뒤로' 1/3 크기 반사
- [그늘] 워트마크 효과, 1/3 크기 반사

▲ 완성파일 : 자동차 여행_완성.hwp

02 인터넷에서 이색박물관을 찾아 사진을 삽입하여 완성하세요.

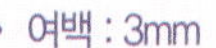
▲ 준비파일 : 커피 추출기구.hwp

▲ 완성파일 : 커피 추출기구_완성.hwp

조건

- 글꼴 : 양재 난초체, 태나무, 맑은 고딕
- 글자크기 : 9pt, 20pt, 22pt
- 가로 그림 위치 : 왼쪽, 가운데, 오른쪽
- 여백 : 3mm
- 그림자 : 대각선 오른쪽 아래, 반사 : 1/2 크기 근접, 네온 : 강조색, 6.5pt

09 SECTION 표로 영화 일정 만들기

표는 문서의 복잡한 내용이나 수치를 보기 쉽게 정리하여 업무를 이해하기 편리하도록 도와줍니다. 먼저 원하는 모양의 표를 만들어 크기를 조절하고 내용을 입력한 다음, 표에 테두리와 셀의 색을 지정하는 방법을 알아보고 표 스타일을 지정하는 방법을 알아봅니다.

PREVIEW

제목	순위 및 누적 관람객	
명량	1등	17,613,682명
국제시장	2등	13,811,289명
겨울왕국	3등	10,296,101명
인터스텔라	4등	10,273,115명
해적: 바다로 간 산적	5등	8,666,046명
수상한 그녀	6등	8,657,982명
트랜스포머: 사라진 시대	7등	5,295,801명
님아, 그 강을 건너지 마오	8등	4,795,169명

출처: 2015년 2월 네이버영화

▲ 완성파일 : 영화 순위.hwp

조건
- [표] – [표 만들기] 선택
- [표] – [자동 채우기]
- [표] – [스타일]

학습내용

실습 01 표 삽입하고 셀 병합하기

실습 02 표에 자동 채우기

실습 03 셀 속성과 표 스타일 지정하기

체크포인트

- [표 만들기]에서 표의 줄 수와 칸 수를 선택한다.
- [자동 채우기]는 일정한 간격을 지정한 수치를 입력하고 채우기를 한다.
- [셀/ 테두리 배경]에서 선의 종류와 배경을 삽입한다.
- [표] 탭의 스타일에서 손쉽게 스타일을 선택한다.

표 삽입하고 셀 병합하기

01 먼저 빈 문서에서 표의 제목을 입력하고 글맵시로 완성합니다.

> **Tip** 글맵시 : HY 울릉도M, 물결1

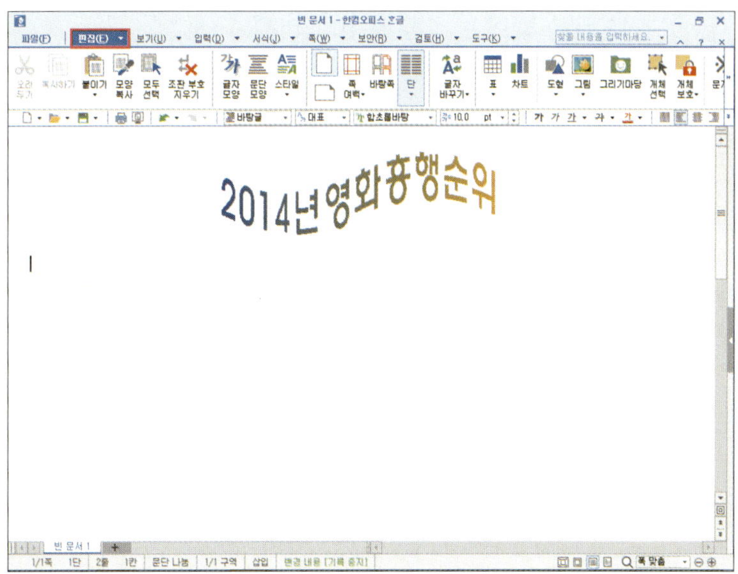

02 입력 탭의 [표] – [표 만들기]를 선택합니다.

> **Tip** 표 만들기 바로가기 키는 Ctrl + N , T 이며 입력 탭의 기본 도구 상자에서 ▦(표)를 선택하여 만들 수도 있습니다.

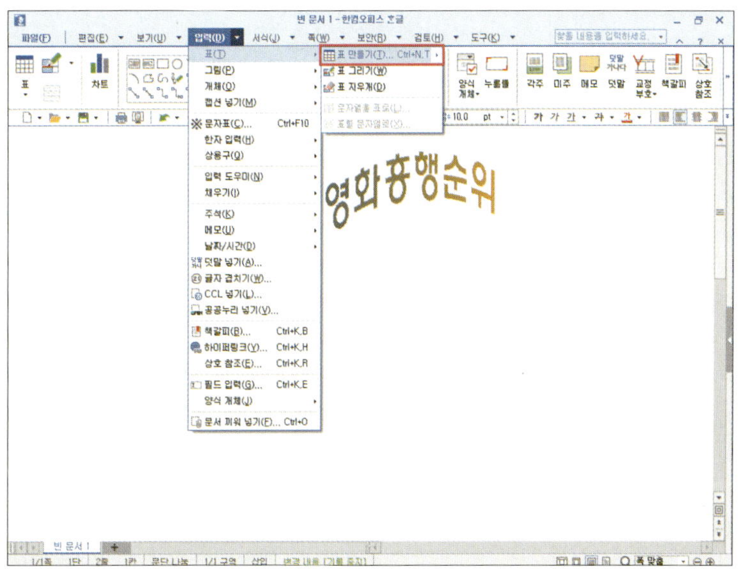

03 [표 만들기] 대화상자에서 줄 수 '9', 칸 수 '3'을 지정하고 '글자처럼 취급'을 선택한 후 [만들기]를 선택합니다.

> **Tip** '글자처럼 취급'은 표의 위치를 고정시켜 정렬을 하는데 편리합니다.

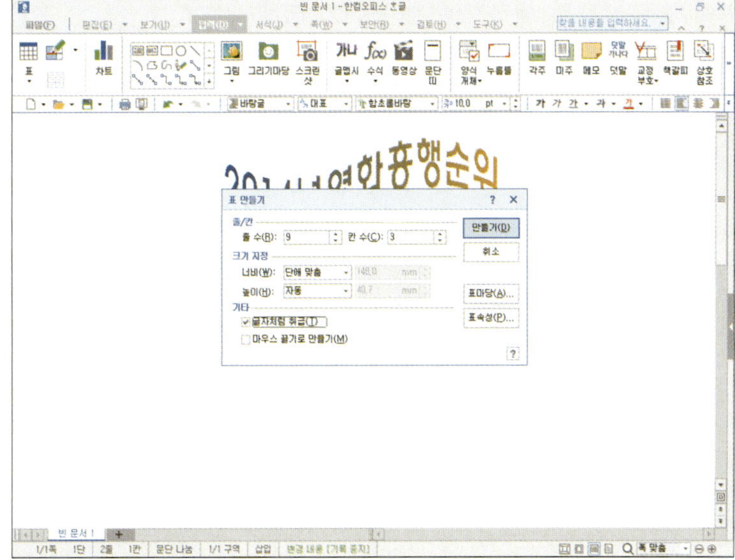

04 표의 가로 셀의 크기를 줄이기 위해 두 번째 줄을 선택하고 왼쪽으로 드래그합니다.

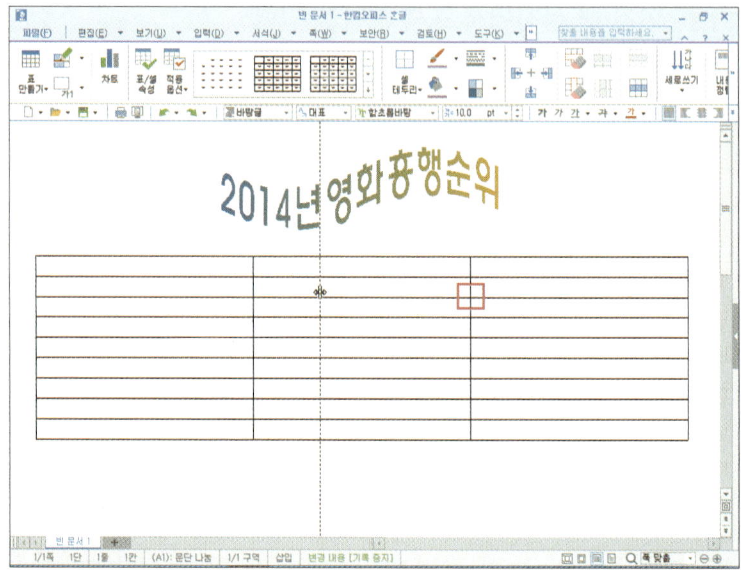

05 표 전체의 가로 길이를 줄이기 위해 표 전체를 블록 지정한 다음 마우스 포인트를 왼쪽 방향으로 드래그합니다.

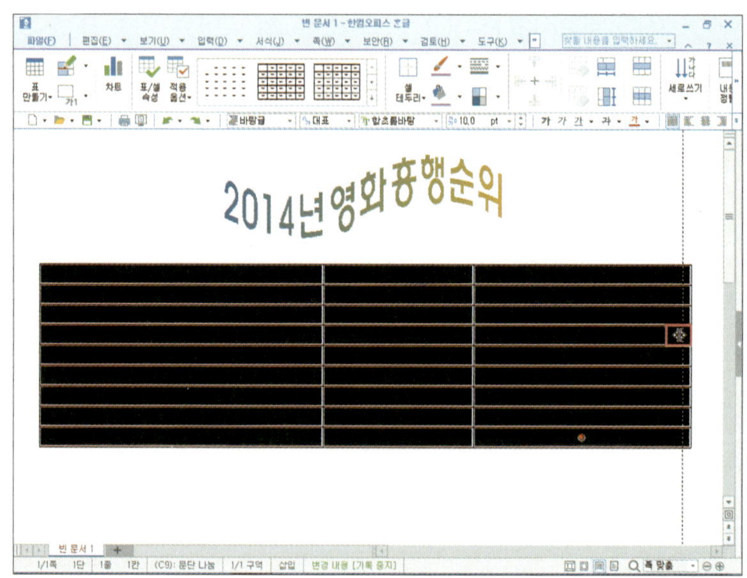

06 표 전체의 세로 길이를 늘이기 위해 표 전체가 블록 지정된 상태에서 아래쪽 방향으로 드래그합니다.

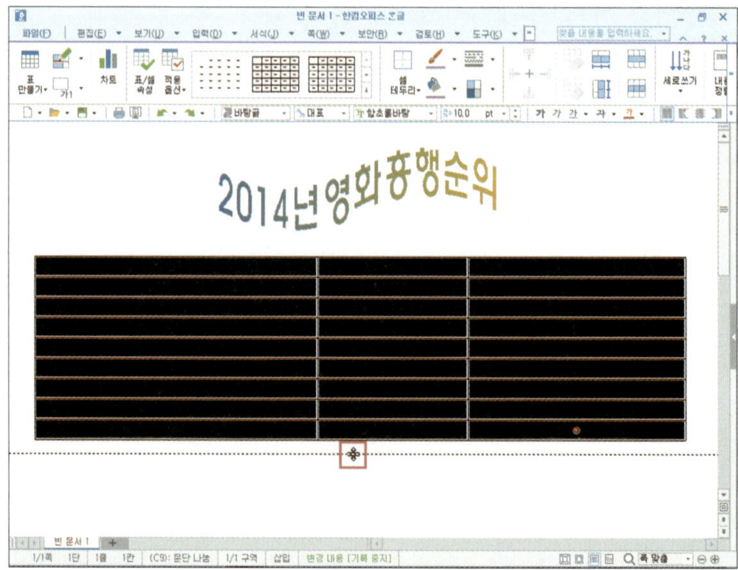

07 이번에는 첫 번째 줄을 하나의 셀로 합치기 위해 블록을 지정한 다음 [표] 탭의 셀 편집에서 ▦[셀 합치기]를 클릭합니다.

> **Tip** 셀 합치기는 [표] – [셀 합치기]를 클릭하거나 단축키 M 을 선택할 수도 있습니다.

08 다음과 같이 셀에 텍스트를 입력합니다.

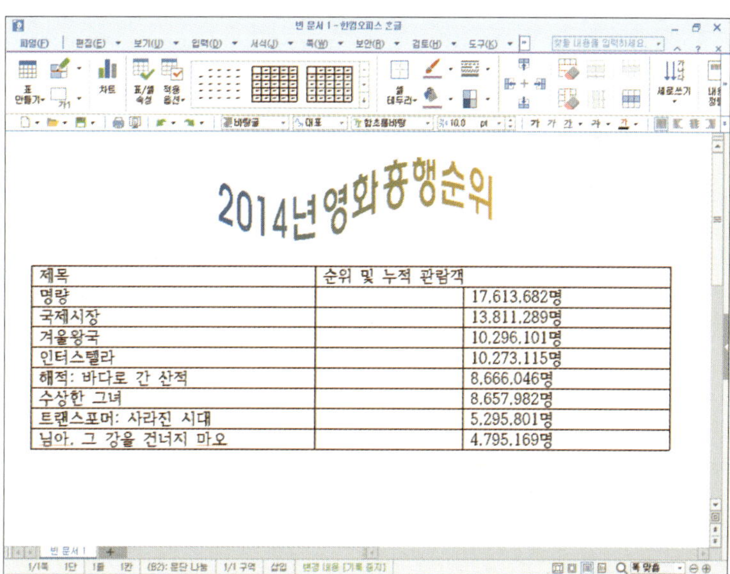

알아두기 | 표와 셀의 크기 조절하기

1 마우스로 드래그하기

2 셀을 블록으로 지정하고 방향키로 조절하기

표에 자동 채우기

01 다음과 같이 표에 텍스트를 입력한 다음 [표] 탭의 셀 편집에서 ▤(셀 가운데 정렬)을 선택합니다.

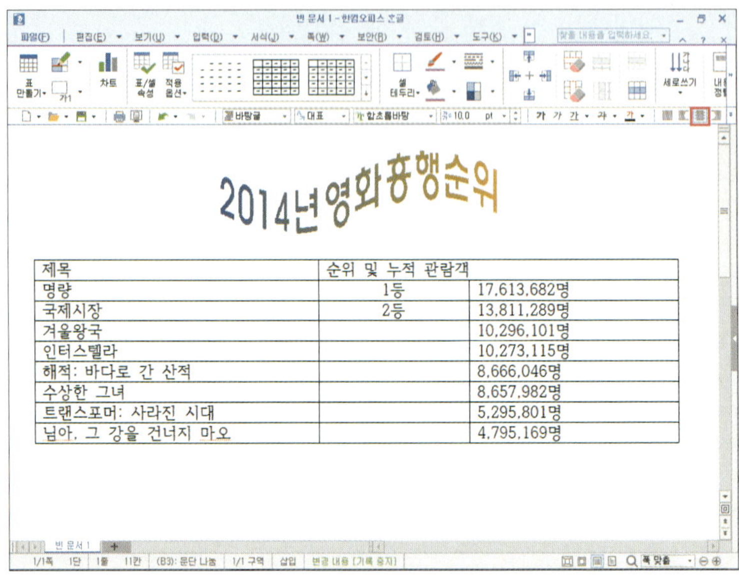

02 연결되는 숫자를 자동 채우기 하기 위해 블록을 지정한 다음 [표] 탭의 표 편집에서 🔳(표 자동 채우기)를 클릭합니다.

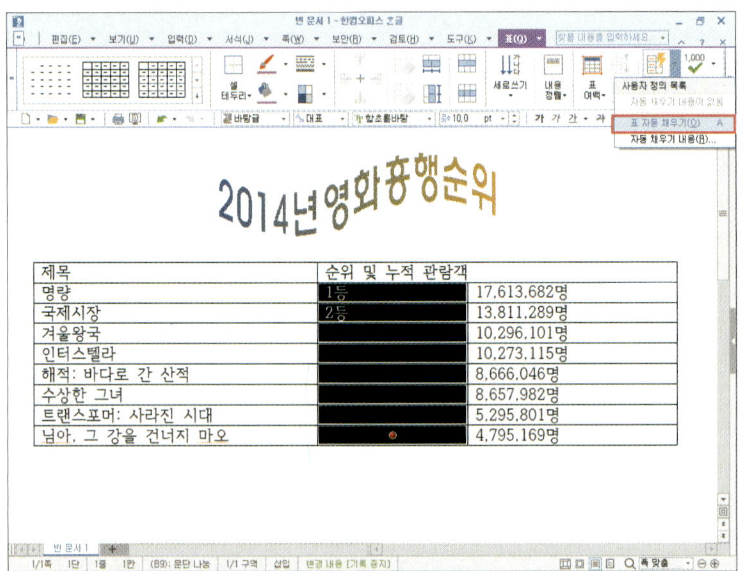

03 다음과 같이 다른 셀들도 자동 채우기 됩니다.

> **Tip** 자동 채우기는 셀 안에 '1'을 입력하고 자동 채우기를 하면 '1'이 반복되어 나타나고 '1'과 '2'를 입력하면 두 수의 차이만큼 채우기합니다.

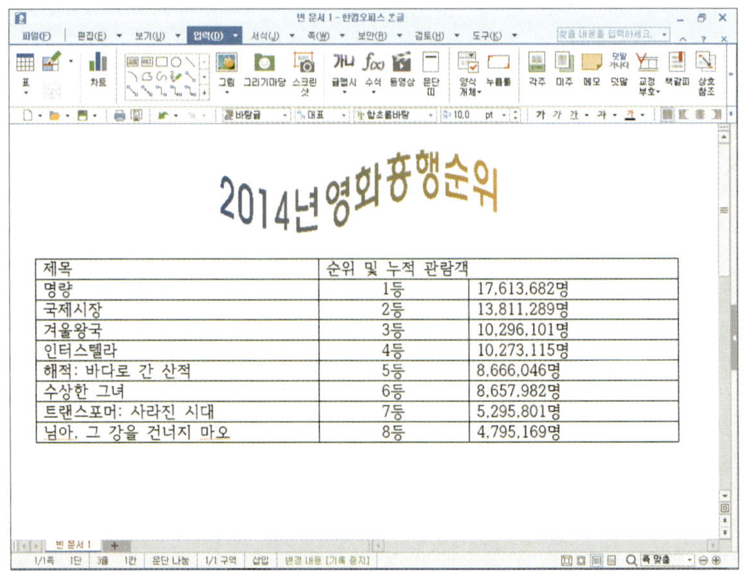

알아두기   [줄/칸 추가하기], [줄/칸 지우기]와 [표 나누기], [표 붙이기]

1 [줄/칸 추가하기]와 [줄/칸 지우기]

표를 이용하여 문서를 만들 때 필요한 줄/칸을 추가하거나 삭제해야하는 경우가 생깁니다. 표에서 줄을 추가하거나 삭제할 때에는 위/아래 방향을 확인하고, 칸을 추가하거나 삭제할 때에는 왼쪽/오른쪽 방향을 확인합니다.

- 학번 'HW02' 아래에 줄을 추가하거나 지우려면 'HW02'셀에 커서를 두고 바로가기 메뉴에서 [줄/칸 추가하기]나 [줄/칸 지우기]를 선택합니다.

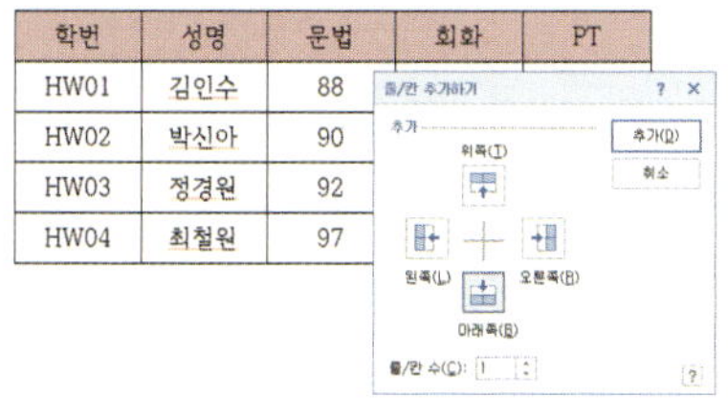
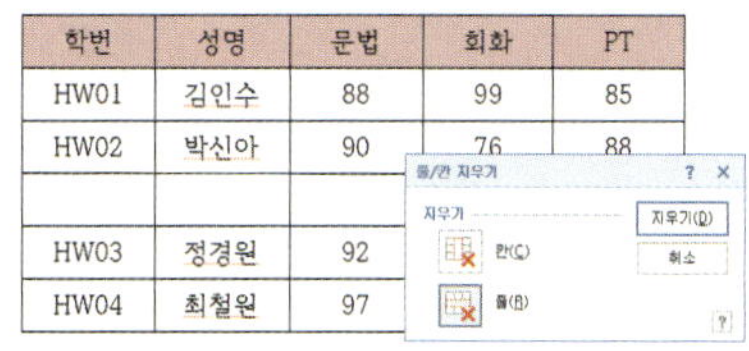

- 학번 '성명' 오른쪽에 칸을 추가하거나 지우려면 '성명' 셀에 커서를 두고 바로가기 메뉴에서 [줄/칸 추가하기]나 [줄/칸 지우기]를 선택합니다.

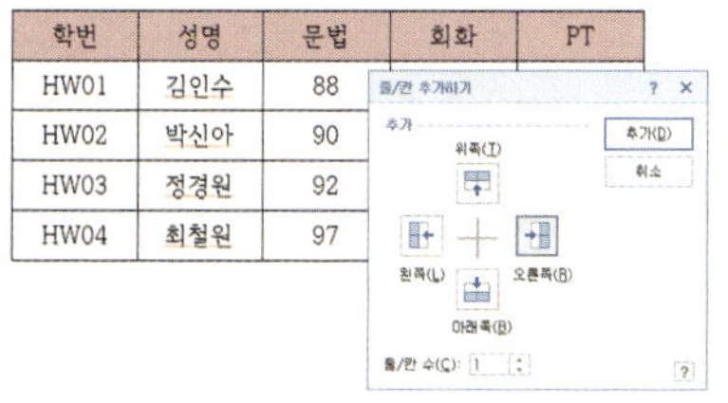

2 [표 나누기]와 [표 붙이기]

표를 이용하여 문서 작업을 하다보면 표를 나누거나 두 개의 표를 하나로 연결해야 하는 경우도 있습니다.

- 학번의 'HW01'과 'HW02' 사이에서 표를 나누려면 'HW02' 학번에 커서를 놓고 [표] – [표 나누기]를 선택합니다.

학번	성명	문법	회화	PT
HW01	김인수	88	99	85
HW02	박신아	90	76	88
HW03	정경원	92	98	77
HW04	최철원	97	78	99

- 학번의 'HW01'과 'HW02' 사이의 표를 붙이면 'HW01' 학번에 커서를 놓고 [표] – [표 붙이기]를 선택합니다.

학번	성명	문법	회화	PT
HW01	김인수	88	99	85
HW02	박신아	90	76	88
HW03	정경원	92	98	77
HW04	최철원	97	78	99

셀 속성과 표 스타일 지정하기

01 특정한 셀을 강조하기 위해 셀을 블록 지정하고 [표] 탭의 셀 속성에서 (셀 테두리 색)을 선택합니다. 셀 테두리 색 색상판에서 '진달래색'을 선택합니다.

> **Tip** 셀의 테두리를 지정하려면 셀 테두리 색, 셀 테두리 모양, 셀 테두리 굵기를 먼저 선택하여야 합니다.

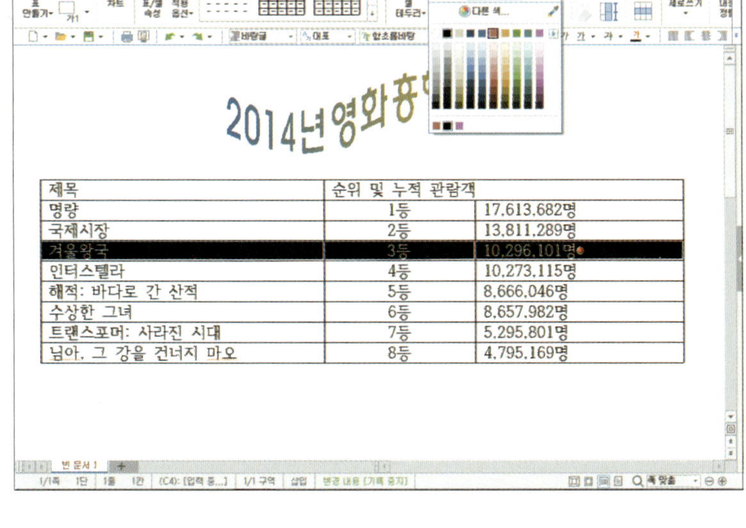

02 블록이 지정된 상태에서 [표] 탭의 셀 속성에서 (셀 테두리 모양)을 선택하여 '점선'을 클릭합니다.

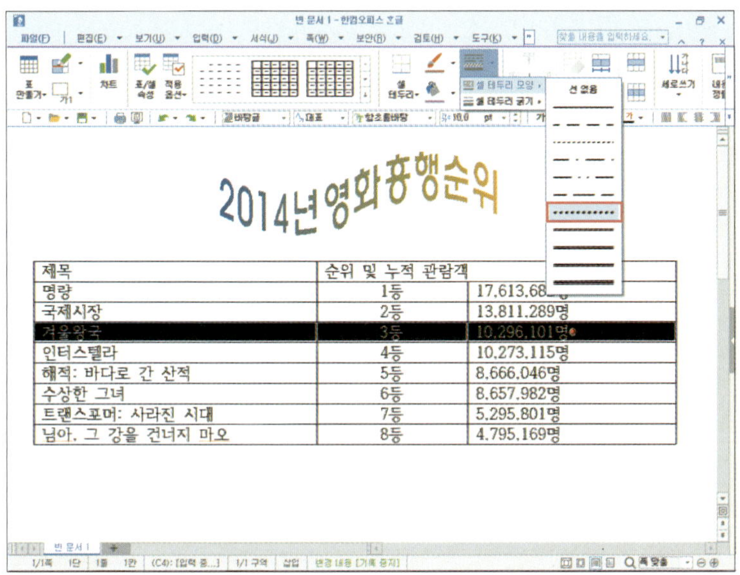

03 이번에는 [표] 탭의 셀 속성에서 (셀 테두리 굵기)를 선택하여 '1mm'을 클릭합니다.

> **Tip** 셀 테두리 굵기의 기본 값은 '0.1mm'입니다.

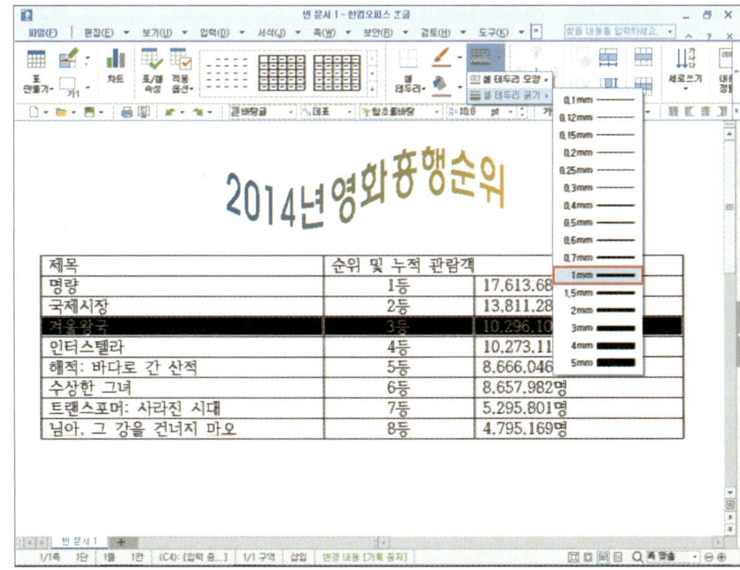

04 마지막으로 선이 지정될 범위를 선택하기 위해 ⊞(테두리)를 선택하여 '아래'를 클릭합니다.

> **Tip** 테두리의 범위의 기본 값은 '모두'입니다.

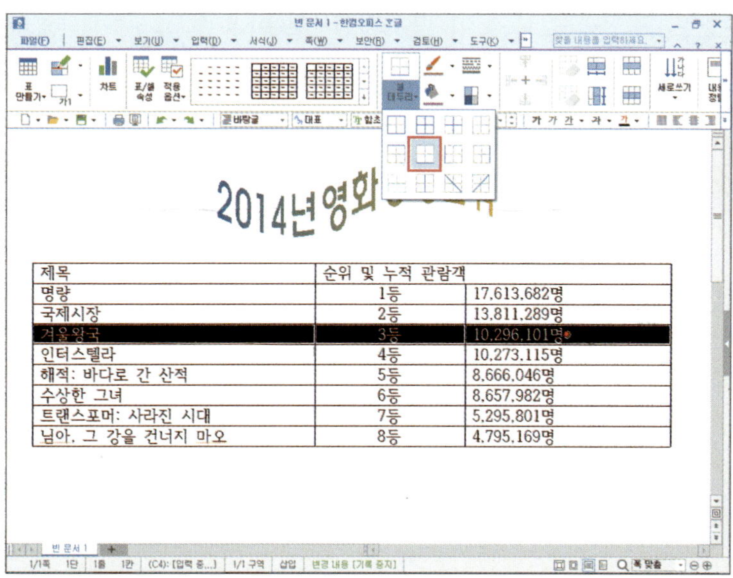

05 첫 번째 줄의 첫 번째 셀에 배경색을 지정하기 위해 [표] 탭의 셀 속성에서 ▨(배경색)을 선택하고 원하는 색을 클릭합니다.

> **Tip** 배경색 색상판에 마우스를 올리면 미리보기 상태로 배경색을 확인할 수 있습니다.

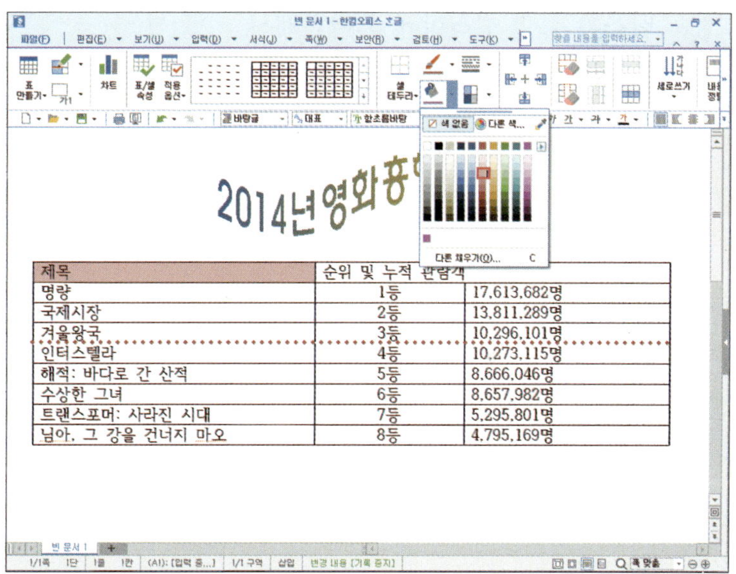

06 이번에는 표 스타일을 지정하기 위해 표 안에 커서를 이동하고 스타일의 ▯(자세히)를 선택합니다.

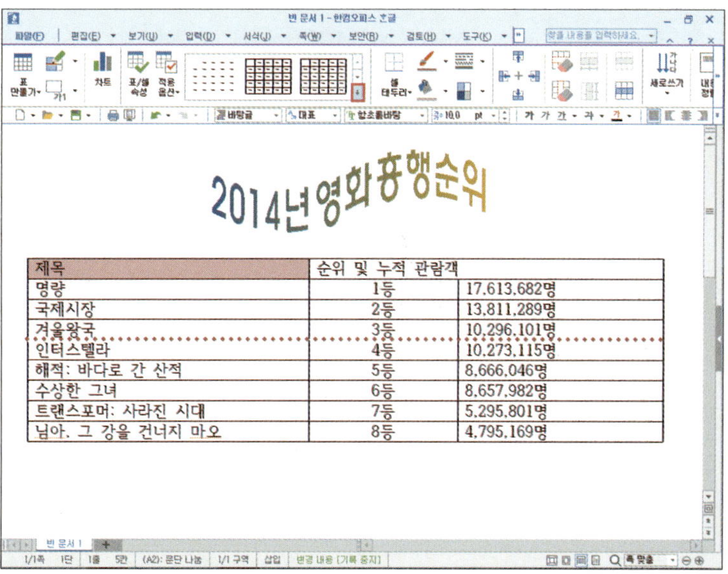

07 표 스타일 목록이 펼쳐지면 [보통] 항목에서 '보통 스타일3 – 초록 색조' 항목을 선택합니다.

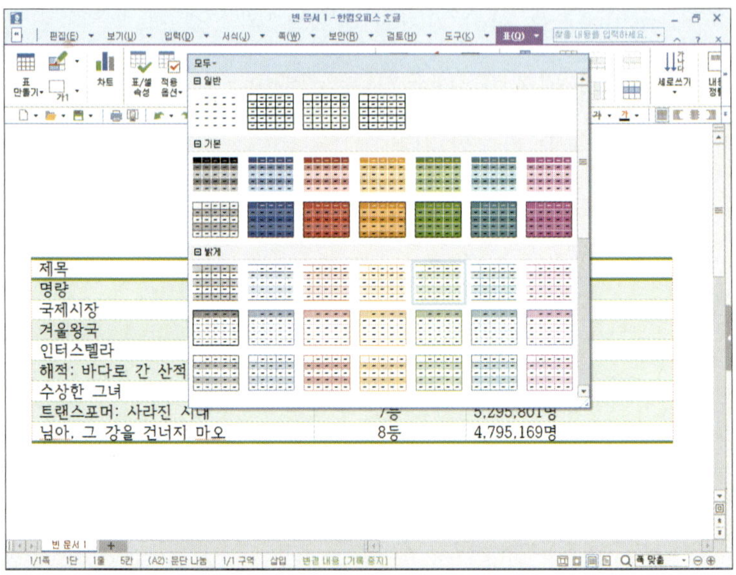

08 다음과 같이 간편하게 스타일에서 표 스타일이 지정됩니다. 표 안의 셀 크기와 정렬을 가운데 정렬로 지정한 후 '영화 순위.hwp'로 저장합니다.

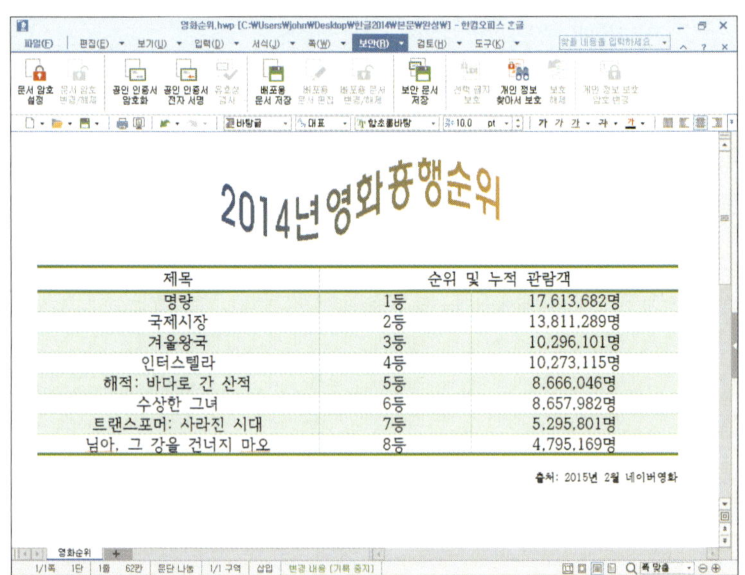

알아두기 | **셀의 높이와 너비 조정하기**

표를 만들어 작업을 완성한 다음 셀의 높이나 너비를 일정하게 조절해야하는 경우가 있습니다. 먼저 조절하려는 셀 범위를 블록을 지정한 다음 바로가기 메뉴에서 [셀 높이를 같게], [셀 너비를 같게]를 선택합니다.

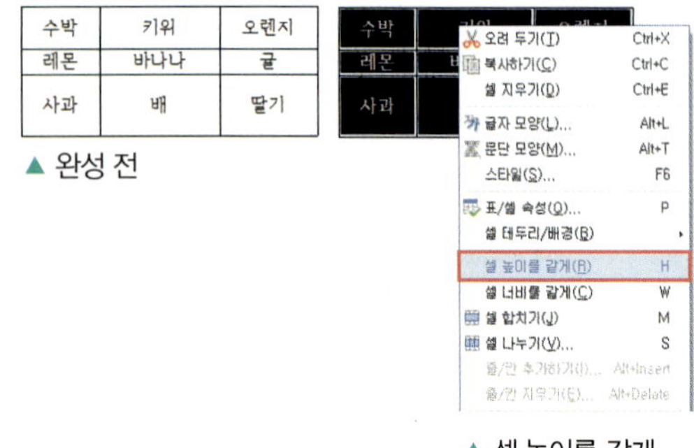

▲ 완성 전

▲ 셀 높이를 같게

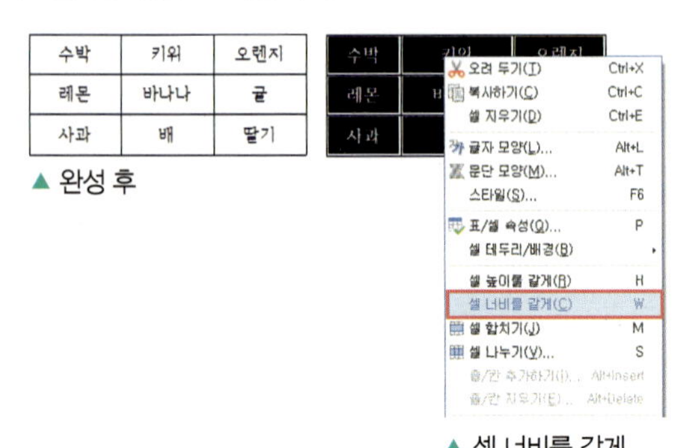

▲ 완성 후

▲ 셀 너비를 같게

알아두기   표 마당 활용하기와 표 뒤집기

• 표 마당 활용하기

[표 만들기] 대화상자의 [표마당]에는 다양한 형태의 테두리/배경 모양을 적용한 표 서식이 있어 미리 원하는 표 모양을 지정하여 표를 만들거나 이미 만들어진 표의 모양을 쉽고 빠르게 바꿀 수 있습니다.

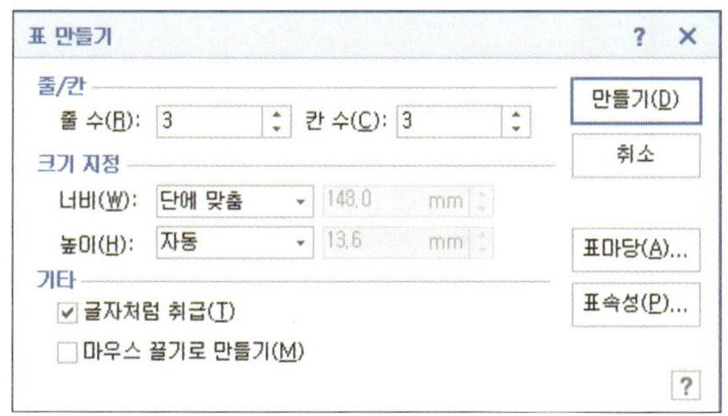

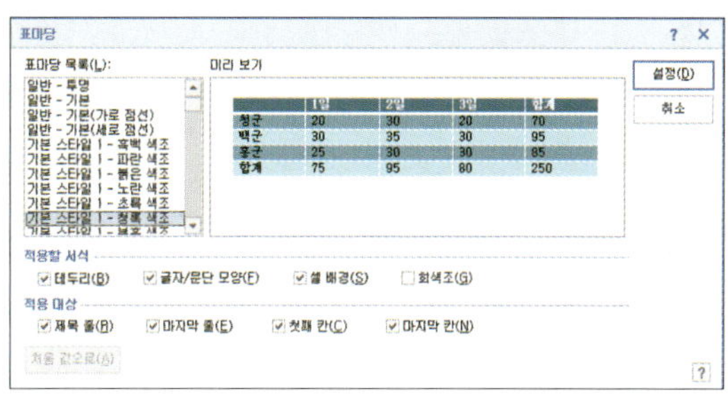

• 표 뒤집기

[표] −[표 뒤집기]에서 선택한 표를 줄이나 칸, 줄/칸 기준으로 뒤집기를 하거나 90도씩 회전을 원할 때 표 뒤집기 기능을 사용합니다.

사과	배	딸기
레몬	바나나	귤
수박	키위	오렌지

▲ 원본

1 대칭

수박	키위	오렌지
레몬	바나나	귤
사과	배	딸기

▲ 줄 기준 뒤집기 (1)

딸기	배	사과
귤	바나나	레몬
오렌지	키위	수박

▲ 칸 기준 뒤집기 (2)

사과	레몬	수박
배	바나나	키위
딸기	귤	오렌지

▲ 줄/칸 뒤집기 (3)

2 회전

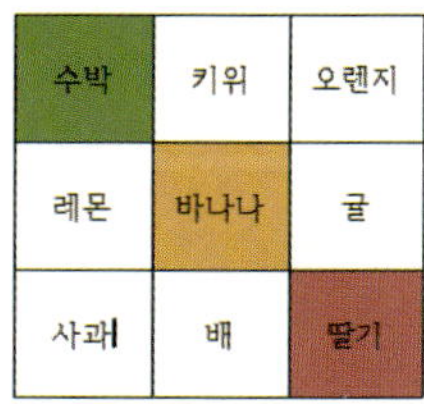

딸기	귤	오렌지
배	바나나	키위
사과	레몬	수박

▲ 반 시계 방향 90도 (4)

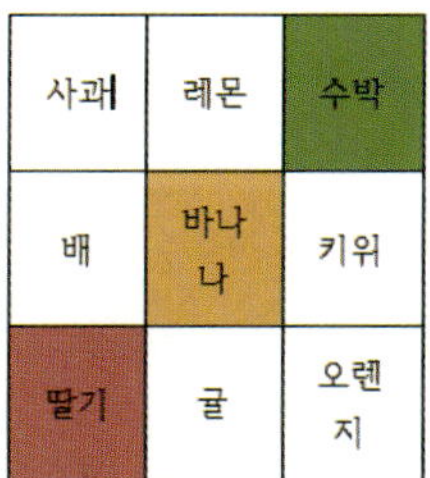

오렌지	키위	수박
귤	바나나	레몬
딸기	배	사과

▲ 시계 방향 90도 (6)

수박	레몬	사과
키위	바나나	배
오렌지	귤	딸기

▲ 180도 (5)

01 표를 이용하여 다음과 같은 고객 카드를 완성해 보세요.

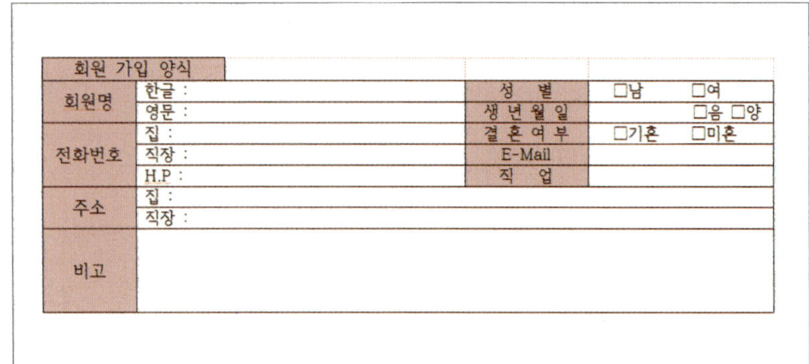

◀ 완성파일 : 회원가입 양식.hwp

02 준비파일을 불러 표를 삽입하고 셀의 배경색을 삽입하여 완성해 보세요.

▲ 준비파일 : 시험범위.hwp

▲ 완성파일 : 시험범위_완성.hwp

03 표를 이용하여 주간 시간표를 만들어 보세요.

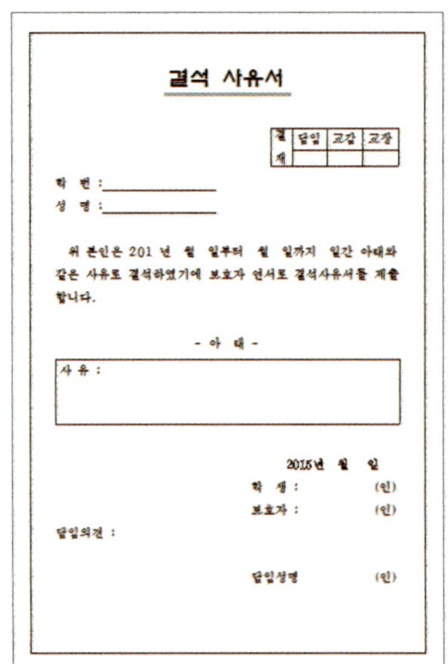

◀ 완성파일 : 결석 사유서.hwp

01   준비파일을 불러 표를 완성하고 그리기 마당에서 전통문양을 찾아 삽입해 보세요.

▲ 준비파일 : 쿠폰북.hwp

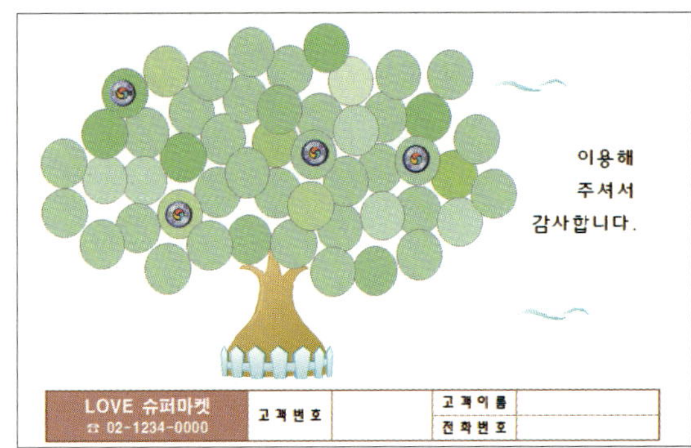

▲ 완성파일 : 쿠폰북_완성.hwp

02   문서마당을 이용하여 상담기록부를 만들어 보세요.

◀ 완성파일 : 상담기록부.hw

03   준비파일을 불러 다음과 같이 줄을 추가하여 표를 완성해 보세요.

▲ 준비파일 : 교육계획서.hwp

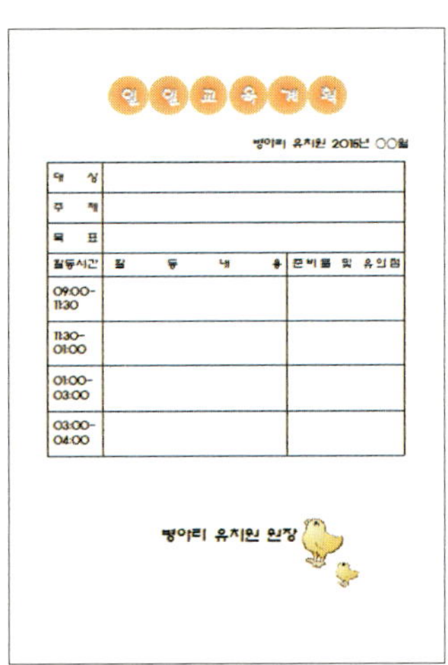

▲ 완성파일 : 교육계획서_완성.hwp

10 SECTION

차트로 지역 매출 현황 비교하기

차트는 주어진 자료의 변화를 한눈에 알아보기 쉽게 그래프 형식으로 제공하는 기능입니다. 만들어진 표 전체를 선택하거나 표의 일부분만 셀 블록으로 설정하여 차트를 만들 수 있으며 차트 스타일 목록에서 쉽게 차트를 수정할 수 있습니다.

PREVIEW

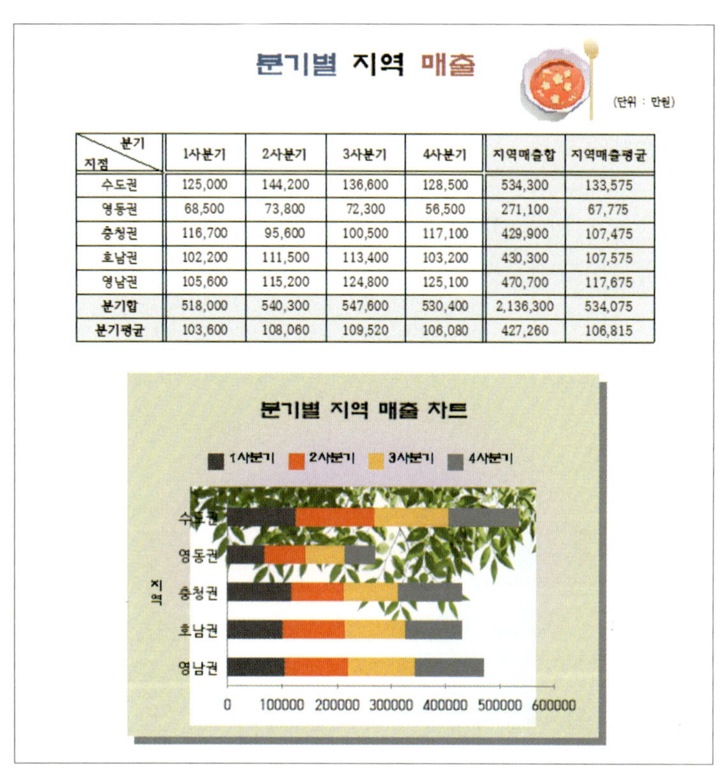

분기 지점	1사분기	2사분기	3사분기	4사분기	지역매출합	지역매출평균
수도권	125,000	144,200	136,600	128,500	534,300	133,575
영동권	68,500	73,800	72,300	56,500	271,100	67,775
충청권	116,700	95,600	100,500	117,100	429,900	107,475
호남권	102,200	111,500	113,400	103,200	430,300	107,575
영남권	105,600	115,200	124,800	125,100	470,700	117,675
분기합	518,000	540,300	547,600	530,400	2,136,300	534,075
분기평균	103,600	108,060	109,520	106,080	427,260	106,815

▲ 완성파일 : 지역매출_완성.hwp

조건

- [입력] – [개체] – [차트] 선택
- [데이터 편집]에서 데이터 입력, 행/열 추가, 삭제
- [스타일]에서 [전체 배경], [영역 배경] 지정
- [속성]에서 [축], [제목], [범례], [계열] 선택

학습내용

실습 01 지역별 합계와 평균 구하기

실습 02 차트 삽입하고 데이터 입력하기

실습 03 차트 스타일과 속성 지정하기

체크포인트

- [블록 계산식]에서 [블록합계], [블록평균]을 계산한다.
- 표의 차트 삽입은 데이터를 블록 지정한 다음 [차트]를 클릭한다.
- [차트] 탭의 [데이터 편집]에서 데이터 재입력, 행/열 추가, 삭제를 한다.
- 차트 색상과 모양이 지정된 스타일은 스타일 목록에서 선택한다.

지역별 합계와 평균 구하기

▼ 준비파일 : 지역매출.hwp

01 먼저 분기별, 지역별 합을 구하기 위해 '지역매출합'과 '분기합' 값이 들어갈 셀까지 블록을 지정합니다. 메뉴에서 [표] 탭을 클릭하여 [블록 계산식] – [블록 합계]를 선택합니다.

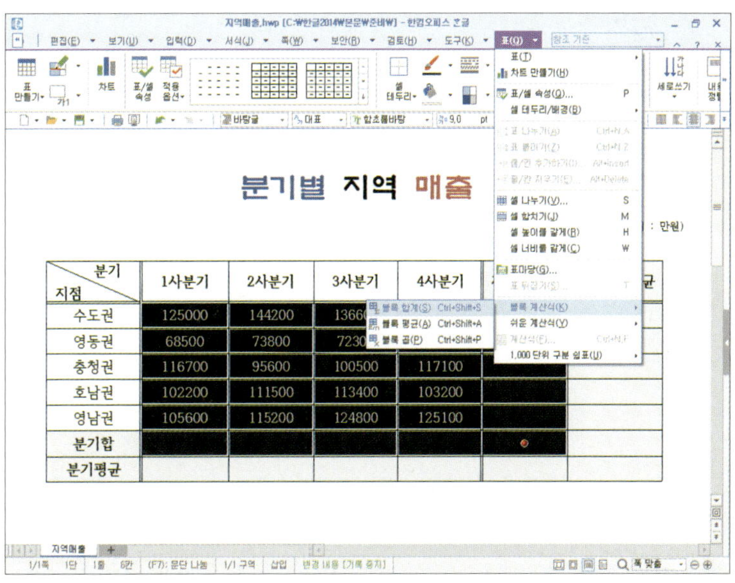

02 이번에는 평균을 계산하기 위해 '지역매출 평균', '분기평균' 값이 들어갈 셀까지 블록을 지정하고 [표] 탭의 [블록 계산식] – [블록 평균]을 선택합니다.

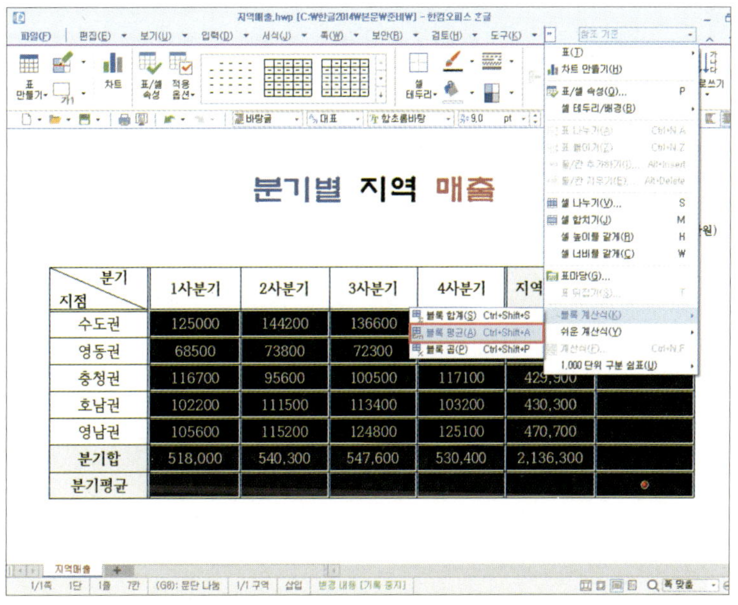

03 입력된 데이터에 단위 구분 쉼표를 삽입하기 위해 분기 데이터를 블록 지정하고 [표] 탭의 [1,000 단위 구분 쉼표] – [자릿점 넣기]를 선택합니다.

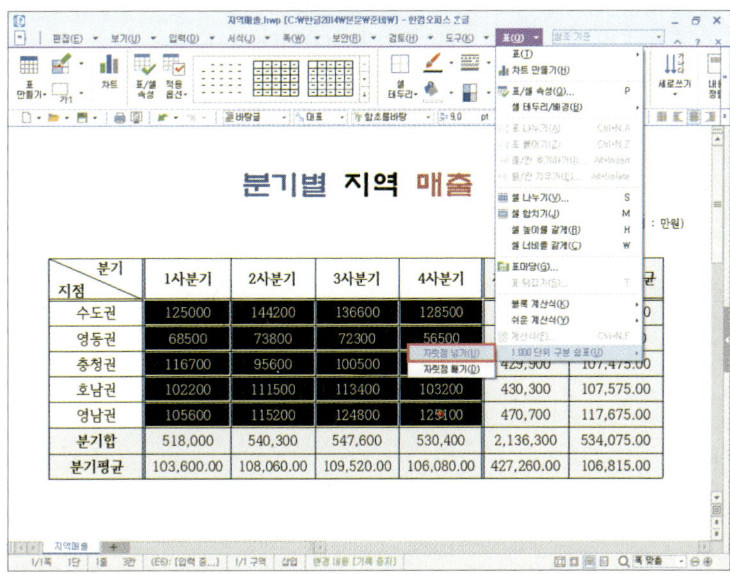

04 이번에는 입력된 분기평균과 지역매출평균 값의 소수점을 없애봅시다. 입력된 값의 셀에서 마우스 오른쪽 버튼을 클릭한 후 [계산식 고치기]를 클릭합니다. [계산식]에서 형식을 '정수형'으로 변경합니다.

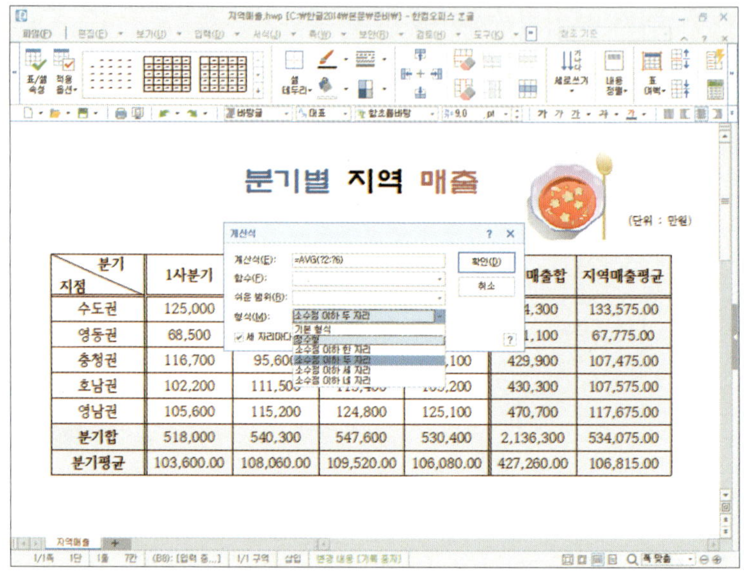

05 다음과 같이 기존의 데이터는 천 단위로 구분점이 생기고 지역매출합, 분기합의 합계와 지역매출평균, 분기평균의 평균값이 입력됩니다.

> **Tip** 셀에 입력된 내용을 지우려면 블록을 지정한 다음 바로가기 메뉴에서 [셀 지우기]를 선택하거나 단축키 Ctrl + E 를 누릅니다.

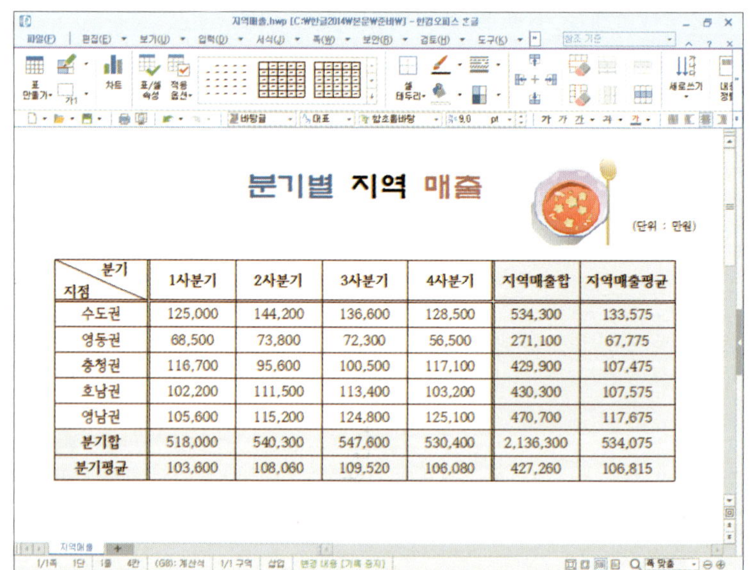

알아두기　차트 구성 알아보기

차트는 일반, 차트, 계열, 축, 제목, 범례, 각주의 구성 요소로 이루어져 있습니다. 각 구성요소 위치에서 더블클릭하거나 바로가기 메뉴를 이용하면 모양을 선택하고 수정할 수 있는 각각의 대화상자가 나타납니다.

차트 삽입하고 데이터 입력하기

01 차트를 삽입하기 위해 셀을 블록 지정하고 [표] 탭의 표에서 ▮▮(차트)를 선택합니다.

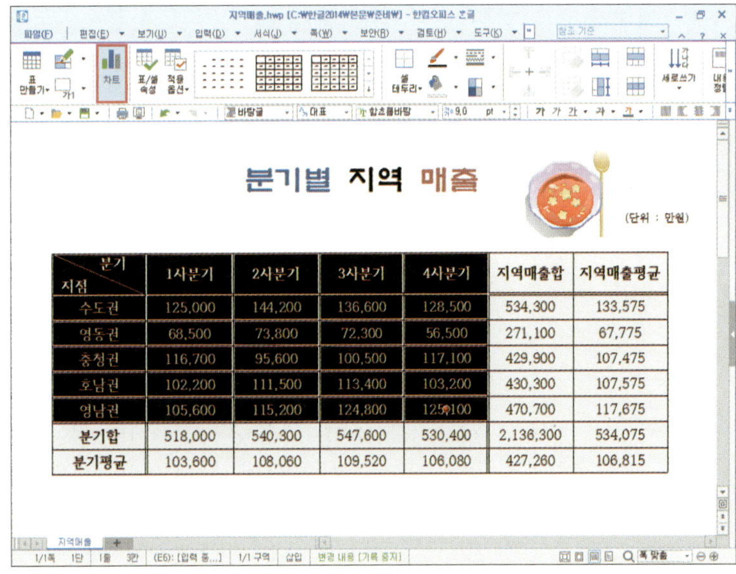

02 차트가 삽입되면 차트의 크기와 위치를 지정하고 차트의 데이터를 변경하기 위해 차트를 선택한 상태에서 [차트] 탭의 데이터에서 ▦[데이터 편집]을 선택합니다.

> **Tip** 차트에서 바로가기 메뉴를 선택하려면 차트가 그림과 같이 선택되어 있어야 하며 선택이 되어 있지 않다면 차트를 더블클릭합니다.

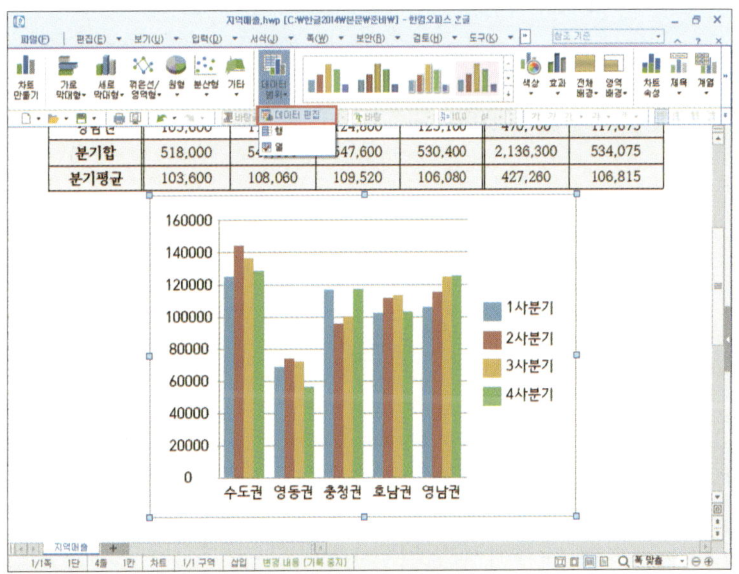

03 [차트 데이터 편집] 대화상자에서 수정할 데이터를 입력하고 [확인]을 선택합니다.

> **Tip** [차트 데이터 편집] 대화상자에서는 데이터를 입력하거나 ▦(행 추가하기), ▦(열 추가하기), ▦(선택항 행 삭제), ▦(선택항 열 삭제), ▦(모든 데이터 삭제), ▦(행/열 바꾸기)를 할 수 있습니다.

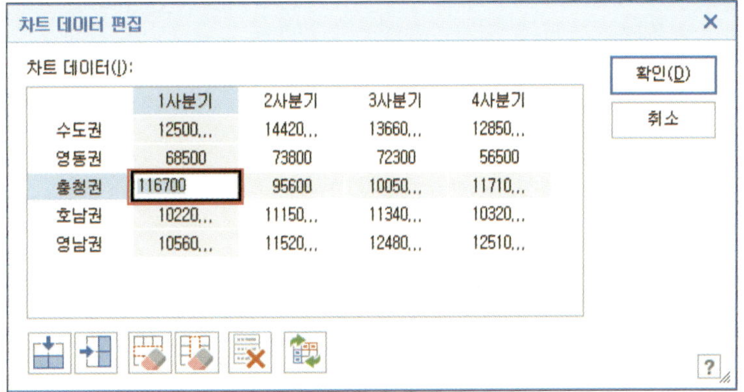

04 이번에는 차트의 모양을 바꾸기 위해 [차트] 탭의 차트에서 [가로 막대형]을 클릭하고 '누적 가로 막대형'을 선택합니다.

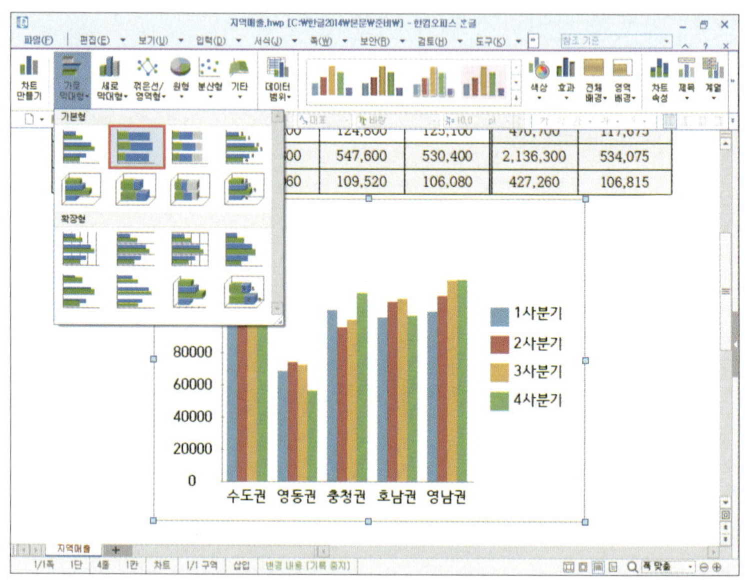

05 차트가 가로 막대형으로 바뀌면 차트 제목을 삽입하기 위해 [차트] 탭의 속성에서 [제목]을 클릭하고 '위쪽 표시'를 선택합니다.

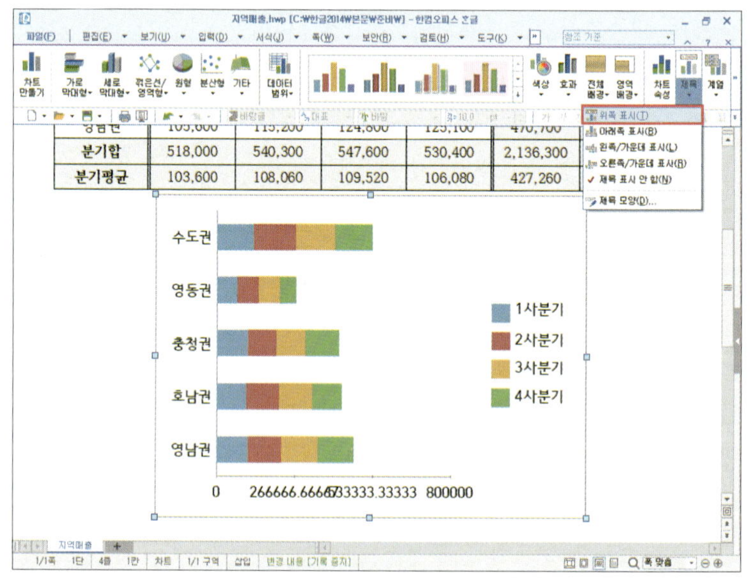

06 차트에 제목이 삽입되면 [차트] 탭의 속성에서 [제목]을 클릭하고 '제목 모양'을 선택합니다.

> **Tip** 차트를 선택하지 않은 상태에서는 [차트] 탭이 나타나지 않습니다.

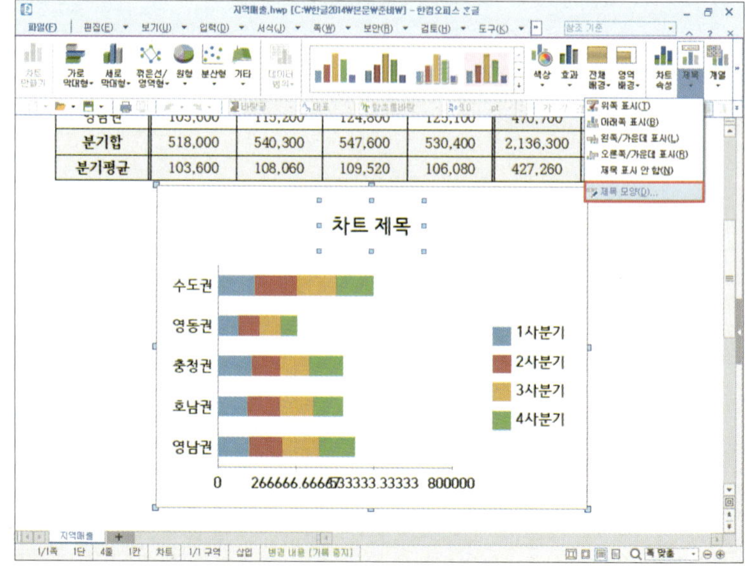

07 [제목 모양] 대화상자의 [글자] 탭에서 글자 설정의 내용을 입력하고 글자 정렬과 글꼴을 설정하고 [설정]을 선택합니다.

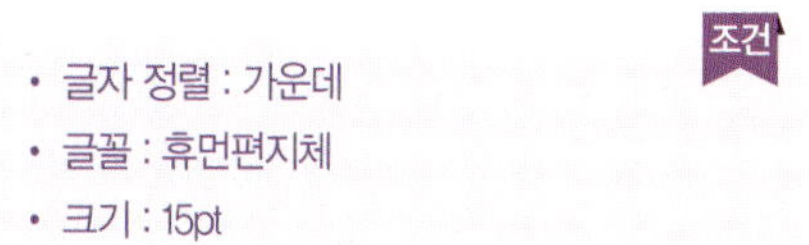

- 글자 정렬 : 가운데
- 글꼴 : 휴먼편지체
- 크기 : 15pt

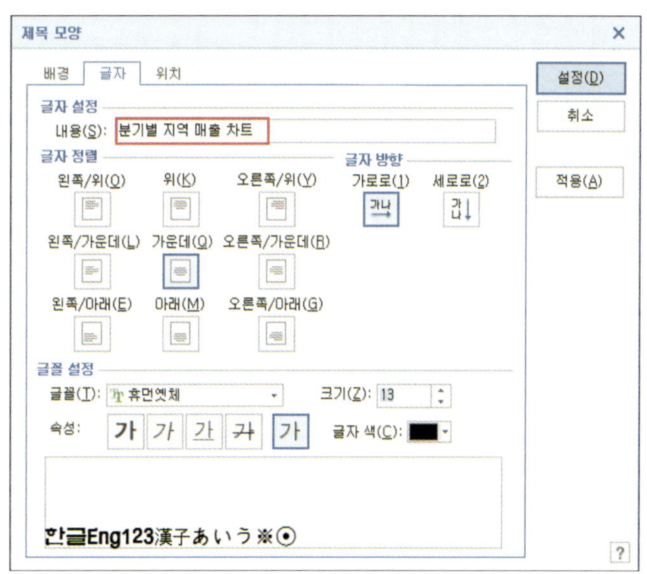

08 이번에는 차트 축에 제목을 삽입하기 위해 [차트] 탭의 속성에서 [축]을 클릭하여 [제목]을 선택합니다.

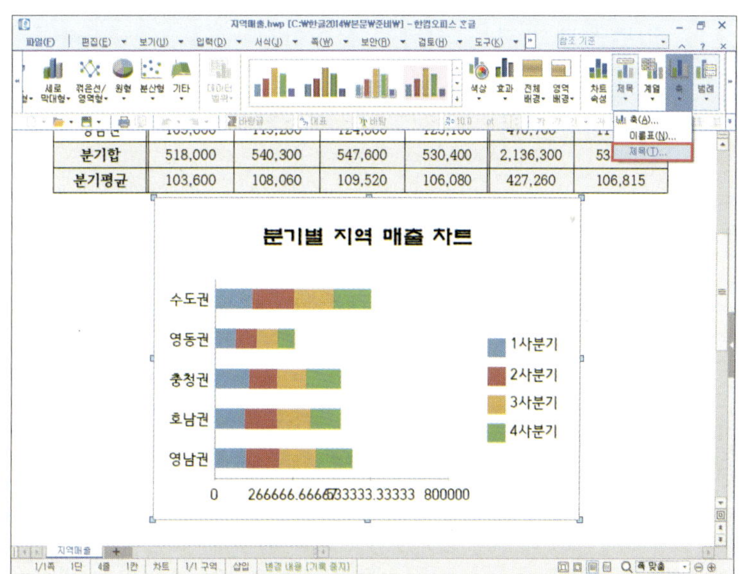

09 [축 선택] 대화상자에서 [세로 항목 축]을 클릭하고 [선택]을 클릭합니다.

Tip 같은 방법으로 '가로 값 축'을 선택하여 제목을 지정할 수 있습니다.

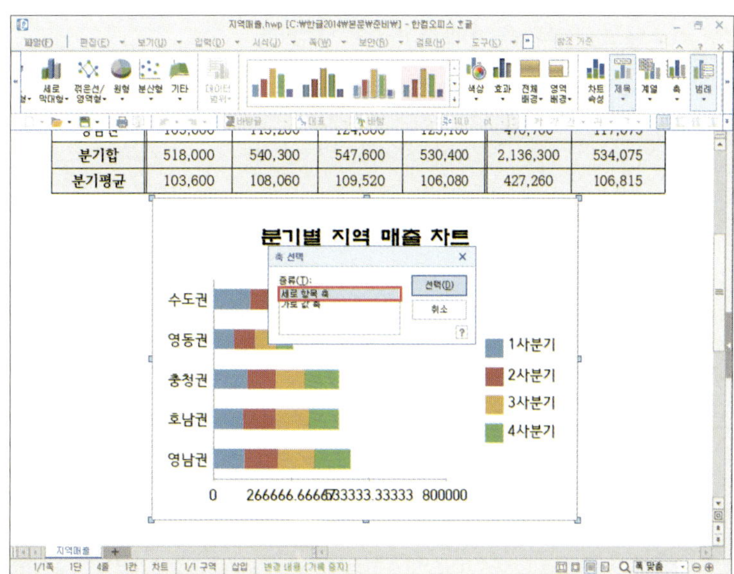

10 [축 제목 모양] 대화상자에서 '보임'에 체크합니다. 글자 정렬이 활성화되면 내용에 '지역'을 입력하고 글자 정렬과 글꼴을 설정한 후 [설정]을 클릭합니다.

- 글자 정렬 : 위
- 글꼴 : 휴먼옛체
- 크기 : 8pt

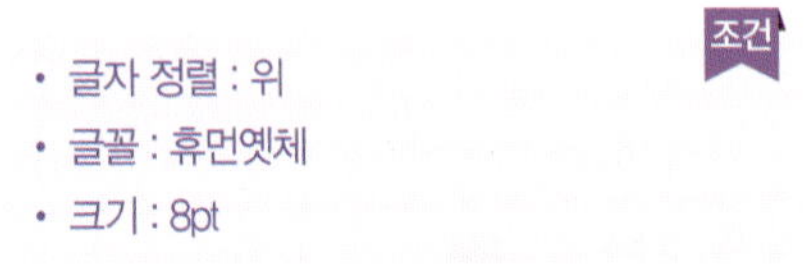

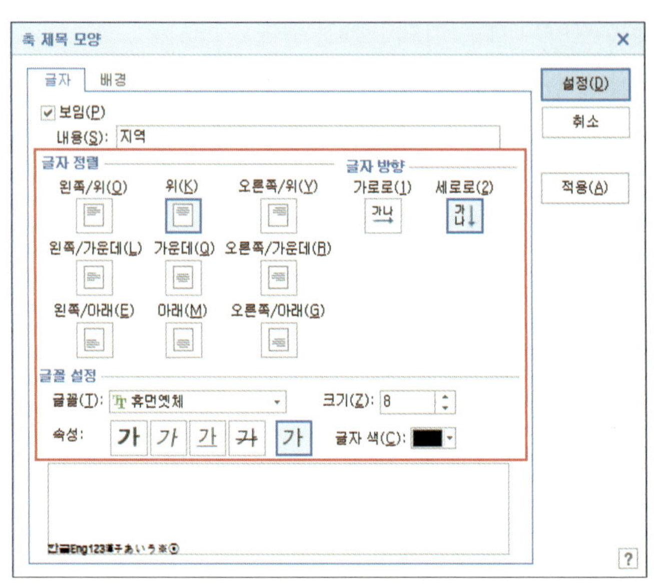

11 이번에는 범례의 위치를 지정하기 위해 [차트] 탭의 속성에서 [범례]를 클릭하여 [위쪽 표시]를 선택합니다.

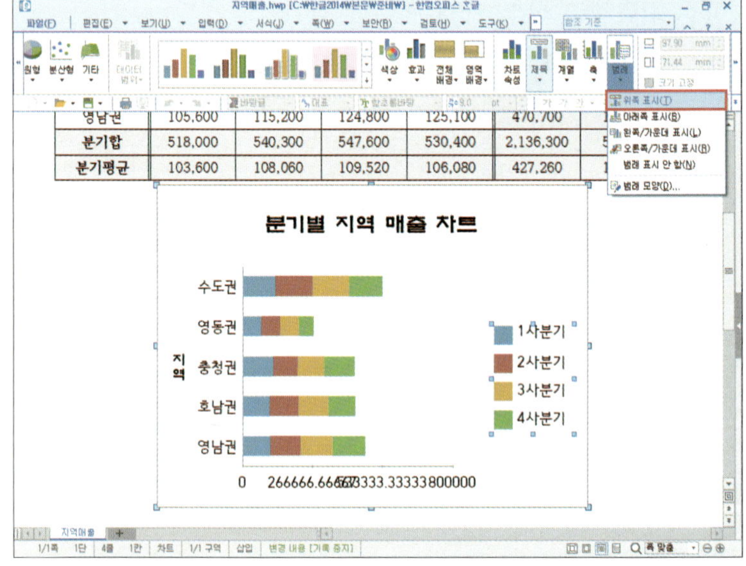

12 [차트] 탭의 속성에서 [범례 모양]을 클릭하여 [범례 모양] 대화상자에서 글꼴 속성을 지정하고 차트의 크기를 수정합니다.

- 글꼴 : 휴먼옛체
- 크기 : 8pt

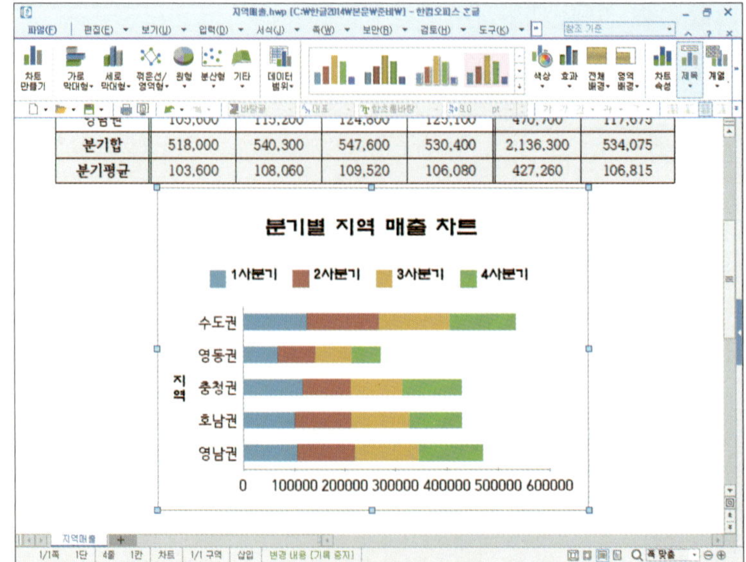

실습 03 차트 스타일과 속성 지정하기

01 [차트] 탭의 스타일에서 자세히(↓)를 클릭하여 차트 스타일 목록이 나타나면 '회색/노란색/파란색 혼합, 기본모양'을 선택합니다.

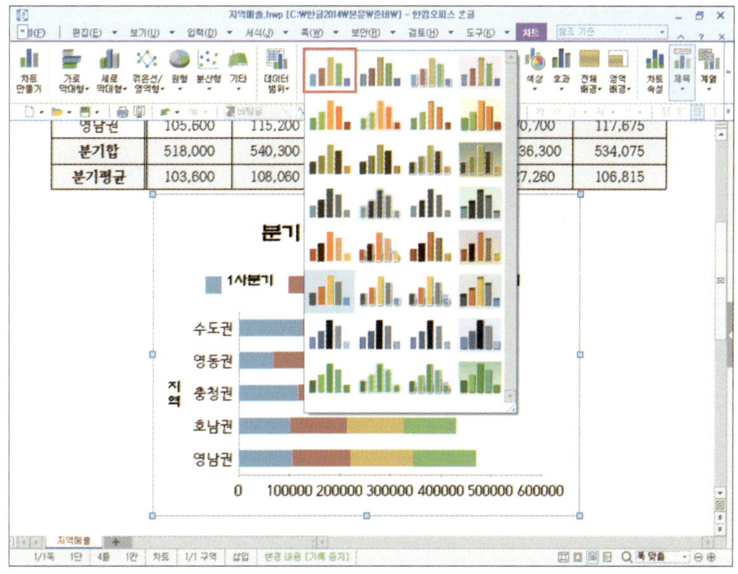

02 차트 전체에 배경색을 지정하기 위해 [차트] 탭의 스타일에서 [전체 배경]을 선택하고 전체 배경 목록에서 '분홍색/노란색 그러데이션'을 선택합니다.

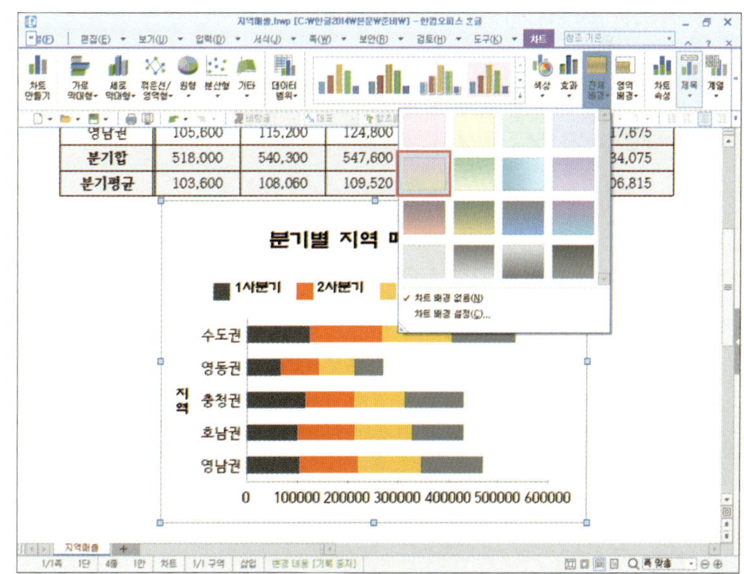

03 차트 스타일은 '회색/노란색/파란색 혼합조, 기본모양', 차트 배경은 '분홍색/노란색 그러데이션'으로 변경되었습니다.

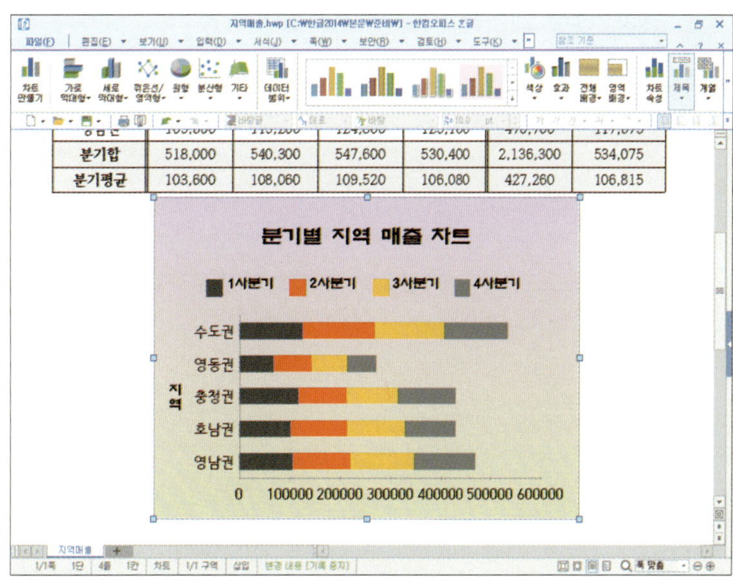

04 이번에는 차트 영역의 배경을 그림으로 삽입하기 위해 [차트] 그룹의 스타일에서 [영역 배경]을 선택하고 [영역 배경 설정]을 클릭합니다.

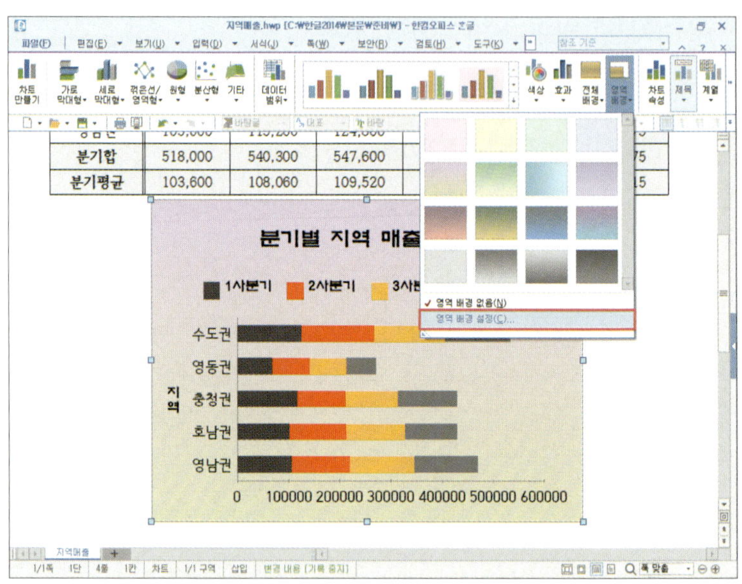

05 [차트 속성] 대화상자의 [배경] 탭에서 '그림'을 체크하고 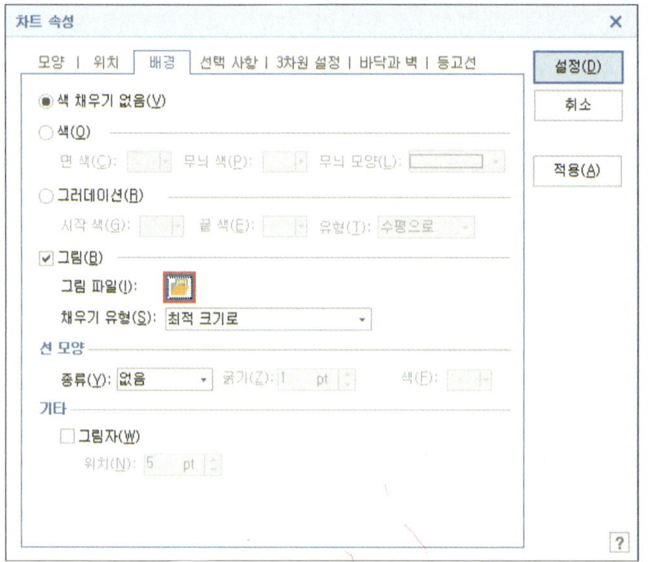(그림파일 불러오기)를 선택하여 [불러오기] 대화상자에서 그림을 선택하고 [설정]을 선택합니다.

06 차트 영역 배경에 선택한 이미지가 나타납니다.

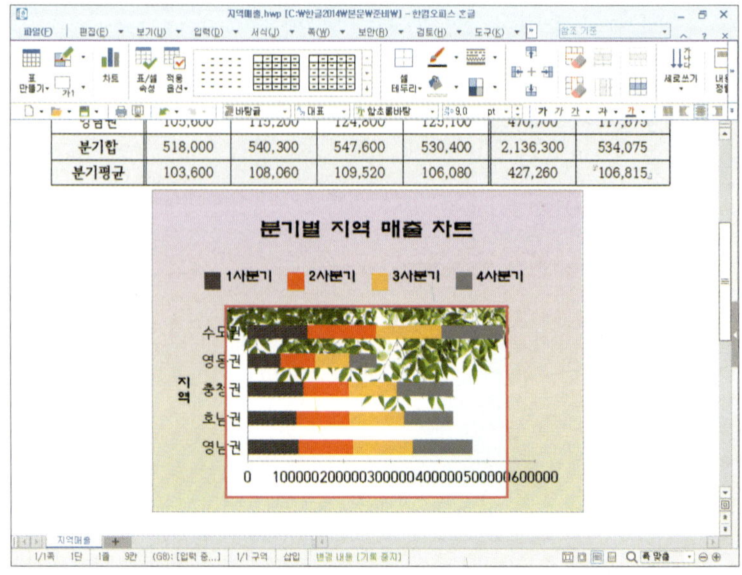

07 이번에는 차트 전체에 그림자를 삽입하기 위해 [차트] 탭의 스타일에서 [전체 배경]을 클릭하고 [차트 배경 설정]을 선택합니다.

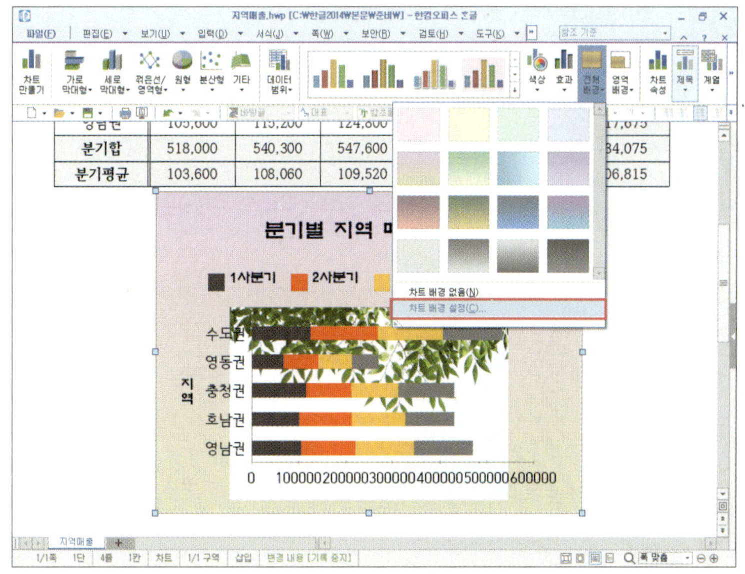

08 [차트 배경] 대화상자의 [배경] 탭의 기타에서 '그림자'를 선택하고 위치를 '5pt'로 지정합니다.

- 그러데이션 유형 : 타원형
- 선종류 : 없음

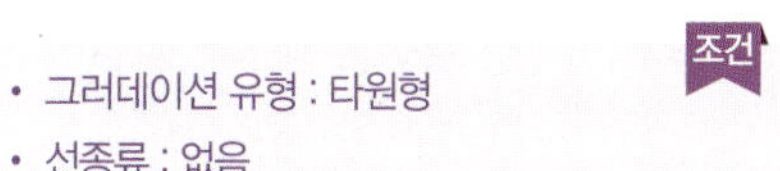

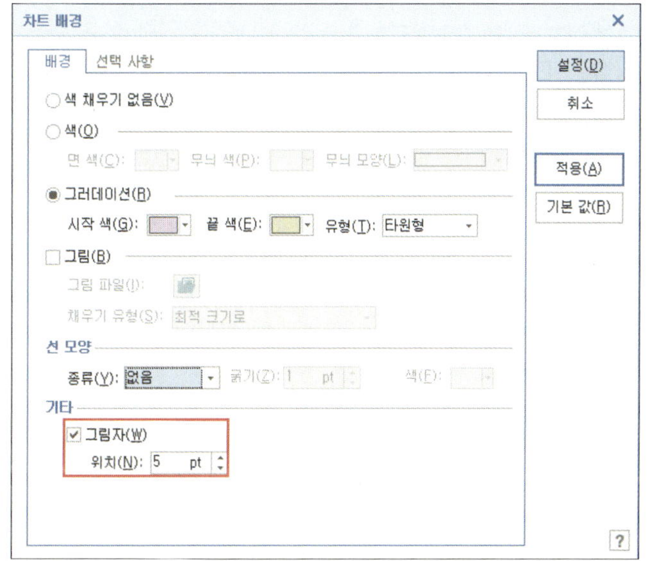

09 다음과 같이 차트 전체에 그림자가 지정되었습니다.

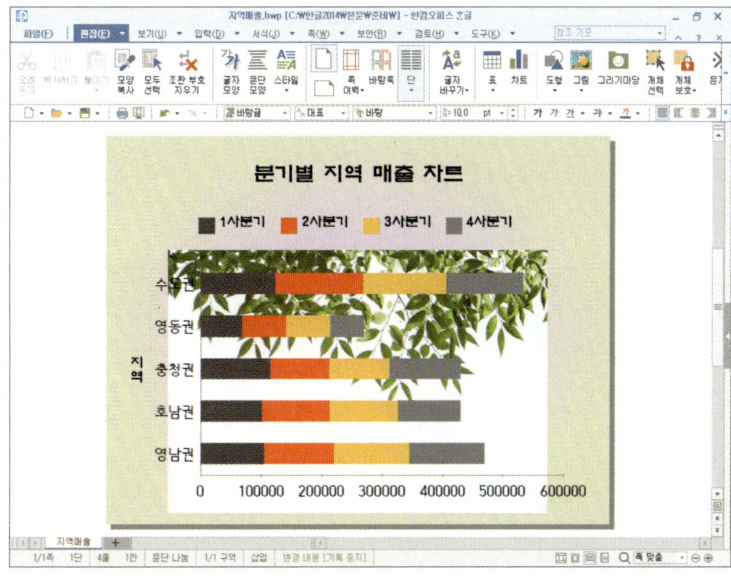

01 준비파일에서 총점과 과목평균을 계산하세요. 과목평균은 '소수점 이하 한자리'로 표시하세요.

영역별 성적 결과

과 목 수험번호	언어영역	수리영역	일반영역	정보영역	총점
BF1001	78	76	89	83	326
BF1002	89	87	78	85	339
BF1003	85	67	84	84	320
BF1004	93	93	88	92	366
BF1005	67	85	87	78	317
BF1006	83	74	78	82	317
BF1007	89	74	80	85	328
과목평균	83.4	79.4	83.4	84.1	

▲ 준비파일 : 영역별 성적.hwp　　　　▲ 완성파일 : 영역별 성적_완성.hwp

02 위 서비스 실적 표를 이용하여 차트를 만들어 보세요.

조건
- 묶은 세로 막대형
- 스타일 : 파란색조, 그림자 모양, 연보라 배경
- 범례 : 아래쪽 표시
- 제목 : 함초롬돋움, 15pt, 진하게, 진달래색

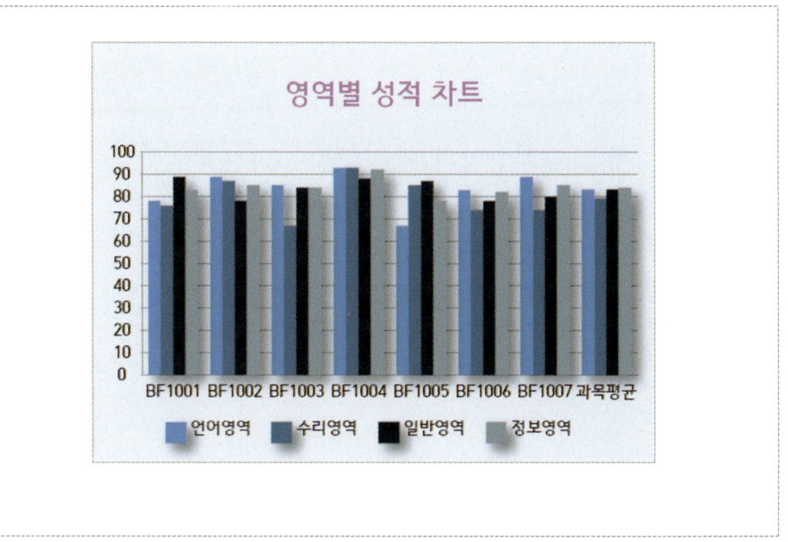

▲ 완성파일 : 영역별 성적 차트.hwp

03 다음과 같은 무료활동 인원 표를 만들고 차트를 삽입해 보세요.

조건
- 자료집 표식 표시 꺾은선형
- 전체 배경 : 차트 그림자 10pt
- 범례 : 위쪽 표시
- 범례 크기 : 8pt
- 차트데이터 편집 : 행/열 바꾸기

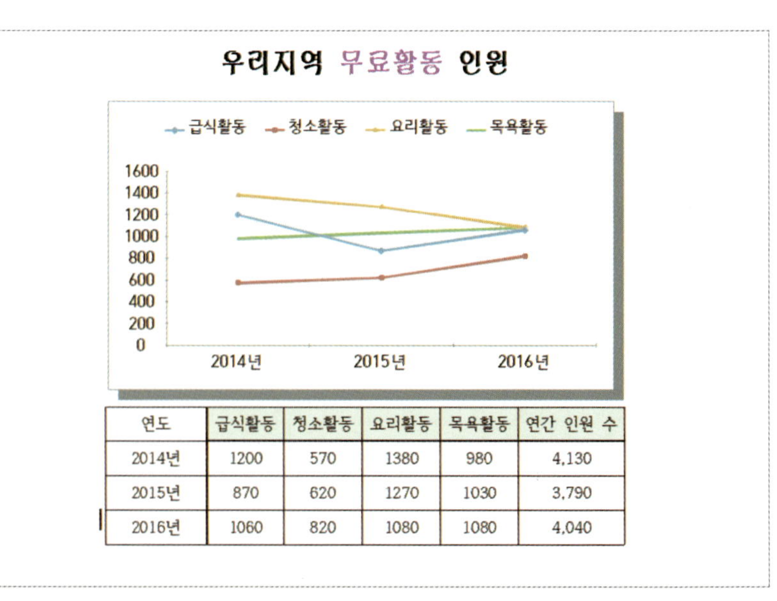

연도	급식활동	청소활동	요리활동	목욕활동	연간 인원 수
2014년	1200	570	1380	980	4,130
2015년	870	620	1270	1030	3,790
2016년	1060	820	1080	1080	4,040

▲ 완성파일 : 무료활동 차트.hwp

01 다음 준비파일에서 표 스타일을 지정하고 합계를 계산하세요.

조건 

- 표 스타일 : 밝은 스타일1 – 청록 색조 스타일 흑백조 3

완성파일 : 지출내역_완성.hwp ▶

상반기 관리비 지출 내역(단위: 원)

항목	3월	4월	5월	6월	7월	8월
전기	225,000	254,000	338,000	295,000	304,000	320,000
가스	150,000	127,000	189,000	178,000	187,000	127,000
청소비	123,000	148,000	182,000	180,000	148,000	148,000
식대비	200,000	250,000	280,000	227,000	225,000	180,000
시설관리	245,000	164,000	232,000	228,000	184,000	194,000
합계	943,000	943,000	1,221,000	1,108,000	1,048,000	969,000

02 위의 기말평가 표를 이용하여 차트를 만들어 보세요.

조건 

- 원형
- 영역 배경 : 분홍색/노란색 그러데이션
- 범례 : 아래쪽 표시

완성파일 : 지출내역 차트.hwp ▶

상반기 관리비 지출 내역(단위: 원)

항목	3월	4월	5월	6월	7월	8월
전기	225,000	254,000	338,000	295,000	304,000	320,000
가스	150,000	127,000	189,000	178,000	187,000	127,000
청소비	123,000	148,000	182,000	180,000	148,000	148,000
식대비	200,000	250,000	280,000	227,000	225,000	180,000
시설관리	245,000	164,000	232,000	228,000	184,000	194,000
합계	943,000	943,000	1,221,000	1,108,000	1,048,000	969,000

03 위 지출 내역의 원 차트를 방사형 차트로 나타내고 범례와 배경색을 수정하세요.

조건 

- 값(Y)축 격자선과 자료점 표식 방사형
- 3차원 설정 묶은 가로 막대형
- 전체 영역 : 없음
- 영역 배경 : 없음
- 범례 : 오른쪽 가운데

완성파일 : 지출내역 차트2.hwp ▶

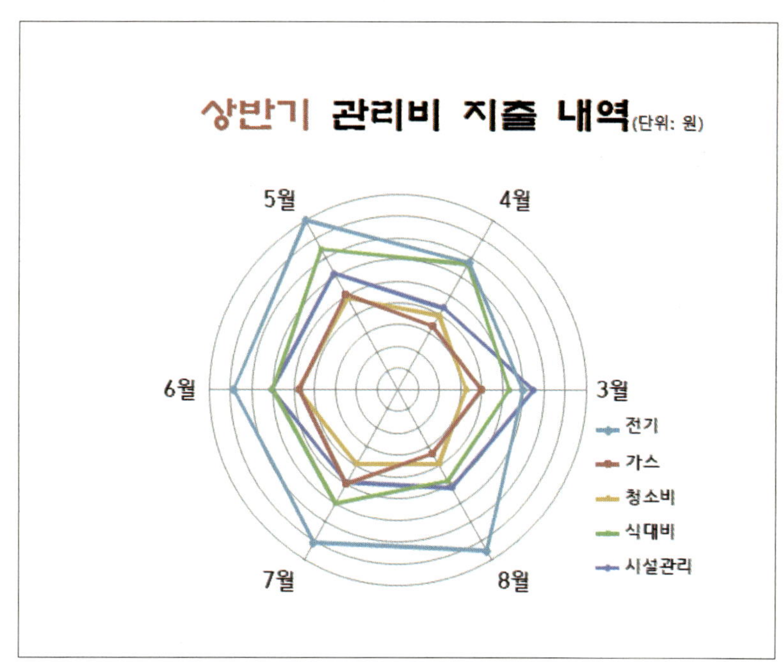

11
SECTION

다단으로 문화신문 만들기

문서를 만들다보면 하나의 단이 아닌 여러 개의 단을 구성하여 문서를 편집해야하는 경우를 종종 만날 수 있습니다. 먼저 문서의 편집 용지를 설정하고 텍스트를 입력한 다음 단의 개수와 구분선을 지정합니다. 또한 하나의 문서에서 다단 설정 나누기를 하여 다른 모양의 단을 만들 수 있습니다.

PREVIEW

조건

- 편집용지 설정 : F7
- [쪽] – [다단 설정]
- [입력] – [개체] – [글상자]

◀ 완성파일 : 문화신문 만들기_완성.hwp

학습내용

실습 01 편집 용지 설정하고 내용 입력하기

실습 02 다단 만들고 구분선 삽입하기

실습 03 개체 삽입하여 편집하기

실습 04 다단 설정 나누고 모양 변경하기

체크포인트

- [편집 용지] 설정은 F7을 누른다.

- 다단은 [쪽] – [다단 설정]에서 다단의 종류와 구분선을 선택한다.

- [다단 설정 나누기]를 하여 다른 종류의 단 모양을 선택한다.

편집 용지 설정하고 내용 입력하기

▼ 준비파일 : 문화신문 만들기.hwp

01 준비파일을 열고 용지 여백을 지정하기 위해 단축키 `F7`을 누릅니다.

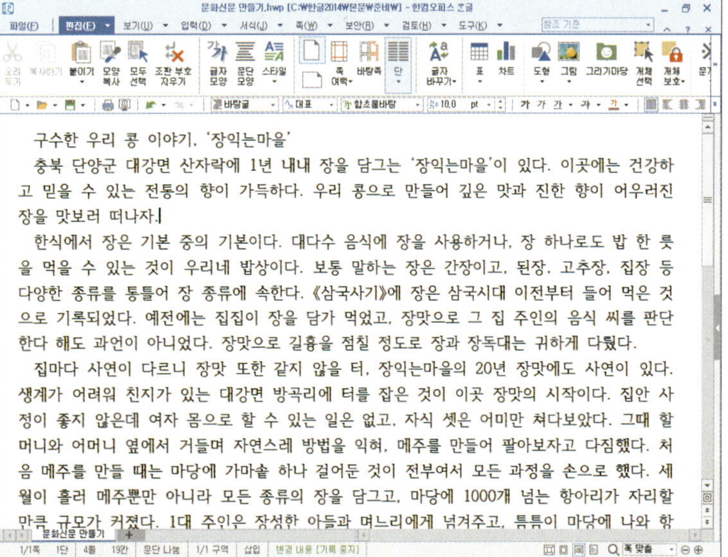

02 [편집 용지] 대화상자에서 용지 방향은 '세로', 용지 여백의 머리말 꼬리말은 '0'을 선택하고 [설정]을 클릭합니다.

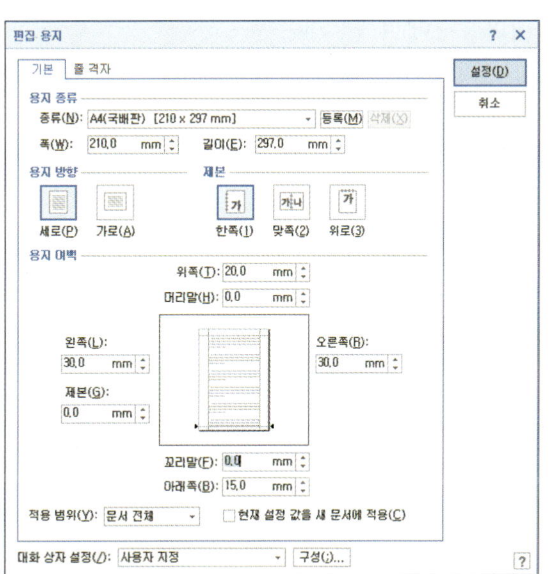

03 다음과 같이 내용을 입력합니다.

조건

- 그리기 마당 – [공유 클립아트] – [편지지]의 '들판'과 '초원'
- 그림 스타일 : 회색 아래쪽 그림자
- 글맵시 : 한컴 솔잎B

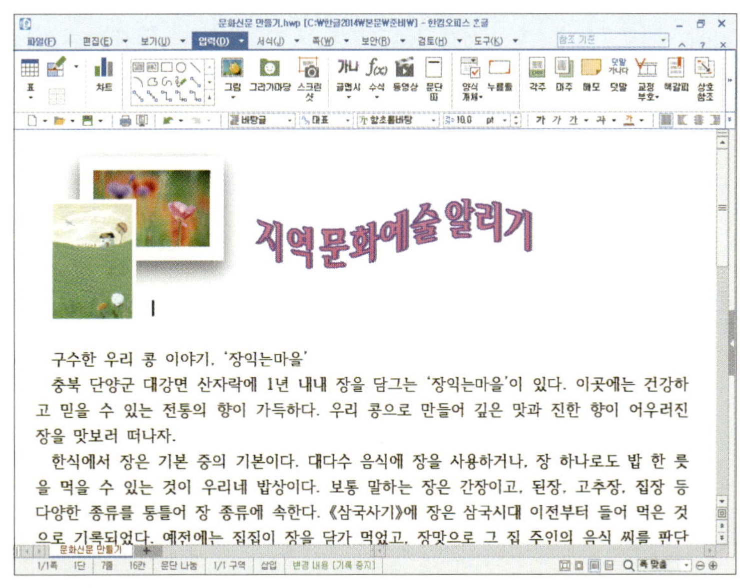

다단 만들고 구분선 삽입하기

01 문서 내용을 3부분으로 나누어 지는 다단을 만들기 위해 텍스트만 블록지정합니다. [쪽] 탭에서 ▤(다단 설정)을 클릭합니다.

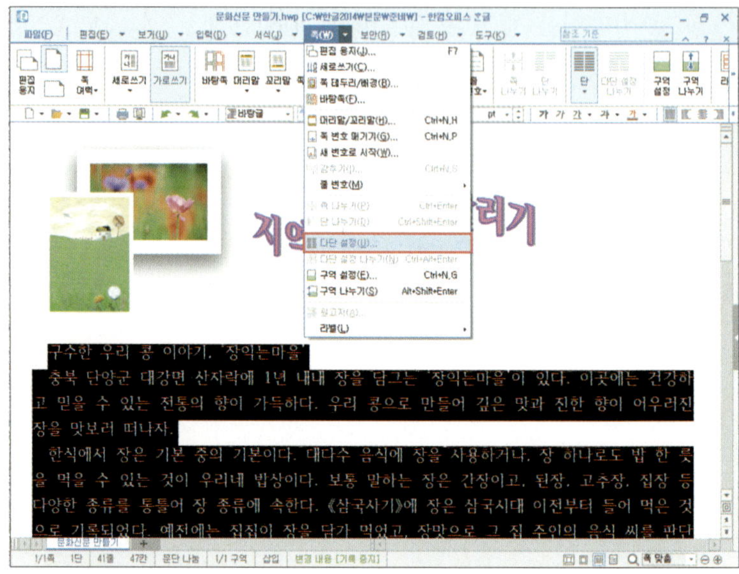

02 [단 설정] 대화상자에서 단 개수는 '3'을 선택하고 '구분선 넣기'를 활성화 합니다. 구분선의 종류는 '점선'을 선택합니다.

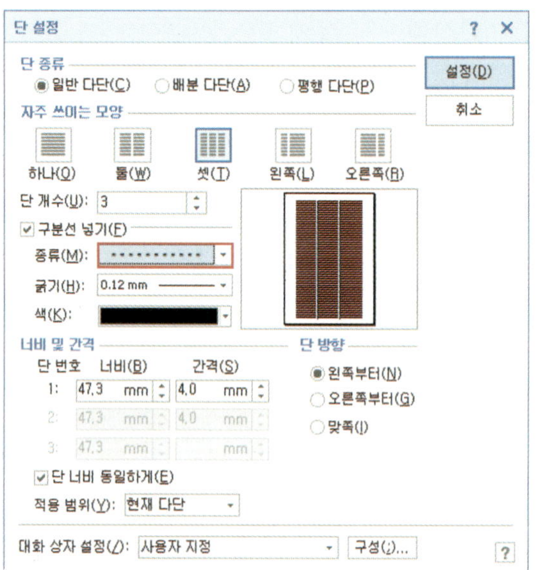

03 다음과 같이 3개의 단으로 나뉘고 점선으로 이루어진 구분선을 확인할 수 있습니다.

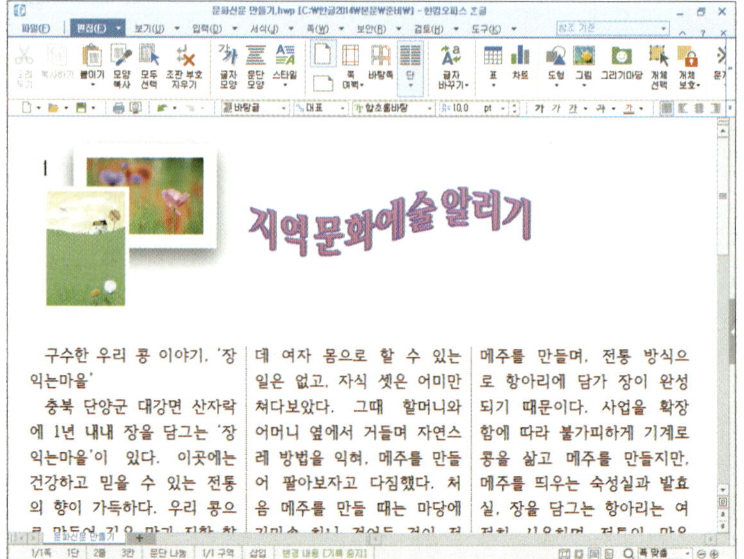

다단 설정 나누고 모양 변경하기

01 내용을 나누어 다른 다단으로 만들기 위해 나눌 내용 앞에 커서를 이동하고 [쪽] 탭에서 ▤(다단 설정 나누기)를 선택합니다.

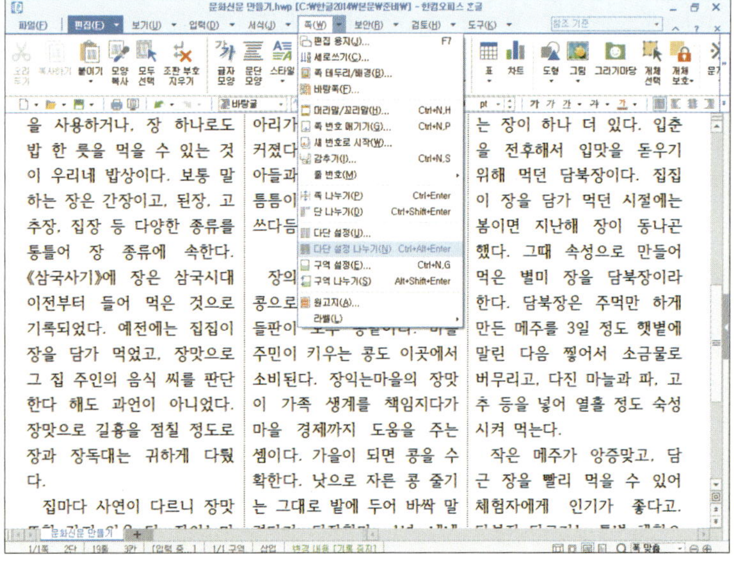

02 본문의 내용이 나누어지면 다단을 지정하기 위해 [쪽] 탭의 나누기에서 ▤(단)을 클릭하고 ▤(왼쪽)을 선택합니다.

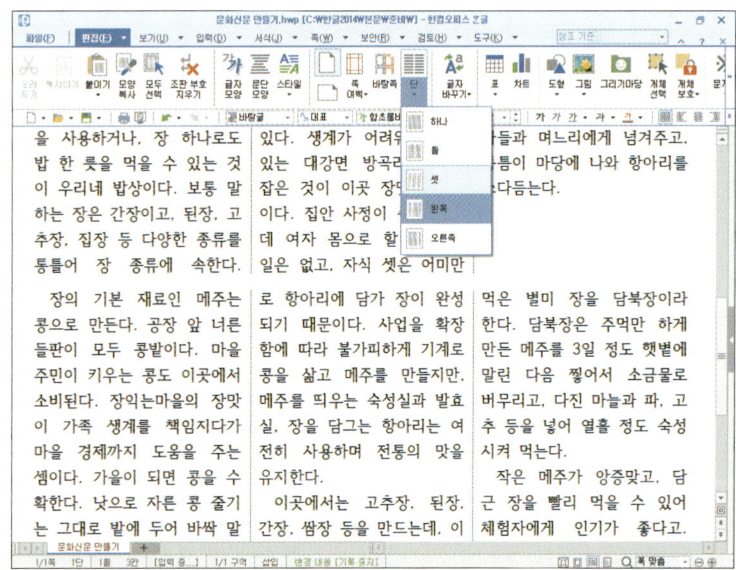

03 다음과 같이 나누어진 본문 위쪽은 3단, 나누어진 본문 아래쪽은 2단으로 나누어집니다.

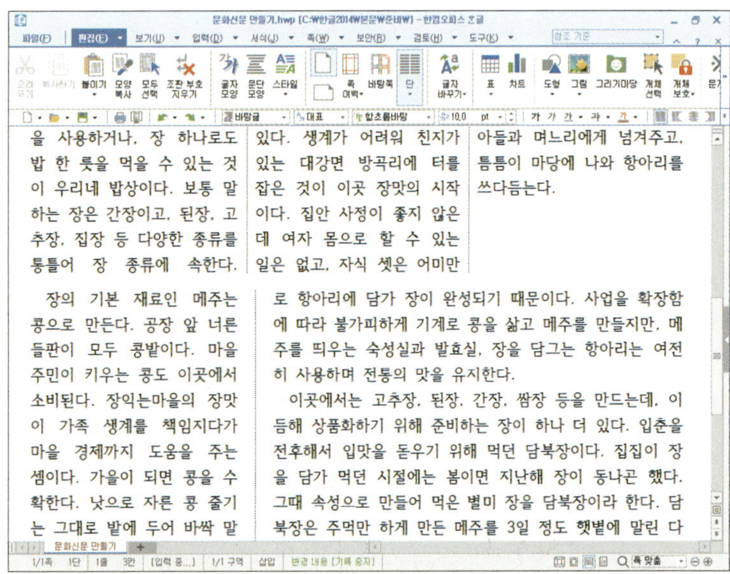

개체 삽입하여 편집하기

01 본문 내용 일부를 편집하기 위해 블록을 설정한 후 마우스 오른쪽 버튼을 클릭한 후 [잘라내기]를 클릭합니다.

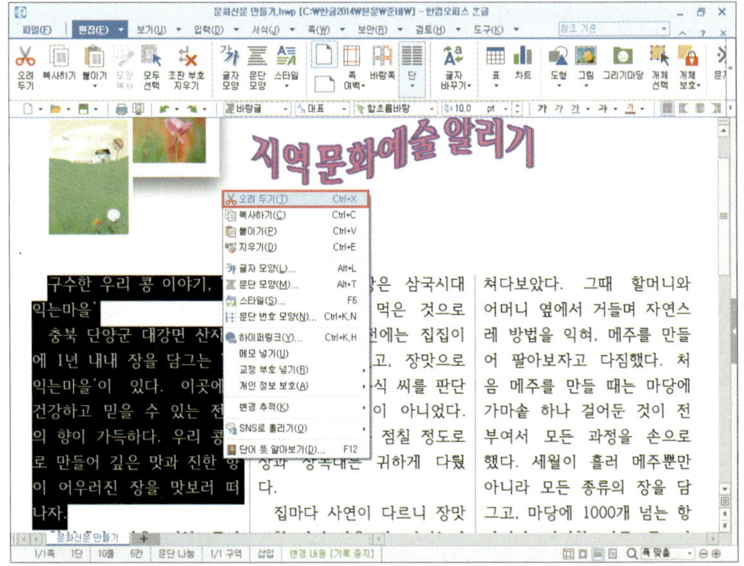

02 [입력] 탭에서 '가로 글상자'를 클릭합니다.

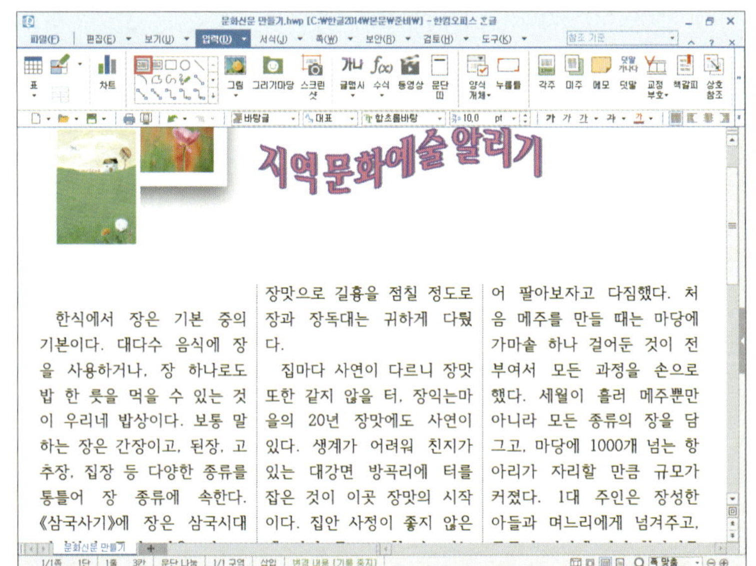

03 본문의 1단과 2단을 포함할 수 있는 크기로 글상자를 드래그합니다.

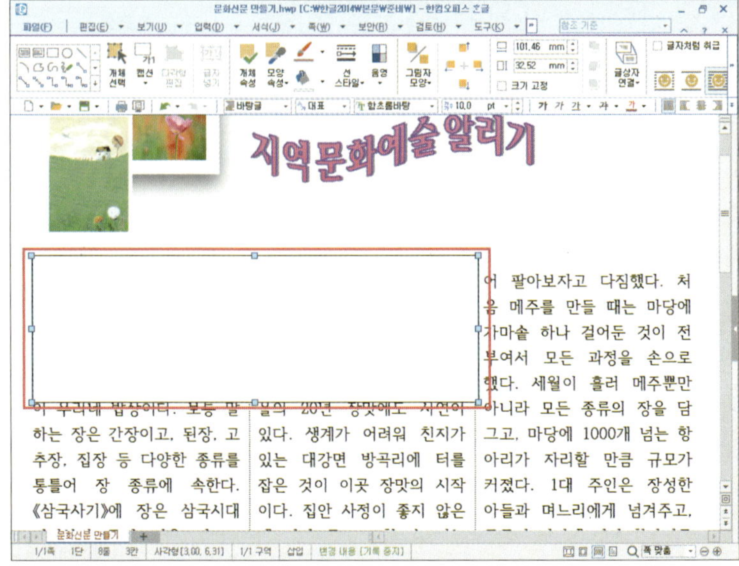

04 글상자 안을 클릭한 후 잘라내기한 본문 내용을 붙여넣습니다. 본문 내용이 입력되면 글상자 속성을 변경하기 위해 글상자를 더블클릭합니다.

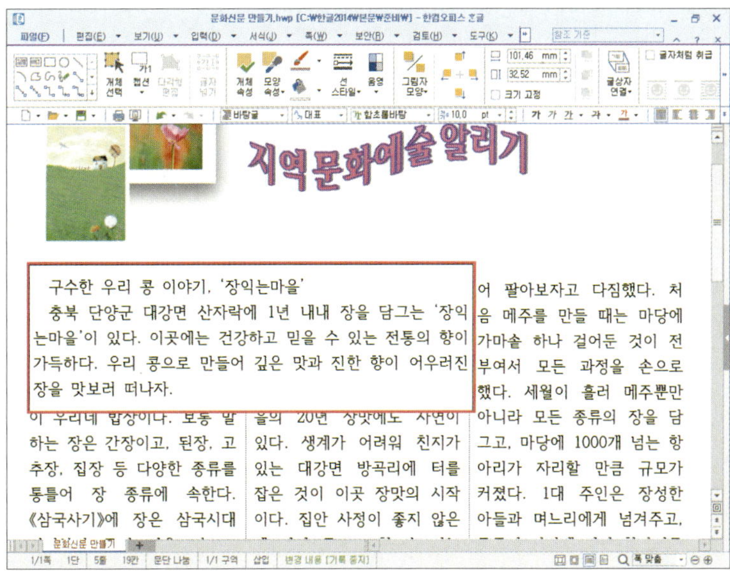

05 글상자 [개체 속성]에서 [기본] 탭의 본문과의 배치에서 [어울림]을 선택합니다.

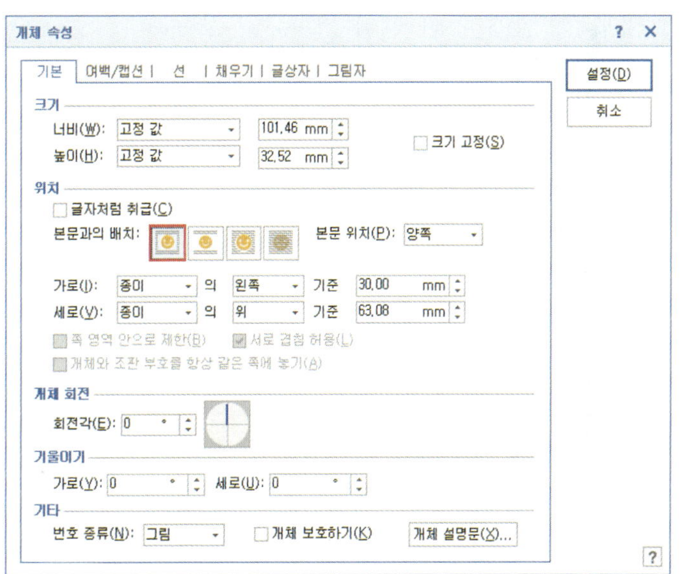

06 [여백/캡션] 탭에서 바깥 여백을 모두 '5'를 선택합니다.

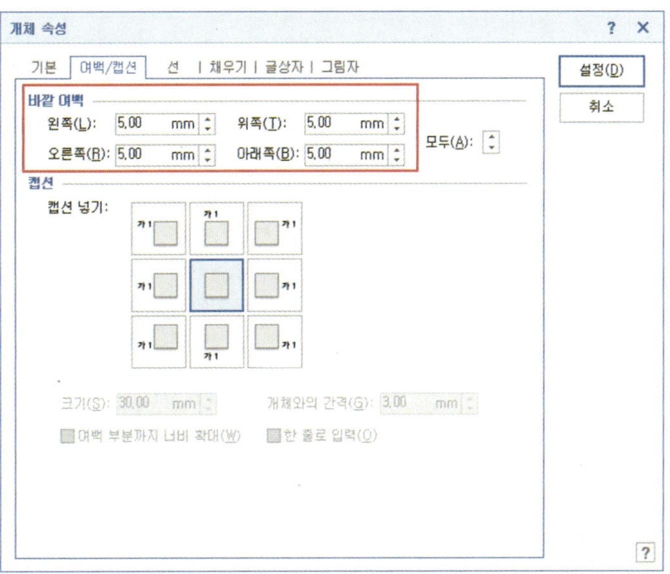

07 [선] 탭에서 선의 종류를 '선 없음'을 선택합니다.

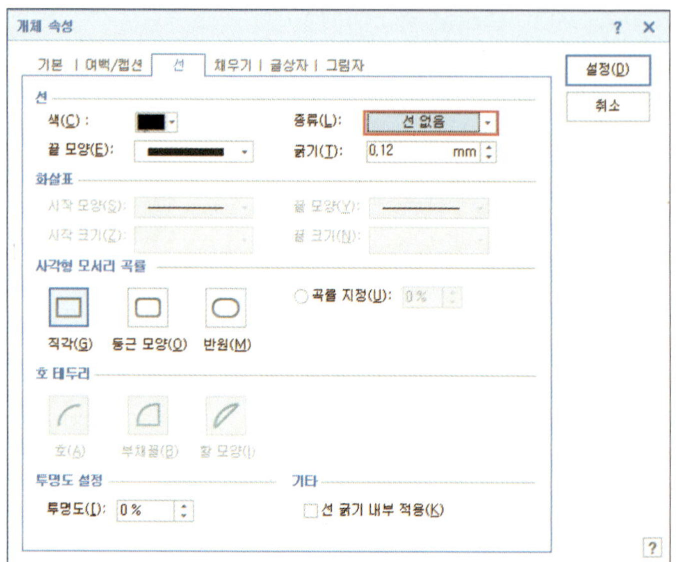

08 [채우기] 탭에서 면 색을 '멜론색 90% 밝게'를 선택합니다.

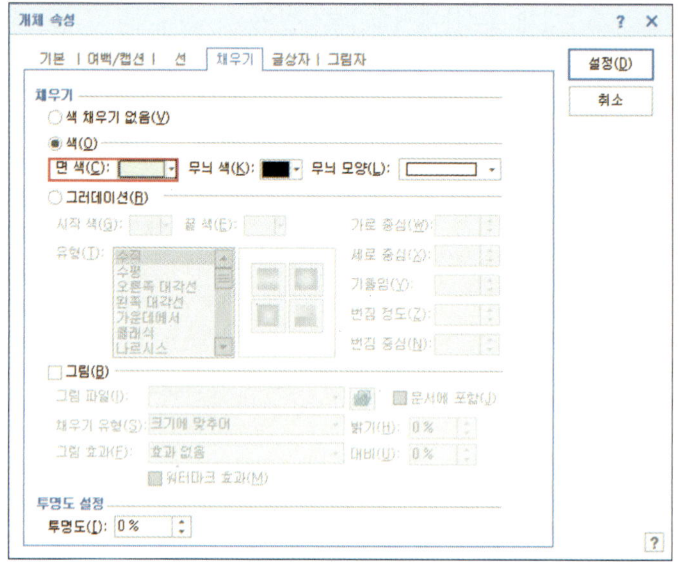

09 다음과 같이 완성된 가로 글상자를 확인할 수 있습니다.

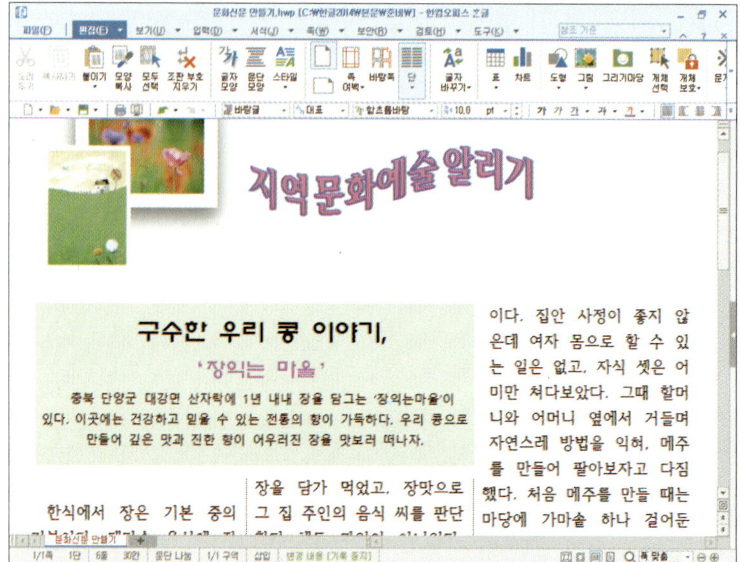

10 이번에는 본문에 이미지를 삽입하기 위해 [입력] − [그림]을 클릭하여 원하는 이미지를 선택합니다.
(그림파일: 심화/장독.jpg)

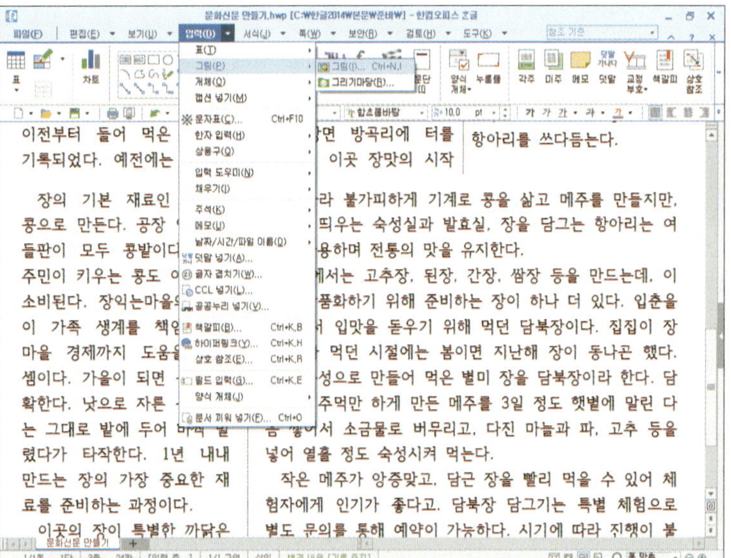

11 삽입된 이미지는 크기를 조절하고 다음과 같이 속성을 변경하여 완성합니다.

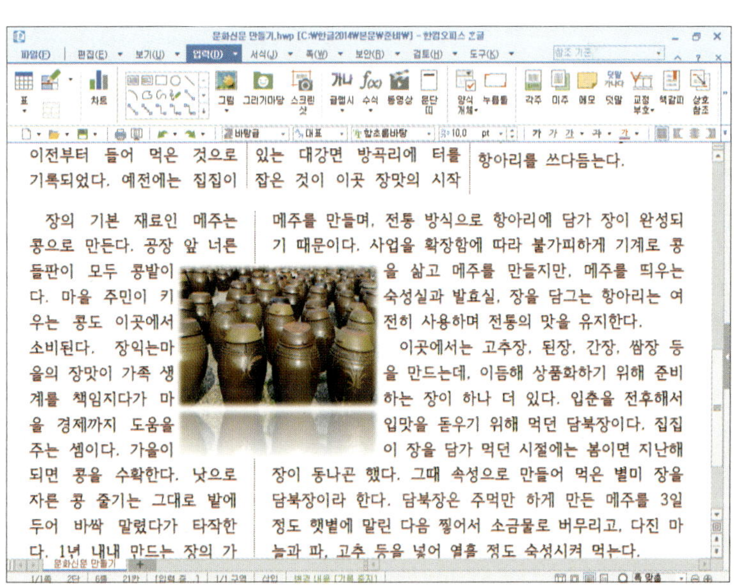

알아두기   다단의 단 종류

- 일반 다단 : 한 단씩 내용을 채우고 다음 단으로 이동합니다.
- 배분 다단 : 마지막 의 단의 높이를 기준으로 내용을 조절합니다.
- 평행 다단 : 단의 내용이 채워지지 않아도 다른 단에 내용을 입력할 수 있으며, 하나의 단에 모든 내용이 입력되어 [단 나누기]를 하여 단을 이동합니다.

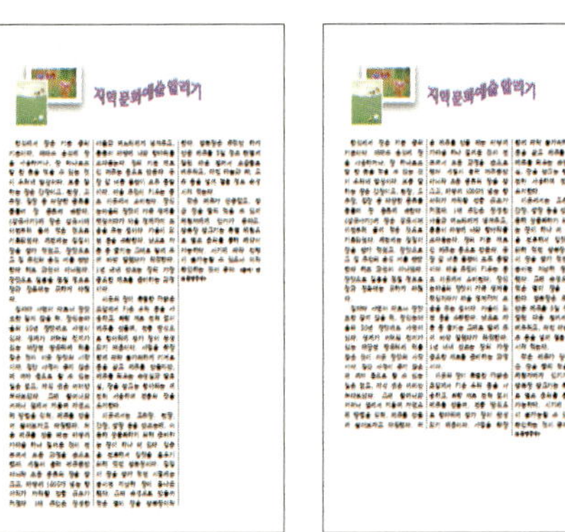

▲ 일반 다단   ▲ 배분 다단   ▲ 평행 다단

기초문제

01 준비파일에서 텍스트 부분만 2단 왼쪽으로 편집하고 첫 글자 장식과 서식을 지정해 보세요.

- 일반 다단

준비파일 : 키싱구라미.hwp ▶

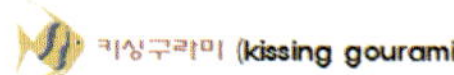

완성파일 : 키싱구라미_완성.hwp ▶

02 준비파일을 3단으로 편집하여 구분선과 글상자를 삽입해 보세요.

▲ 준비파일 : 미래이야기.hwp

▲ 완성파일 : 미래이야기_완성.hwp

- 배분 다단
- 글꼴 : 휴먼 모음T, 10pt, 15pt

- 심화/로봇.jpg, 로봇2.jpg
- 회색 아래쪽 그림자

심화문제

01 준비파일에서 텍스트 부분만 '오른쪽' 2단으로 편집하고 구분선을 삽입하세요.

▲ 준비파일 : 드론.hwp

▲ 완성파일 : 드론_완성.hwp

02 위의 완성파일에서 용지 방향을 변경하고 다단을 '왼쪽' 2단으로 바꾸어 그림을 삽입하세요.(그림파일 : 심화/드론.jpg)

조건

- 옅은 테두리 5pt, 원근감 오른쪽 위
- 그림자 : 대각선 오른쪽 아래

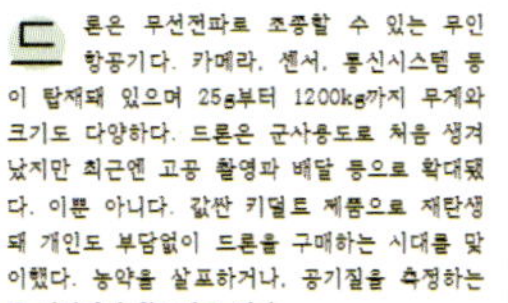

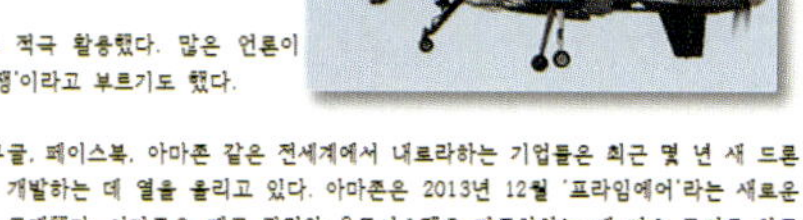

▲ 완성파일 : 드론 사진_완성.hwp

03 예제파일을 부분적으로 3단으로 편집하고 그림을 삽입해 보세요.(그림파일 : 심화/베토벤.jpg)

조건

- 3단 일반 다단
- 그리기 마당 [그리기 조각] – 교통(운송수단)

▲ 준비파일 : 알고 가는 상식.hwp

▲ 완성파일 : 알고 가는 상식_완성.hwp

12 치즈 이야기를 바탕쪽으로 만들기

SECTION

바탕쪽은 문서 전체를 통일성 있게 꾸미는 기능으로 바탕을 홀수, 짝수로 나누어 선택할 수 있으며 맞쪽 문서를 작성할 때에는 펼쳐질 모양에 맞추어 원하는 모양으로 편집할 수 있습니다. 또한 문서의 위쪽과 아래쪽에 머리말과 꼬리말을 삽입하고 쪽 번호도 삽입하여 완성도 있는 치즈 이야기를 만드는 방법을 알아봅니다.

PREVIEW

▲ 완성파일 : 치즈 이야기_완성.hwp

조건

- [쪽] – [바탕쪽]
- [쪽] – [머리말/꼬리말]
- [쪽] – [쪽 번호 매기기]

학습내용

실습 01 바탕쪽에 개체 삽입하기

실습 02 머리말/꼬리말, 쪽 번호 지정하기

체크포인트

- 문서마다 통일된 문서를 작성하기 위해 바탕쪽을 설정한다.
- 꼬리말을 삽입하고 텍스트를 편집한다.
- [쪽 번호 매기기]에서 쪽 번호의 위치를 설정한다.
- 바탕쪽에서 이미지를 삽입할 때에는 개체 속성의 가로, 세로를 '종이'로 한다.

바탕쪽에 개체 삽입하기

▼ 준비파일 : 치즈 이야기.hwp

01 준비파일에서 편집 용지를 설정하기 위해 단축키 F7을 누릅니다.

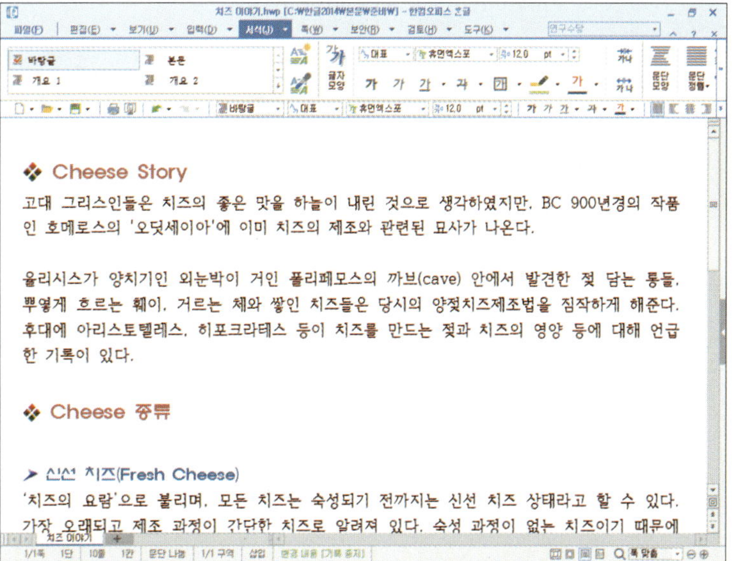

02 [편집 용지] 대화상자의 용지 방향에서 '가로', 용지 여백에서 위쪽, 아래쪽, 왼쪽, 머리말, 꼬리말은 '15mm', 오른쪽은 '40mm'를 입력한 다음 [설정]을 클릭합니다.

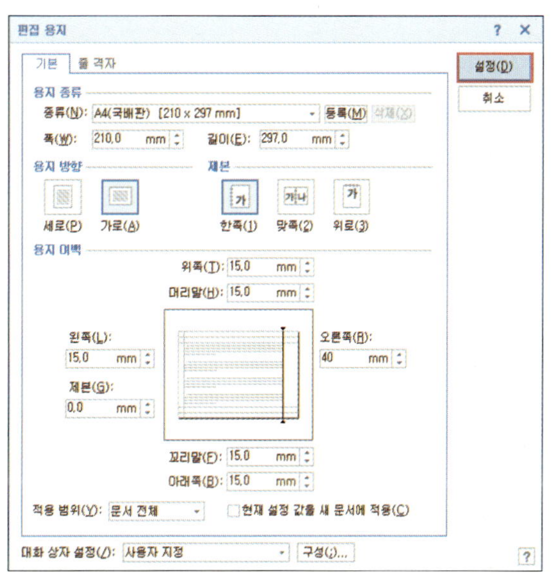

03 다단을 지정하기 위해 [쪽] 탭의 구역에서 [단]을 클릭하여 [왼쪽]을 선택합니다.

Tip 다단은 11단원을 참고하세요.

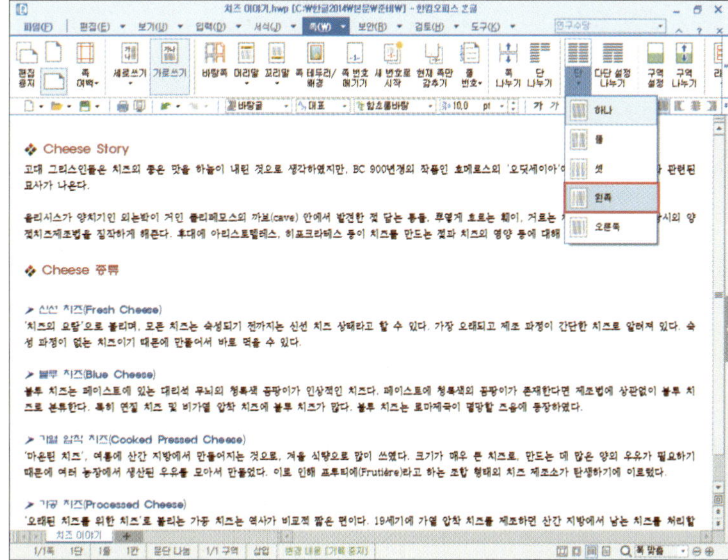

04 이번에는 바탕쪽을 만들기 위해 [쪽] 탭의 쪽 모양에서 (바탕쪽)을 선택합니다. [바탕쪽] 대화상자의 종류에서 '양 쪽'을 선택하고 [만들기]를 클릭합니다.

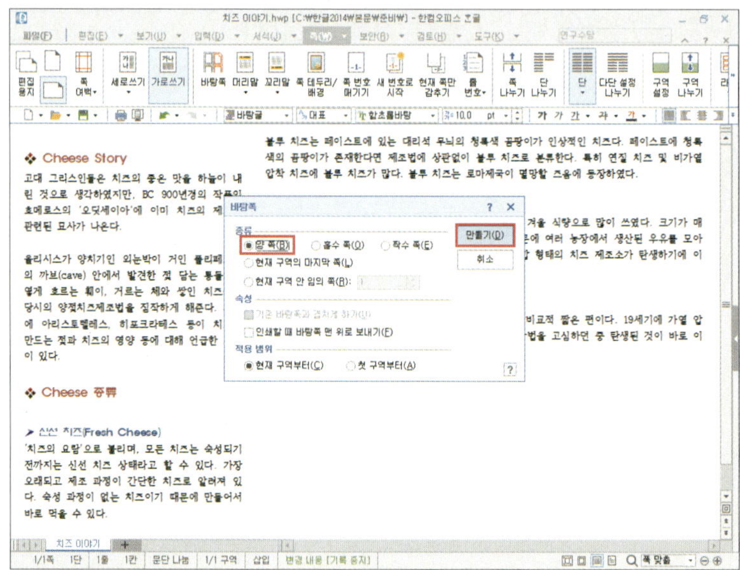

05 바탕쪽 화면에서 이미지 개체를 삽입하기 위해 [바탕쪽] 탭의 입력에서 [그림]을 선택합니다.

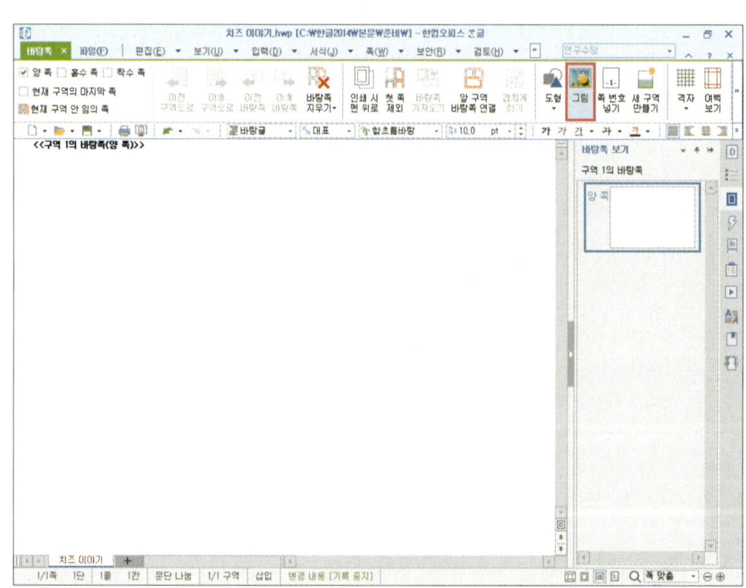

06 [그림 넣기] 대화상자에서 '치즈1.jpg' 파일을 선택하고 [넣기]를 클릭합니다.

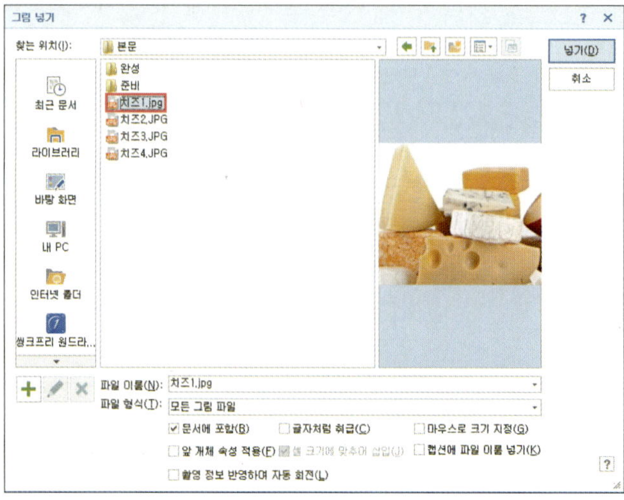

07 [개체 속성] 대화상자의 [기본] 탭에서 가로와 세로를 모두 '종이'로 선택한 다음 [설정]을 클릭합니다.

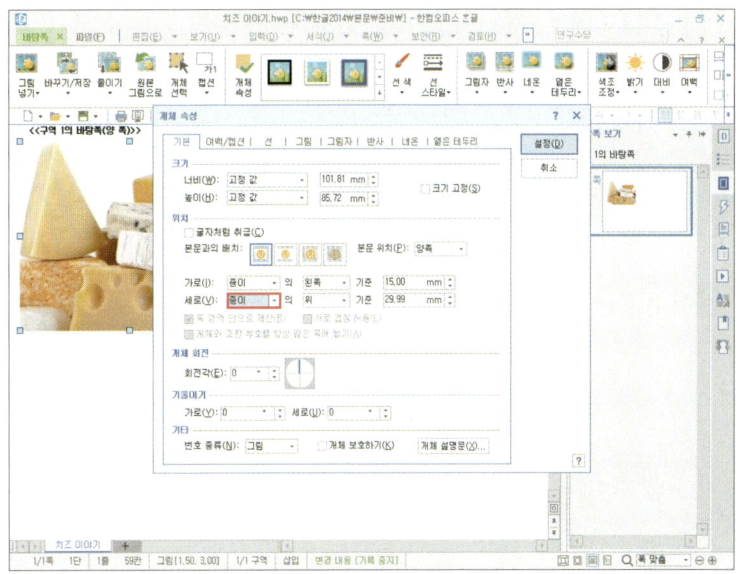

08 [그림] 탭의 스타일 선택에서 '옅은 테두리 반사'를 클릭합니다.

09 개체의 크기는 조절하고 왼쪽 위 방향으로 위치를 이동합니다.

> **Tip** [개체 속성] 대화상자에서 그림의 크기를 직접 입력하여 사용하면 크기를 따로 조절할 필요가 없습니다. 바탕쪽 창을 [닫기]하여 편집화면에서 크기와 위치를 확인합니다.

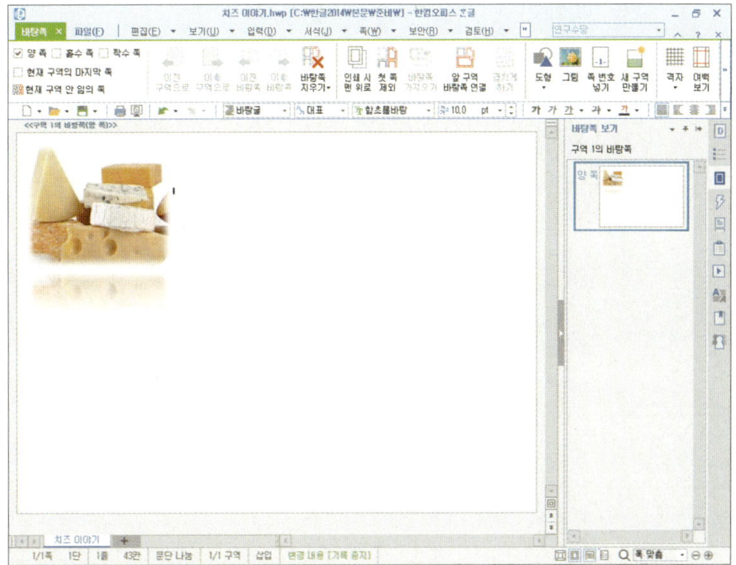

10 이번에는 다른 이미지를 삽입하기 위해 [그림]에서 원하는 이미지를 삽입합니다. 먼저 하나의 이미지를 선택하고 [도형] 탭의 크기에서 가로와 세로의 수치를 직접 입력하여 이미지의 크기를 조절합니다.

• 이미지 개체 : 치즈2.jpg, 치즈3.jpg, 치즈4.jpg 조건

Tip [개체 속성] 대화상자의 [기본] 탭에서 가로와 세로를 모두 '종이'로 선택한 다음 [설정]을 클릭합니다.

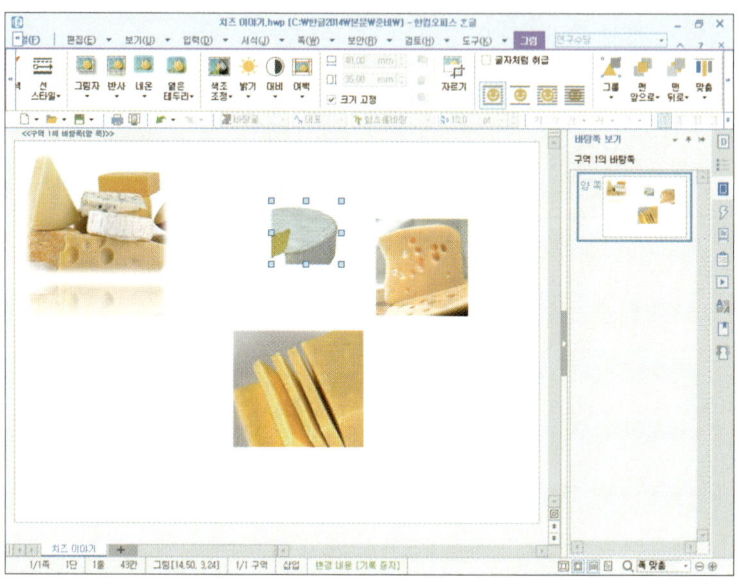

11 Shift 를 눌러 이미지 개체를 선택하고 [도형] 탭의 크기에서 [너비/높이 같게]를 선택합니다. 이 때 이미지 개체의 크기를 수치로 직접 입력한 이미지 개체를 제일 마지막으로 선택합니다.

Tip 여러 개의 개체를 선택할 때에는 가장 마지막에 선택되는 개체가 기준 개체가 되며 마지막으로 선택된 개체는 조절점이 녹색으로 나타납니다.

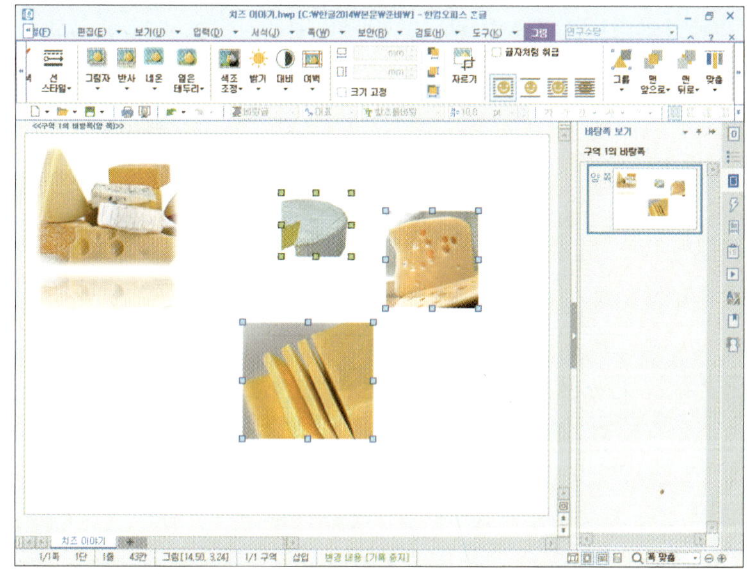

12 모든 개체가 선택되어 있는 상태로 [도형] 탭의 정렬에서 (맞춤/배분)을 클릭하고 [오른쪽 맞춤]을 선택합니다.

Tip 개체 사이의 배분을 조절하려면 [도형] 탭의 정렬에서 (맞춤/배분)을 클릭하고 [가로 간격을 동일하게], [세로 간격을 동일하게]를 클릭합니다.

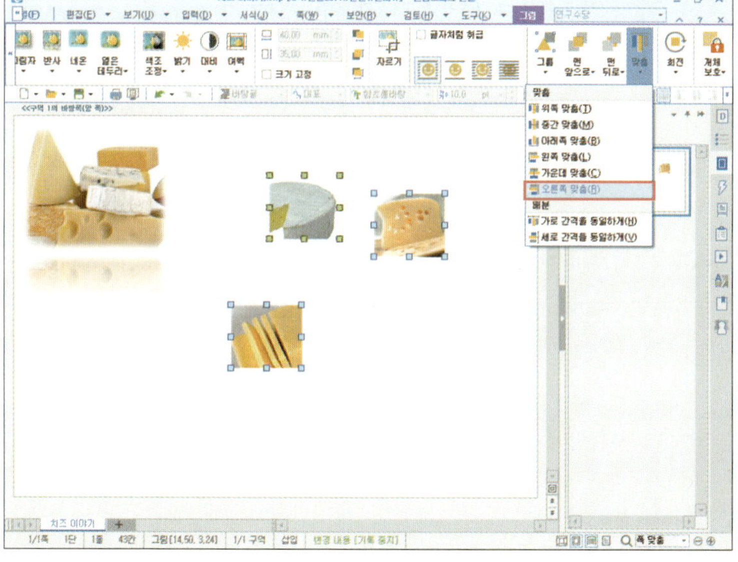

13 모든 개체가 선택되어 있는 상태로 개체를 오른쪽 으로 이동하고 [바탕쪽] 탭의 닫기에서 (닫기)를 클릭합니다.

> **Tip** 삽입된 모든 개체는 [개체 속성]에서 위치를 가로와 세로 모두 '종이'로 선택합니다.

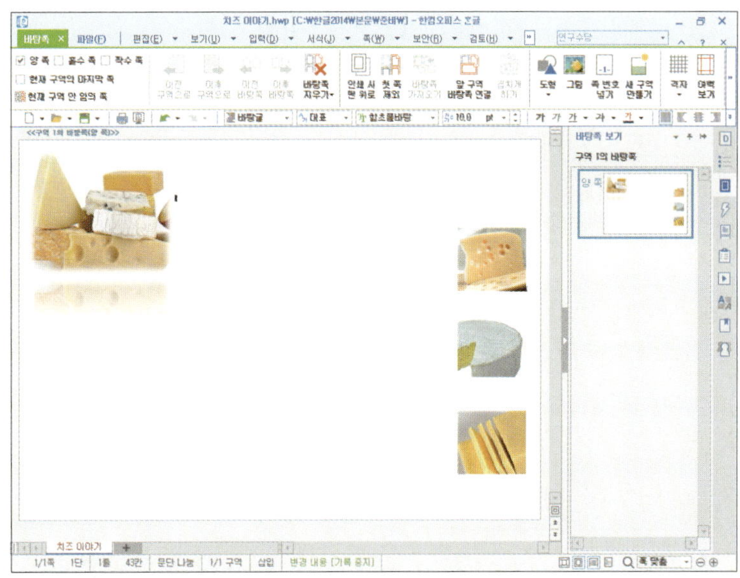

14 편집화면에서 그림이 삽입된 첫 줄에서 Enter를 눌러 텍스트를 아래로 이동하고 오른쪽 위에 글상자를 삽입합니다. 바탕쪽에 삽입된 개체를 확인하기 위해 [미리보기]를 선택합니다.

• 글꼴 : 휴먼모음T, 17pt

조건

15 미리보기 화면에서 보기의 [여러 쪽 보기] 클릭한 다음 [1×2]를 선택하여 바탕쪽에 삽입된 이미지 개체를 확인합니다.

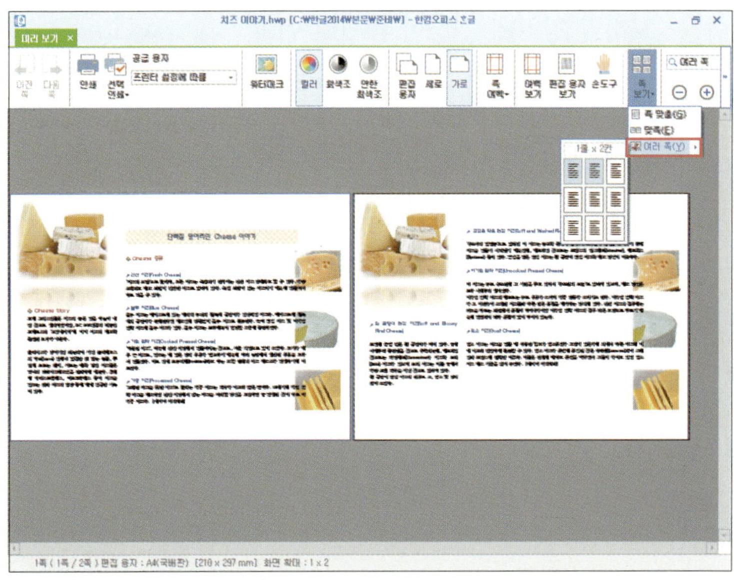

131

머리말/꼬리말, 쪽 번호 지정하기

01 문서의 아래쪽에 꼬리말을 삽입하기 위해 [쪽] 탭에서 [머리말/꼬리말]을 선택합니다.

02 [머리말/꼬리말] 대화상자의 종류에서 '꼬리말'을 선택한 다음 [만들기]를 클릭합니다.

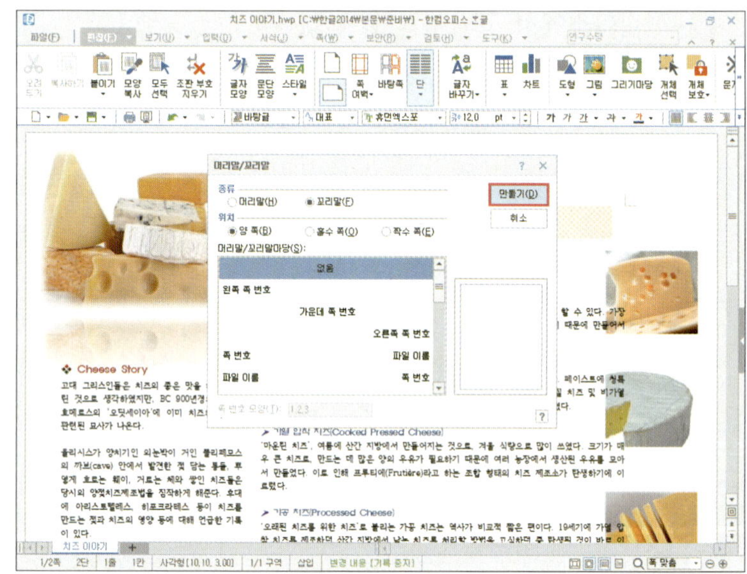

03 꼬리말 영역에 '건강한 먹거리 이야기'를 입력하고 [머리말/꼬리말] 탭의 도구상자에서 (머리말/꼬리말)를 클릭합니다.

> **Tip** [머리말/꼬리말]을 지우려면 [머리말/꼬리말] 대화상자에서 [종류]를 선택하고 [만들기]를 선택한 후 [머리말/꼬리말] 탭의 [머리말/꼬리말]에서 (지우기) 단추를 누릅니다. 편집 중이던 머리말이나 꼬리말을 지우고 본문으로 돌아옵니다.

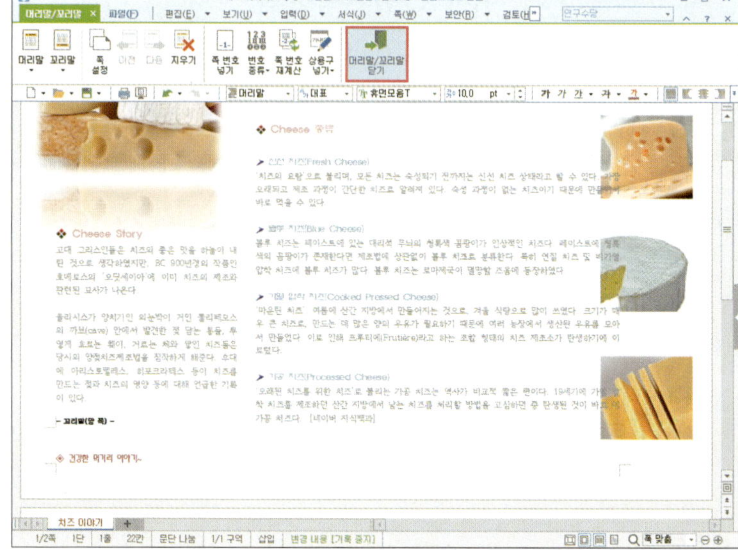

04 이번에는 각 페이지에 번호를 입력하기 위해 [쪽] 탭에서 (쪽 번호 매기기)를 선택합니다.

05 [쪽 번호 매기기] 대화상자에서 번호 위치를 '오른쪽 위'로 선택하고 [넣기]를 클릭합니다.

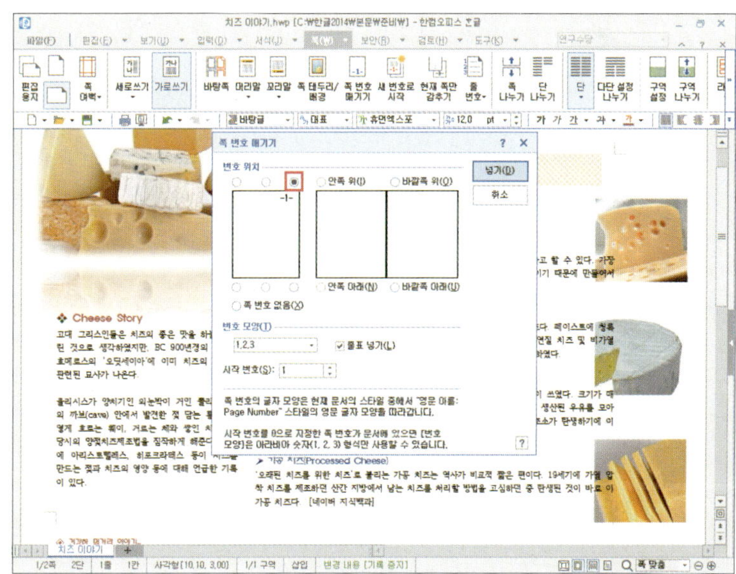

06 다음과 같이 오른쪽 위에 쪽 번호가 삽입됩니다.

> **Tip** 쪽 번호의 위치를 수정하려면 다시 [쪽] 탭에서 (쪽 번호 매기기)를 선택합니다.

01 준비파일에서 바탕쪽을 이용하여 그림을 삽입하고 머리말을 완성해 보세요.

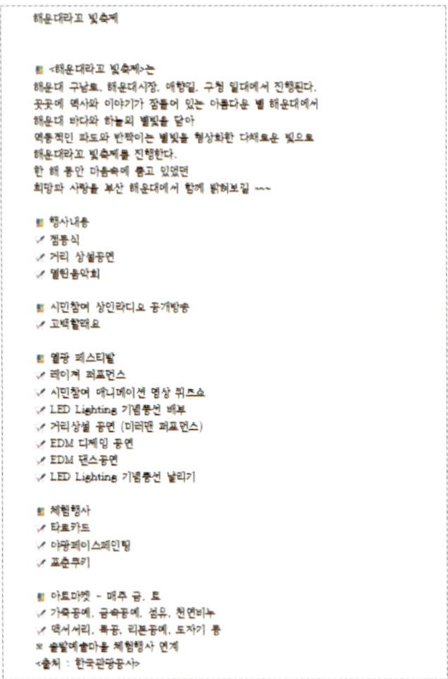

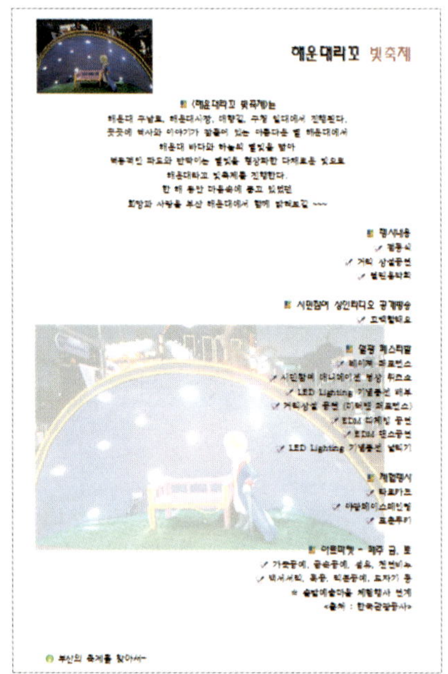

▲ 준비파일 : 해운대라꼬 빛축제.hwp

▲ 완성파일 : 해운대라꼬 빛축제_완성.hwp

조건

- 바탕 그림 삽입(해운대 빛축제.jpg)
- 글꼴 : 한컴윤체L, 19pt, 11pt

- 머리말 삽입

02 준비파일에서 편집 용지를 '가로'로 설정하고, 바탕쪽에서 그림을 삽입하여 완성하세요.

▲ 준비파일 : 격구와 투호.hwp

▲ 완성파일 : 격구와 투호_완성.hwp

조건

- 편집 용지 설정 : F7
- [그리기 조각] – [전통(물건)]

- 글꼴 : 휴먼엑스포, 16pt, 20pt

심화문제

01 준비파일에서 바탕쪽에 그림을 삽입하고 쪽 번호를 지정하여 완성해 보세요.

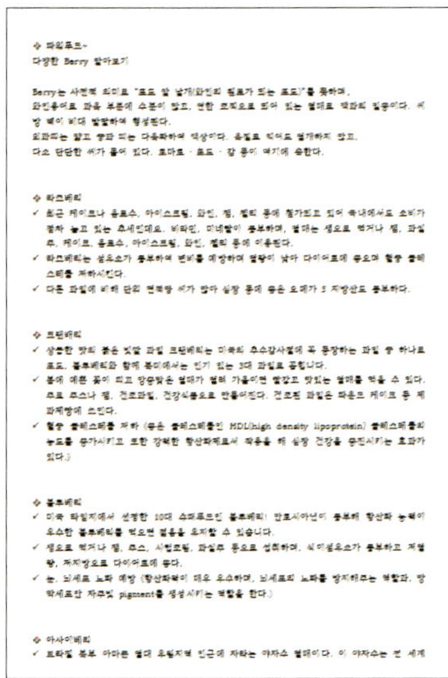

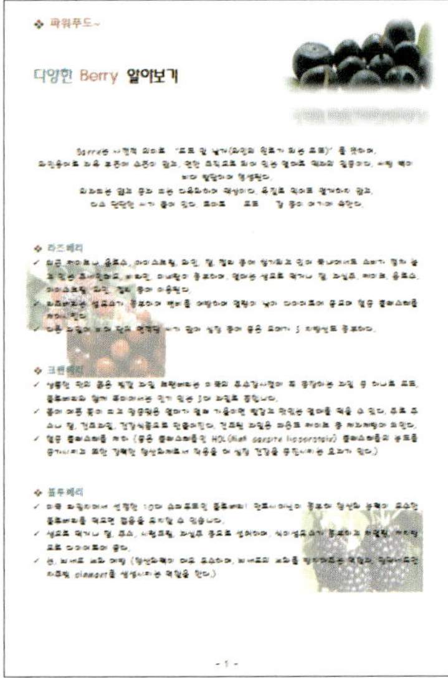

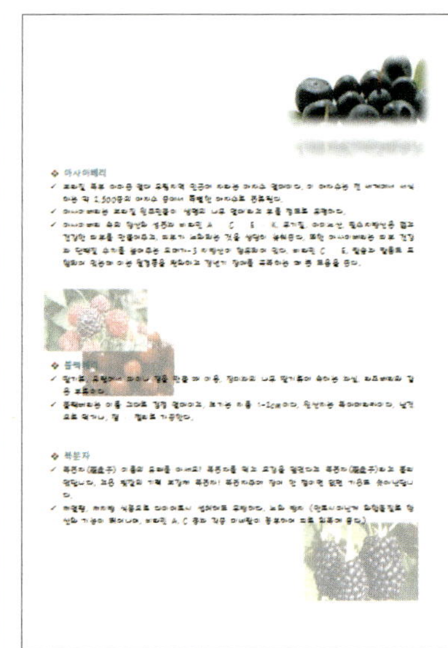

▲ 준비파일 : 파워푸드.hwp   ▲ 완성파일 : 파워푸드_완성.hwp

- 바탕쪽 그림 삽입
- 심화/라즈베리.jpg, 블랙베리.jpg, 아사이베리.jpg, 크랜베리.jpg
- [클립아트] – [질서]

- 글꼴 : 한컴윤체L 17pt, 맑은 고딕 12pt, HY엽서L 9pt
- 쪽 번호 : 로마자 대문자

02 위의 완성파일에서 편집 용지 방향을 '넓게'로 설정한 다음 2단으로 편집하고 구분선과 꼬리말을 삽입해 보세요.

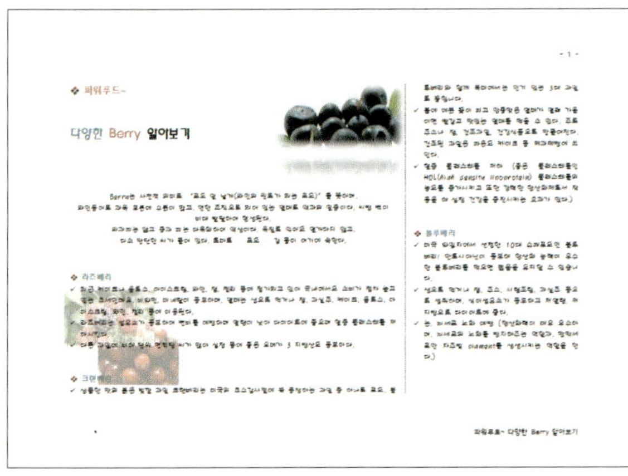

▲ 완성파일 : 파워푸드 다단_완성.hwp

- 편집용지 : F7
- [쪽] – [다단 설정]
- [쪽] – [머리말/꼬리말]

13
SECTION

책갈피에 하이퍼링크 연결하기

책갈피는 문서를 편집하는 도중에 본문의 여러 곳에 표시를 해 두었다가 이동하는 기능입니다. 같은 문서 안에서 특정한 위치로 이동할 수 있는 책갈피를 만드는 방법과 책갈피에 하이퍼링크를 연결하는 방법, 웹 문서로 하이퍼링크를 연결하는 방법을 알아봅니다.

PREVIEW

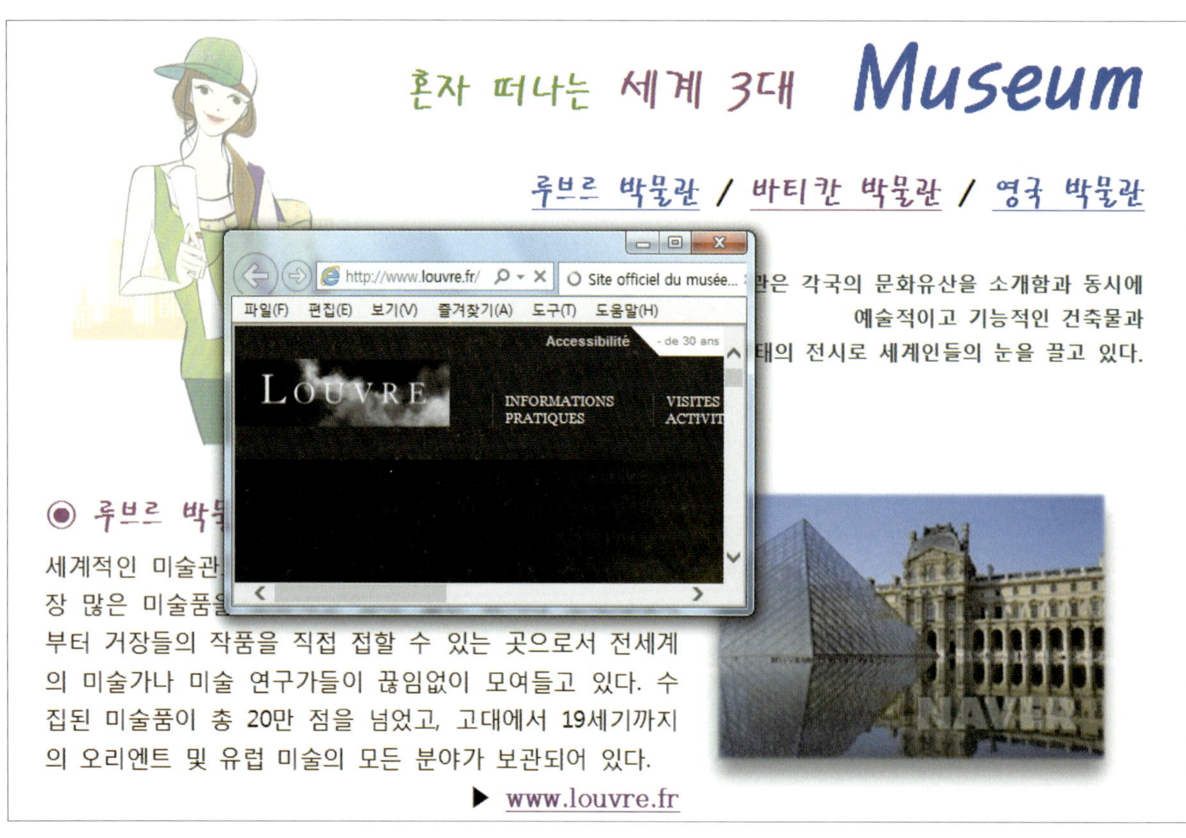

▲ 완성파일 : 세계 3대 박물관_완성.hwp

조건

- [입력] – [책갈피]
- [입력] – [하이퍼링크]
- [도구] – [맞춤법]

학습내용

실습 **01** 책갈피 지정하기

실습 **02** 책갈피에 하이퍼링크 연결하기

실습 **03** 웹 문서로 하이퍼링크 연결하기

체크포인트

- 책갈피 만들기는 지정하려는 단어 앞에 커서를 두고 [입력] – [책갈피]를 선택한다.

- 하이퍼링크 만들기는 단어를 블록 지정한 다음 [입력] – [하이퍼링크]를 선택한다.

- 웹 문서로 하이퍼링크를 연결할 때에는 즐겨찾기에 등록되어 있는 주소를 선택하거나 직접 입력한다.

- 맞춤법 검사에서 바꿀 말과 추천 말이 나타나면 선택한다.

책갈피 지정하기

01 문단 모양으로 이루어진 중간 제목에 책갈피를 만들기 위해 '루브르 박물관' 앞에 커서를 이동합니다.

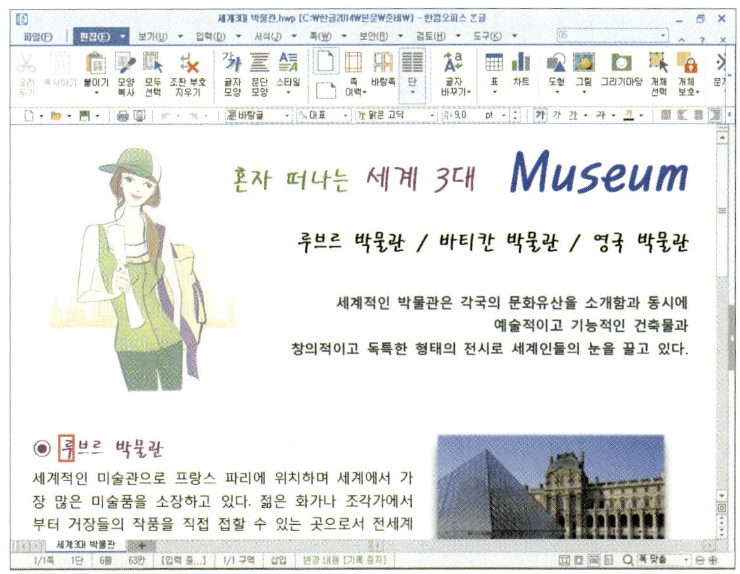

02 [입력] 탭의 [책갈피]를 클릭하거나 참조에서 📑(책갈피)를 선택합니다.

> **Tip** 책갈피 단축키는 Ctrl + K, B 입니다.

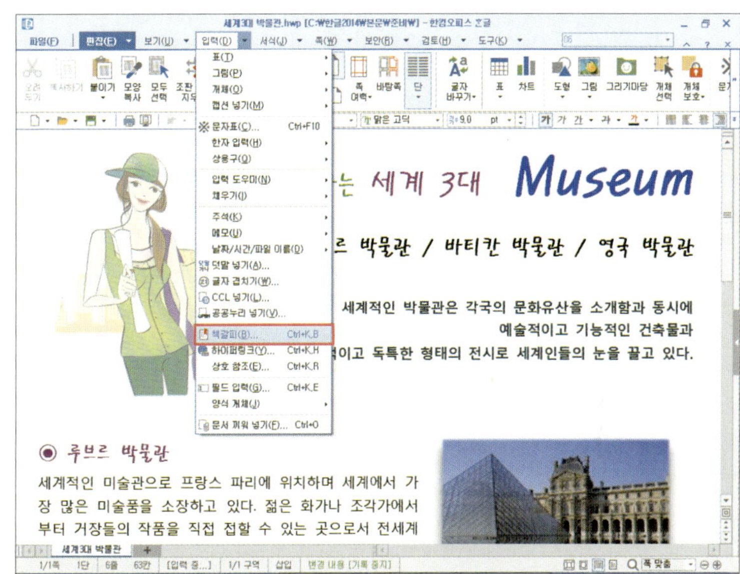

03 [책갈피] 대화상자에서 책갈피 이름에 '루브르 박물관'이 자동으로 입력되면 [넣기]를 클릭합니다.

> **Tip** 책갈피 이름은 자동으로 주어지는 이름 외에도 직접 입력하여 사용할 수도 있습니다.

04 이번에는 '바티칸 박물관' 앞에 커서를 두고 [입력] 탭의 [책갈피]를 클릭하여 [책갈피] 대화상자에서 [넣기]를 선택합니다. 나머지, '영국 박물관'에도 책갈피를 지정합니다.

> **Tip** 전체적으로 4개의 책갈피가 만들어집니다.

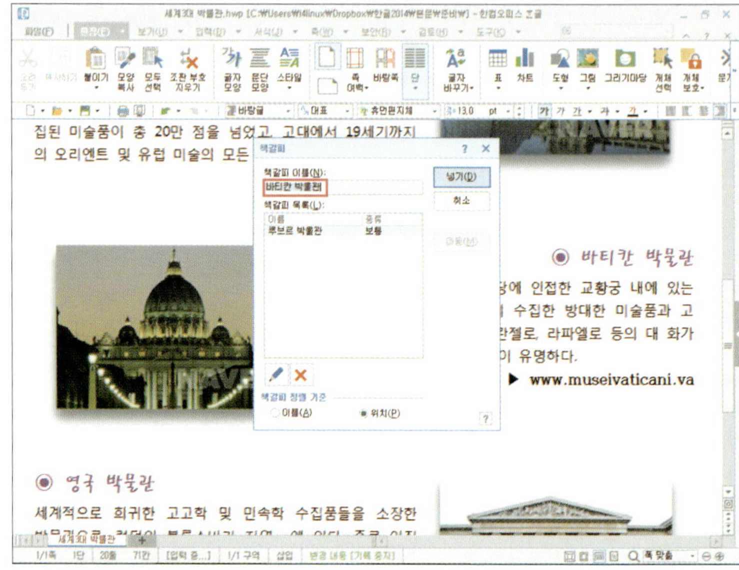

05 책갈피가 완성되면 책갈피를 확인하기 위해 [입력] 탭의 [책갈피]를 선택합니다. [책갈피] 대화상자에서 이동하고 싶은 위치인 '루브르 박물관'을 클릭한 다음 [이동]을 선택합니다.

06 다음과 같이 [책갈피] 대화상자에서 선택한 '루브르 박물관' 위치로 커서가 이동합니다.

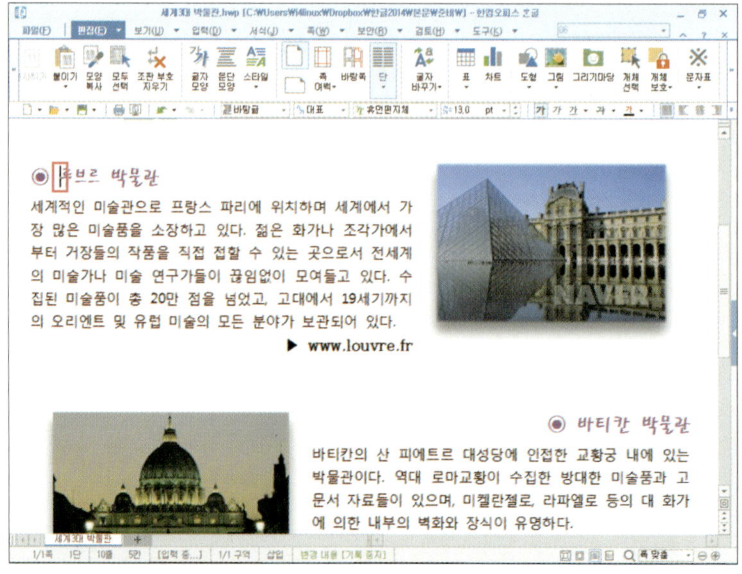

실습 02 책갈피에 하이퍼링크 연결하기

01 하이퍼링크로 연결하기 위해 세 번째 소재목인 '영국 박물관'을 블록 지정한 다음 [입력] 탭의 [하이퍼링크]를 클릭하거나 참조에서 🌐(하이퍼링크)를 선택합니다.

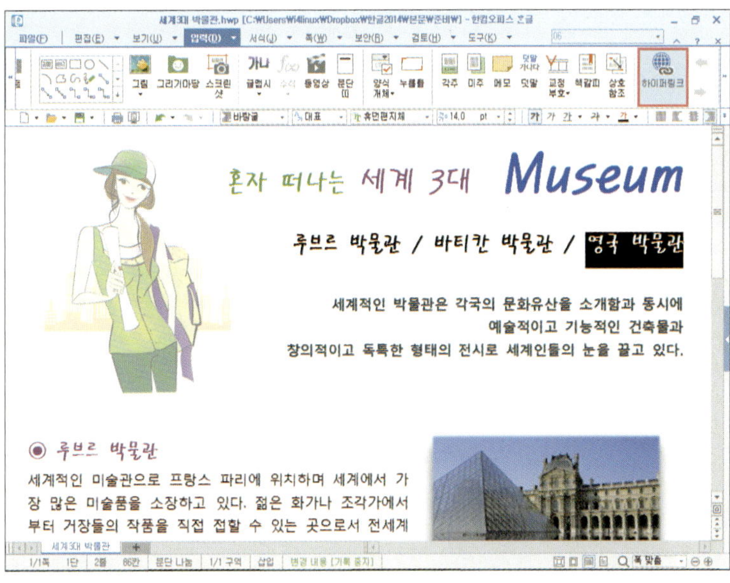

02 [하이퍼링크] 대화상자의 연결 대상에서 책갈피 아래의 '영국 박물관'을 선택한 다음 [넣기]를 클릭합니다.

> **Tip** [하이퍼링크] 대화상자에서 연결 대상은 현재 책갈피가 등록되어 있는 [현재 문서]가 기본적으로 지정되어 있습니다.

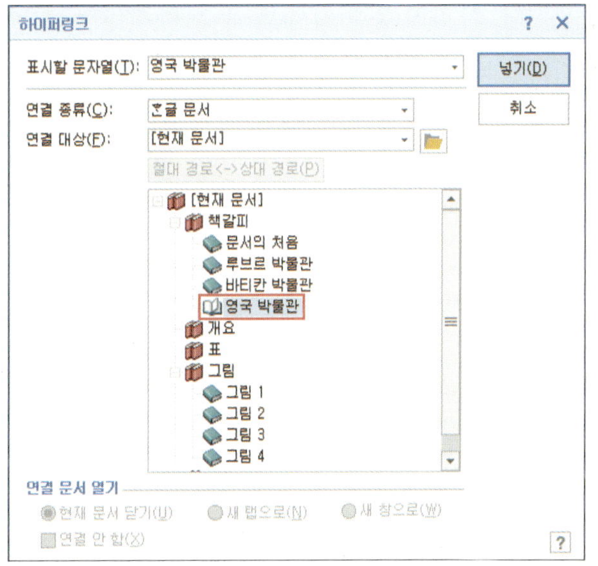

03 하이퍼링크가 연결되면 블록을 지정한 텍스트 부분은 파란색 밑줄이 생깁니다.

> **Tip** 같은 방법으로 나머지 3개의 소제목도 블록 지정한 다음 [입력] 탭의 [하이퍼링크]를 선택하여 하이퍼링크를 지정합니다.

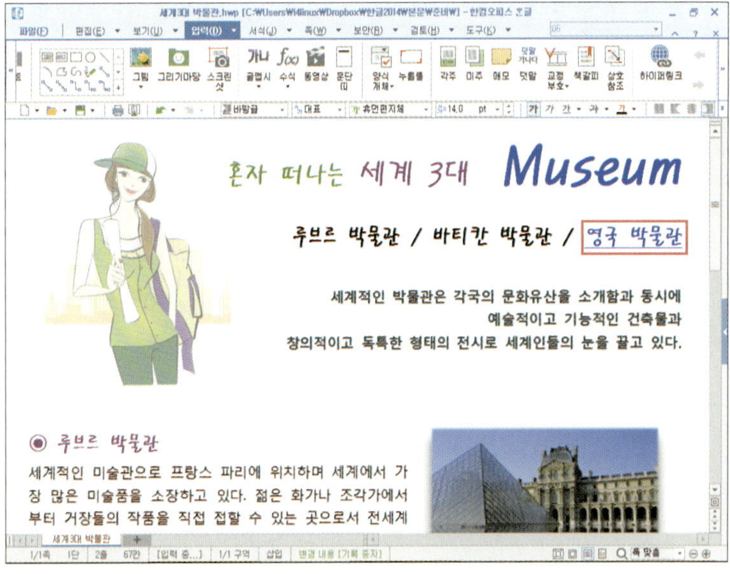

04 소제목에 연결된 하이퍼링크를 확인하기 위해 하이퍼링크가 지정된 텍스트에 마우스를 이동합니다. '영국 박물관'에 마우스를 두면 마우스 포인트가 🖑 모양으로 표시되고 연결을 확인하기 위해 클릭합니다.

> **Tip** 하이퍼링크가 지정되어 있는 부분을 한번 클릭하면 파란색에서 보라색으로 바뀌어 나타납니다.

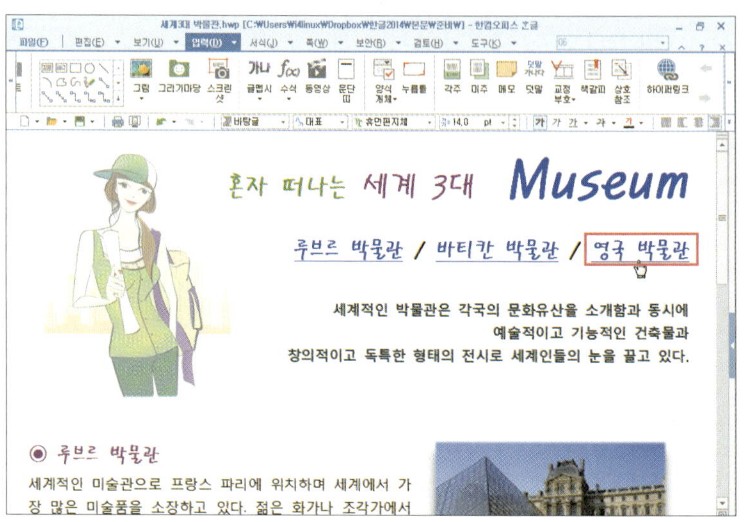

05 소제목인 '영국 박물관' 앞으로 커서가 이동됩니다. 이 때 이동한 커서 위치가 책갈피로 지정된 위치입니다.

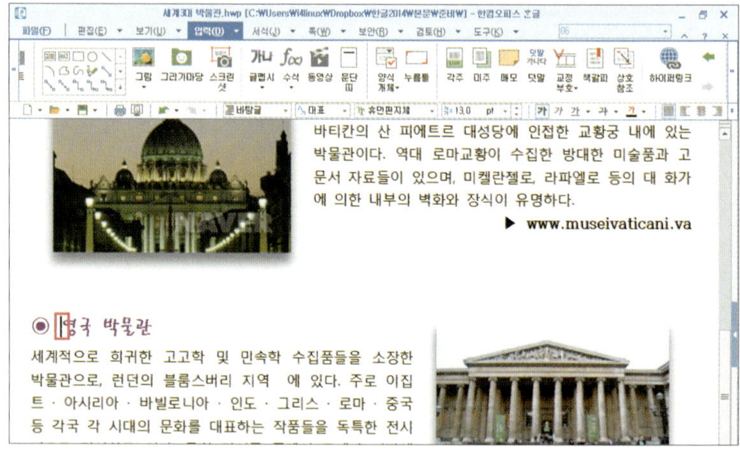

알아두기 | 맞춤법 검사

현재 문서를 사전(한글/한자/영어 맞춤법 사전)과 비교하여 틀린 곳을 찾아 올바른 단어로 제시해 주는 기능으로 맞춤법 검사기는 40만여 개의 표제어를 기준으로, 정확하고 올바른 단어를 제시합니다.

1 작성한 문서의 맞춤법이 올바른지 검사하기 위해 [도구] 탭의 [맞춤법]을 선택합니다.

2 [맞춤법 검사/교정] 대화상자에서 [시작]을 클릭하면 [지나감]으로 바뀌며, 바꿀 말과 추천 말이 나오면 [바꾸기]를 선택합니다.

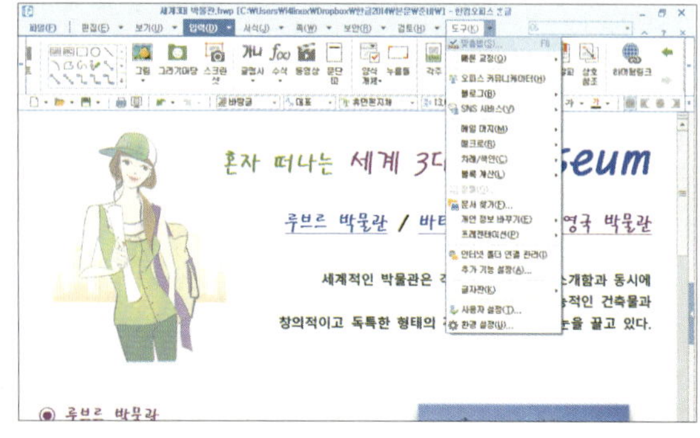

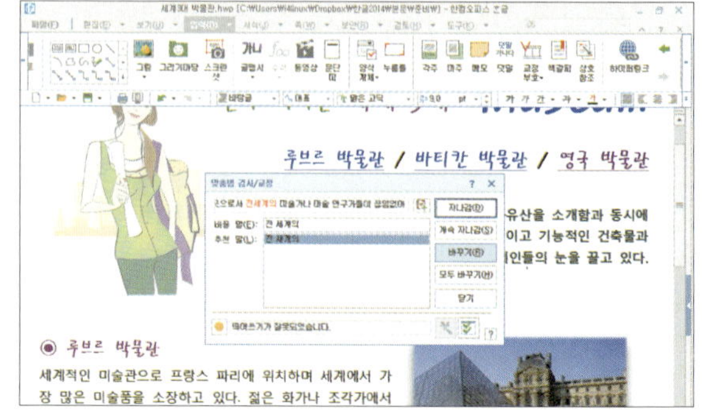

웹 문서에 하이퍼링크 연결하기

01 이번에는 웹 문서에 하이퍼링크를 연결하기 위해 연결할 텍스트를 블록지정하고 [입력] 탭의 참조에서 (하이퍼링크)를 선택합니다.

> **Tip** 웹 페이지 주소를 하이퍼링크로 연결할 경우는 웹 페이지 주소를 복사하면 주소를 직접 입력하는 수고를 줄일 수 있습니다.

02 [하이퍼링크] 대화상자에서 연결 주소를 '웹 주소'로 지정하고 연결 대상에 웹 페이지 주소를 입력합니다. [연결 문서 열기]는 '새 창으로'를 선택하고 [넣기]를 클릭합니다.

> **Tip** 이 때 연결 대상의 목록에 웹 주소가 있으면 직접 웹 주소를 입력하지 않고 선택합니다.

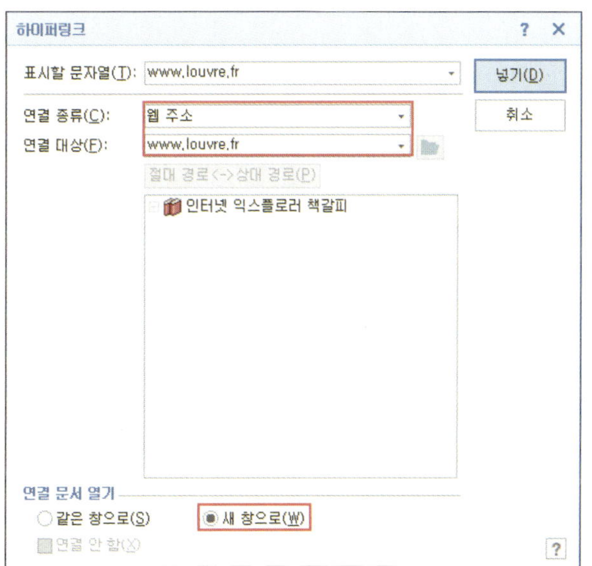

03 다음과 같이 연결된 '루브르 박물관'의 웹 페이지 화면이 새로운 브라우저 창에 나타납니다.

01 준비파일에서 문서의 웹 페이지 주소를 복사하여 하이퍼링크로 연결하세요.

▲ 준비파일 : 국립중앙박물관.hwp

▲ 완성파일 : 국립중앙박물관_완성.hwp

조건

• 웹 주소 : http://www.yegam.com/jump/kor

• [연결 문서 열기]는 '새 창으로'

02 준비파일에서 웹 페이지 주소를 직접 입력하여 하이퍼링크로 연결하세요.

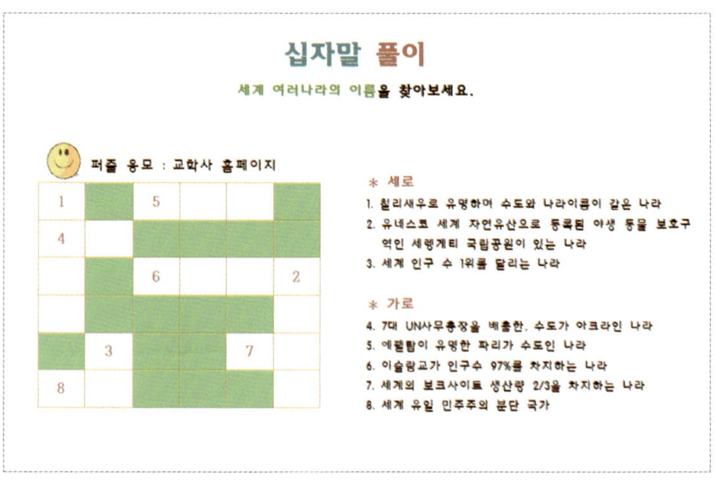

준비파일 : 십자말풀이.hwp ▶

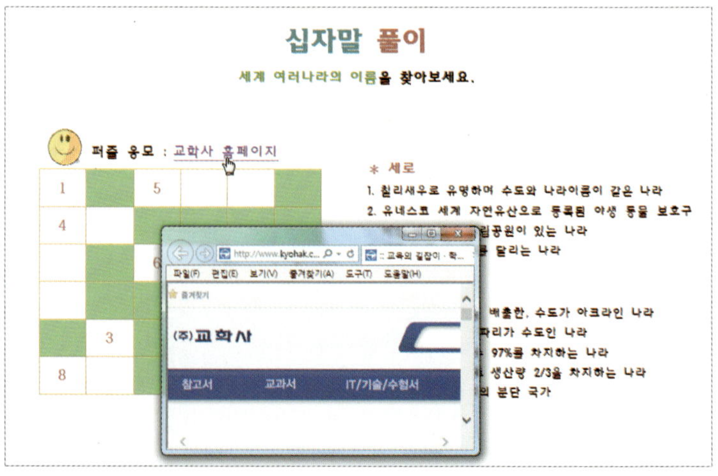

완성파일 : 십자말풀이_완성.hwp ▶

조건

• 웹 주소 : http://www.i-kyohak.com

• [연결 문서 열기]는 '새 창으로'

심화문제

01   준비파일에서 다단으로 나누어 내용글의 각각의 제목에 책갈피를 연결하세요.

▲ 준비파일 : 5가지로 보는 와인의 종류.hwp

▲ 완성파일 : 5가지로 보는 와인의 종류_완성.hwp

02   위 01번 완성파일에서 각각의 항목을 책갈피로 하이퍼링크를 연결해 보세요.

▲ 완성파일 : 5가지로 보는 와인의 종류 링크_완성.hwp

14
SECTION

문서에 OLE 개체 삽입하기

개체(Object)는 문서에서는 문서가 개체가 되고, 음악 프로그램에서는 음악 파일이 개체가 됩니다. 개체는 글자, 그림(정지 영상, 동영상), 소리, 차트, 수식, 표 등 매우 다양하며, 각기 독립적인 자료들을 하나의 응용프로그램에서 사용할 수 있는 기능을 [개체 연결과 포함(OLE)] 기능이라고 합니다. 한글에서 문서 편집과 함께 다양한 응용프로그램을 이용하여 입체적인 문서를 작성하는 방법을 알아봅니다.

PREVIEW

▲ 완성파일 : 치즈이야기 음악_완성.hwp

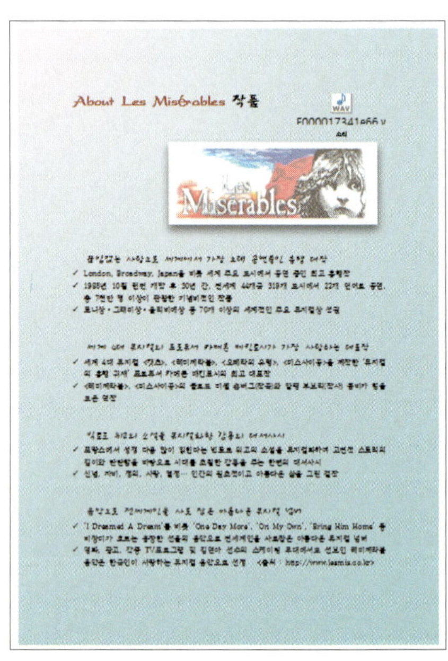

▲ 완성파일 : 레미제라블_완성.hwp

학습내용

실습 01 문서에 음악 삽입하기

실습 02 자연의 소리 녹음하기

체크포인트

● [OLE 개체]에서 음악 파일은 '파일로부터 만들기'를 선택한다.

● [소리]는 스피커에서 나오는 소리를 녹음하여 파일에 삽입한다.

● 녹음은[개체]−[소리]에서 하거나 [OLE 개체]에서 개체 형식을 선택하여 삽입한다.

문서에 음악 삽입하기

01 준비 파일에 음악을 삽입하기 위해 [입력] – [개체]–[OLE 개체]를 선택합니다.

> **Tip** 개체 연결과 포함 OLE(Object Linking & Embedding)은 윈도우에서 각각의 응용프로그램들이 만든 각양각색의 자료들을 독립적이 아닌 서로 유기적으로 엮어 놓은 것을 말합니다.

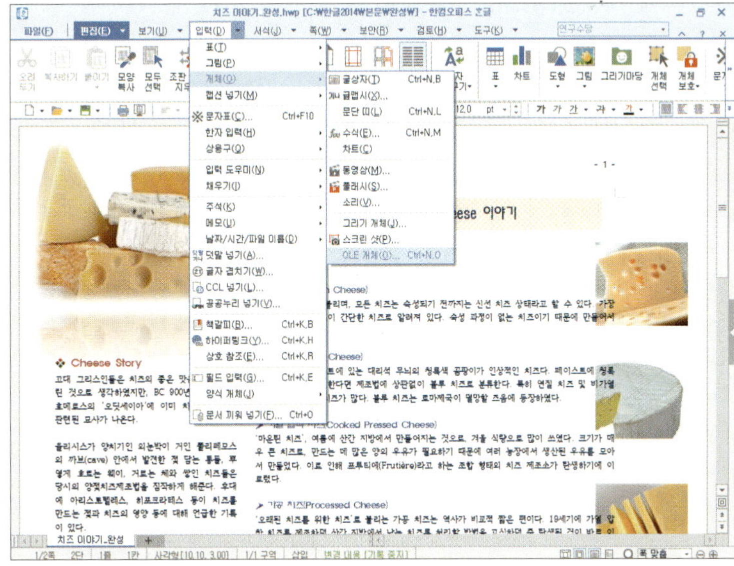

02 [개체 삽입] 대화상자의 '파일로부터 만들기'에 체크하고 [찾아보기]를 클릭합니다.

03 [찾아보기] 대화상자에서 [내문서/내음악/음악 샘플] 폴더를 열어 'music 1.mp3'를 선택하고 [열기]를 클릭합니다.

04 파일이 삽입되면 '연결'과 '아이콘으로 표시'에 체크하고 [확인]을 클릭합니다.

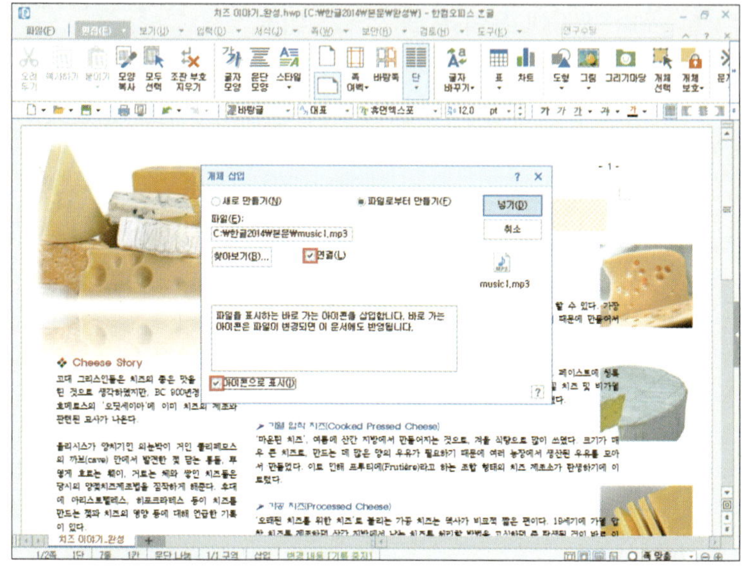

05 화면과 같이 본문에 음악 삽입 표시 아이콘이 나타납니다. 이 때 음악을 실행하기 위해 더블클릭을 합니다.

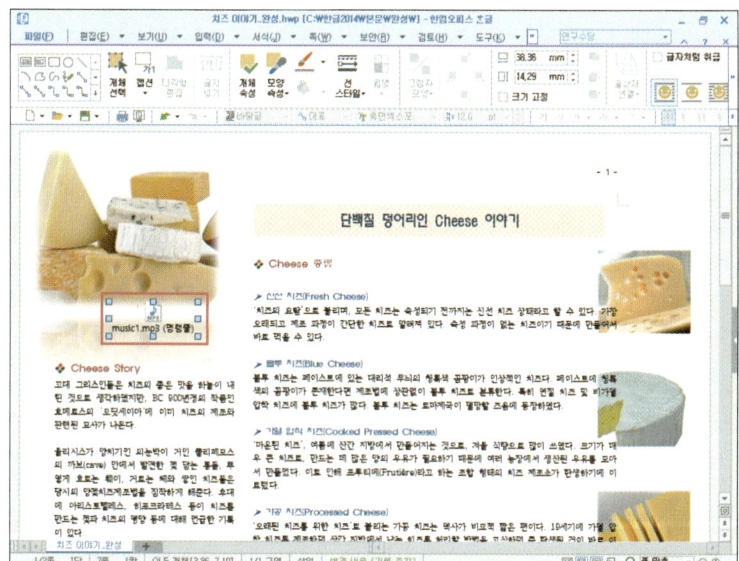

06 개인의 컴퓨터에 연결되어 있는 음악 재생 프로그램이 실행되면서 음악이 나옵니다.

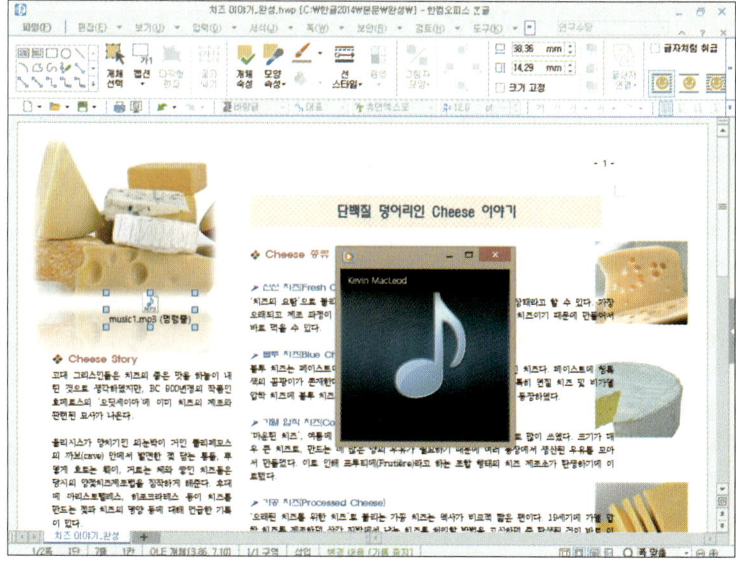

자연의 소리 녹음하기

01 음악이 있는 폴더를 열어 'music 2.mp3' 파일을 더블클릭합니다. 새 소리가 나면 '작품.hwp' 문서를 열기합니다.

> **Tip** 소리를 녹음하려면 시스템에도 사운드 카드와 마이크가 설치되어 있어야 합니다.

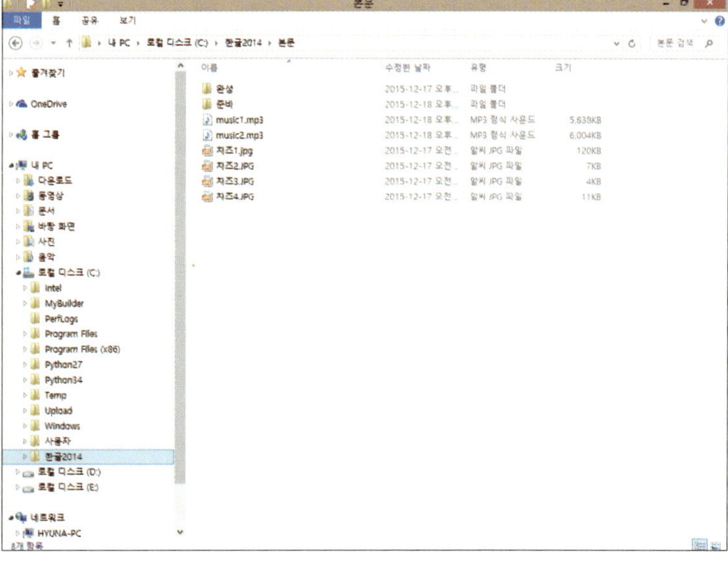

02 컴퓨터에서 나오는 소리를 녹음하기 위해 [입력] 탭을 클릭하여 [개체]에서 [소리]를 선택합니다.

> **Tip** 리를 녹음하는 기능은 [입력] – [OLE 개체]를 선택한 다음 '새로 만들기'에서 '웨이브 소리'를 선택하여 녹음하여도 됩니다.

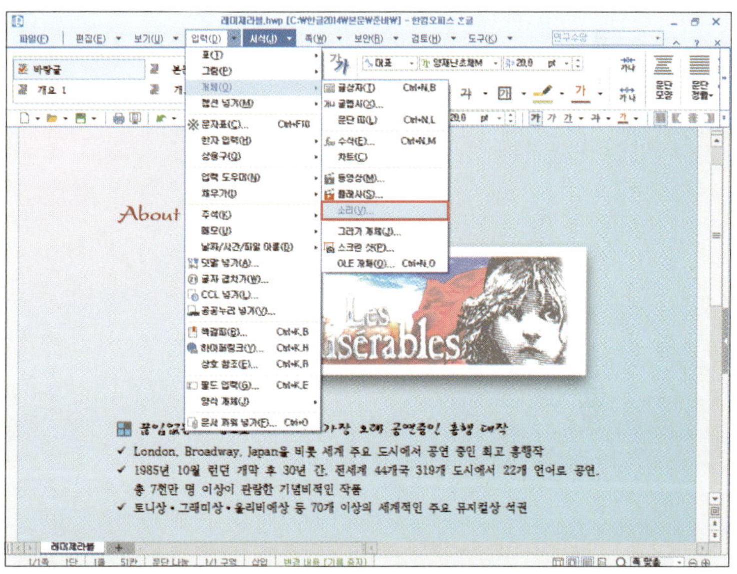

03 [소리 넣기] 대화상자에서 녹음을 하기 위해 🔲(녹음)을 클릭합니다.

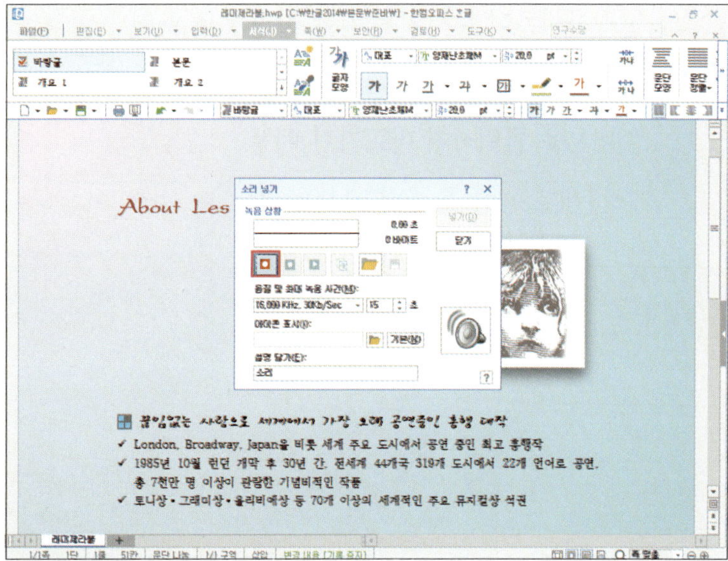

04 기본적으로 설정되어 있는 15초로 녹음이 끝나면 ▶(재생)을 클릭하여 녹음을 확인합니다.

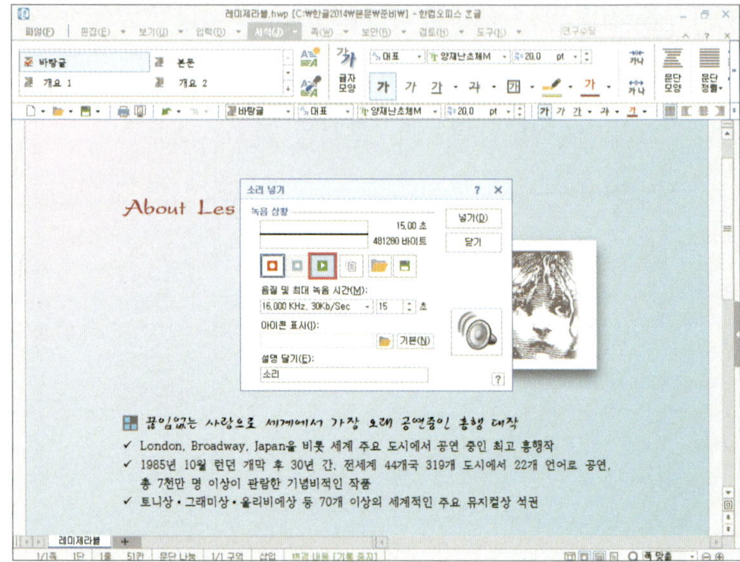

05 녹음이 확인되면 설명 달기에 '소리 녹음'으로 입력하고 [넣기]를 클릭합니다.

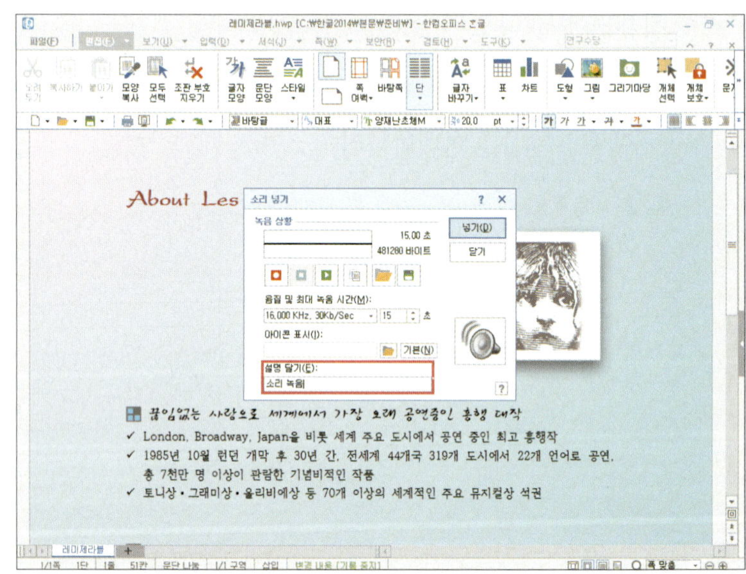

06 소리 아이콘이 문서의 중간에 삽입되면 소리 아이콘에서 마우스 오른쪽 버튼을 클릭하여 바로가기 메뉴에서 [개체 속성]을 클릭합니다.

07 [개체 속성] 대화상자의 본문과의 배치에서 (어울림)을 선택하고 가로 기준을 '오른쪽'으로 지정한 후 [설정]을 클릭합니다.

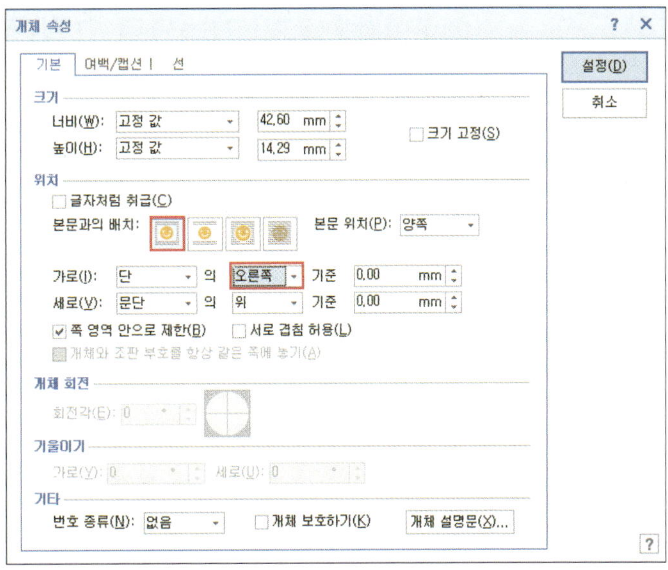

08 다음과 같이 소리 아이콘이 문서의 오른쪽으로 이동합니다. 녹음한 소리를 듣기 위해 소리 아이콘을 더블 클릭합니다.

> **Tip** 소리를 삭제하려면 소리 아이콘을 선택한 다음 Delete 를 눌러 삭제합니다.

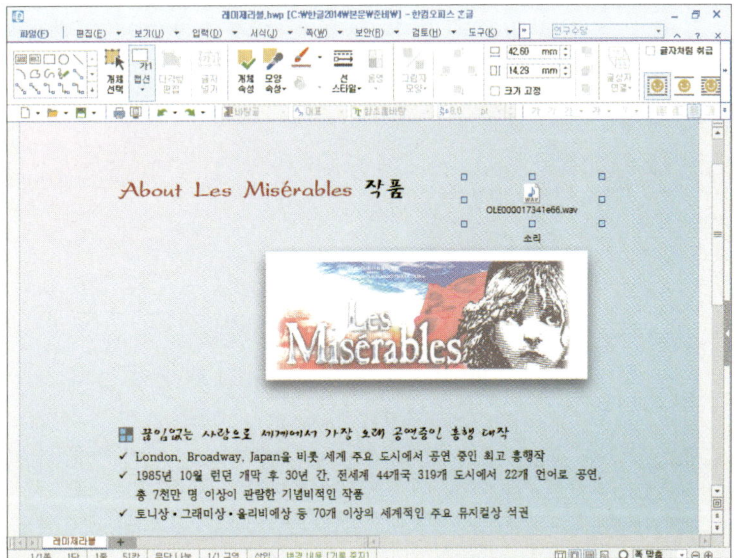

알아두기 │ 소리 파일 저장하기

작업한 문서에 음악이나 음성 자료를 함께 포함시키면 효율적이고 다양한 문서를 저장할 수 있습니다. 음성이나 음향 등을 녹음해서 문서에 포함시키거나 저장해 놓은 파일을 불러와 삽입할 수 있습니다

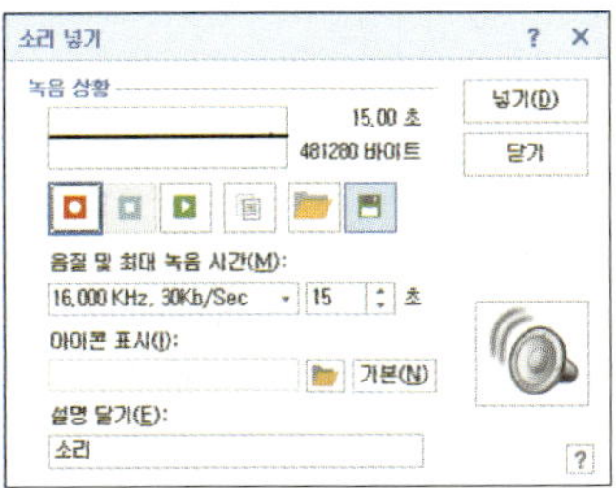 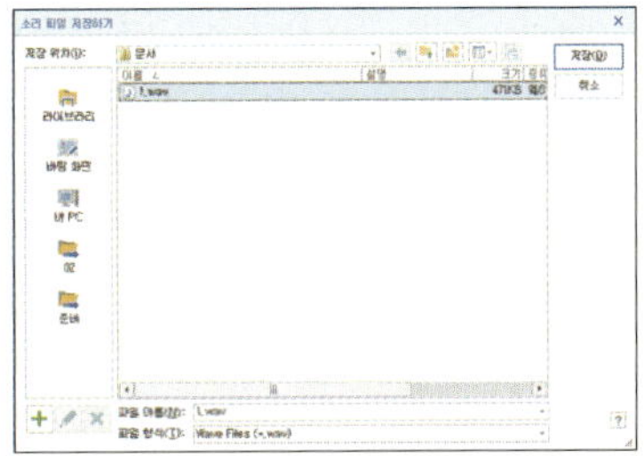

● 실습 02에서 녹음한 소리를 저장하려면 [소리 넣기] 대화상자에서 (저장하기)를 클릭하여 [소리 파일 저장하기] 대화상에서 찾는 위치를 지정하고 파일 이름을 입력한 다음 [저장]을 클릭하며, 저장한 문서를 불러오려면 [불러오기]를 선택합니다.

알아두기 · [OLE 개체 넣기] 기능으로 그림판에서 그림 그리기

OLE(Object Linking & Embedding) 개체란 개체 연결과 포함을 나타내는 용어로 한글 프로그램 안에 그림, 동영상, 소리, 차트, 수식, 표 등의 다양한 개체를 연결하여 포함시키는 기능입니다.

- [입력] – [개체] – [OLE 개체]에서 '새로 만들기'에 체크하고 개체 형식에 '한컴오피스 한쇼 2014 문서'를 선택합니다.

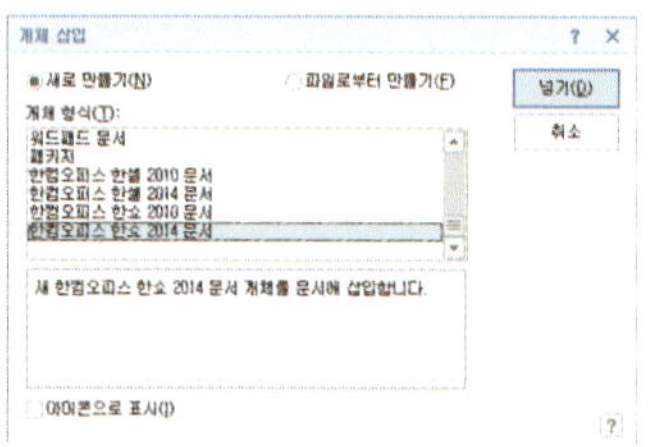

- 한컴오피스 한쇼 2014 문서에서 [디자인 마당]을 클릭하여 '활용 디자인5'를 선택합니다.

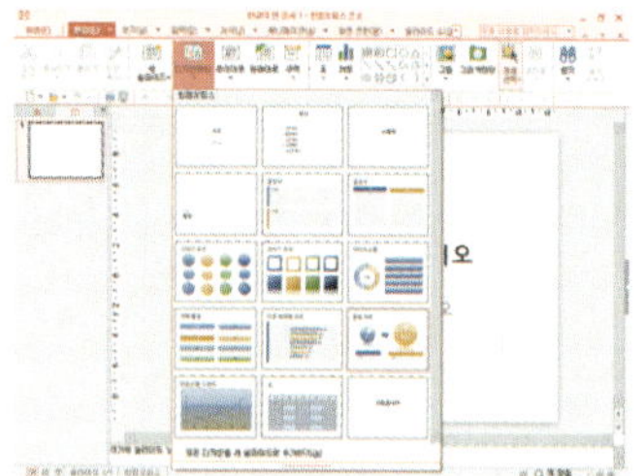

- 텍스트를 입력하여 문서를 완성하면 [닫기]를 클릭합니다.

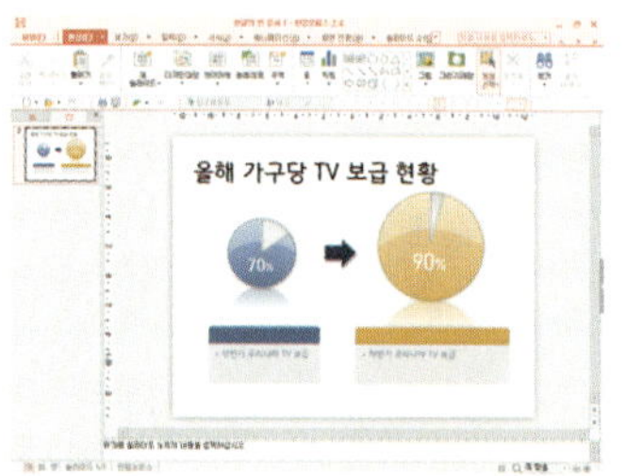

- 한글 문서에 삽입된 OLE 개체는 크기, 테두리 등을 수정할 수 있습니다.

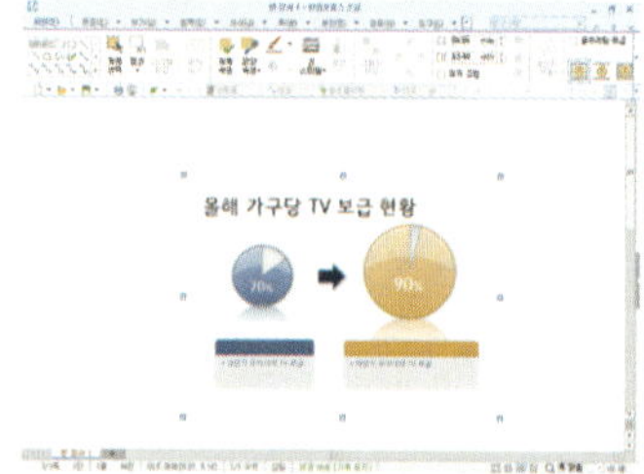

기초문제

01 준비파일에서 [OLE 개체 넣기]를 사용하여 음악을 삽입해 보세요.

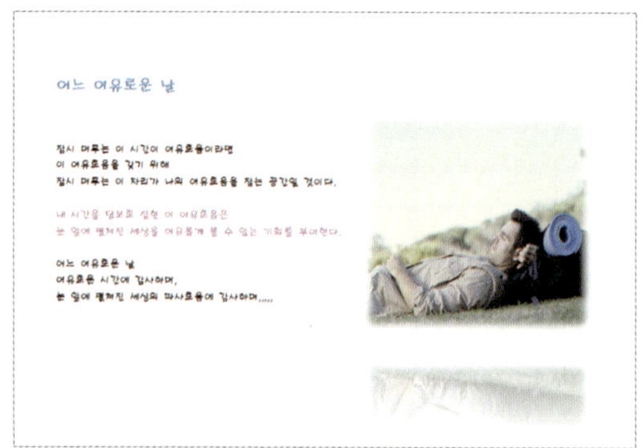

▲ 준비파일 : 여유.hwp

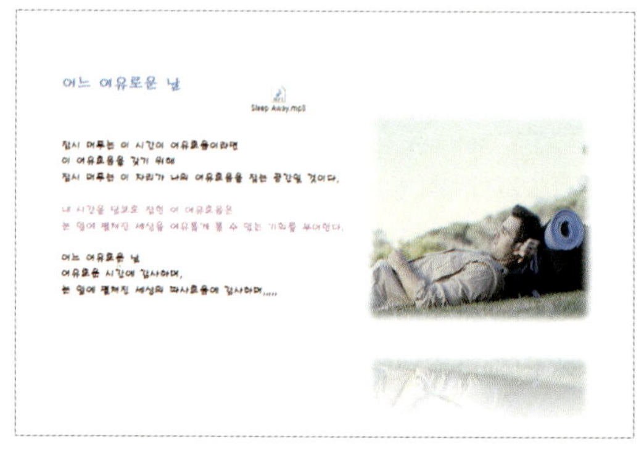

▲ 완성파일 : 여유_완성.hwp

심화문제

01 준비파일에 본문 내용과 관련된 OLE 개체를 삽입해 보세요.

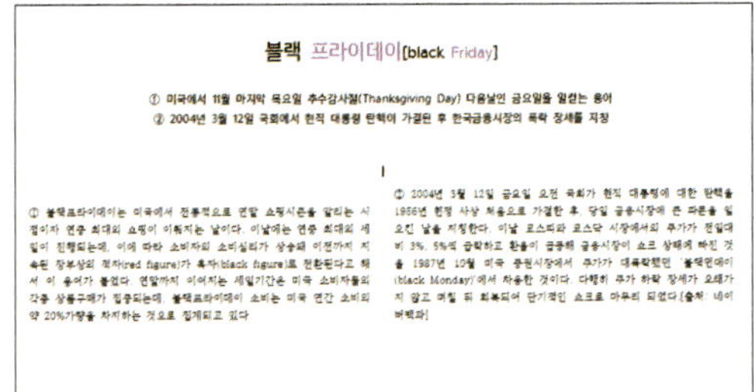

▲ 준비파일 : 블랙프라이데이.hwp

[입력] – [개체] – [OLE 개체]에서 '한컴오피스 한쇼 2010 문서'

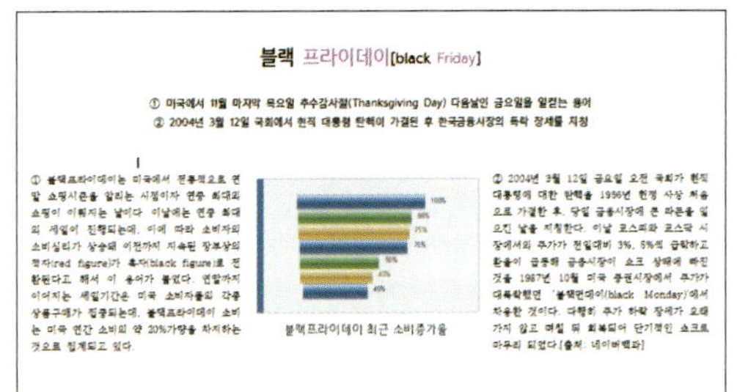

▲ 완성파일 : 블랙프라이데이_완성.hwp

조건

02 준비파일에서 인터넷의 음악이 나오는 사이트에서 녹음 소리를 삽입하고 저장해 보세요.

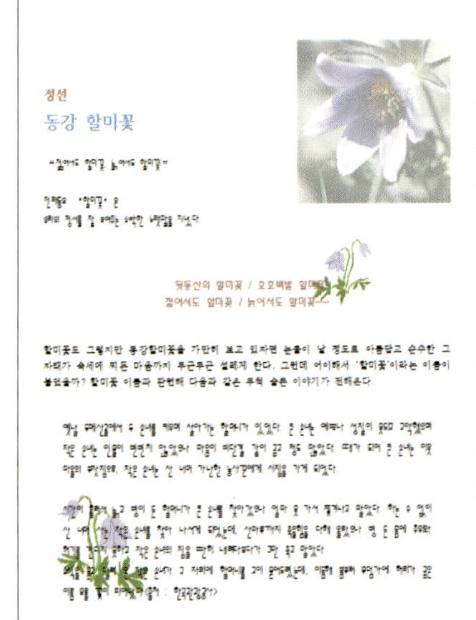

▲ 준비파일 : 할미꽃.hwp

▲ 완성파일 : 할미꽃_완성.hwp

15
SECTION

각주와 문단 번호 지정하고 차례 만들기

각주는 본문 내용에 대한 보충 자료나 인용한 자료의 출처 등을 나타내는 주석으로 각주 번호가 붙는 쪽의 위치에 따라 각주와 미주로 만드는 방법을 알아봅니다. 또한 문단 번호를 지정하는 방법과 지정한 문단의 제목을 모아 차례를 만드는 방법을 알아봅니다.

PREVIEW

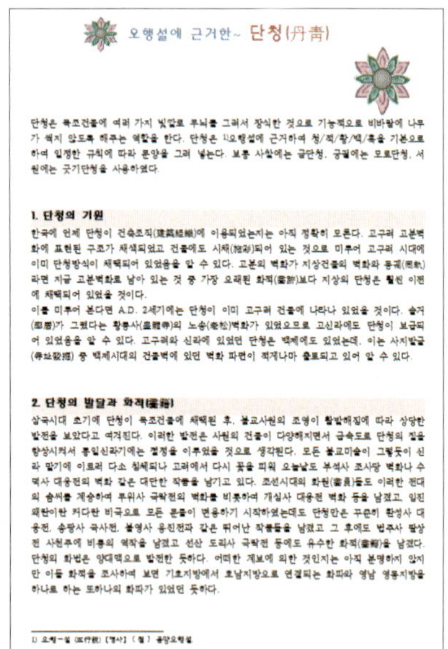

완성파일 : 단청_완성.hwp ▶

- [입력] – [주석] – [각주]
- [서식] – [문단 번호 적용/해제]
- [도구] – [차례/색인] – [제목 차례 표시], [차례 만들기]

학습내용

실습 01 한컴 사전으로 각주 넣기

실습 02 문단번호 지정하기

실습 03 본문 차례 만들기

체크포인트

- 해당 페이지 아래에 보충내용을 추가하기 위해 각주를 사용하는 방법을 알아본다.

- [문단 번호 적용/해제]는 문서에 항목이 여러 개일 경우 번호를 매기거나 글머리표를 붙여주는 기능으로 자동으로 번호를 부여한다.

- [차례 만들기]는 본문의 내용을 차례대로 표시하여 나타내고 내용이 있는 위치나 번호를 나타내는 기능으로 본문의 제목, 표, 그림 등도 표시할 수 있다.

한컴 사전으로 각주 넣기

▼ 준비파일 : 단청.hwp

01 준비파일에서 '단청'에 대한 설명을 해당 페이지의 아래에 넣기 위해 '오행설' 뒤에 커서를 이동시킨 다음 [한컴 사전]을 클릭합니다.

> **Tip** [한컴 사전]의 단축키는 F12 입니다.

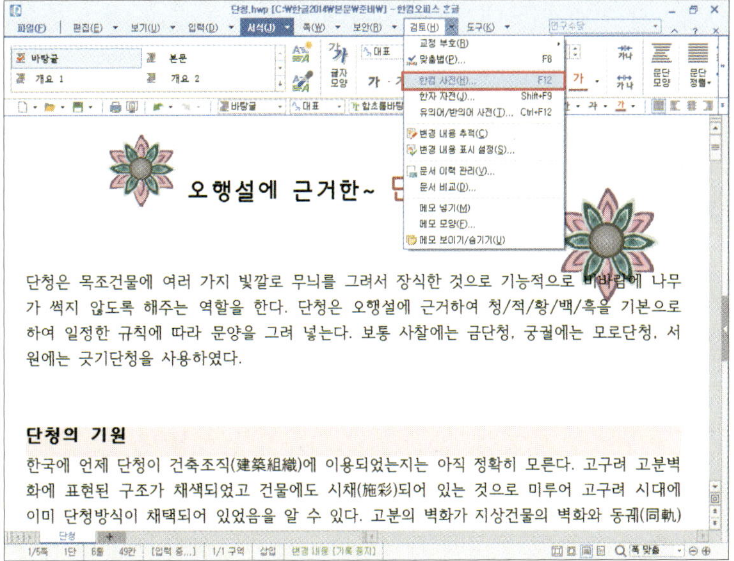

02 [한컴 사전] 대화상자에서 '오행설'에 대한 내용이 나타나면 내용을 블록 지정한 다음 바로가기 메뉴에서 [복사하기]를 클릭합니다. 이 때 필요에 따라 검색어를 직접 입력하고 Enter 를 누릅니다.

> **Tip** [한컴 사전] 대화상자의 맨 아래에는 사전의 종류를 확인할 수 있습니다. 기본적으로 '표준 국어사전'이 선택되어 있습니다.

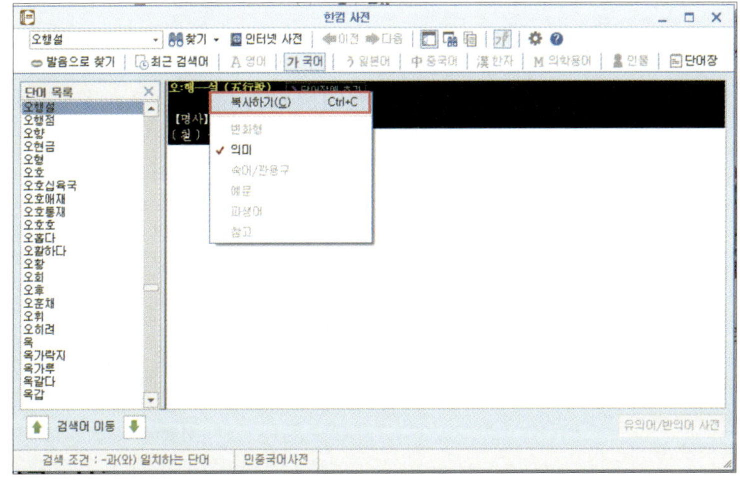

03 이번에는 각주를 넣기 위해 [입력] 탭의 [주석]을 클릭하고 [각주]를 선택합니다.

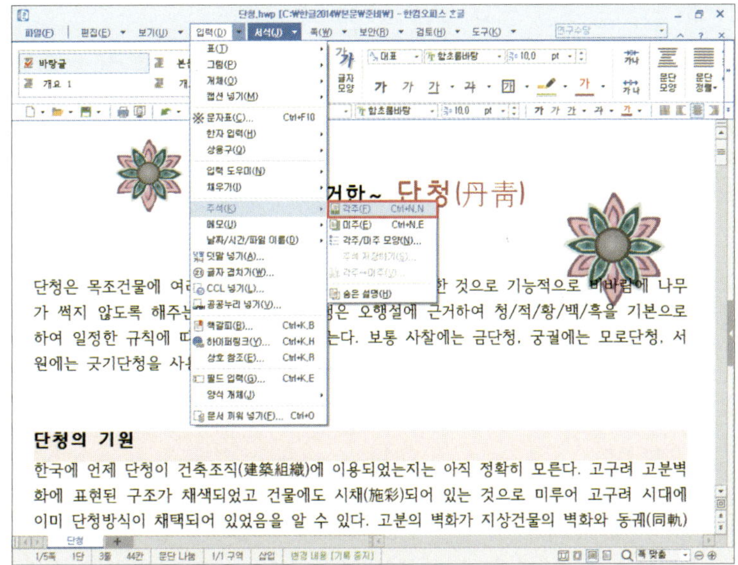

04 각주 번호를 매긴 1쪽 하단에 '1)' 표시 옆을 클릭한 다음 바로가기 메뉴에서 [붙이기]를 클릭합니다.

> **Tip** 삽입한 주석을 삭제하는 방법은 [주석] 탭에서 ■(주석 지우기)를 클릭합니다.

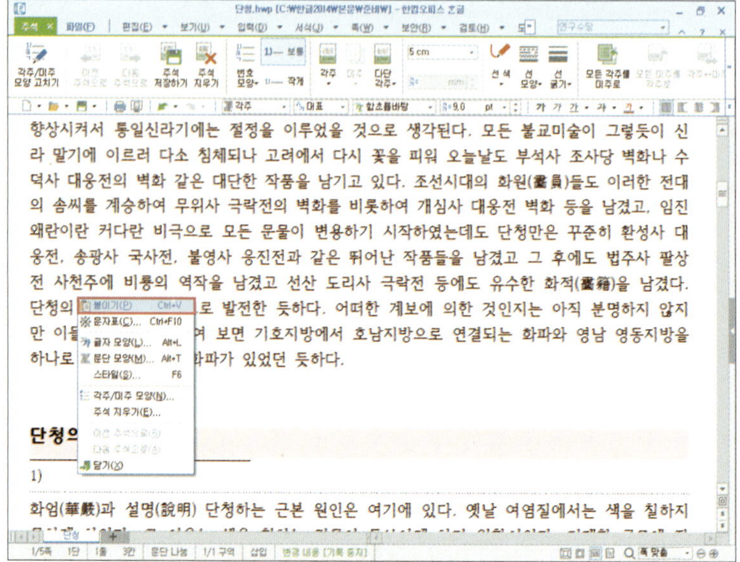

05 각주 내용을 블록 지정한 다음 글꼴을 '함초롬 바탕', 8pt로 바꾸고 [주석] 탭에서 ■(닫기)를 클릭합니다.

> **Tip** [주석] 탭의 주석 번호에서 주석 번호의 모양을 수정할 수 있습니다.

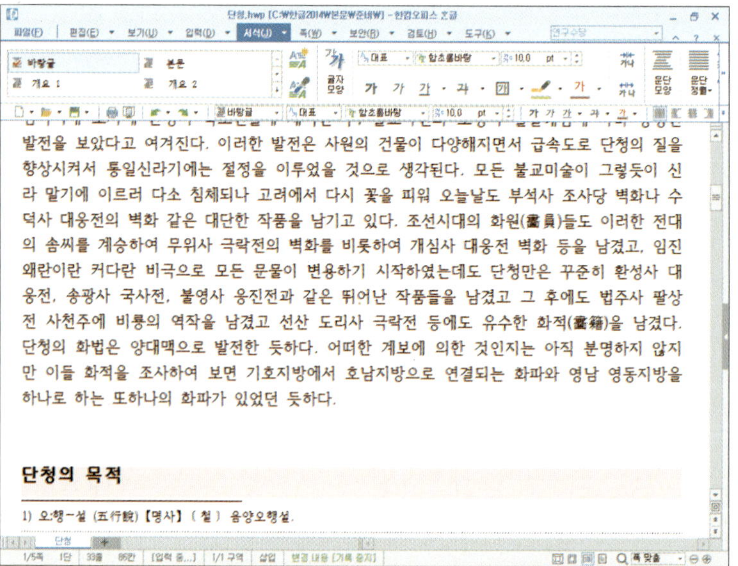

알아두기　각주와 미주의 차이점

각주와 미주는 본문 내용에 대한 보충 자료를 구체적으로 제시하거나, 인용한 자료의 출처 등을 밝히는 주석을 말합니다. 각주와 미주의 번호 종류나 내용을 배열하는 방법 등은 [입력] – [주석] – [각주/미주 모양]을 선택하고, 각주를 미주로, 미주를 각주로 변경할 때에는 [입력] – [주석] – [각주↔미주]를 선택합니다.

● 각주는 각주 번호를 매긴 본문 (페이지)의 아래에 각주 내용이 놓입니다.

만 이들 화적을 조사하여 보면 기호지방에서 호남지방으로 연결되는 화파와 영남 영동지방을 하나로 하는 또하나의 화파가 있었던 듯하다.

단청의 목적

1) 오행一설 (五行說) 【명사】 (철) 음양오행설.

● 미주를 넣으면 현재 구역의 맨 끝 부분이나 문서의 맨 끝 부분에 미주 내용이 놓입니다.

참고 문헌

Heckert GNU white.svgCc.logo.circle.svg 이 문서에는 다음커뮤니케이션(현 카카오)에서 GFDL 또는 CC-SA 라이선스로 배포한 글로벌 세계대백과사전의 신영훈(申榮勳)씨가 쓴 "단청" 항목을 기초로 작성된 글이 포함되어 있습니다.<출처: 위키피디아>

1) 오행一설 (五行說) 【명사】 (철) 음양오행설.

문단 번호 지정하기

01 각 문단에 번호를 지정하기 위해 첫 번째 중간 제목인 '단청의 기원' 앞에 커서를 이동한 다음 [서식] 탭을 클릭하고 [문단 번호 적용/해제]를 선택합니다.

> **Tip** 문단 번호에서 [문단 번호 적용 속성/해제] 단축키는 Ctrl + Shift + Insert 이며, 한 수준 증가는 Ctrl + −, 한 수준 감소는 Ctrl + + 입니다. 이 때 + 는 숫자 키패드 Num Lock 이 켜진 상태에서 + 를 눌러야 합니다.

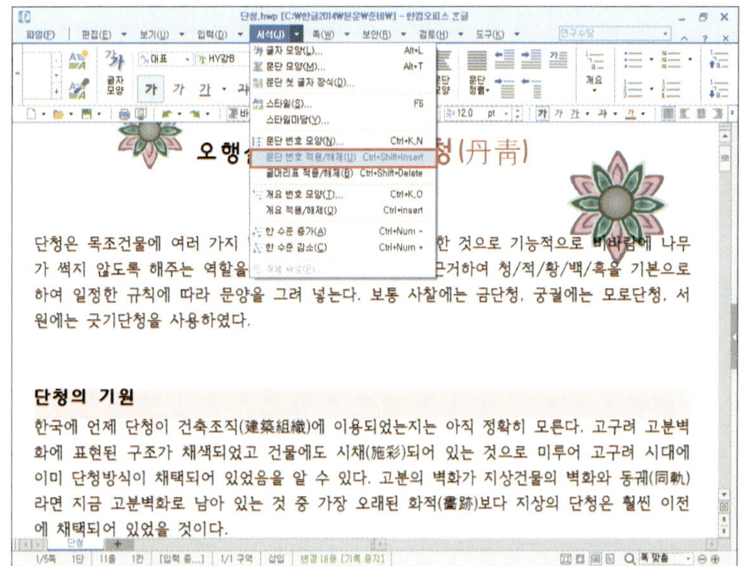

02 두 번째 중간 제목에 문단 번호를 지정하기 위해 '단청의 발달과 화적' 앞에 커서를 이동시킨 다음 Ctrl + Shift + Insert 를 누릅니다.

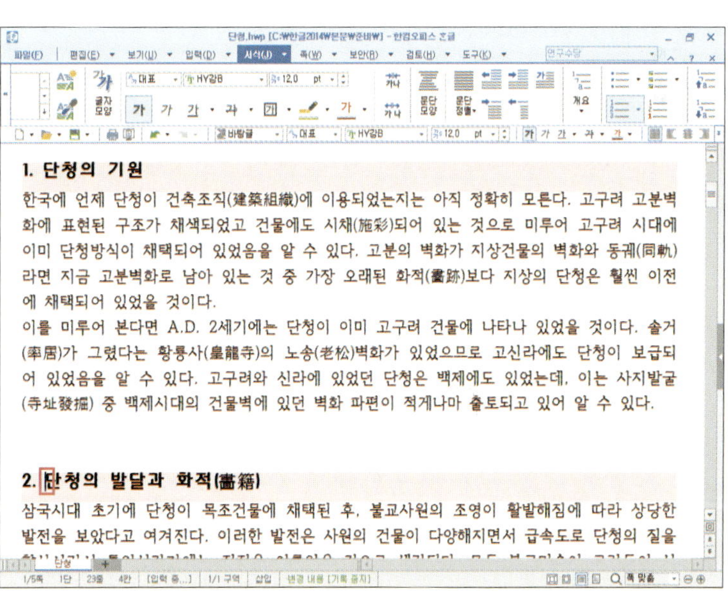

03 위와 같은 방법으로 반복하여 Ctrl + Shift + Insert 를 눌러 '11. 참고 문헌'까지 문단 번호를 지정합니다.

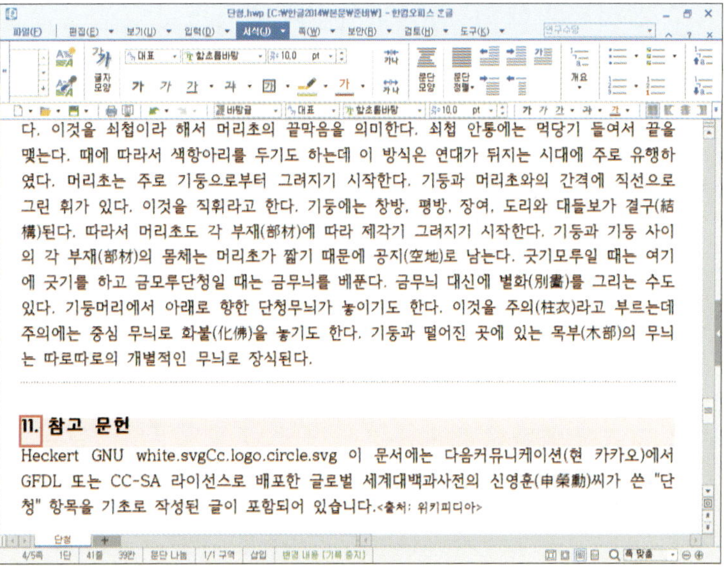

04 '3. 단청의 목적' 아래의 '화엄' 앞에 커서를 이동시킨 다음 [Ctrl]+[Shift]+[Insert]를 누릅니다. 이 때 '4'가 나타나면 [Ctrl]+[+]를 2번 눌러 한 수준 감소된 문단 번호인 '가'를 지정합니다.

> **Tip** 한 수준 증가시키거나 한 수준을 감소시키는 문단 번호 지정은 [서식] 탭을 클릭하여 [한 수준 증가]나 [한 수준 감소]를 사용할 수도 있습니다.

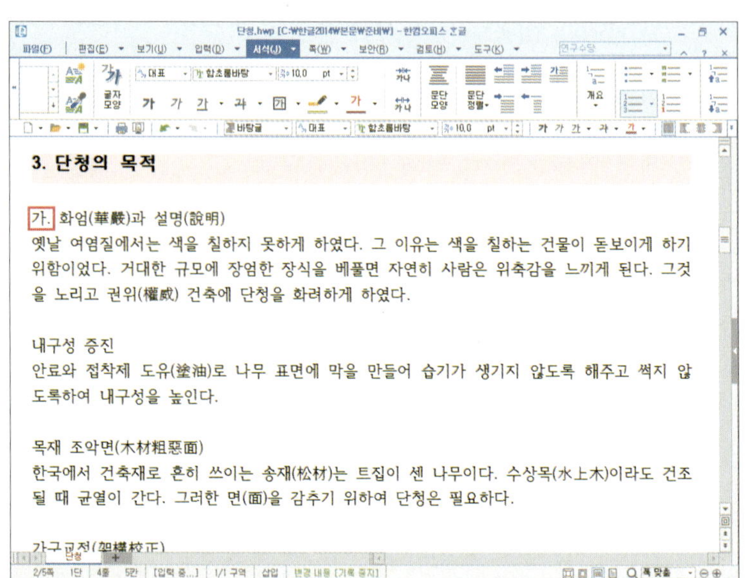

05 위와 같은 방법으로 '디지털 저작권' 앞에서 [Ctrl]+[Shift]+[Insert]를 눌러 문단 번호를 지정한 다음 [Ctrl]+[+]를 2번 눌러 한 수준 감소된 문단 번호인 '나'를 지정합니다.

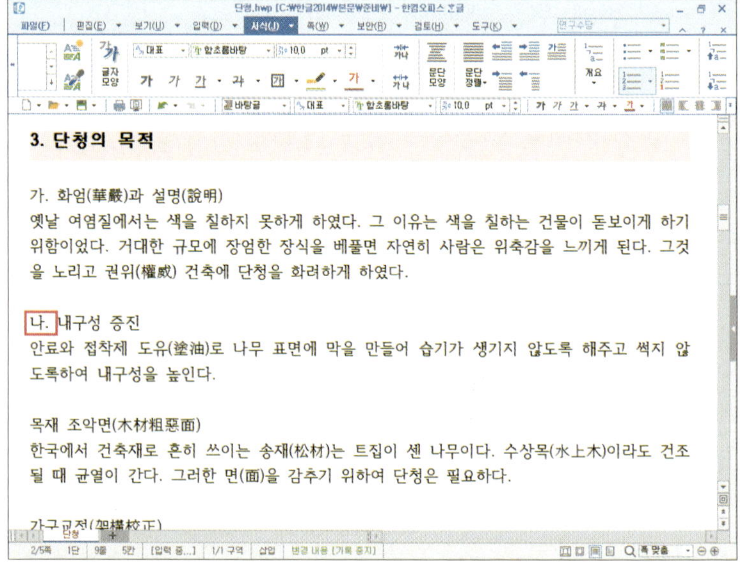

06 문서 전체에 '8. 단청의 시공'의 경우 '금박 바탕'에서는 [Ctrl]+[Shift]+[Insert]를 누르면 '가'가 나타납니다. [Ctrl]+[+]을 2번 누르고 다시 [Ctrl]+[+]을 2번 눌러 '1)'을 지정합니다.

> **Tip** [서식] 탭을 클릭하여 [한 수준 증가]를 2번 사용할 수 있으며 문서의 가독성을 위해 왼쪽 여백을 조절합니다.

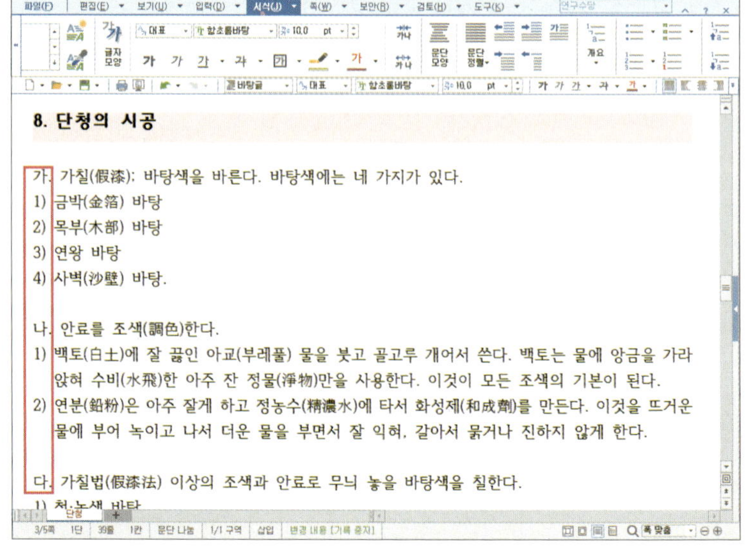

본문 차례 만들기

01 이번에는 본문에 대한 차례를 만들기 위해 차례에 들어갈 항목 '단청의 기원' 앞에 커서를 이동시킵니다.

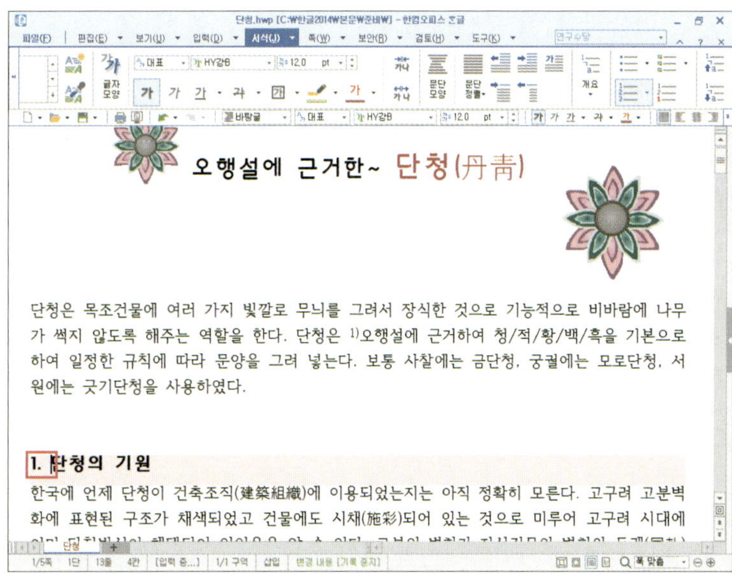

02 제목 차례를 만들기 위해 [도구] 탭을 클릭하여 [차례/색인]에서 [제목 차례 표시]를 선택합니다.

Tip [제목 차례 표시] 단축키는 Ctrl + K , T

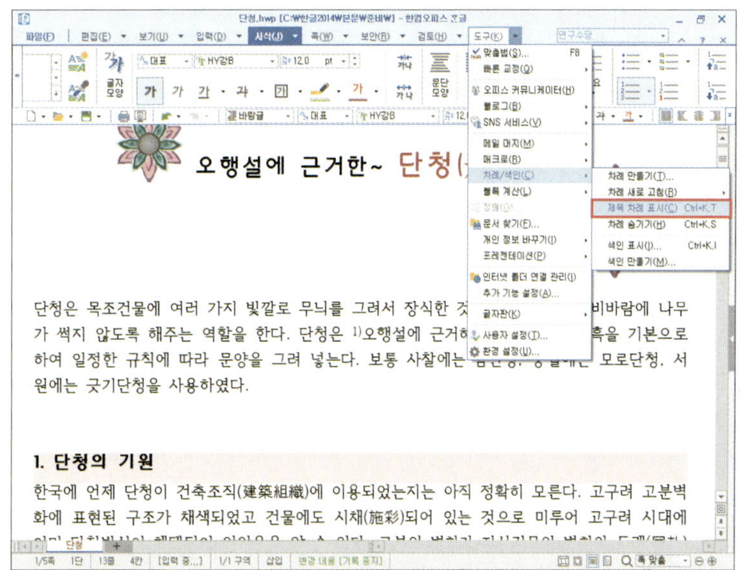

03 표시한 제목 차례를 확인하기 위해 [보기] 탭을 클릭하여 [표시/숨기기]에서 [조판 부호]를 선택합니다.

Tip 제목 차례는 [조판부호]가 실행되어 있는 경우에 확인할 수 있으며, 선택한 체크를 해제하면 나타나지 않습니다.

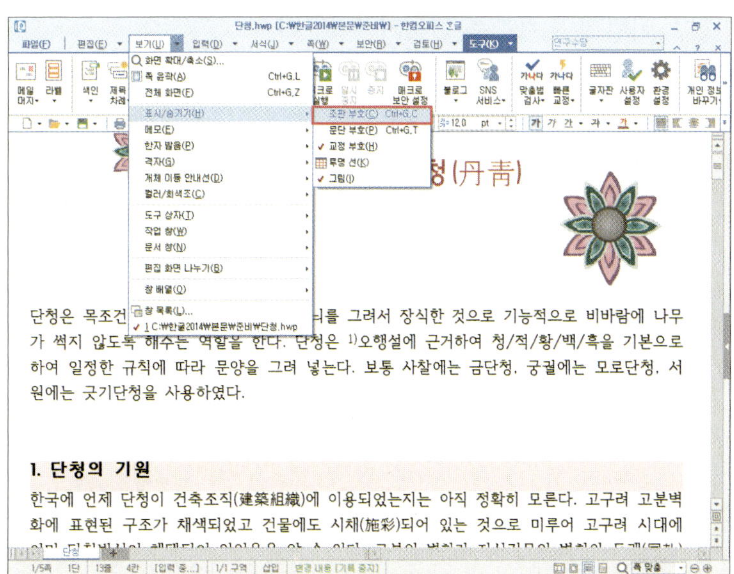

04 다음과 같이 문서에 실행한 위치에 빨간 글자로 명령 이름이 표시되어 나타납니다.

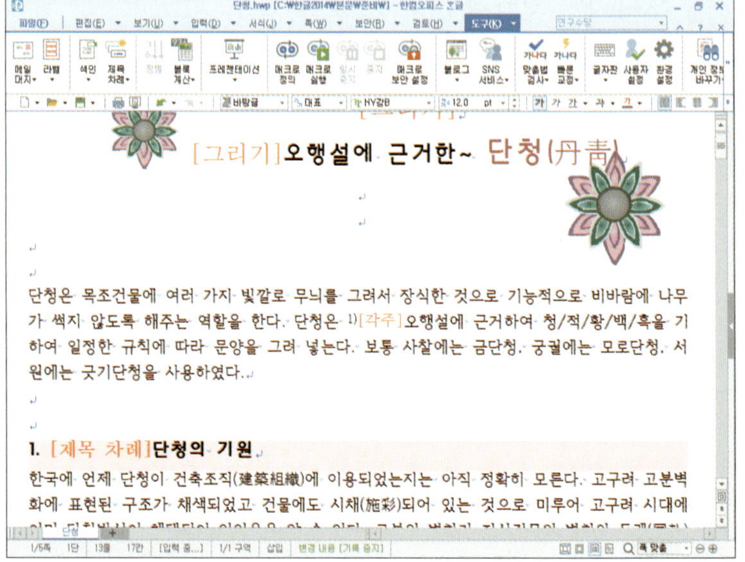

05 위와 같은 방법으로 문단번호를 지정한 위치에 커서를 이동시킨 다음 [도구] 탭을 클릭하여 [제목 차례 표시]를 선택하거나 단축키 Ctrl + K , T 를 누릅니다.

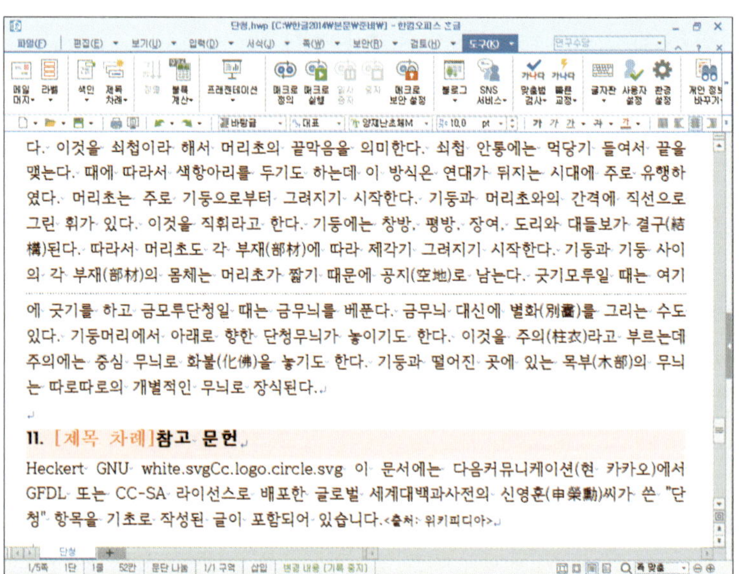

06 이번에는 차례를 만들기 위해 커서의 위치를 화면 맨 위로 이동합니다. [도구] 탭을 클릭하여 [차례/색인]에서 [차례 만들기]를 선택합니다.

> **Tip** 차례 표시가 완성되면 [보기] 탭을 클릭하여 [조판부호]를 선택하여 해제합니다.

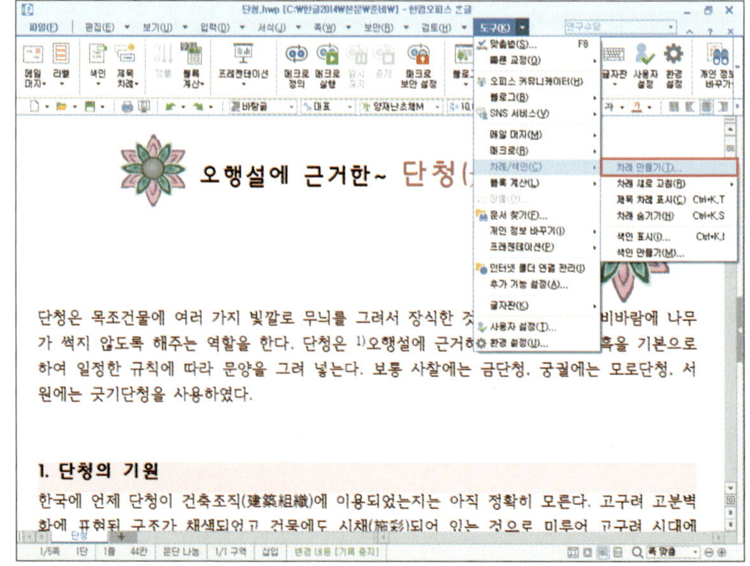

07 [차례 만들기] 대화상자에서 '제목 차례'와 '차례 코드로 모으기'를 선택합니다. 탭 모양에서는 '오른쪽 탭'을 클릭한 다음 채울 모양을 점선으로 선택하고 만들 위치는 '현재 문서의 새 구역'으로 선택한 후 [만들기]를 클릭합니다. 만들 차례에서 사용하지 않는 표차례, 그림 차례, 수식 차례는 해제합니다.

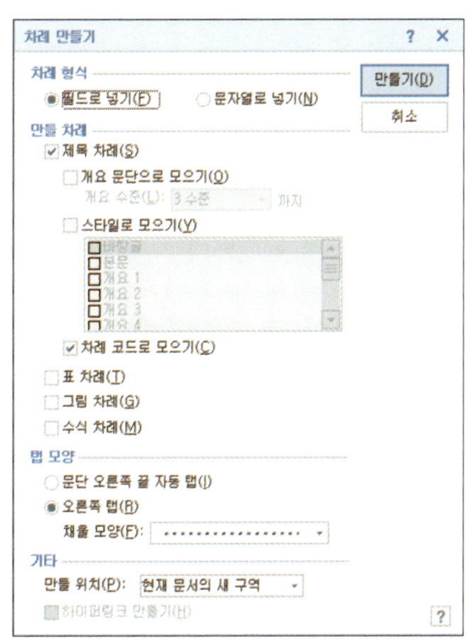

08 차례가 완성되면 글꼴을 지정하고 한 수준 감소된 문단 번호만 블록으로 지정한 다음 [왼쪽 여백 늘리기]를 클릭합니다.

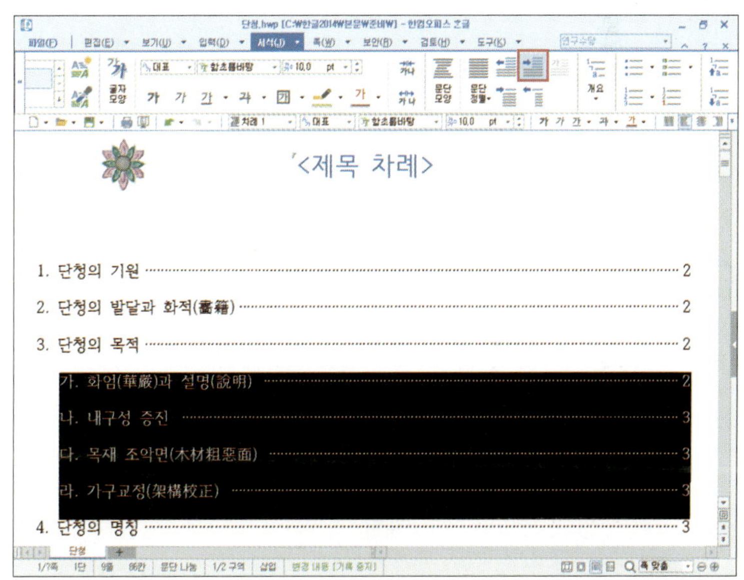

09 차례가 완성되면 '단 차례'로 저장합니다.

> **Tip** 저장이 되면 제목줄의 파일 이름이 변경되며, 문서 아래의 '단청 차례' 문서 탭이 삽입됩니다.

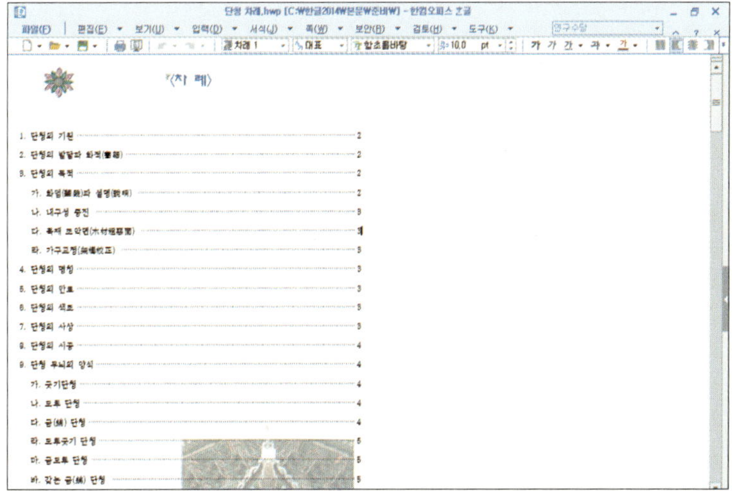

기초문제

01 준비파일에서 제목과 내용에 문단 번호를 지정하고 문단 배경색을 지정하세요.

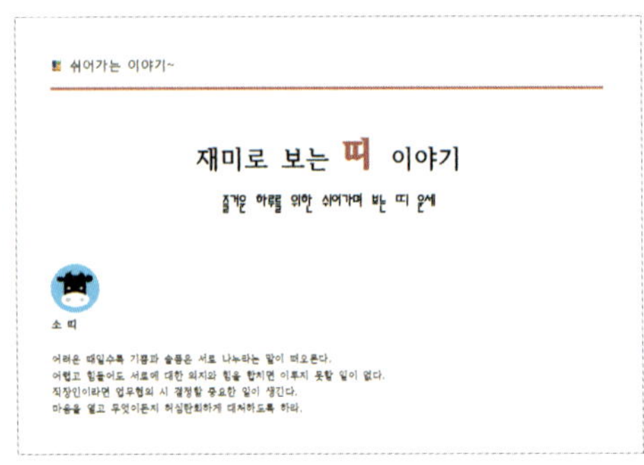
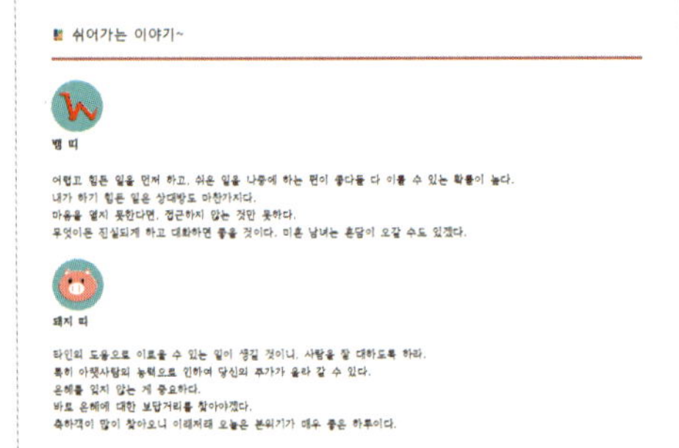

▲ 준비파일 : 재미로 보는 띠.hwp

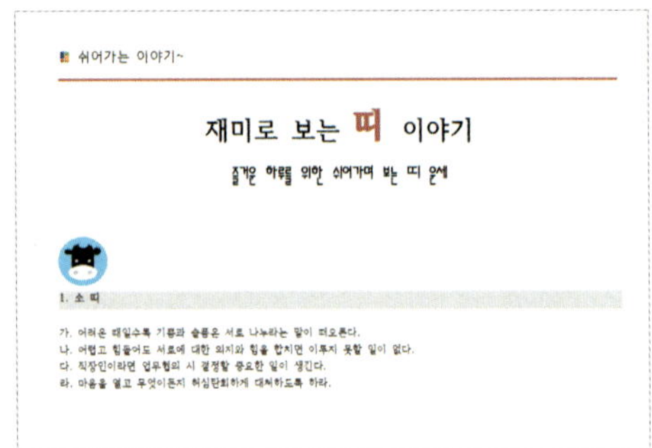
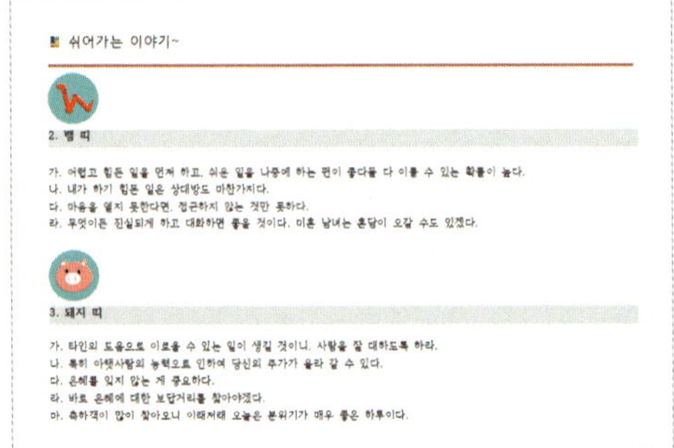

▲ 완성파일 : 재미로 보는 띠_완성.hwp

02 위의 완성파일에서 쪽 번호를 삽입하고 문단 번호를 지정하여 차례를 만들어 보세요.

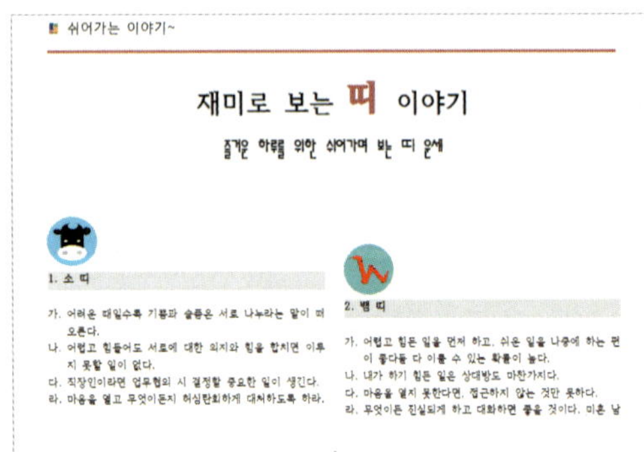
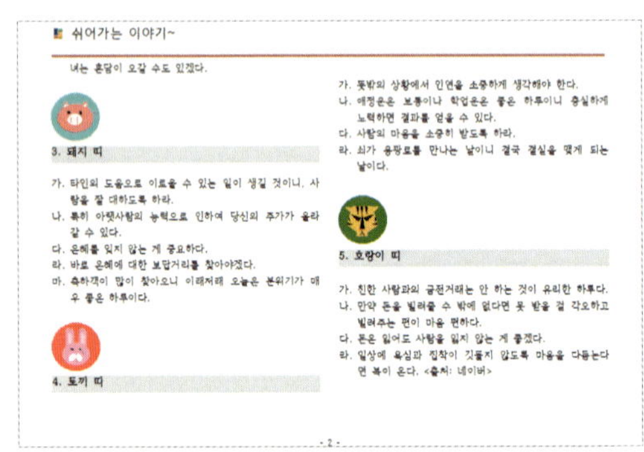

▲ 완성파일 : 재미로 보는 띠 다단_완성.hwp

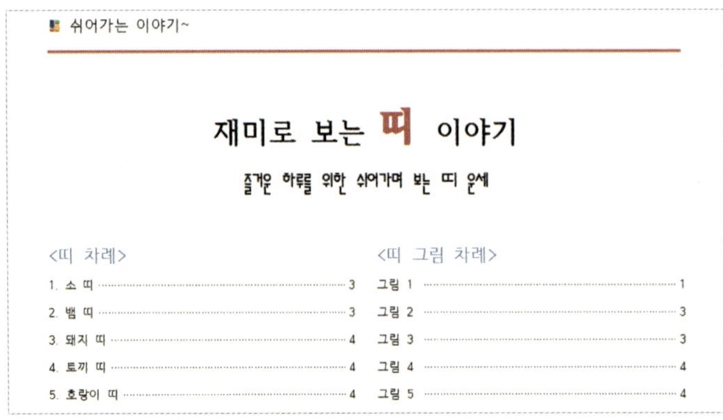

▲ 완성파일 : 재미로 보는 띠 차례.hwp

심화문제

01 준비파일에서 주어진 조건에 맞게 문서를 완성하세요.

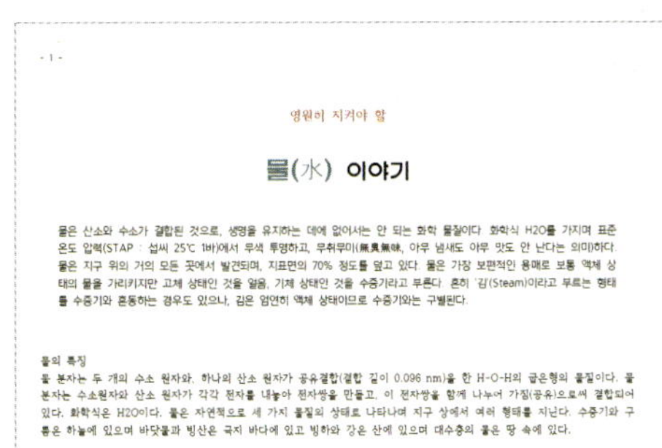
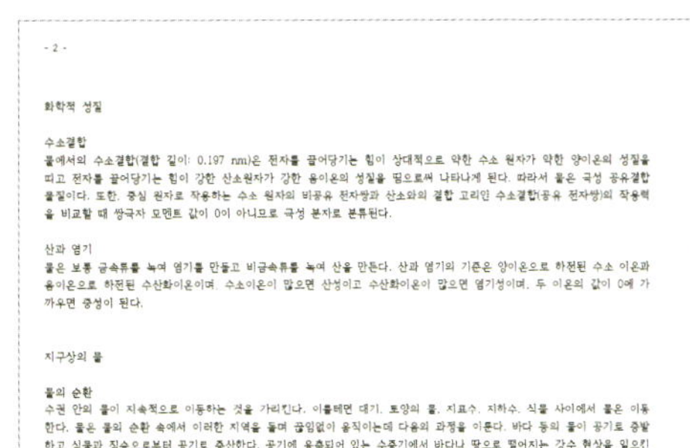

▲ 준비파일 : 물 이야기.hwp

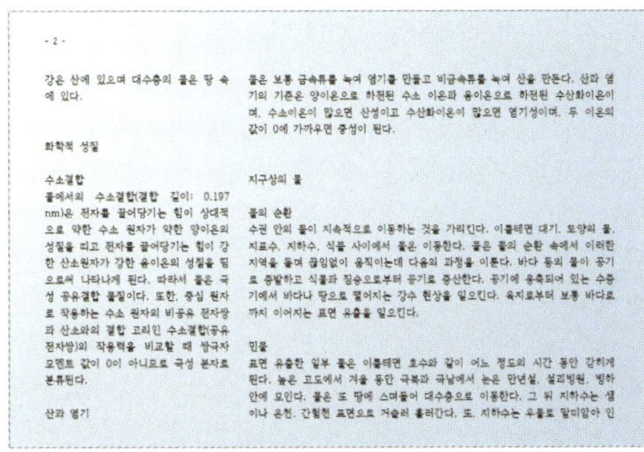
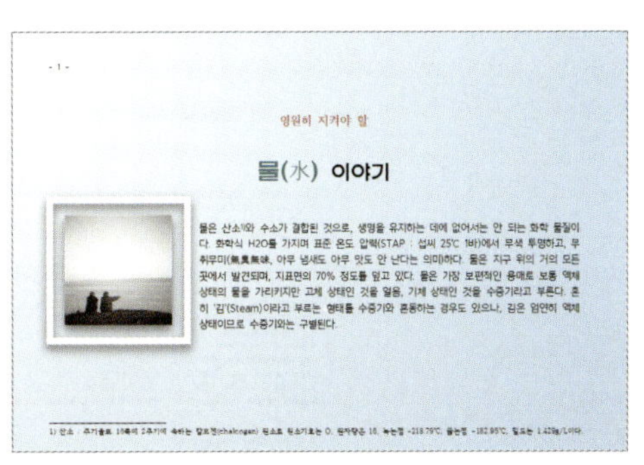

▲ 완성파일 : 물 이야기 다단.hwp

 조건

- [쪽] – [바탕쪽] – [모양] – [다단]
- [그리기 마당] – [공유 클립아트] – [휴식/여행]에서 [휴식]
- 개체 속성 : 투명도 90%

02 위의 완성파일에서 각각의 페이지에 각주 1개씩를 삽입하고 차례문서를 만들어 보세요.

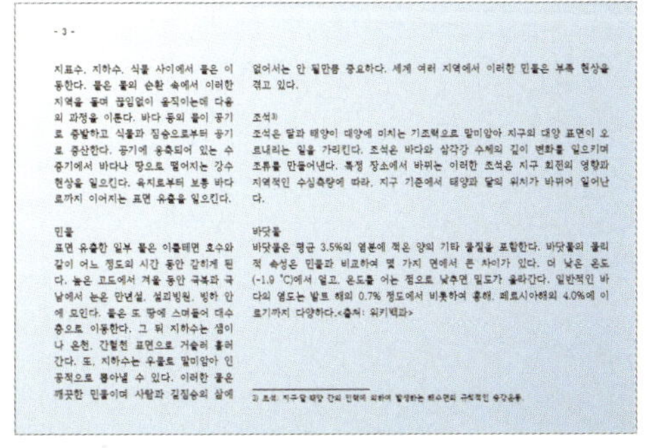
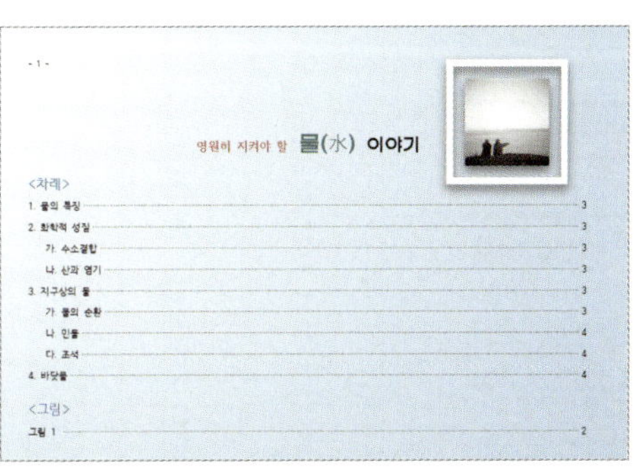

▶ 준비파일 : 물 이야기 각주.hwp

조건

1) 산소 : 주기율표 16족에 2주기에 속하는 칼코겐(chalcogen) 원소로 원소기호는 O, 원자량은 16, 녹는점 −218.79℃, 끓는점 −182.95℃, 밀도는 1.429g/L이다.
2) 산 : 물에 녹아 산성(pH<7)을 나타내는 물질. 주로 신맛을 낸다.
   염기 : 물에 녹아 염기성(pH>7)을 나타내는 물질. 미끈미끈하고 쓴맛이 난다.
3) 조석 : 지구 · 달 · 태양 간의 인력에 의하여 발생하는 해수면의 규칙적인 승강운동.

▶ 완성파일 : 물 이야기_완성.hwp

16
SECTION

색인 만들어 끼워 넣기

색인 기능에서는 본문 내용 중에서 중요한 단어들의 페이지 수를 입력하여 색인 페이지를 만드는 방법을 알아봅니다. 새로 만들 색인 페이지(저작권 색인.hwp)와 지난 학습에서 만든 차례 페이지(저작권 차례.hwp)를 본문(저작권1.hwp)에 끼워 넣는 과정을 알아보겠습니다.

PREVIEW

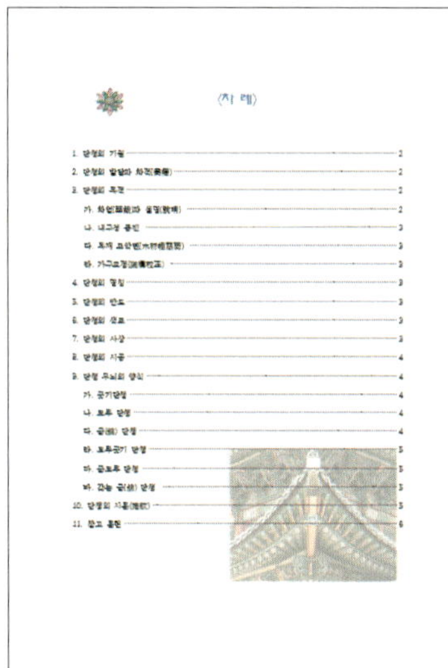

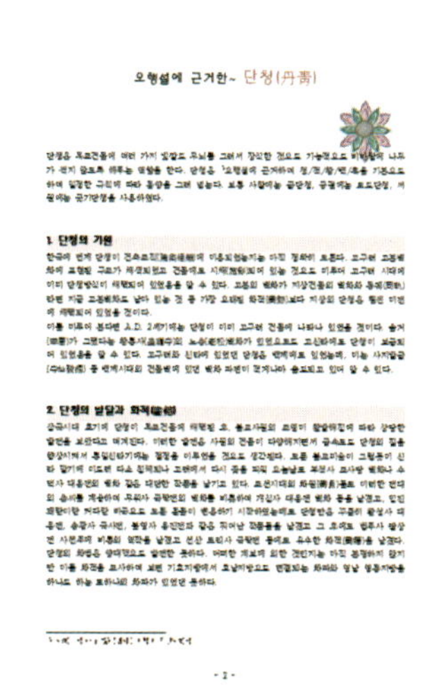

▶ 완성파일 : 단청 색인_완성.hwp

조건

- [보기] – [표시/숨기기] – [조판부호]
- [도구] – [차례/색인] – [색인 표시], [색인 만들기]
- [입력] – [문서 끼워 넣기]

학습내용

실습 01 색인 표시하기

실습 02 색인 만들기

실습 03 색인 파일 끼워 넣기

체크포인트

- 색인 표시를 할 때에는 [도구] – [차례/색인] – [색인 표시]를 선택한다.

- 새로운 문서를 삽입하려면 [입력] – [문서 끼워 넣기]를 선택한다.

- [문서 끼워 넣기]는 본문에서 커서의 위치에 따라 위치가 결정된다.

색인 표시하기

▼ 준비파일 : 단청 색인.hwp

01 준비파일의 본문에서 '단청' 단어를 색인에 넣기 위해 '단청' 뒤로 커서를 이동합니다.

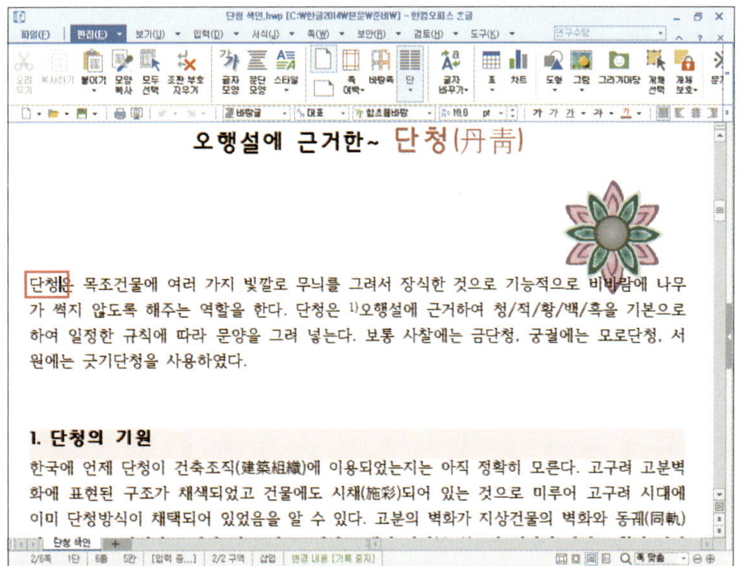

02 [도구] 탭을 클릭하여 [차례/색인]의 [색인 표시]를 선택합니다.

> **Tip** [색인 표시]의 단축키는 Ctrl + K, I

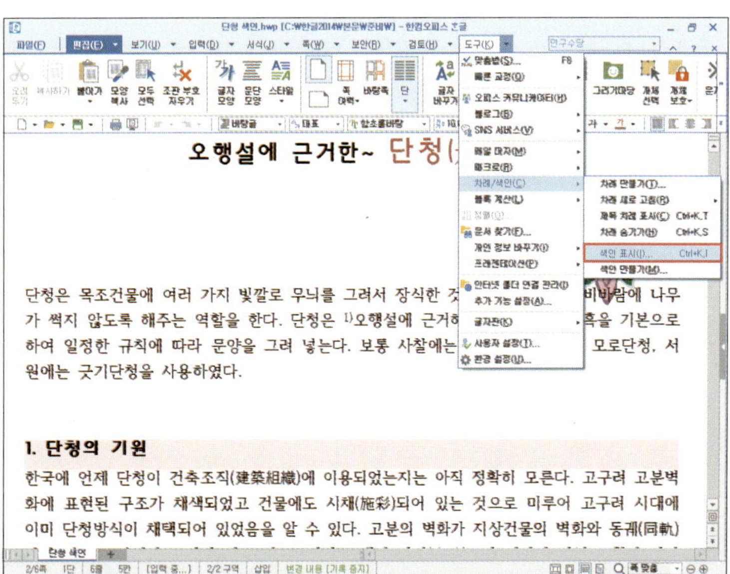

03 [색인 표시] 대화상자의 첫 번째 낱말에 '단청'을 확인하고 [넣기]를 클릭합니다. 이 때 단어를 편집하거나 수정할 수 있습니다.

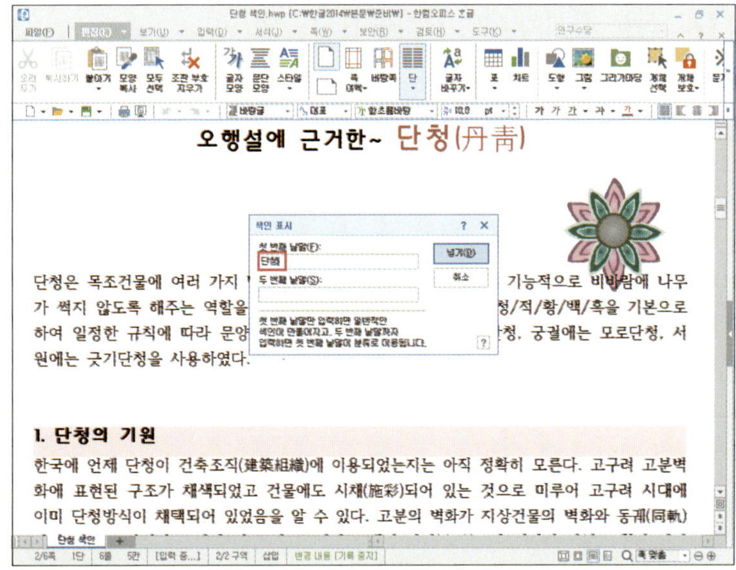

04 이번에는 '목조건물' 단어 뒤에 커서를 두고 색인 표시 단축키인 Ctrl + K, I을 누르고 첫 번째 낱말을 확인한 후 [넣기]를 클릭합니다.

> **Tip** [보기] 탭의 [표시/숨기기]의 [조판 부호]를 선택하여 지정한 색인 표시를 확인합니다.

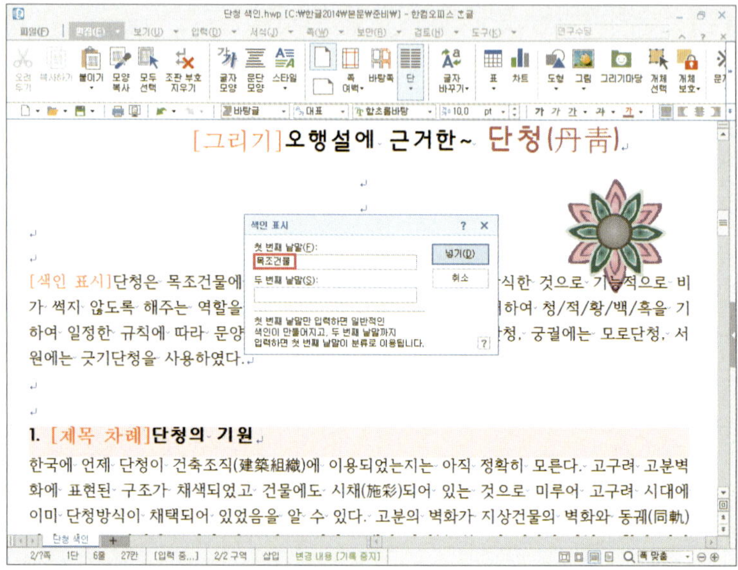

05 위와 같은 방법으로 본문 전체에서 색인이 필요한 단어를 단축키 Ctrl + K, I를 눌러 표시합니다.

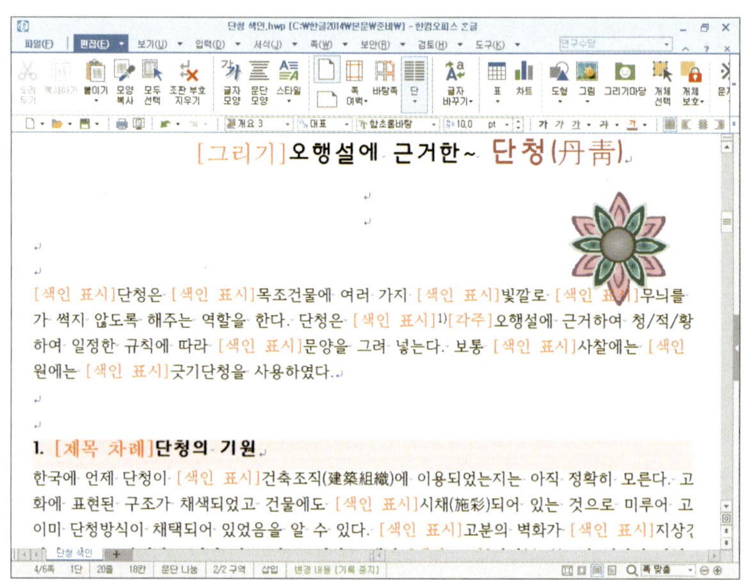

06 본문 전체에 색인 표시는 [보기] 탭의 [표시/숨기기]의 [조판 부호]를 클릭하여 해제합니다.

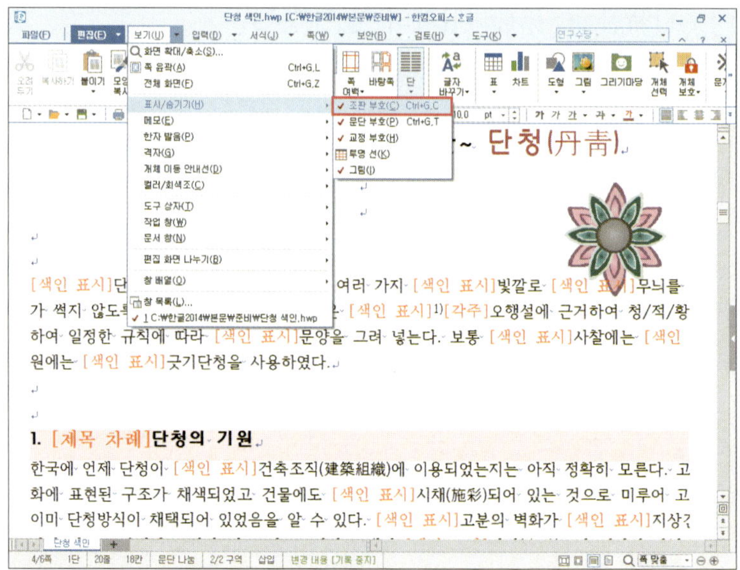

01 색인을 만들기 위해 [도구] – [차례/색인] – [색인 만들기]를 선택합니다.

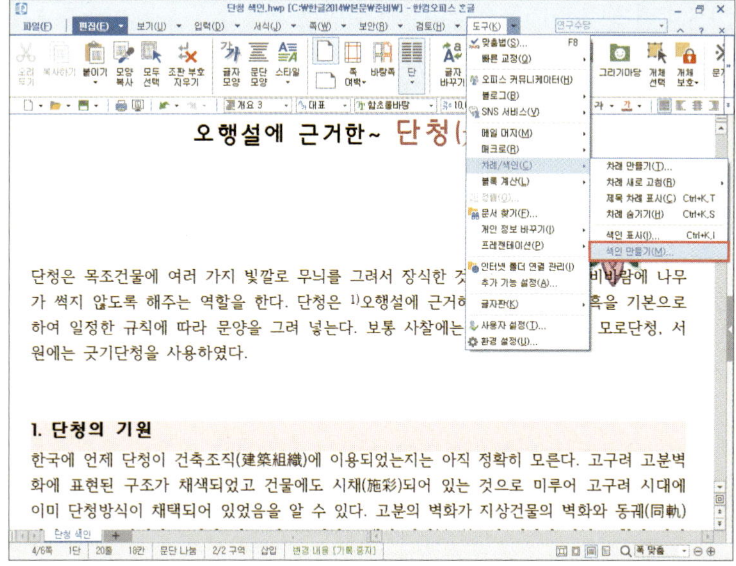

02 다음과 같이 빈문서에 색인이 나타납니다.

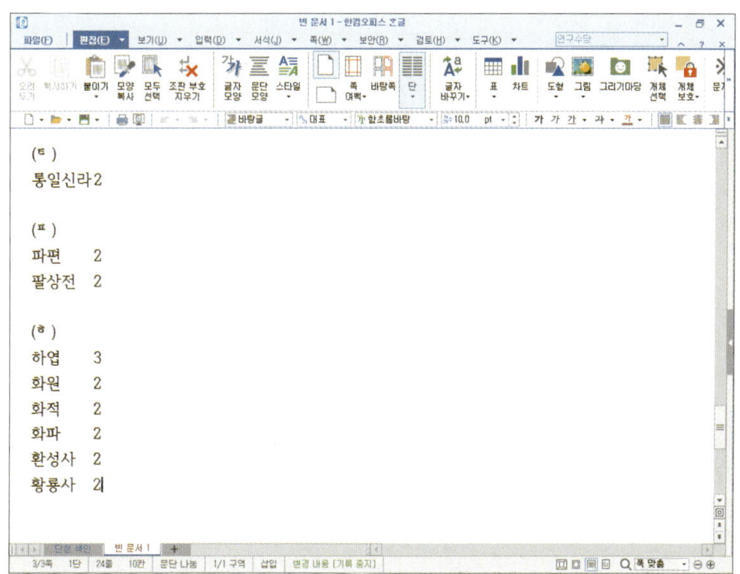

03 글상자 개체를 삽입하여 제목을 입력하고 내용 부분을 3단 다단으로 지정합니다. 완성된 문서는 화면 아래의 문서 탭에서 '색인.hwp'로 저장합니다.

> **Tip** 제목 글꼴은 '휴먼엑스포', 글자 크기 '16pt', 색인에서 페이지 숫자의 위치는 Tab 을 사용하여 일관성 있게 정리합니다.

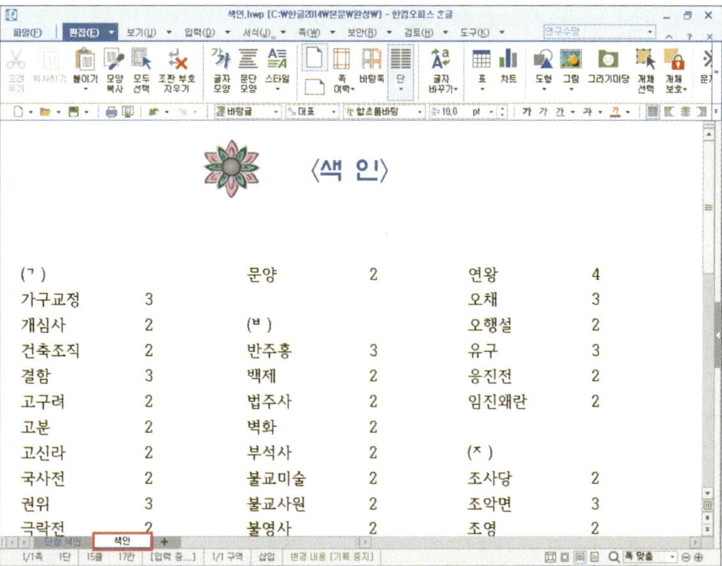

색인 파일 끼워넣기

01 '단청 색인.hwp' 문서에 색인을 추가하기 위해 파일을 선택합니다.

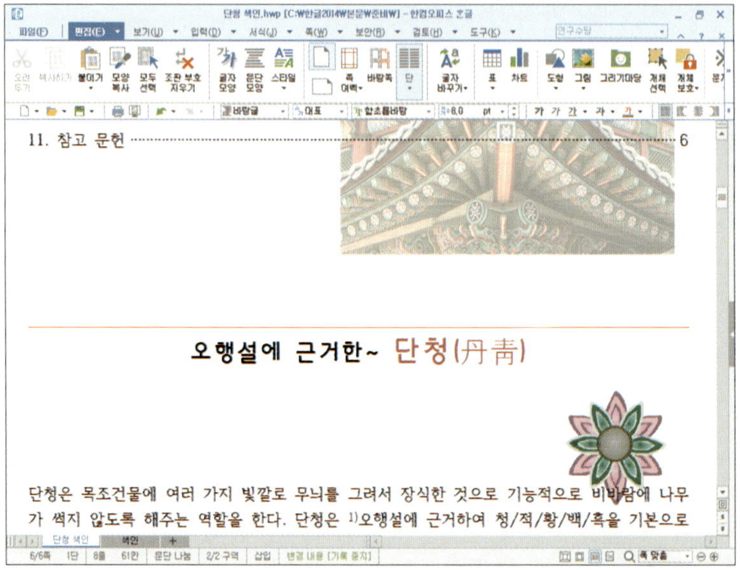

02 '단청 색인.hwp'의 맨 뒤쪽에 '색인.hwp' 문서를 추가하기 위해 Ctrl + Enter 키를 눌러 페이지를 이동합니다.

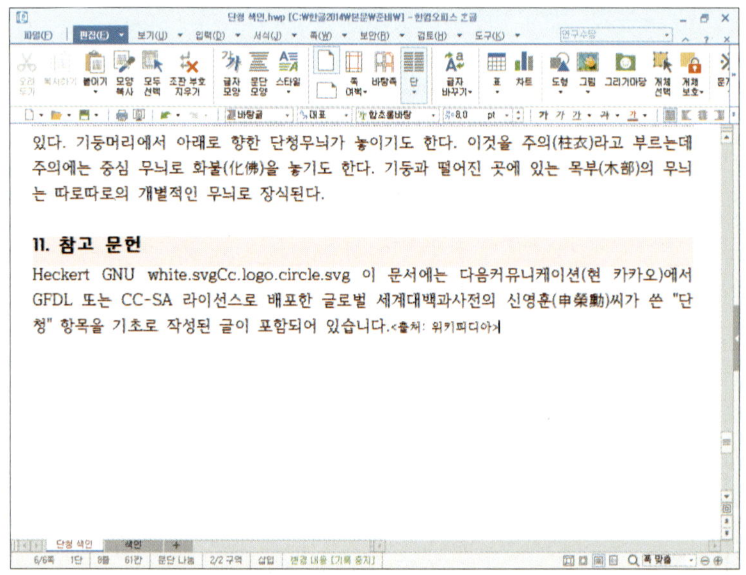

03 [입력] 탭을 클릭하여 [문서 끼워 넣기]를 선택합니다.

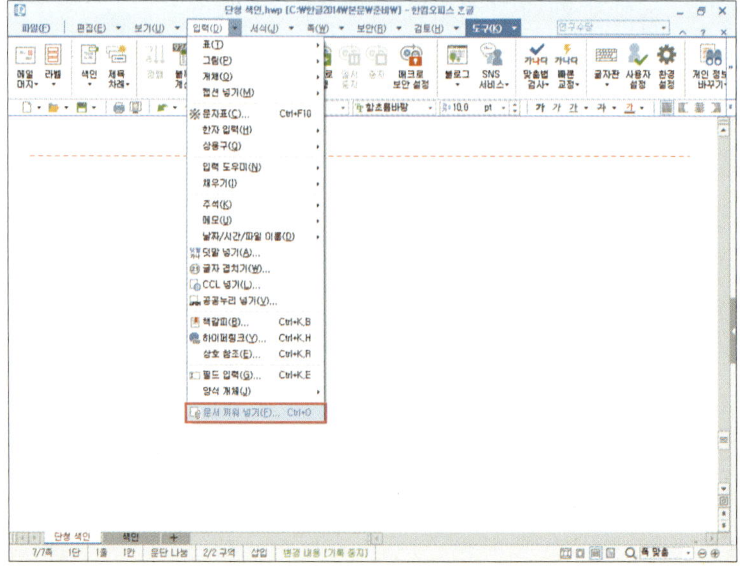

04 [문서 끼워 넣기] 대화상자에서 '색인.hwp' 파일을 선택하고 [넣기]를 클릭합니다.

> **Tip** [문서 끼워 넣기] 대화상자 옵션에서 '글자 모양 유지', '문단 모양 유지', '스타일 유지', '모양 유지'는 이전에 지정한 상태로 유지되어 있으므로 확인합니다.

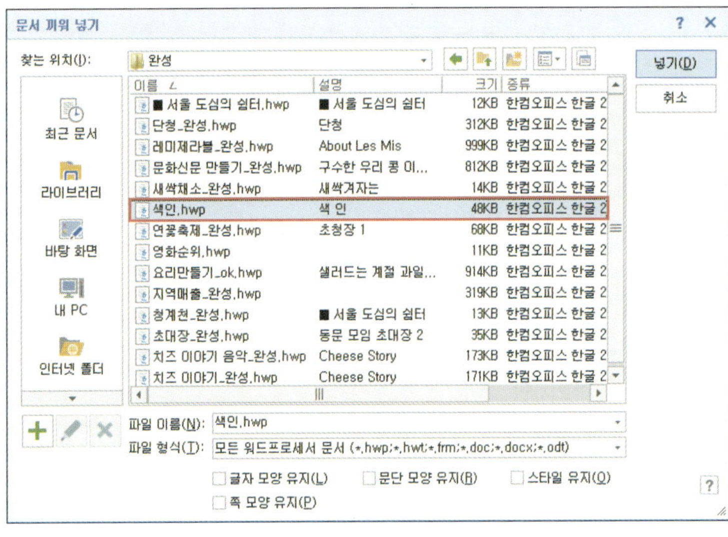

05 다음과 같이 색인이 모양과 형태를 그대로 본문파일에 연결됩니다. 이때 [쪽] 탭을 선택하고 [쪽 번호 매기기]를 클릭하여 [쪽 번호 매기기] 대화상자에서 '가운데 아래'를 선택합니다.

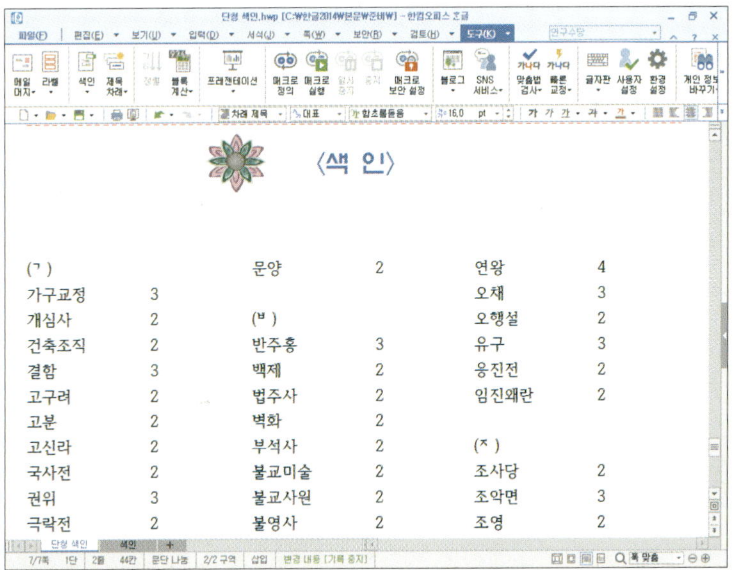

06 현재 편집 중인 '단청 색인.hwp'의 맨 뒤 페이지에 '색인.hwp'가 삽입되어 전체가 4쪽이 되었는지 확인하기 위해 ▣(미리보기)를 클릭하여 보기의 ⊞(여러 쪽)을 선택합니다.

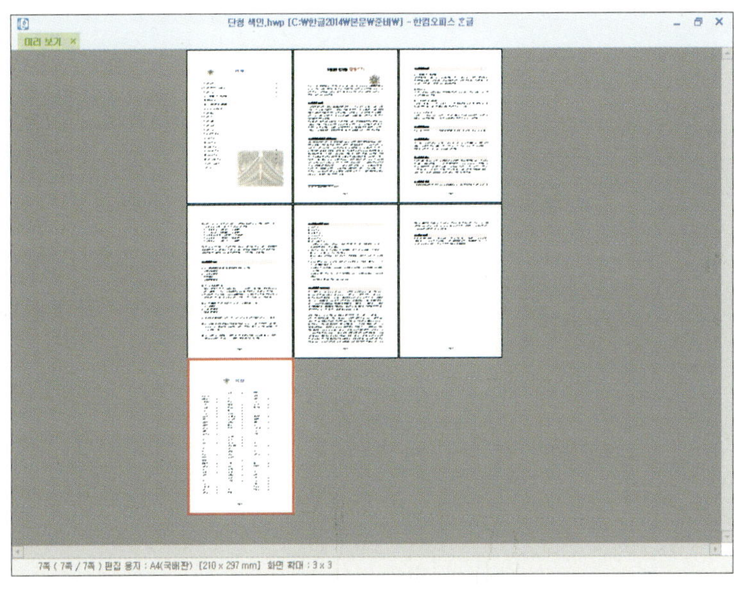

기초문제

01 준비파일의 핵심 단어에 [색인 표시]하여 색인 문서를 만들어 보세요.

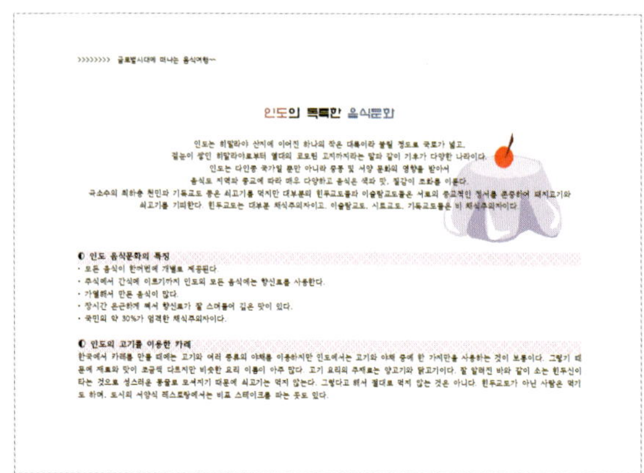

▲ 준비파일 : 인도 음식.hwp

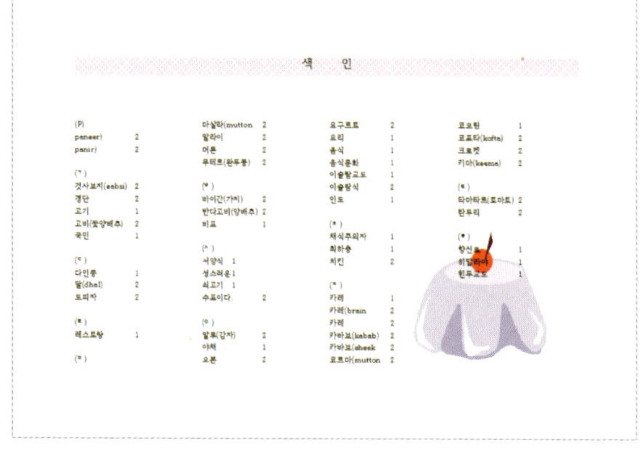

▲ 완성파일 : 인도 음식 색인.hwp

02 위의 예제에서 만든 색인 문서를 본문의 내용 뒤에 [문서 끼워 넣기]를 하고 쪽 번호를 삽입해 보세요.

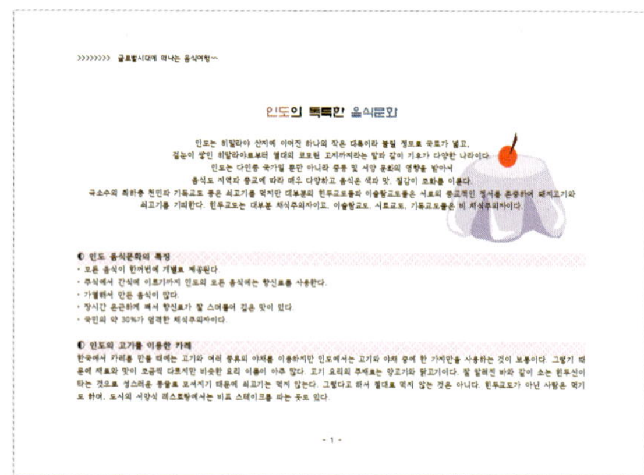

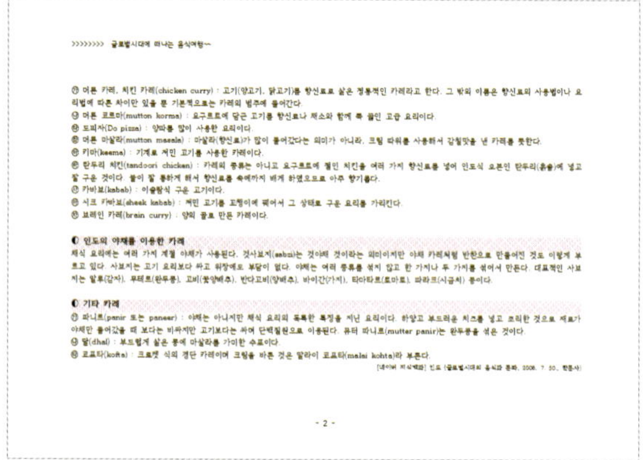

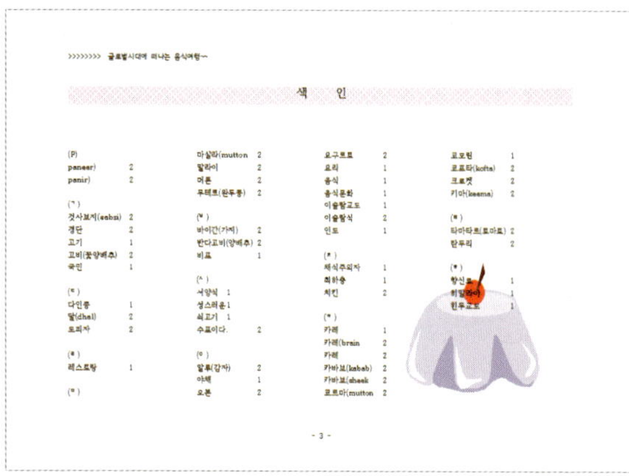

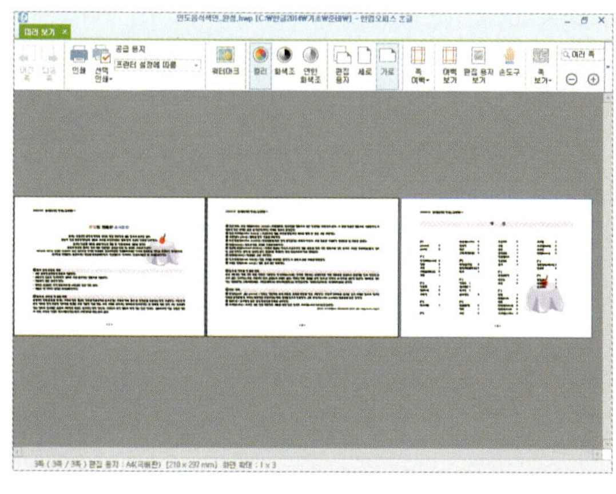

▲ 완성파일 : 인도 음식 색인_완성.hwp

심화문제

01 준비파일에서 문단 번호를 지정한 다음 중간 제목에 차례 표시를 하여 차례를 만들어 보세요.

준비파일 : 한옥.hwp ▶

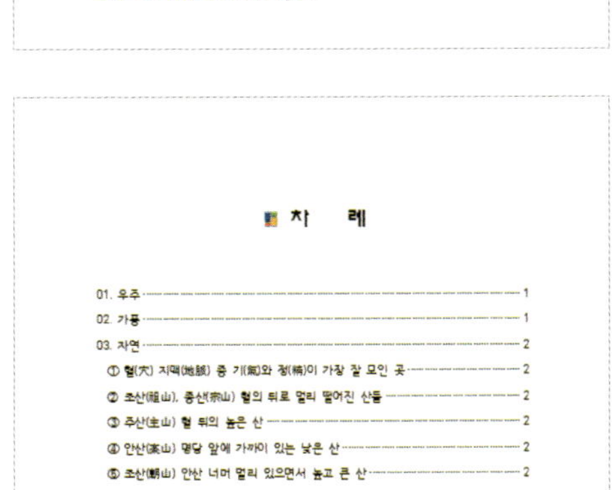

▲ 완성파일 : 한옥_차례.hwp

▲ 완성파일 : 한옥_색인.hwp

▲ 완성파일 : 한옥_차례_완성.hwp

17
SECTION

메일 머지로 초대장 보내기

메일 머지는 생활이나 업무적으로 여러 사람들에게 똑같은 내용의 문서를 보내야하는 경우, 내용을 기록한 파일과 주소 파일을 하나의 문서로 연결하여 출력하는 기능입니다. 일반적으로 초대장이나 안내장 같은 경우에 많이 사용되고 있으며 프린터로 출력하거나 화면으로 출력하여 확인할 수 있습니다.

PREVIEW

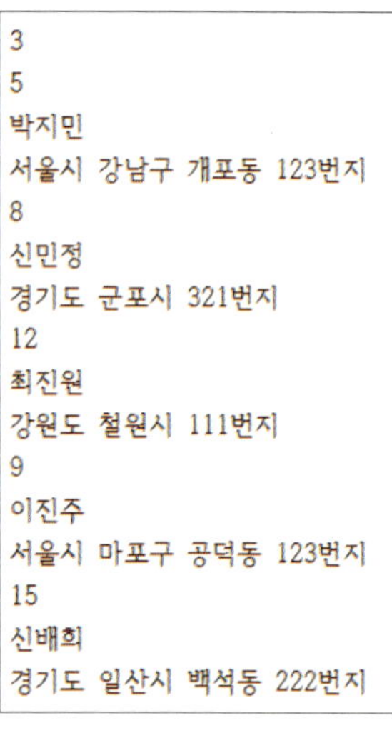

```
3
5
박지민
서울시 강남구 개포동 123번지
8
신민정
경기도 군포시 321번지
12
최진원
강원도 철원시 111번지
9
이진주
서울시 마포구 공덕동 123번지
15
신배회
경기도 일산시 백석동 222번지
```

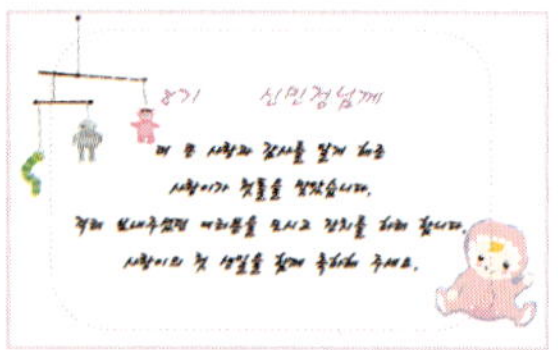

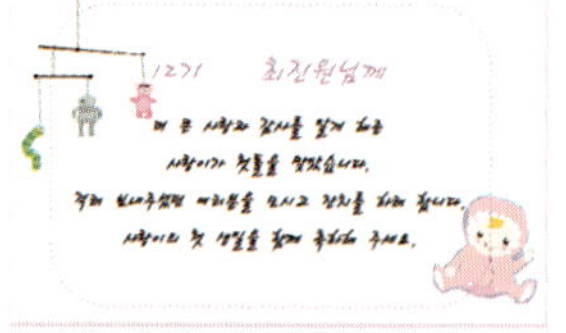

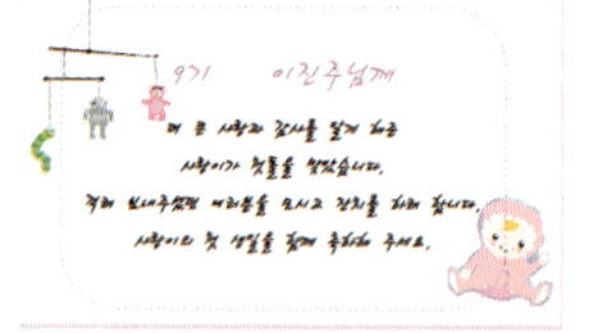

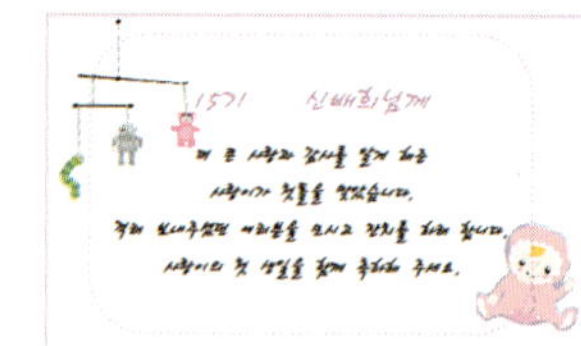

▲ 완성파일 : 돌잔치 초대장_완성.hwp, 돌잔치 초대장 봉투_완성.hwp

조건

• [도구] – [메일 머지] – [메일 머지 표시달기]
• [도구] – [메일 머지] – [메일 머지 만들기]
• [입력] – [입력 도우미] – [주소 찾기]

학습내용

실습 01 메일 머지 표시달기

실습 02 메일 머지 자료와 메일 머지 만들기

실습 03 편지 봉투에 메일 머지 적용하기

체크포인트

● 메일 머지는 내용이 있는 본문 파일과 정보가 있는 데이터 파일을 만들어야 한다.

● 본문 파일에서 [메일 머지 표시달기]를 하고 [메일머지 만들기]를 실행한다.

● 메일머지 출력방향은 '화면'을 선택하여 미리보기를 선택한다.

● 주소를 입력할 때에는 [주소 찾기]를 사용하며 영문 주소로 변환이 가능하다.

메일 머지 표시달기

▼ 준비파일 : 돌잔치 초대장.hwp

01 초대장에서 기수와 이름을 메일 머지 기능으로 입력하려고 합니다. 먼저 '기' 앞에 커서를 둡니다.

> **Tip** 여기서는 2개의 정보(기수와 이름)를 입력하는 메일 머지를 만듭니다.

02 [도구] 탭을 클릭하여 [메일 머지]의 [메일 머지 표시 달기]를 선택합니다.

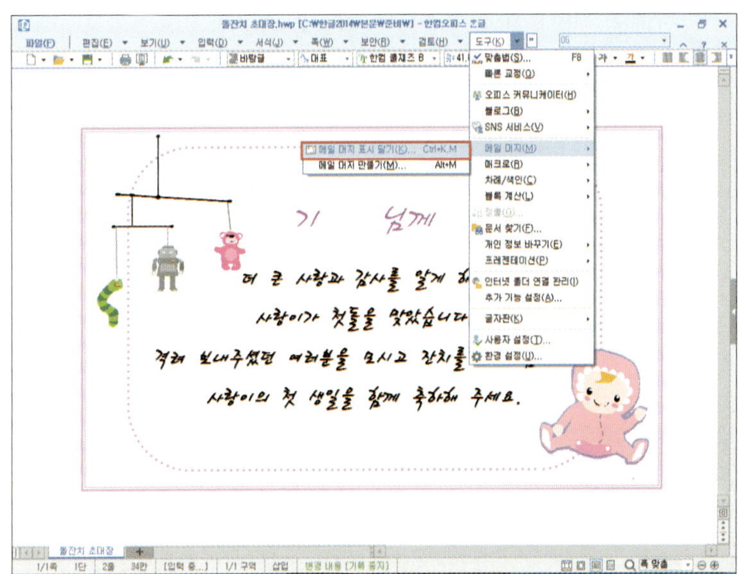

03 [메일 머지 표시 달기] 대화상자에서 [한글 문서/DBF] 탭에 '1'을 선택하고 [넣기]를 클릭합니다.

> **Tip** 1필드에서는 '기수', 2필드에서는 '이름', 3필드에는 '주소'를 입력합니다.

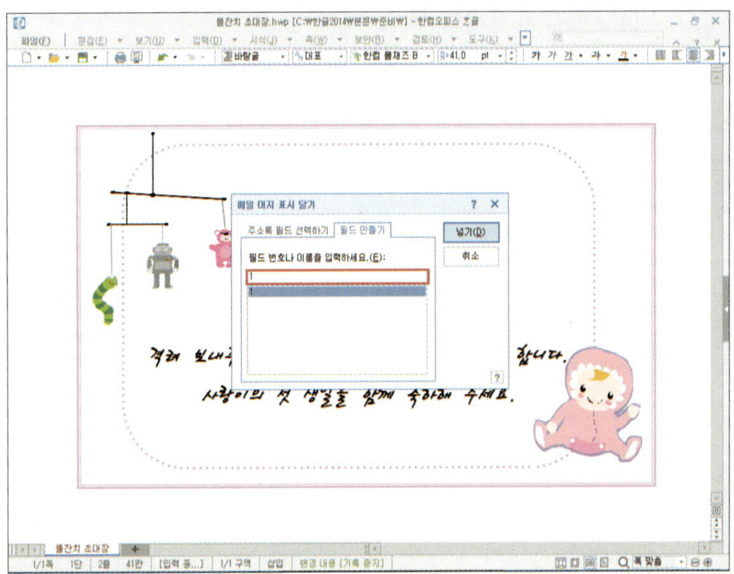

04 '기' 앞에 메일 머지 표시인 {{1}}이 나타나면, '님' 앞에 커서를 이동합니다.

05 [메일 머지 표시 달기] 대화상자에서 [한글 문서/DBF] 탭에 '2'를 입력하고 [넣기]를 클릭합니다.

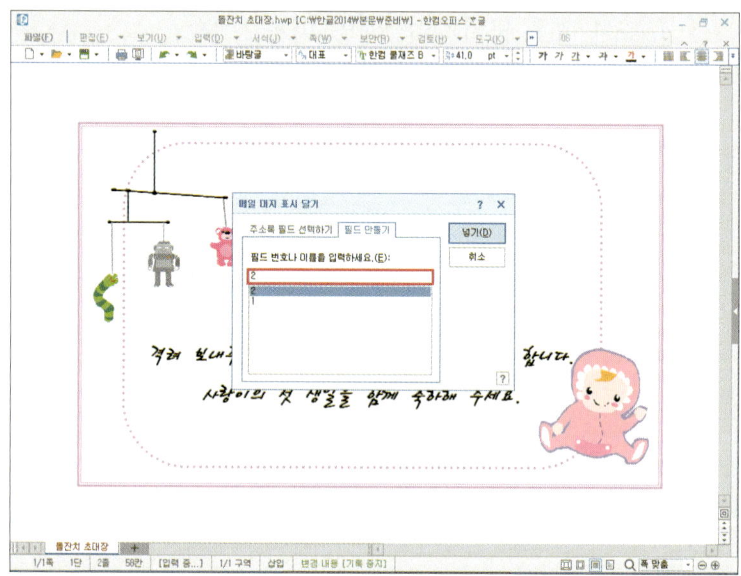

06 다음과 같이 2개의 메일 머지 표시가 나타납니다.

> **Tip** 메일 머지를 삭제하려면 메일 머지 표시에서 Delete 나 Back Space 를 누른 후 [지우기] 대화상자에서 [지움]을 선택합니다.

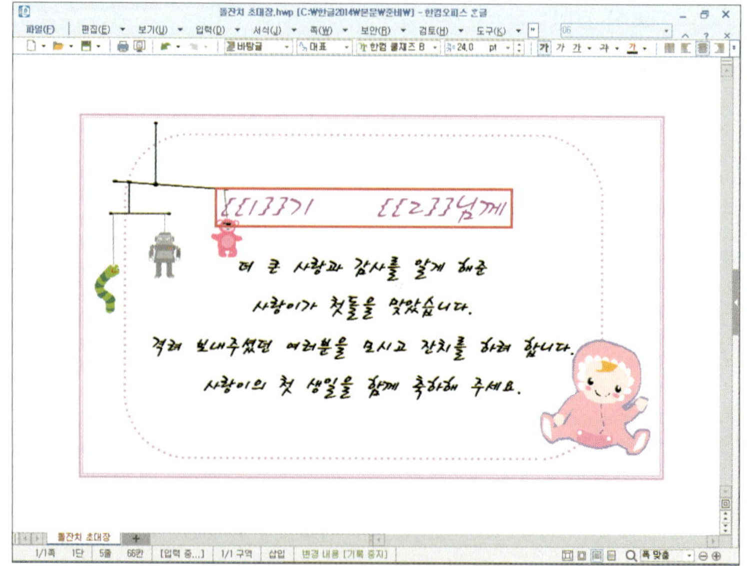

메일 머지 자료와 메일 머지 만들기

01 [새 탭]을 클릭하여 빈 문서를 만들고 메일 머지를 연결할 자료를 입력합니다. 첫 줄에는 필드의 항목 수 '3'을 입력한 다음 Enter를 눌러 이동하며 각각의 항목 내용을 입력합니다.

> **Tip** 필드 항목은 메일 머지를 만든 항목의 개수로 여기서는 '기수', '이름', '주소' 순으로 3개 항목으로 5명의 정보를 입력합니다.

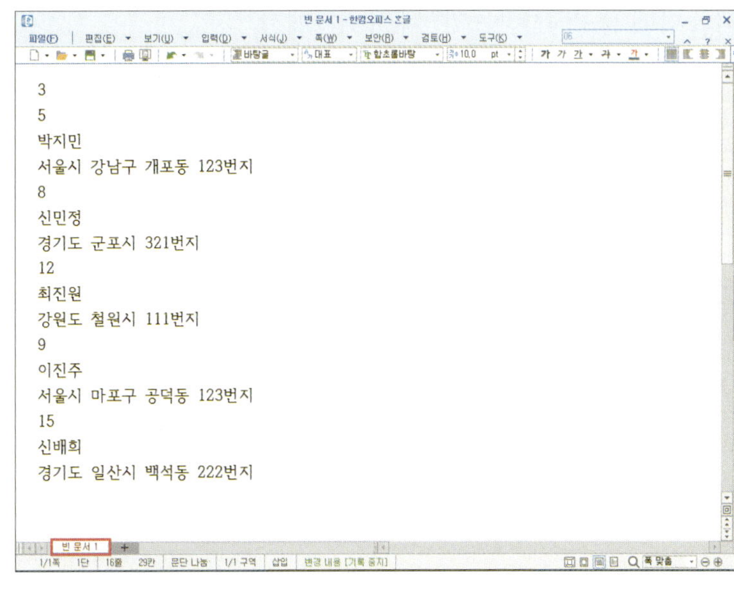

02 메일 머지를 연결할 자료 입력이 끝나면 '돌잔치 초대장 명단.hwp'으로 저장합니다.

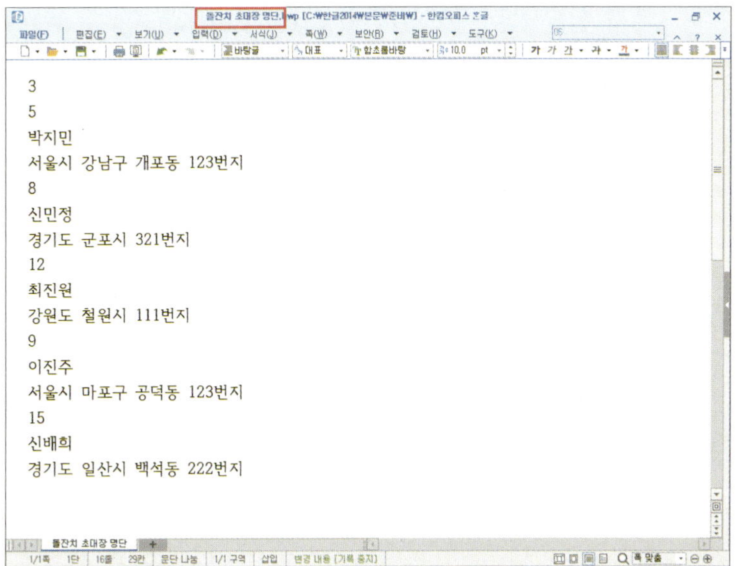

03 '돌잔치 초대장.hwp' 문서에서 [도구] 탭을 클릭하여 [메일 머지]의 [메일 머지 만들기]를 선택합니다.

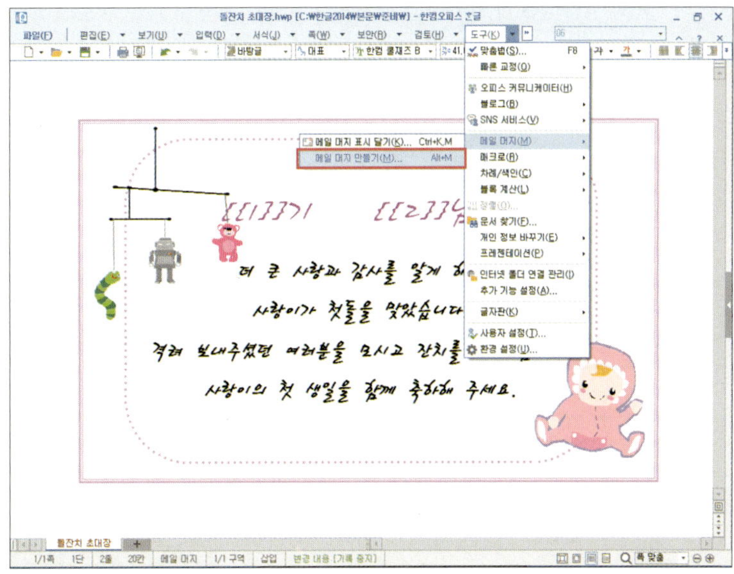

04 [메일 머지 만들기] 대화상자에서 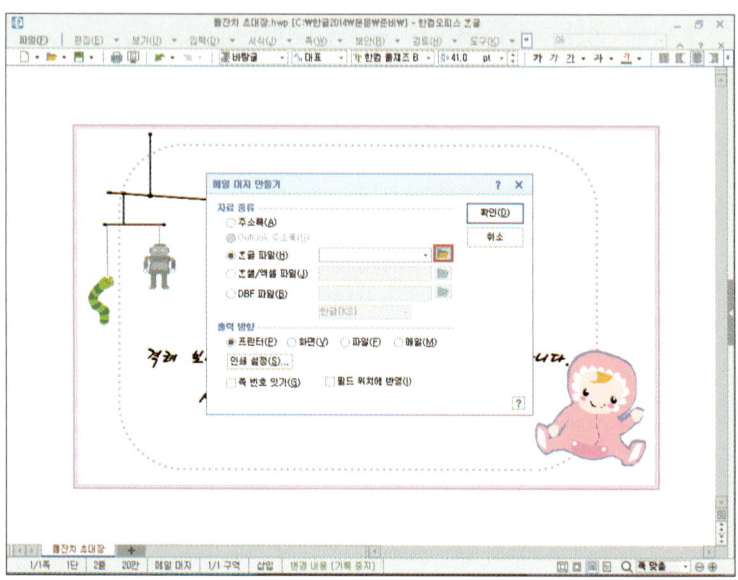(파일 선택)을 클릭합니다.

05 본문 실습 폴더에서 '돌잔치 초대장 명단.hwp'을 선택합니다.

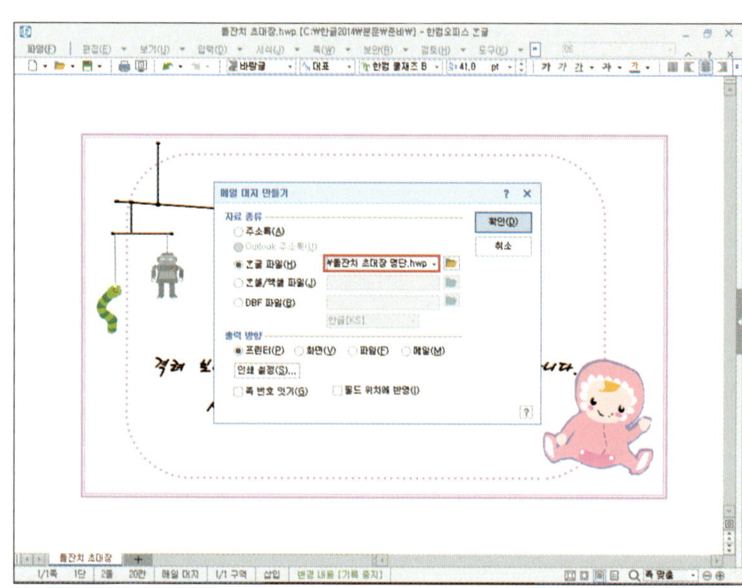

06 출력 방향에서 '화면'을 선택한 다음 [확인]을 클릭합니다.

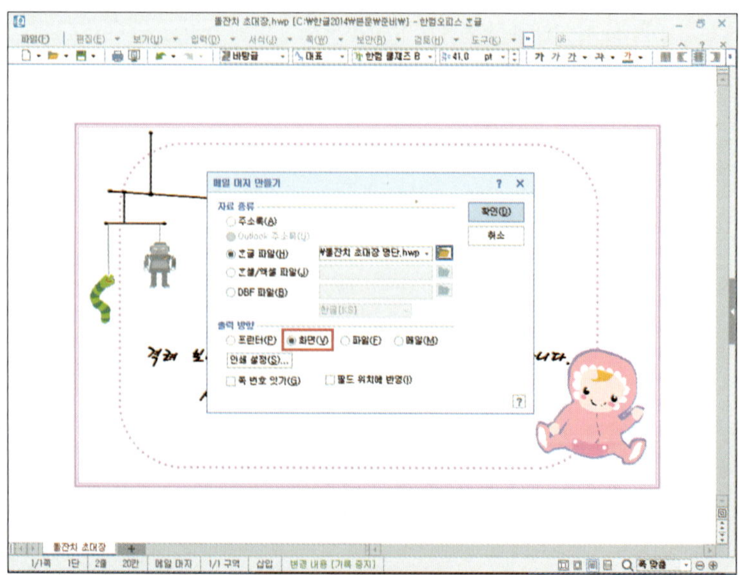

07 [미리 보기] 탭에서 첫 번째 정보가 담긴 메일 머지 화면을 볼 수 있습니다. Page Down 을 반복 클릭하여 나머지 정보를 확인합니다.

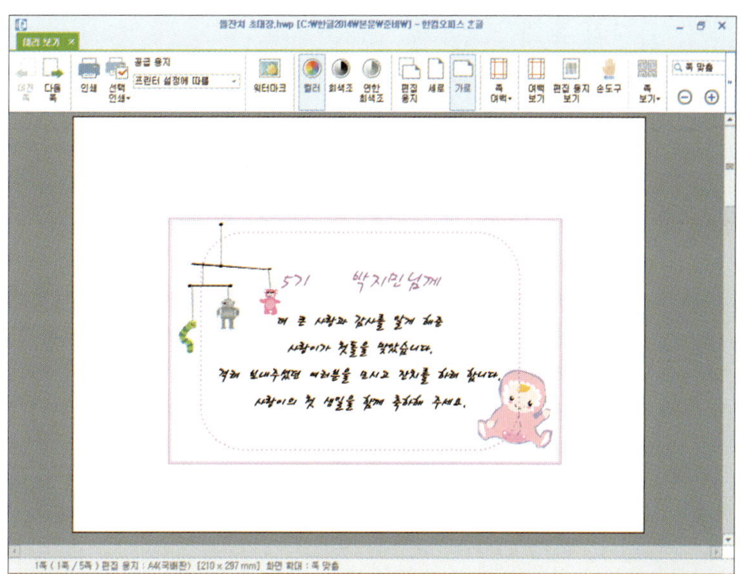

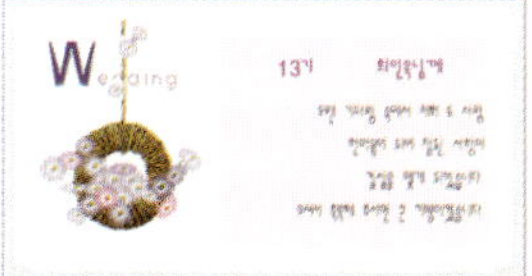 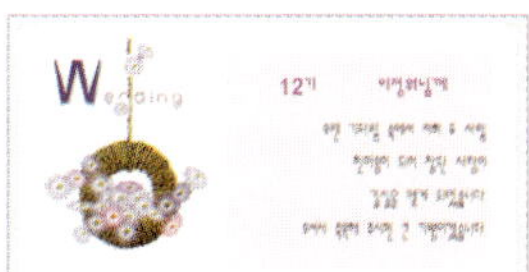 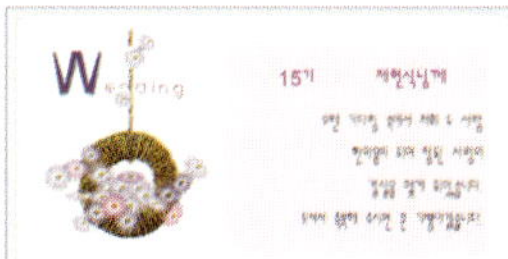 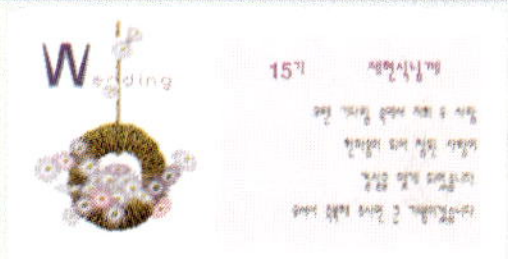

알아두기 | [메일 머지 만들기] 대화상자

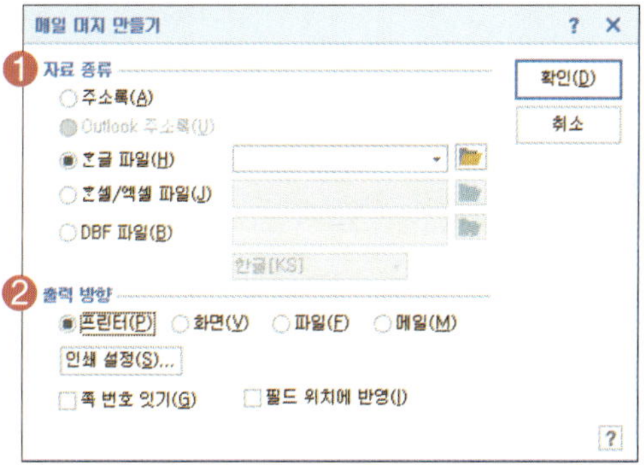

1 자료 종류

- 주소록 : [메일 머지 표시]에서 주소록의 이름을 삽입할 경우 윈도우의 주소를 데이터 파일로 이용합니다.
- 한글 파일 : 현재 작업 문서를 제외한 한글파일(*.hwp)을 선택할 수 있습니다.
- DBF 파일 : 데이터베이스용 자료파일인 DBF 파일을 직접 메일 머지에 이용합니다.

2 출력 방향

- 프린터 : [미리보기] 없이 프린터로 바로 출력됩니다. 데이터 파일의 개수만큼 인쇄되며, [인쇄 설정]에서 인쇄 방식을 미리 수정할 수 있습니다.
- 화면 : 인쇄하기 전 미리보기 화면과 동일하며, 파일을 열 때마다 [메일 머지 만들기]를 실행해야 합니다.
- 파일 : [메일 머지 만들기]를 실행한 결과를 파일로 저장해 두고 필요할 때마다 불러 사용할 수 있습니다.
- 메일 : 메일 머지 결과를 메일의 본문으로 사용하거나 첨부파일로 전자 우편을 보낼 수 있습니다.

편지 봉투에 메일 머지 적용하기

▼ 준비파일 : 돌잔치 초대장 봉투.hwp

01 돌잔치 초대장 봉투에 보내는 사람 주소를 입력하기 위해 '보내는 사람' 아래에 커서를 이동합니다.

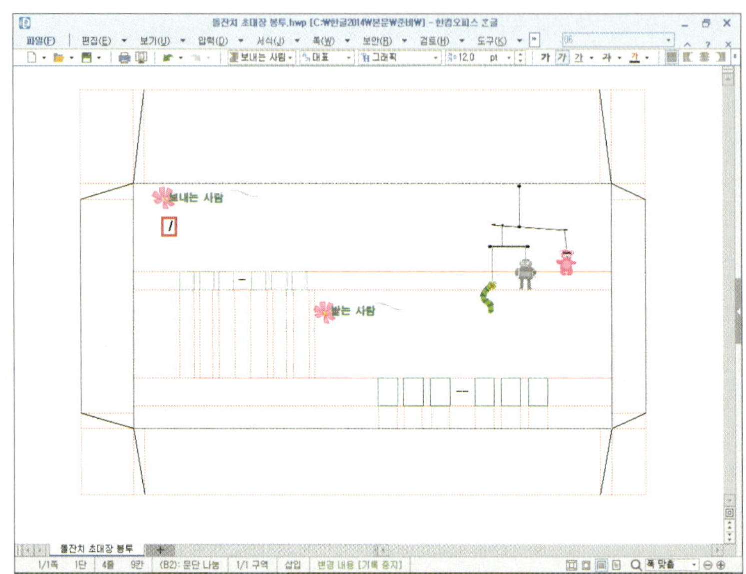

02 [입력] 탭을 클릭하여 [입력 도우미]에서 [주소 찾기]를 선택합니다.

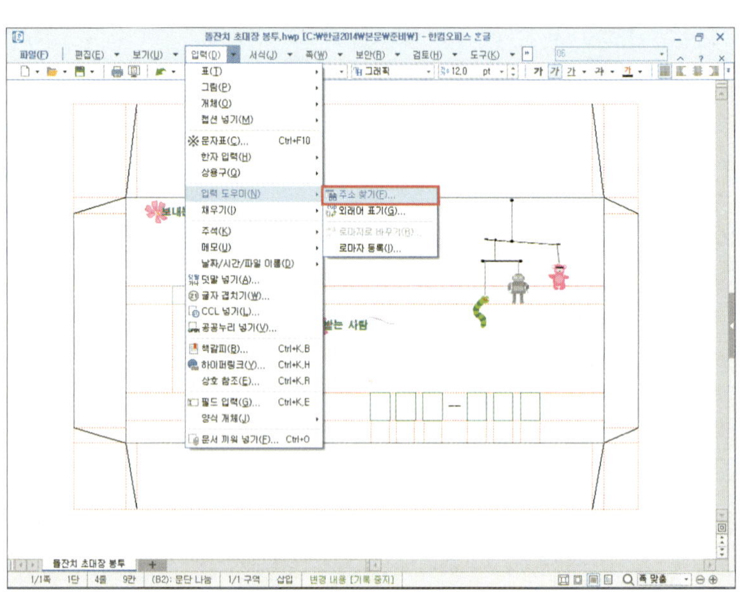

03 [주소 찾기] 대화상자에서 [동이나 읍(면) 이름을 입력하세요]에 주소를 입력한 다음 [찾기]를 클릭합니다. 검색결과에서 주소를 선택하고 [넣기]를 클릭합니다.

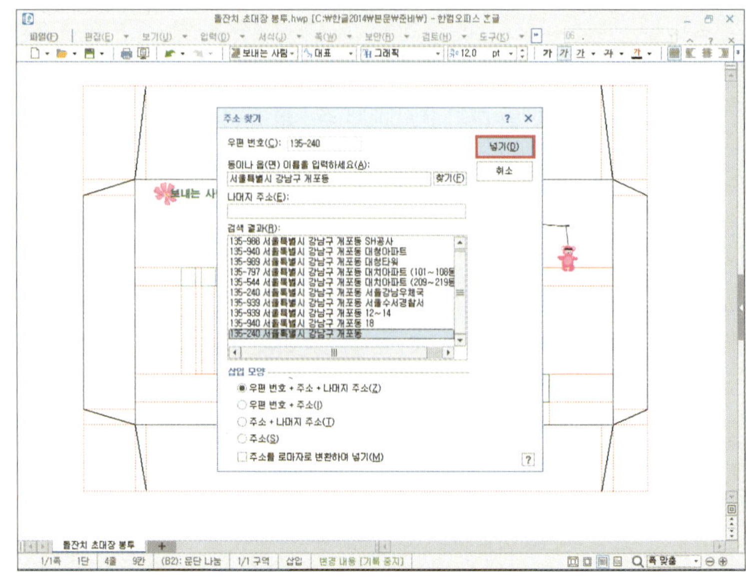

04 보내는 사람 주소가 입력되면 받는 사람 주소를 입력하기 위해 '받는 사람' 아래에 커서를 이동하여 [도구] 탭을 클릭하여 [메일 머지]에서 [메일 머지 표시 달기]를 선택합니다.

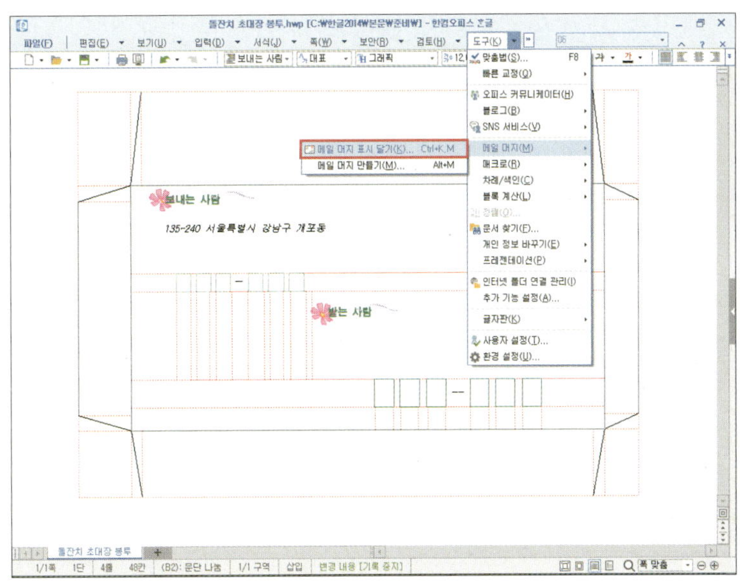

05 [메일 머지 표시 달기] 대화상자에서 [한글 문서/DBF] 탭에 '3'을 입력한 다음 [넣기]를 클릭합니다.

> **Tip** '3' 항목은 주소를 나타나고, '2' 항목은 이름을 나타냅니다.

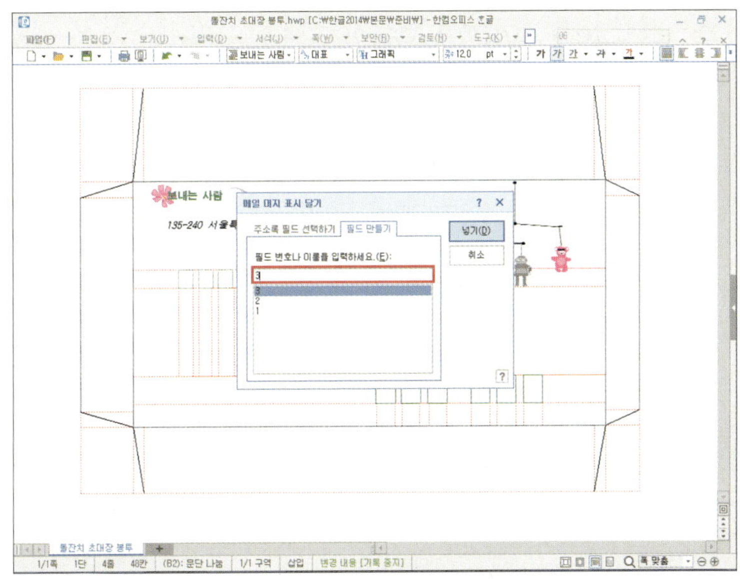

06 {{3}} 메일 머지가 나타나면 같은 방법으로 {{2}} 메일 머지를 만들고 가운데 정렬합니다.

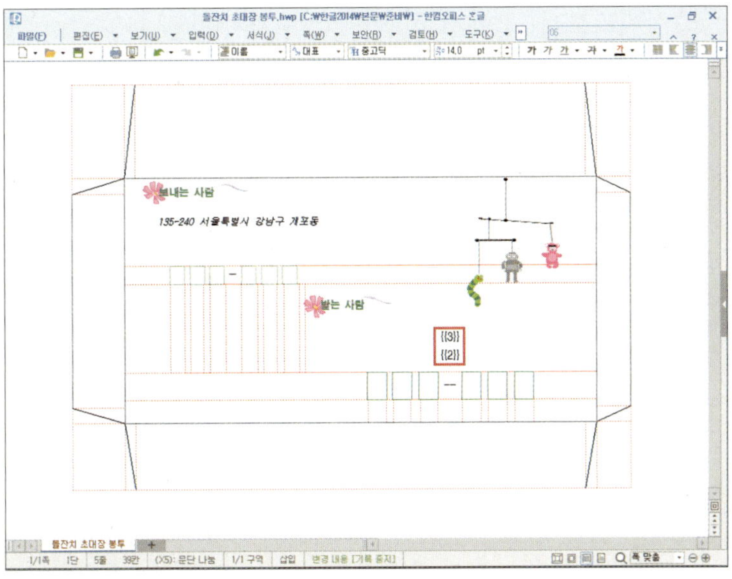

07 [도구] 탭을 클릭하여 [메일 머지]의
[메일 머지 만들기]를 선택합니다.

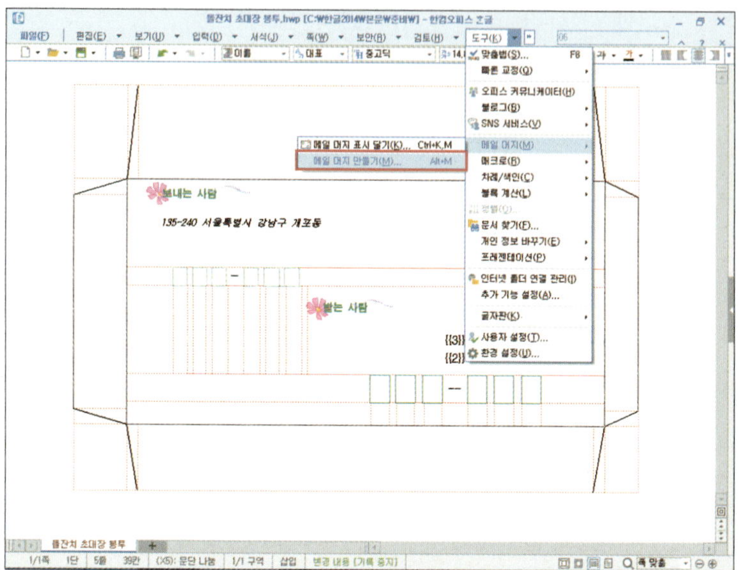

08 본문 실습 폴더에서 '돌잔치 초대장
명단 .hwp'을 선택한 다음 출력 방
향을 '화면'으로 두고 [확인]을 클릭
합니다.

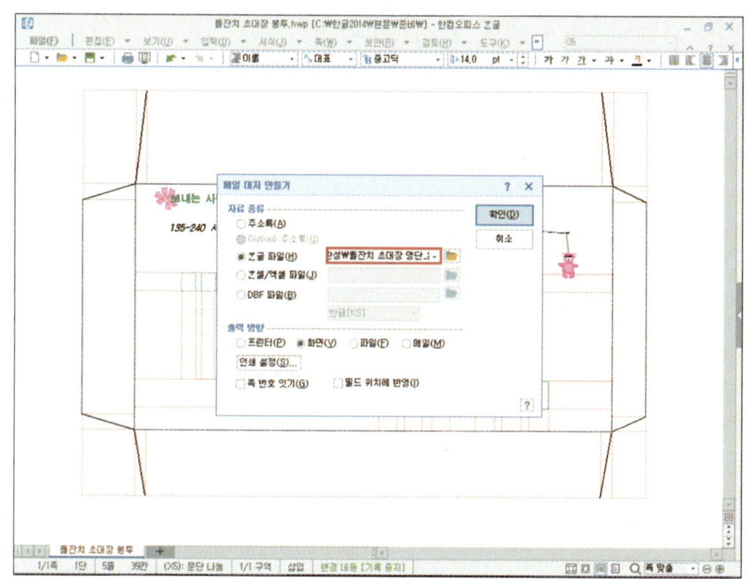

09 [미리보기] 탭에서 첫 번째 정보가
담긴 메일 머지 화면을 볼 수 있습
니다. Page Down 을 반복 클릭하여 나머
지 정보를 확인합니다.

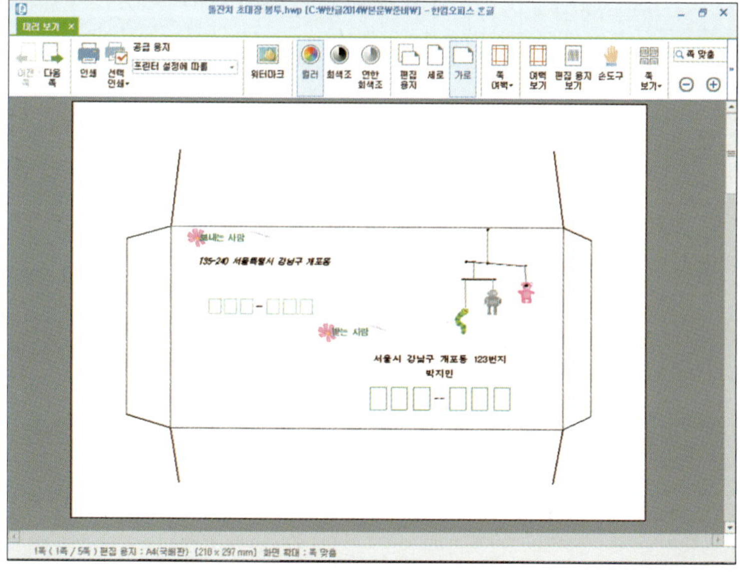

10 메일 머지 결과를 동시에 보기 위해 [여러 쪽 보기]를 선택하여 '2×3'을 클릭합니다.

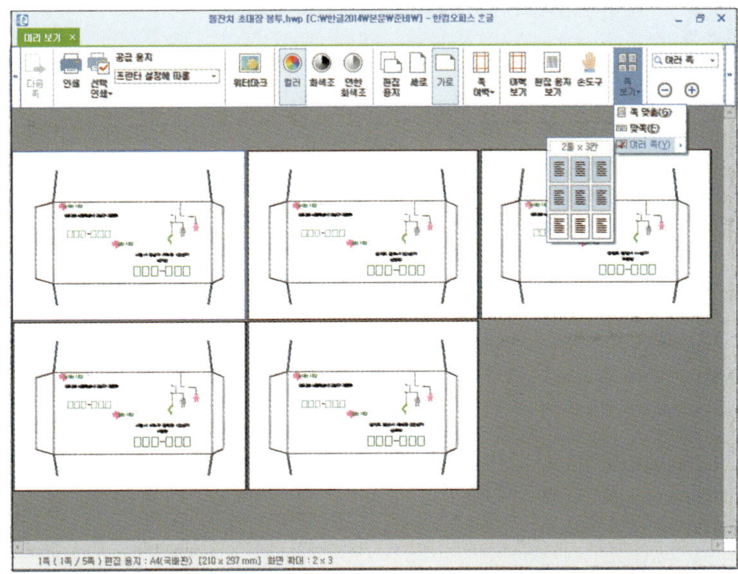

알아두기 | 편지 봉투에 영문 주소 넣기

명함을 만들거나 외국으로 우편을 발송할 때 주소를 영문으로 표현해야하는 경우 [주소 찾기]나 [로마자 변환]을 이용하면 편리하게 사용할 수 있습니다.

1 [도구] – [주소 찾기]로 영문주소 입력하기

[주소찾기] 대화상자에서 '주소를 로마자로 변환하여 넣기'를 체크한 다음 [넣기]를 클릭합니다.

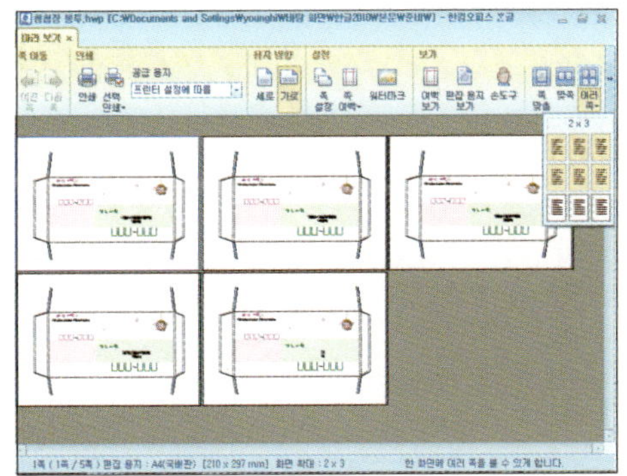
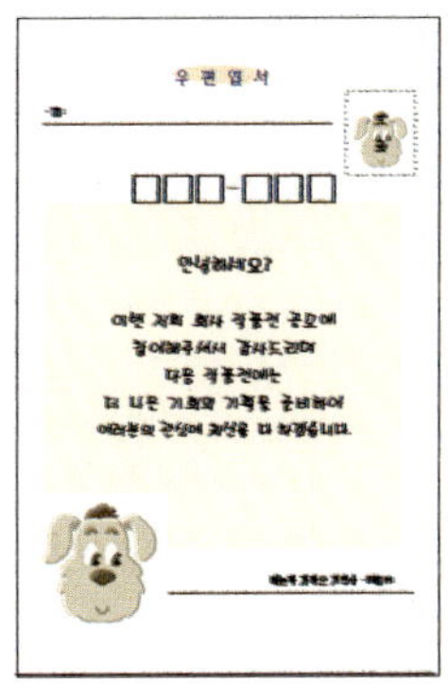

2 [도구] – [입력 도우미] – [로마자로 바꾸기]로 영문주소 입력하기

주소를 입력한 다음 블록을 설정하고 [도구] – [입력 도우미] – [로마자로 바꾸기]를 클릭한 다음 [로마자로 바꾸기] 대화상자에서 '주소'를 선택하고 [변환]을 클릭합니다.

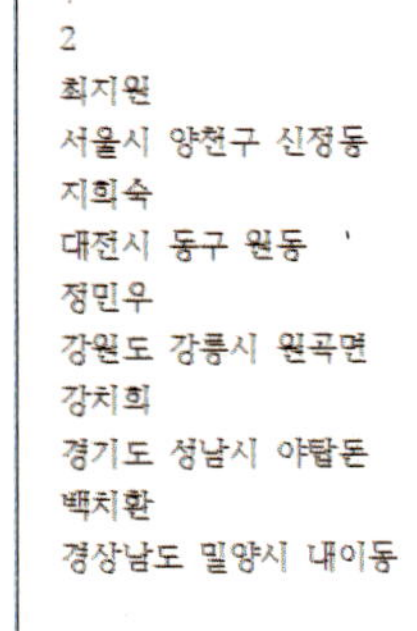
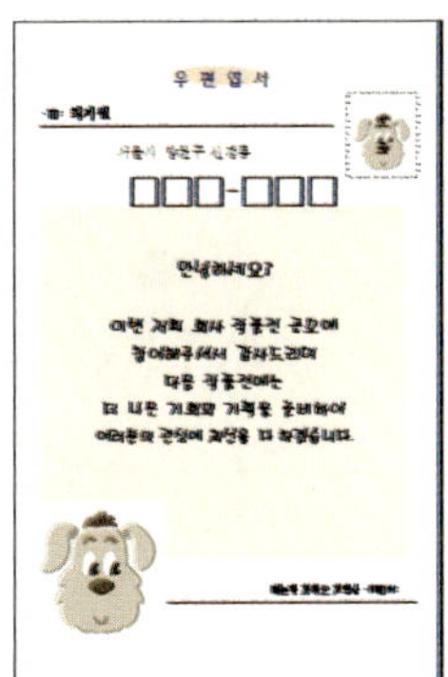

01 준비파일에서 '받는사람' 뒤에 각 회원들의 이름이 삽입하고 아래에 주소가 입력되도록 메일 머지 기능을 이용하여 완성하세요.

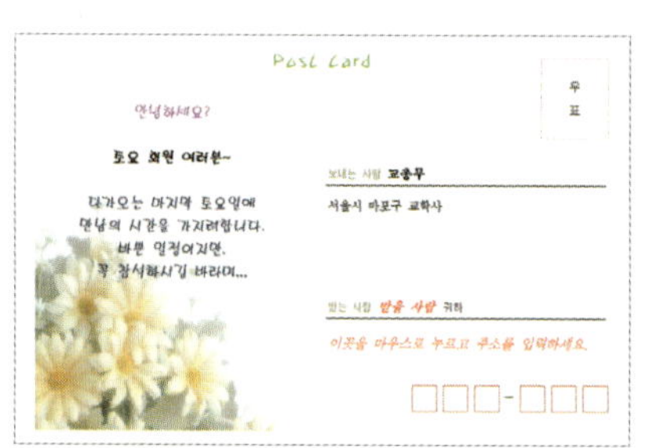

▲ 준비파일 : 엽서.hwp

2
정지우
서울시 마포구 공덕동 123번지
김희원
경기도 성남시 321번지
백대진
경상남도 창원시 555번지
최진원
서울시 강서구 염창동 333번지
심이정
경기도 일산시 백석동 213번지
박일우
경기도 고양시 321번지
한정원
서울시 성북구 안암동 222번지
민정수
부산시 해운대구 우동 11번지

▲ 완성파일 : 엽서명단.hwp

▲ 완성파일 : 엽서명단_완성.hwp

- 회원 명단은 입력하여 '엽서 명단.hwp'로 저장
- 출력방향 : 화면

조건

02 준비파일에서 정기모임의 '동' 이름과 '호' 이름을 삽입하여 완성하세요.

조건
- 참석자 명단은 입력하여 '정기모임 명단.hwp'로 저장
- 출력방향 : 화면

▲ 준비파일 : 정기모임.hwp

2
1204동
1305호
1222동
508호
1232동
803호
1219동
506호
1214동
1209호
1219동
505호

▲ 완성파일 : 정기모임 명단.hwp, 정기모임_완성.hwp

심화문제

01 준비파일에서 '제목', '과목명', '학과', '학번', '담당교수' 항목을 입력하여 메일 머지를 완성하세요.

조건
- 보고서의 내용은 입력하여 '보고서 표지 내용.hwp'로 저장
- 출력방향 : 화면

3
총무부
정인식
2016년 1월 3일
기획부
박대진
2016년 1월 5일
영업부
최인직
2016년 2월 2일
관리부
강민대
2016년 1월9일

▲ 준비파일 : 보고서 표지.hwp

▲ 완성파일 : 보고서 표지 내용.hwp, 보고서 표지_완성.hwp

02 준비파일에서 3개의 항목을 입력하여 메일 머지를 완성하세요.

조건
- 출장 내용을 입력하여 '출장신청서 내용.hwp'로 저장
- 출력방향 : 화면

▲ 준비파일 : 출장신청서.hwp

3
개발 2팀
이희진
2박 3일
개발 1팀
박인식
1박 2일
개발 3팀
민희식
3박 4일
운영 2팀
한희식
2박 3일

▲ 완성파일 : 출장신청서 내용.hwp, 출장신청서_완성.hwp

18
SECTION

반복 작업을 매크로로 간단하게

매크로는 사용자가 키보드 동작이나 마우스 동작을 기억했다가 그대로 재생해 내는 기능입니다. 예전에는 키 매크로와 스크립트 매크로가 있었습니다. 키보드의 동작이며 스크립트 매크로는 마우스의 동작을 인식하는 것으로 키 매크로는 윈도 비스타 이상의 운영체제에서는 작동하지 않습니다. 여기에서는 스크립트 매크로를 문서에서 정의하는 방법과 실행하는 방법에 대해 알아봅니다.

PREVIEW

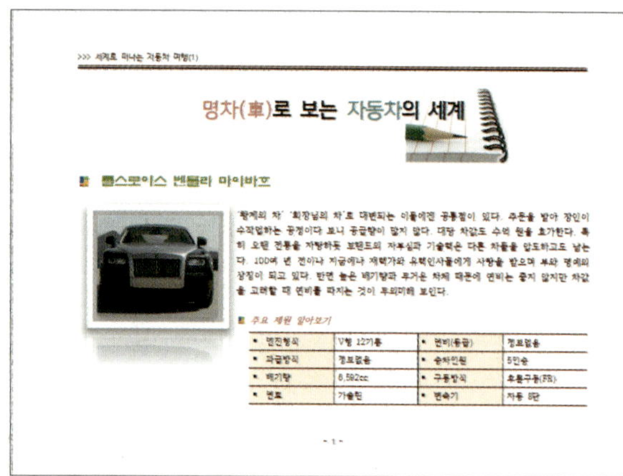

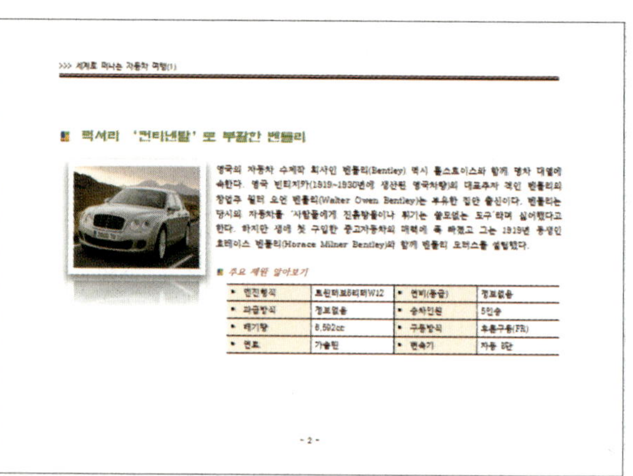

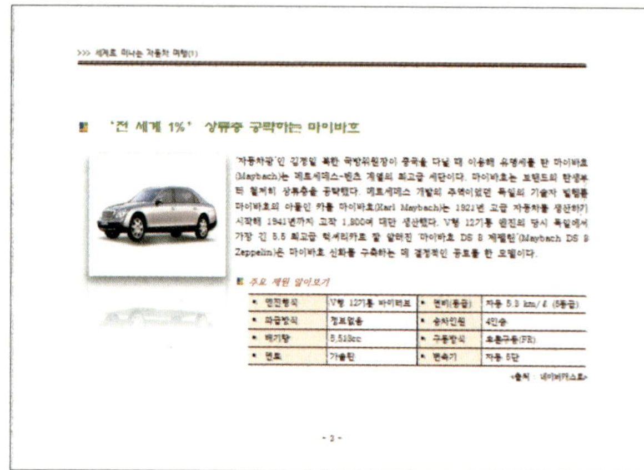

▲ 완성파일 : 명차의 세계_완성.hwp

학습내용

실습 01 스크립트 매크로로 제목 지정하기

실습 02 스크립트 매크로 실행하기

체크포인트

● 스크립터 매크로는 설정하고자 하는 문자를 블록 지정한다.

● 스크립터 매크로는 키보드의 동작으로 실행 단축 키는 Ctrl + Shift +[숫자]가 된다.

스크립트 매크로로 제목 지정하기

▼ 준비파일 : 명차의 세계.hwp

01 준비파일에서 스크립트 매크로를 지정하기 위해 첫 페이지 본문 제목인 '롤스로이스 벤틀리 마이바흐'을 블록지정합니다.

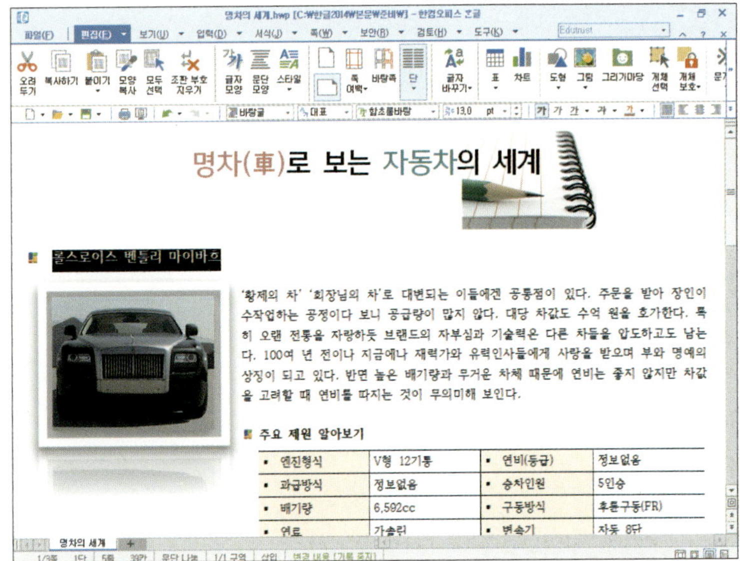

02 [도구] 탭을 클릭하여 [매크로]에서 [스크립트 매크로 정의]를 선택합니다.

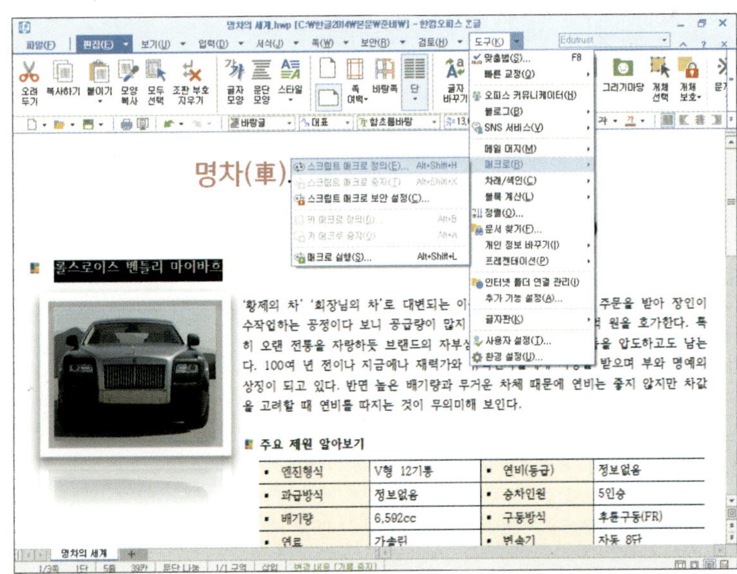

03 [스크립트 매크로 정의]에서 정의할 매크로를 선택합니다. 여기서는 단축 키 Alt+5를 선택하고 이름을 "제목만들기"로 입력한 후 [정의]을 클릭합니다.

Tip 매크로 이름은 공백을 사용할 수 없습니다.

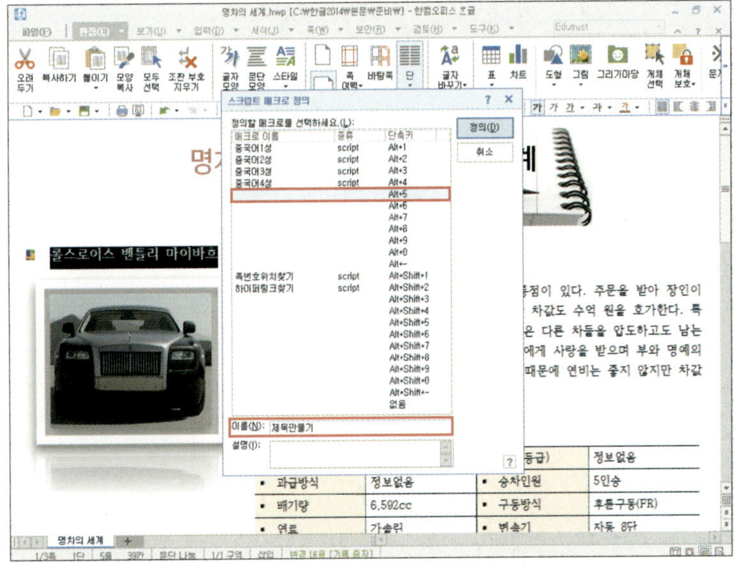

04 스크립트 매크로 정의가 진행됩니다. 도구 상자에서 글자 모양, 글자 크기, 글자 색을 선택합니다.

> **Tip** 매크로 정의가 실행되면 마우스 포인트에 매크로 아이콘이 표시되고 정의가 완료되면 사라집니다.

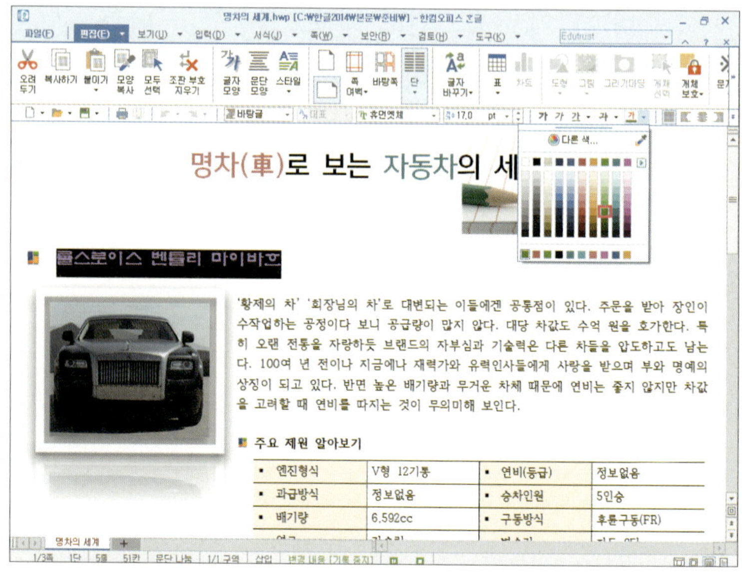

05 스크립트 매크로 정의가 완료되면 [도구]에서 [매크로] - [스크립트 매크로 중지]를 선택합니다.

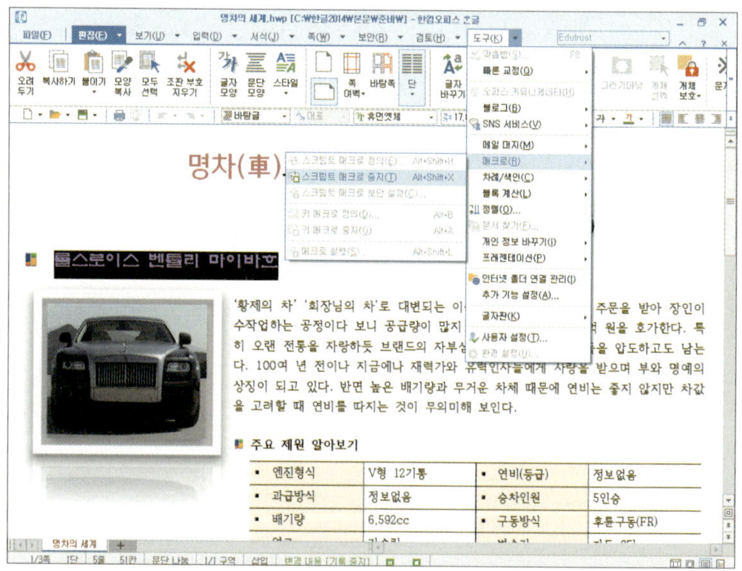

06 이번에는 소제목에 스크립트 매크로를 지정하기 위해 '주요 재원 알아보기'를 블록 지정합니다. [도구] - [매크로] - [스크립트 매크로 정의]를 클릭합니다.

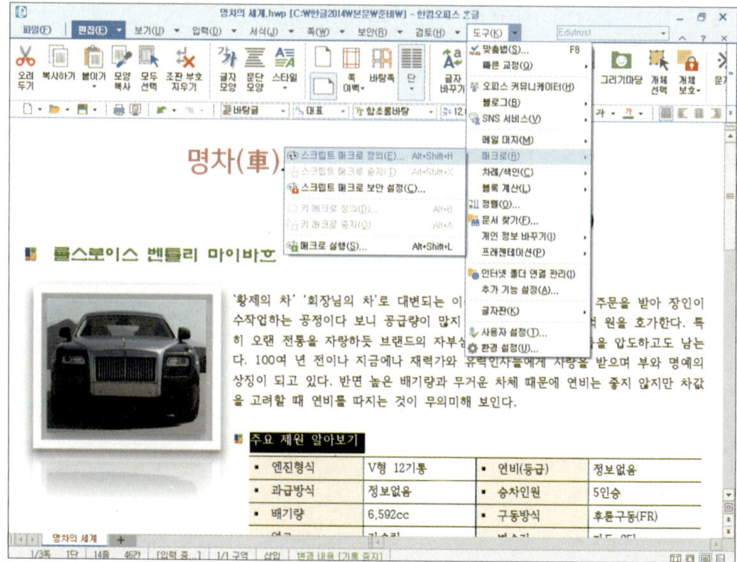

07 [스크립트 매크로 정의]에서 정의할 매크로를 선택합니다. 여기서는 단축 키 Alt+6를 선택하고 이름을 "소제목만들기"로 입력한 후 [정의]을 클릭합니다.

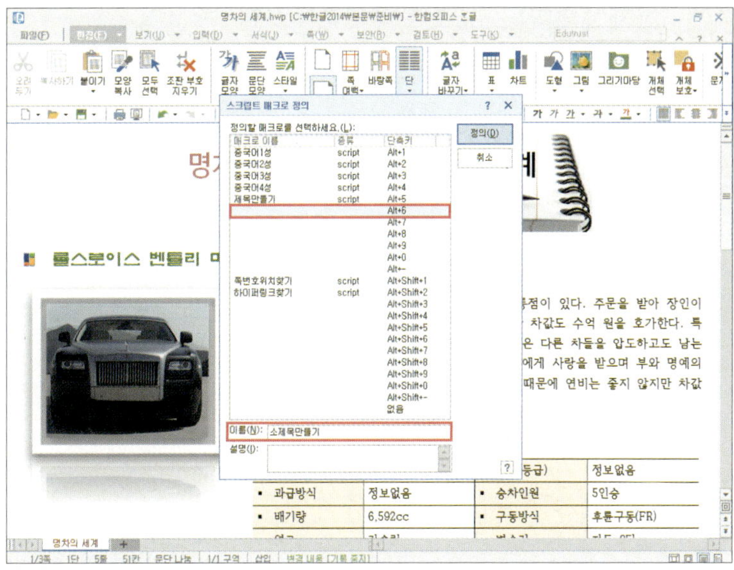

08 스크립트 매크로 정의가 진행되면, 글자 속성을 변경합니다.

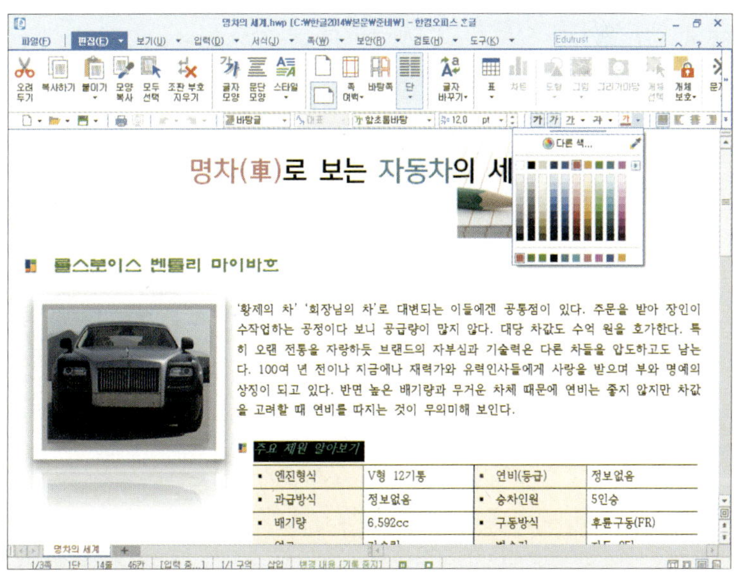

09 스크립트 매크로 정의가 완료되면 [도구]에서 [매크로] – [스크립트 매크로 중지]를 선택합니다.

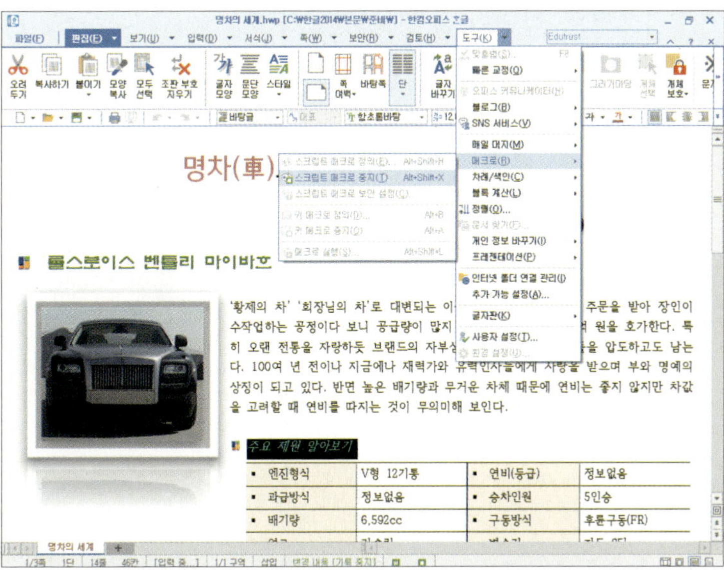

스크립트 매크로 실행하기

01 현재 설정된 스크립트 매크로는 '제목만들기'와 '소제목만들기' 입니다.

> **Tip** 정의된 매크로 수정과 삭제는 [도두] – [매크로] – [매크로 실행]에서 가능합니다.

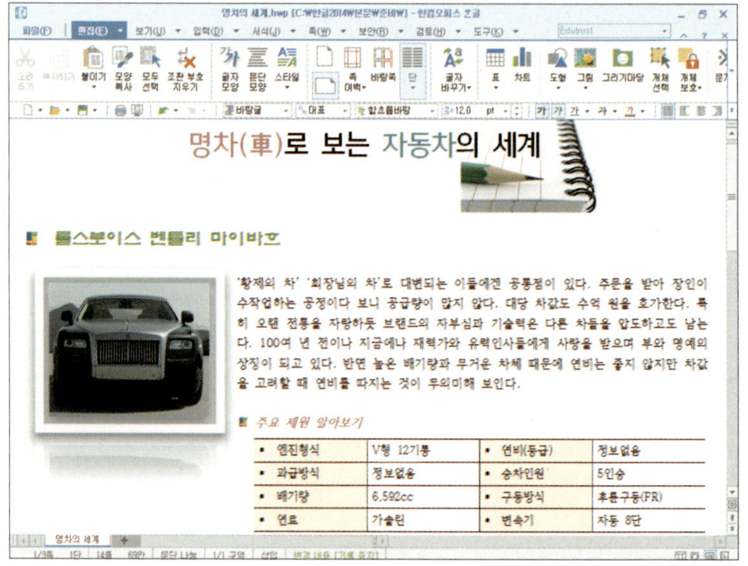

02 페이지를 이동하여 매크로를 실행할 제목을 클록지정한 후 [도구]에서 [매크로] – [매크로 실행]을 선택합니다.

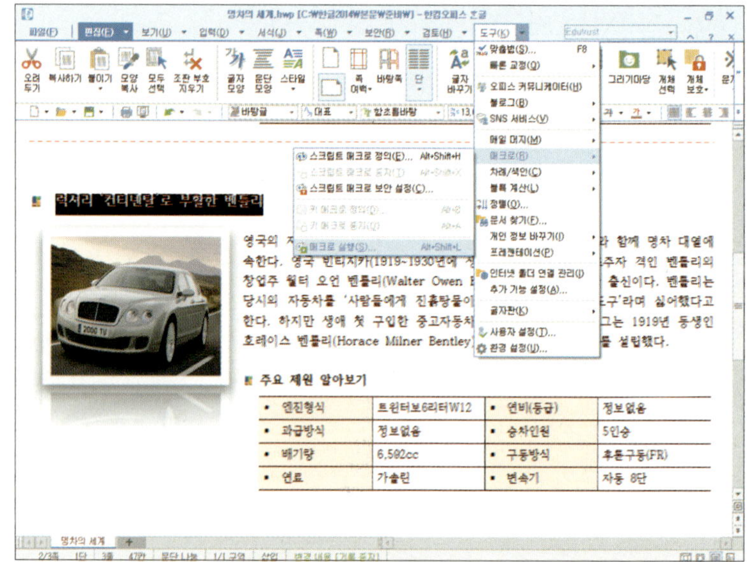

03 [매크로 실행]에서 '제목만들기'를 선택한 후 [실행]을 클릭합니다.

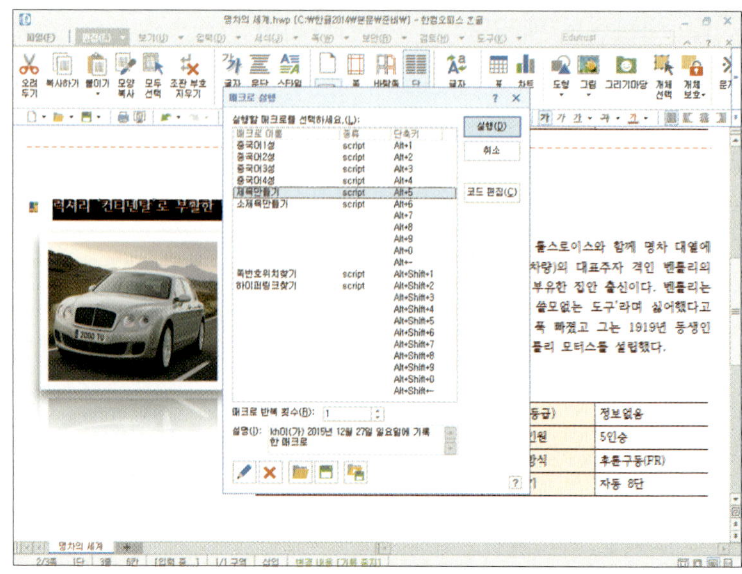

04 제목에 매크로가 실행되었습니다. 이번에는 단축키를 사용하여 매크로를 실행합니다. 소제목을 블록지정한 후 단축키인 [Alt]+6을 클릭합니다.

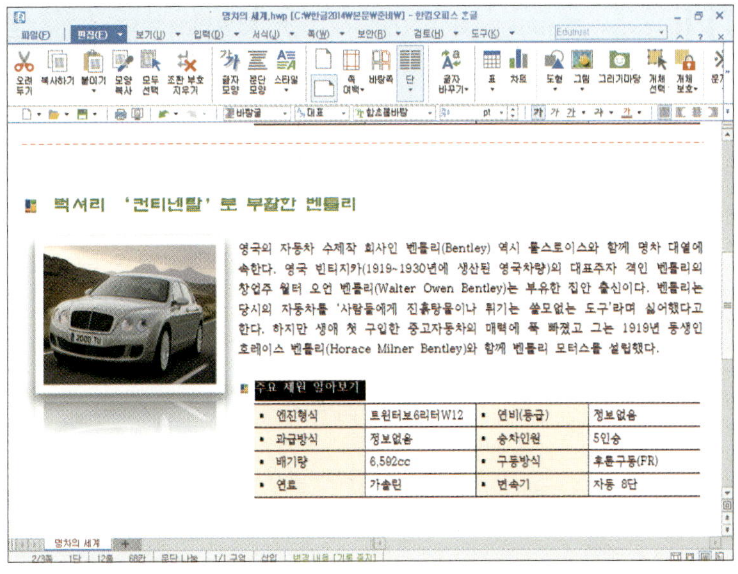

05 다음과 같이 '소제목만들기' 단축키 [Alt]+6을 사용하여 매크로가 설정됩니다.

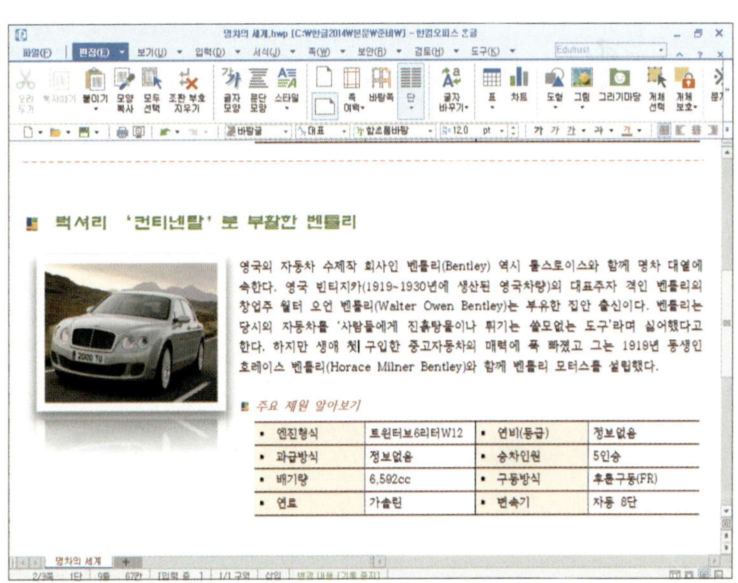

06 남은 페이지의 제목과 소제목에도 매크로를 실행하여 완성합니다.

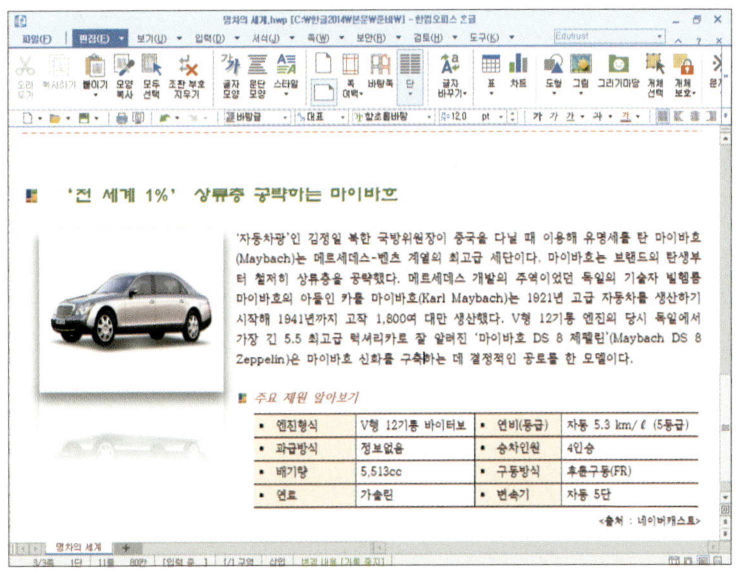

01

준비파일에서 스크립트 매크로를 사용하여 본문 내용에 대한 매크로를 지정하여 실행해 보세요.

▲ 준비파일 : 겨울왕국.hwp

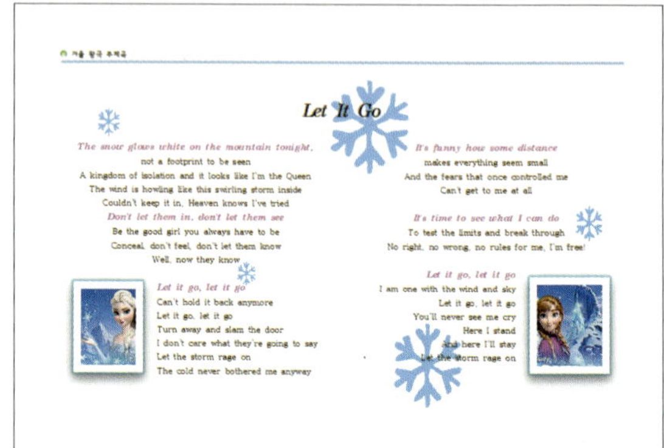

▲ 완성파일 : 겨울왕국_완성.hwp

조건

· 글꼴 : centschbook BT Bold Italic　　· 글자색 : 진달래색　　· 글자크기 : 11pt

02

위 예제에서 스크립트 매크로를 사용하여 쪽 테두리와 쪽 번호를 매크로로 지정하여 실행해 보세요.

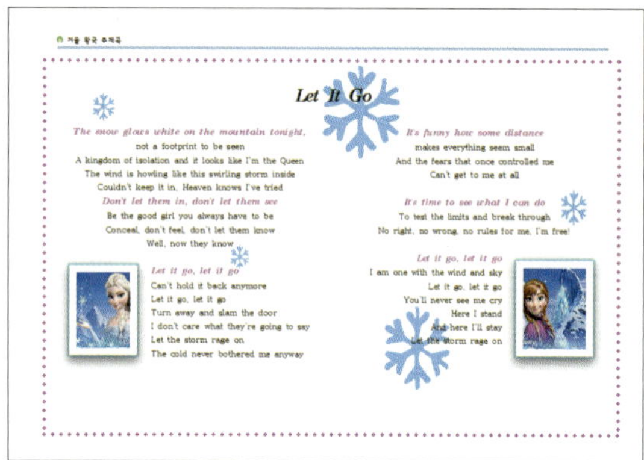

▲ 완성파일 : 겨울왕국 테두리_완성.hwp

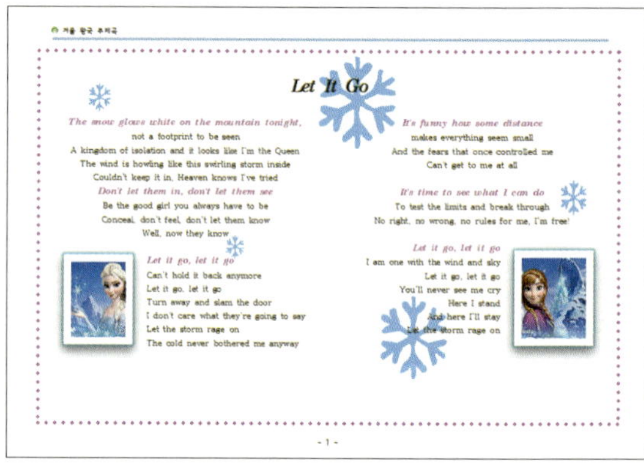

▲ 완성파일 : 겨울왕국 쪽번호_완성.hwp

01 준비파일에서 명함 내용을 스크립트 매크로로 지정하여 실행해 보세요.

▲ 준비파일 : 명함.hwp

▲ 완성파일 : 명함_완성.hwp

조건
• 휴먼옛체, 13pt, 기울임, 바다색

02 준비파일에서 제목과 바탕색을 조건에 맞게 변경하여 실행해 보세요.

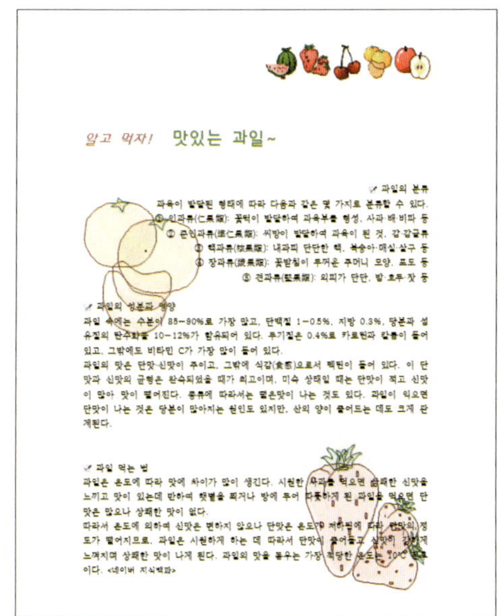

▲ 준비파일 : 과일.hwp

▲ 완성파일 : 과일_완성hwp

• 글자모양 : HY강B
• 글자크기 : 15pt

조건
• 기울임, 진달래색
• 배경색 : 그러데이션 시작색 : 진달래색 90% 밝게, 끝색 : 흰색

19 SECTION 프레젠테이션 실행과 블로그에 올리기

프레젠테이션은 자신이 작성한 문서를 많은 사람들 앞에서 업무 보고를 할 수 있도록 문서에 그림이나 그러데이션이 깔린 배경 화면을 삽입하여 전체 화면으로 나타내어 주는 기능으로 간단하게 작업을 할 수 있는 방법을 알아봅니다.

PREVIEW

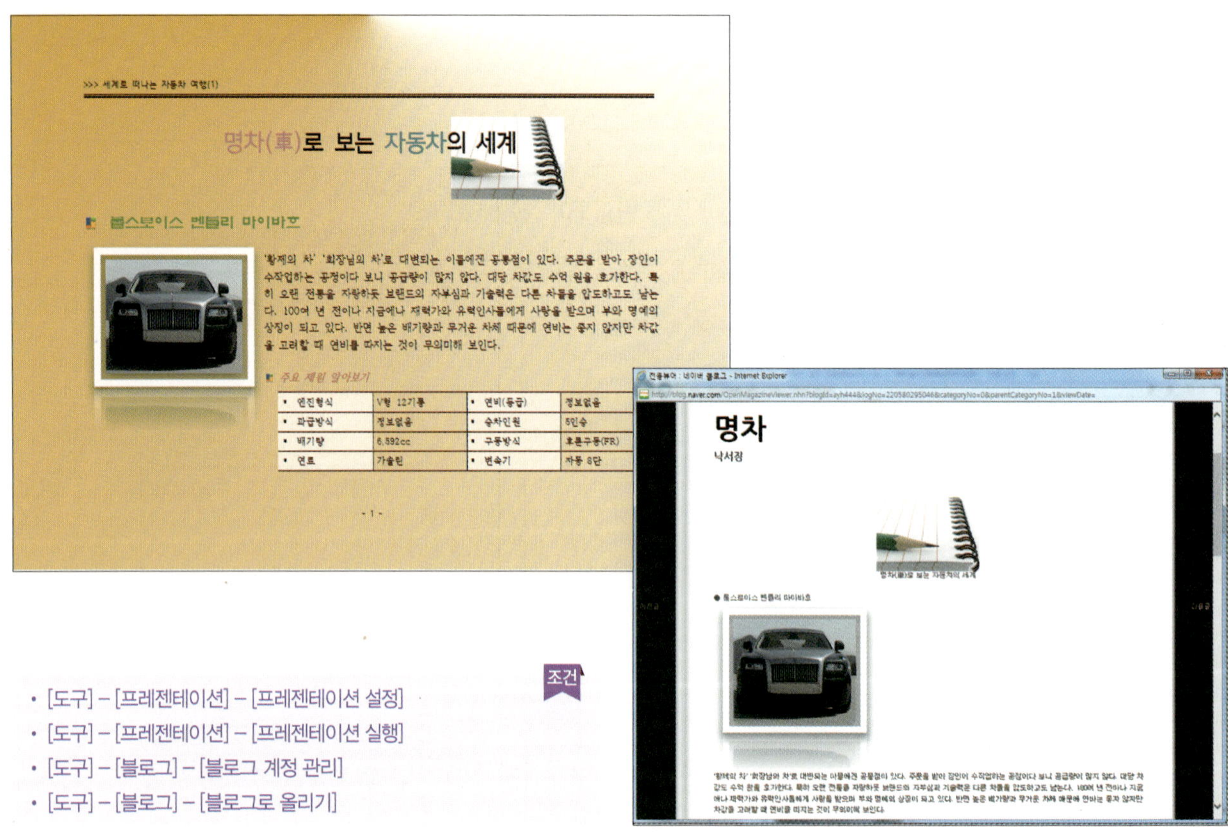

조건

- [도구] – [프레젠테이션] – [프레젠테이션 설정]
- [도구] – [프레젠테이션] – [프레젠테이션 실행]
- [도구] – [블로그] – [블로그 계정 관리]
- [도구] – [블로그] – [블로그로 올리기]

▲ 완성파일 : 명차의 세계 프레젠테이션_완성.hwp

학습내용

실습 01 프레젠테이션 설정하고 실행하기

실습 02 블로그에 포스트 문서 올리기

체크포인트

- 프레젠테이션은 업무 보고를 할 수 있도록 그림이나 그러데이션이 깔린 배경 화면에 문서 내용을 나타낸다.
- 처음 프레젠테이션을 실행하면 현재 문서에 프레젠테이션의 배경 화면과 화면 전환 효과, 효과음 등의 정보를 담을 프레젠테이션 구역 설정을 한다.
- 블로그에 한글 문서를 올리기 위해 내 블로그에서 암호를 복사한다.
- 블로그 계정 관리에서 계정 정보에서 ID와 암호를 입력한다.

프레젠테이션 설정하고 실행하기

▼ 준비파일 : 명차의 세계 프레젠테이션.hwp

01 프레젠테이션을 실행하기 위해 첫 쪽에서 [도구] 탭의 [프레젠테이션] – [프레젠테이션 실행]을 선택합니다.

02 설정된 프레젠테이션이 없으면 나타나는 프레젠테이션 구역 설정을 묻는 [프레젠테이션] 메시지 창에서 [만듦]을 클릭합니다.

> **Tip** 프레젠테이션 구역 설정은 프레젠테이션 실행에 필요한 배경화면, 화면 전환, 효과음과 같은 정보를 넣는 공간으로 설정을 해 주어야 합니다.

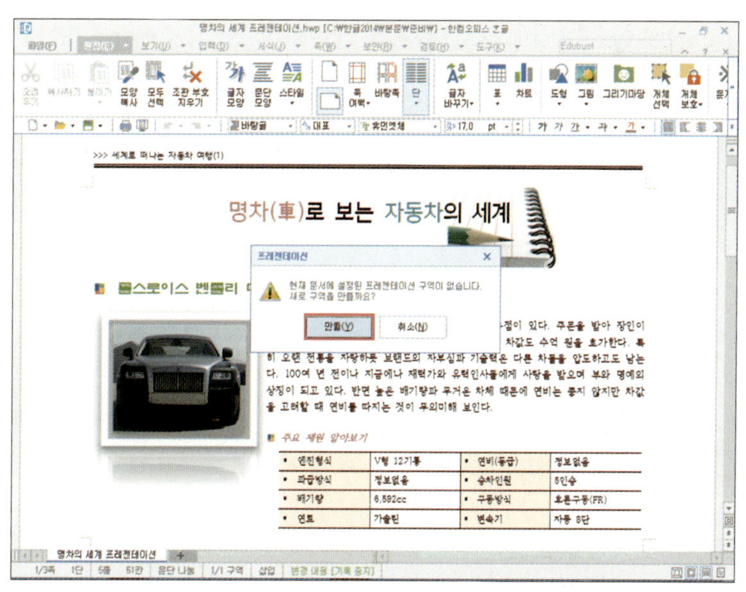

03 [프레젠테이션 설정] 대화상자의 [배경화면]에서 그러데이션 시작 색과 끝 색을 선택합니다.

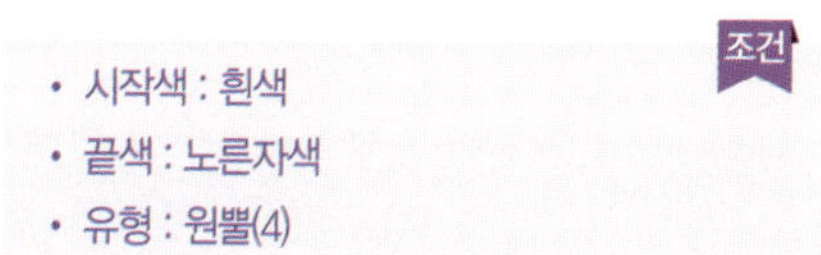

- 시작색 : 흰색
- 끝색 : 노른자색
- 유형 : 원뿔(4)

조건

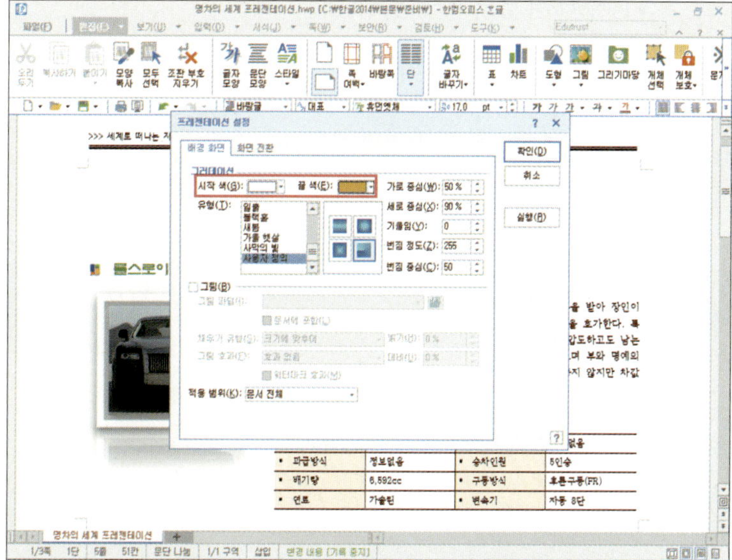

04 [화면 전환] 탭의 화면 전환 효과에 서 '상자형으로 펼치기'를 선택한 다 음 [확인]을 클릭합니다.

조건

• 단축키 : Ctrl + K , P

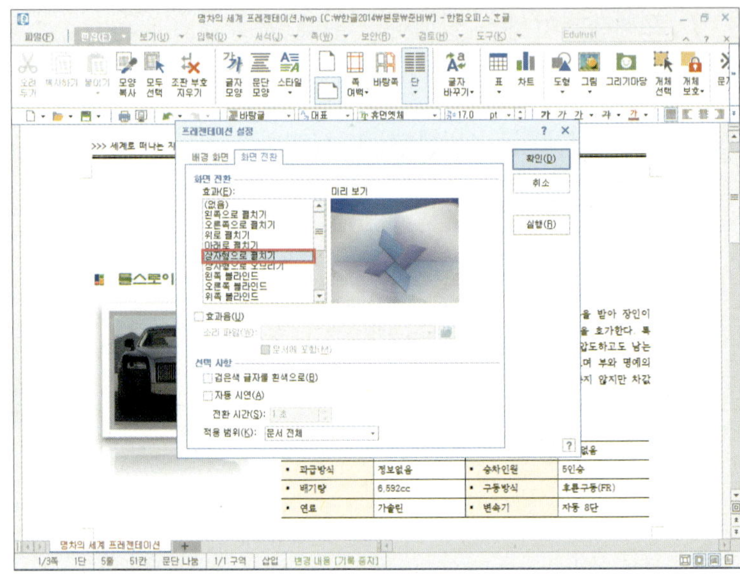

05 프레젠테이션을 실행하기 위해 첫 쪽에서 [도구] 탭의 [프레젠테이션] – [프레젠테이션 실행]을 선택합 니다.

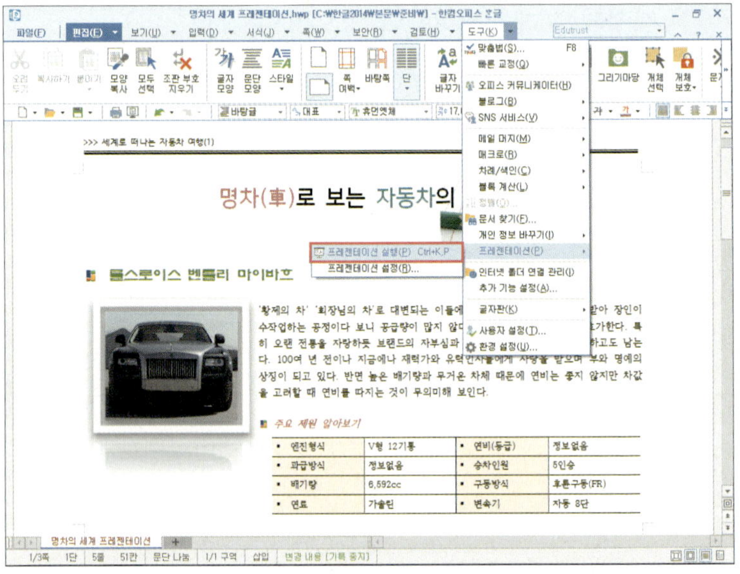

06 프레젠테이션이 실행되어 다음 화 면으로 이동하려면 마우스로 클릭 하거나 Enter 를 누릅니다.

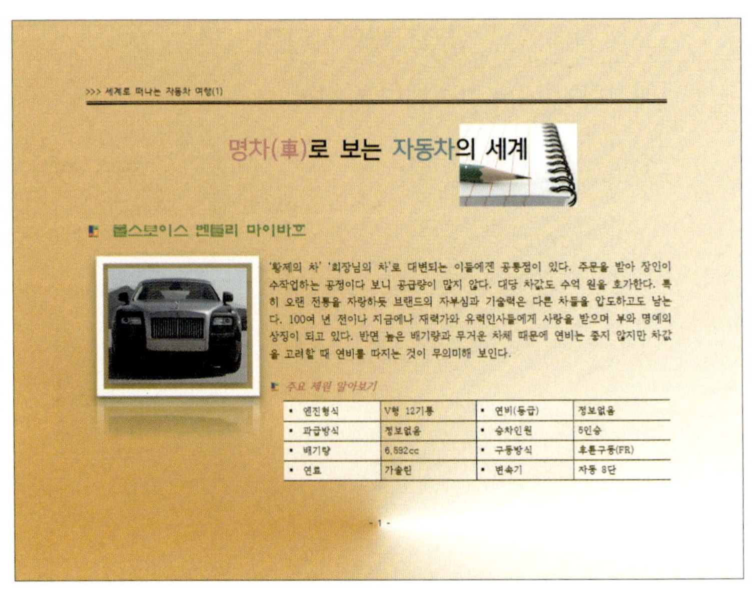

07 프레젠테이션을 설명하기 위해 펜을 사용하려면 마우스 오른쪽 버튼을 클릭하여 바로가기 메뉴에서 [선 색]을 클릭하고 선 색을 선택합니다.

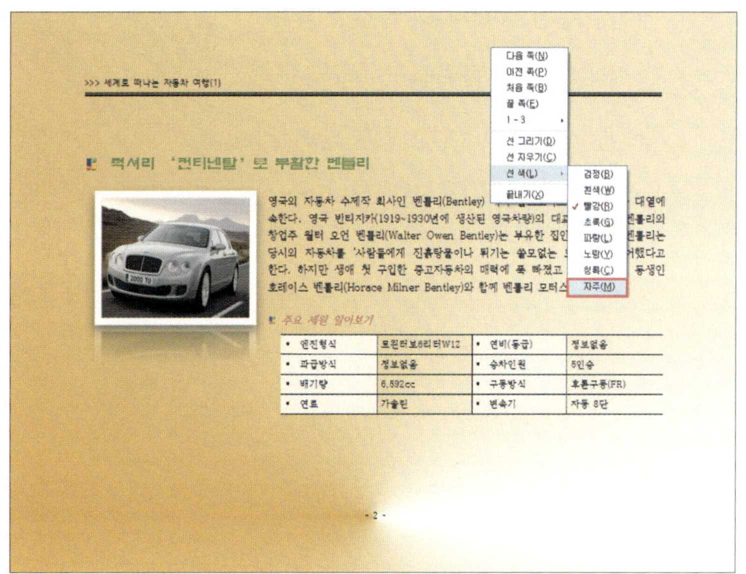

08 이번에는 마우스 오른쪽 버튼을 클릭하여 바로가기 메뉴에서 [선 그리기]를 클릭합니다.

> **Tip** 선을 지우려면 바로가기 메뉴에서 [선 지우기]를 선택합니다.

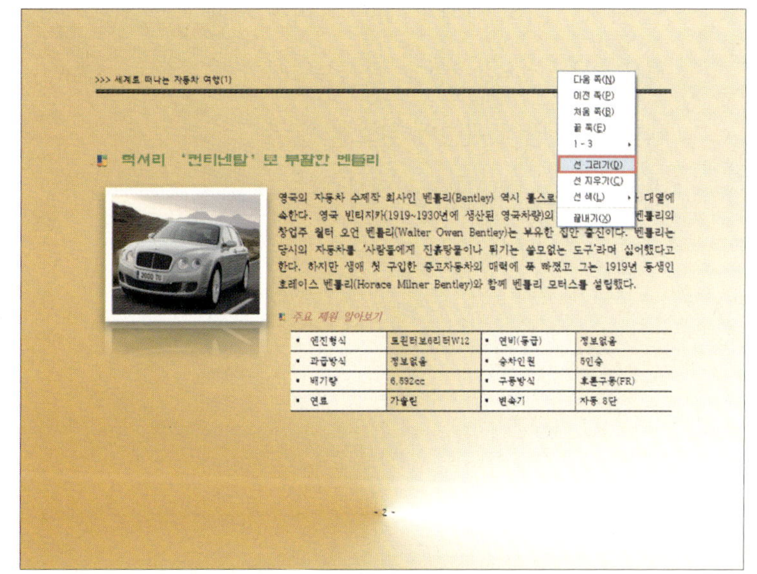

09 프레젠테이션 화면에 마우스로 드래그하여 선을 그릴 수 있습니다. 이 때 마우스의 포인트가 펜 모양으로 바뀝니다.

> **Tip** [선 지우기]는 프레젠테이션 화면에서 마우스 오른쪽 버튼을 클릭하여 선택합니다.

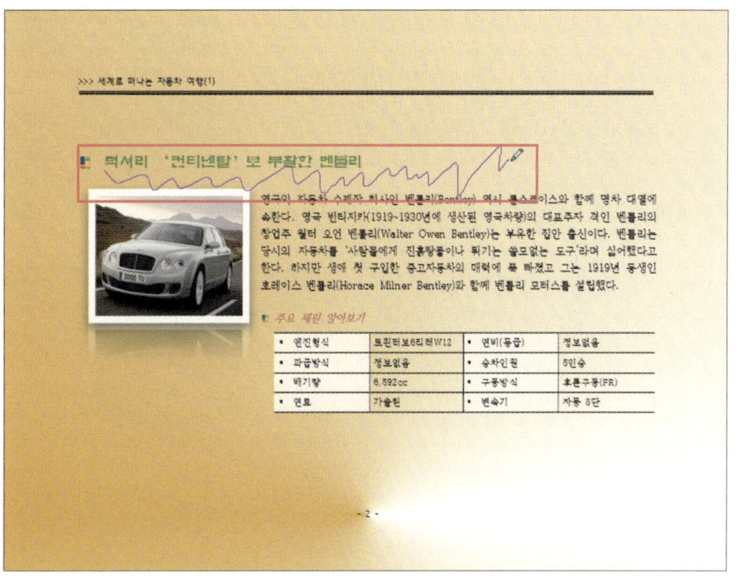

블로그에 포스트 문서 올리기

01 네이버 블로그에서 내 블로그 첫 화면의 [관리]를 클릭하고 [메뉴 · 글관리] – [플러그인 · 연동관리]의 [글쓰기 API설정]을 선택합니다.

02 [글쓰기 API설정]에서 처음 API연결을 하는 경우는 [암호 발급]을 선택합니다. 만약 기존에 암호를 발급받은 경우는 [복사]를 선택합니다.

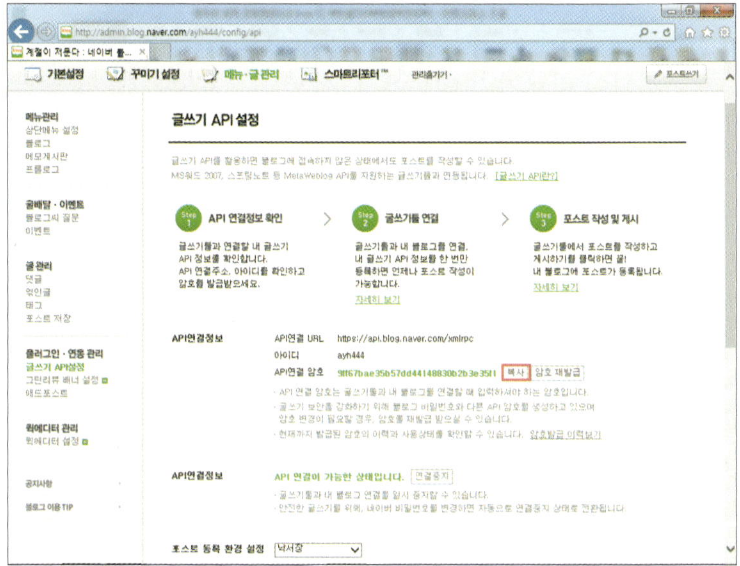

03 API연결 암호에 발급된 암호를 확인하고 [복사]를 선택하면 [확인] 창에서 [확인]을 클릭합니다.

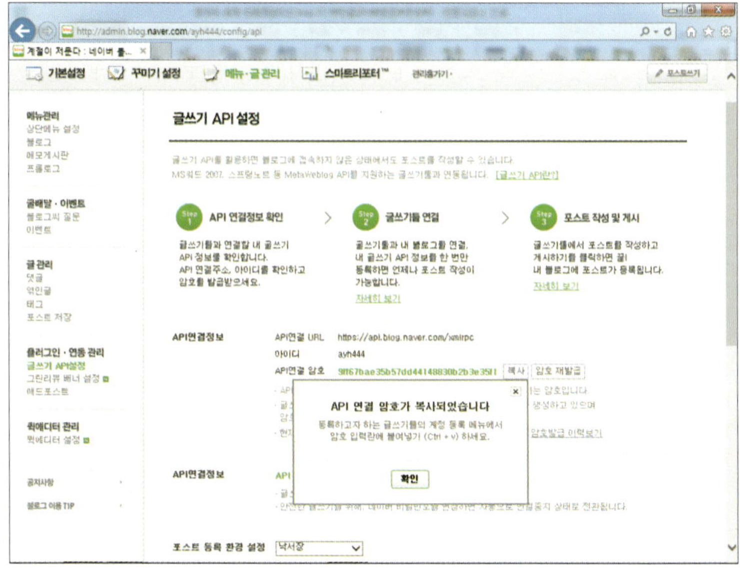

04 한글 2014 문서에서 [도구] 탭을 클릭하고 [블로그]의 [블로그 계정 관리]를 선택합니다.

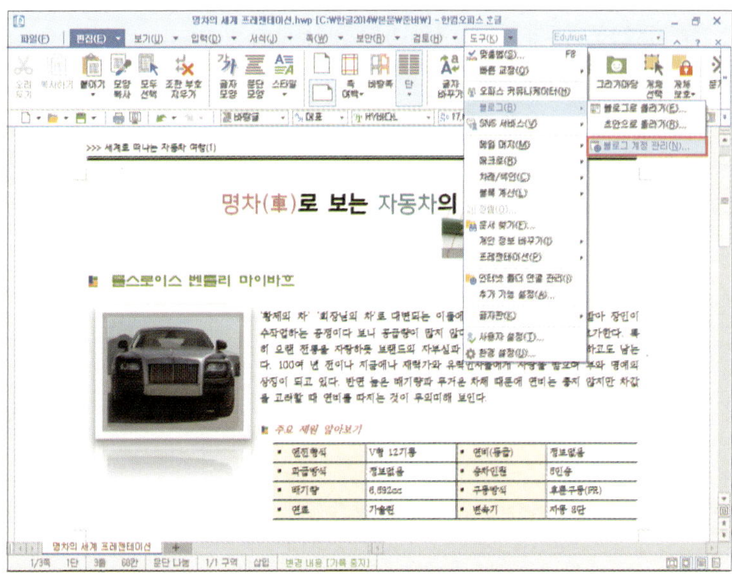

05 [블로그 계정 관리] 대화상자에서 (계정 등록하기)를 선택합니다.

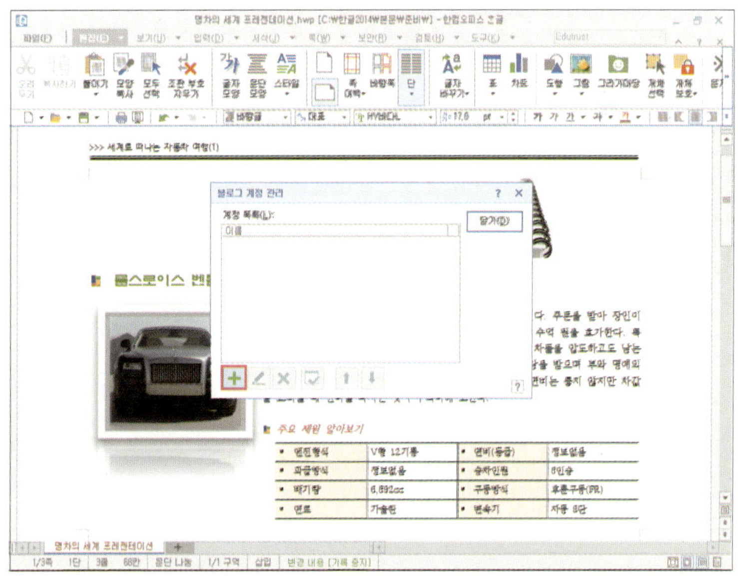

06 [계정 등록하기] 대화상자에서 블로그 정보의 API에 '네이버'를 선택하고 계정 정보에서 '사용자', '사용자 암호'를 입력한 후 [설정]을 클릭합니다. [블로그 계정 등록] 대화상자에서 [확인]을 선택합니다.

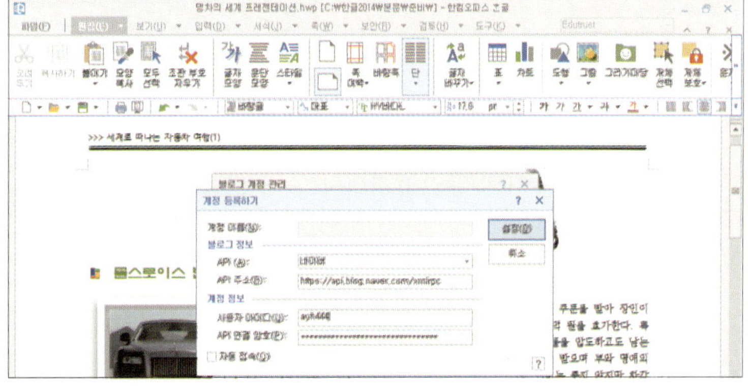

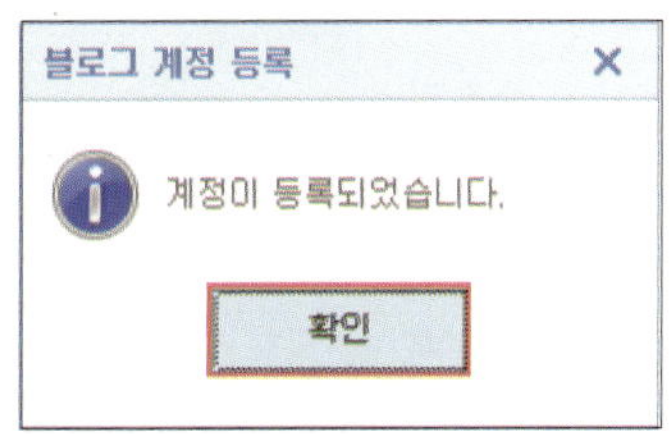

07 [블로그 계정 관리] 대화상자에서 [닫기]를 선택합니다.

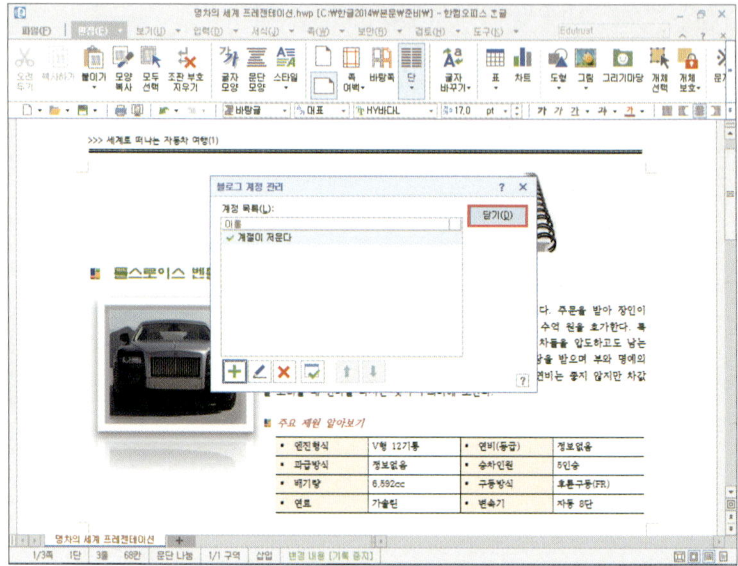

08 [도구] 탭을 클릭하고 [블로그]의 [블로그로 올리기]를 선택합니다.

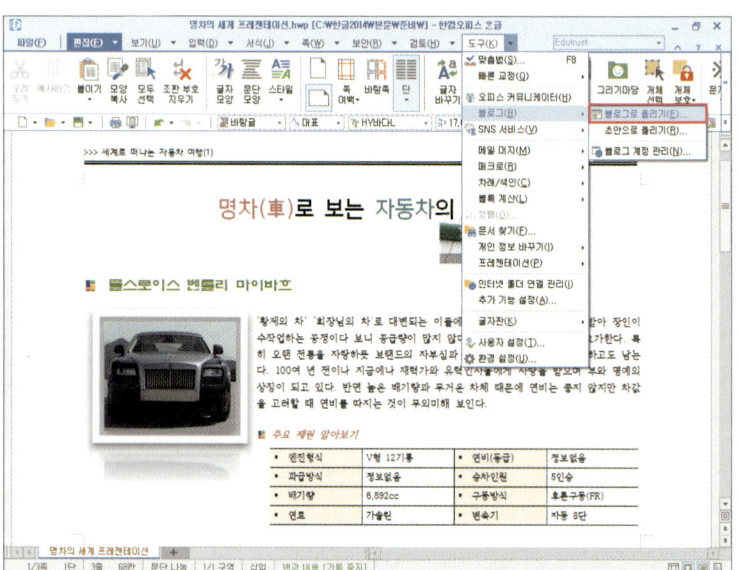

09 블로그 이름이 보이는 대화상자에서 '사용자 ID', '사용자 암호'를 입력하고 [확인]을 클릭합니다.

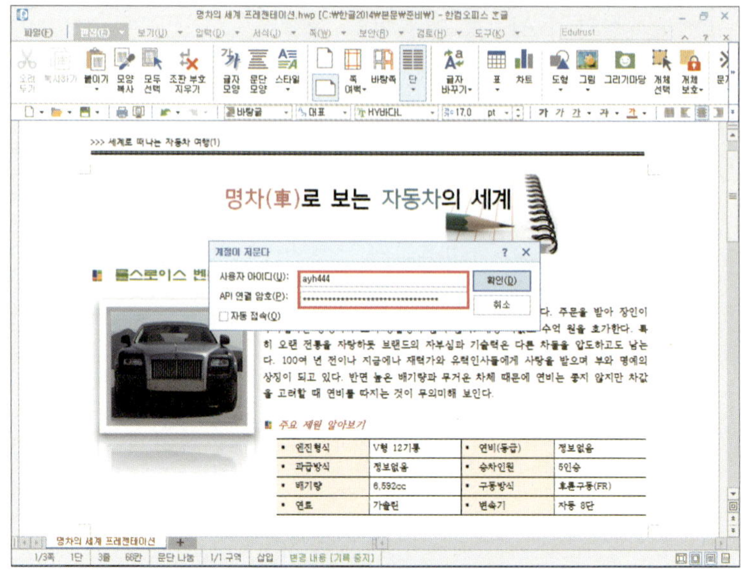

10 [블로그로 올리기] 대화상자에서 '게시물 제목', '게시물' 위치를 선택하고 [등록]을 클릭합니다.

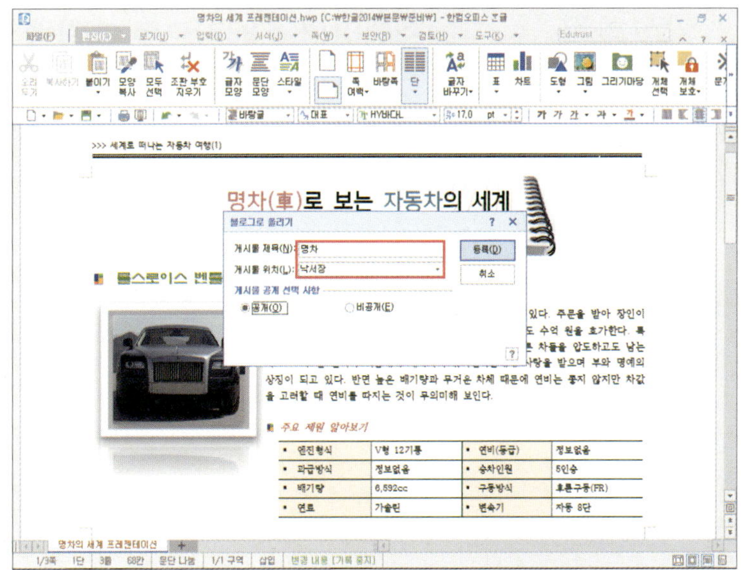

11 [블로그로 올리기] 대화상자에서 등록한 게시물을 웹에서 바로 확인하기 위해 [확인]을 클릭합니다.

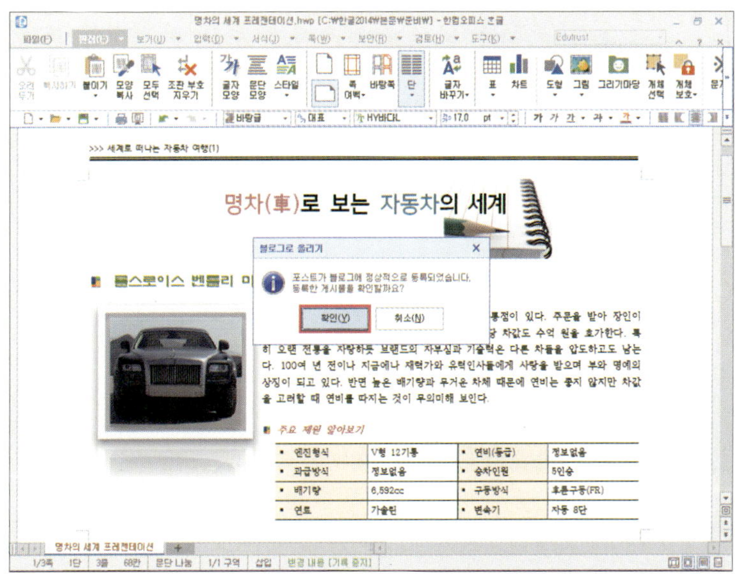

12 웹 브라우저에서 내 블로그에 등록된 한글 문서를 확인할 수 있습니다.

알아두기 | 프레젠테이션의 배경으로 그림을 넣기

프레젠테이션의 배경으로 그림을 넣기 위해서는 [도구] 탭의 [프레젠테이션]에서 [프레젠테이션 설정]을 클릭합니다.

- [프레젠테이션 설정] 대화상자의 '배경 화면' 탭에서 '그림'에 체크하고 [그림 넣기] 대화상자에서 그림을 선택합니다.

- 이 때 [그리기 마당]에 있는 그림을 사용하기 위해 [C:/HNC/Shared/Clipart/P_Home/HOME15.BMP]를 선택하고 그림효과에서 '워터마크 효과'를 선택합니다.

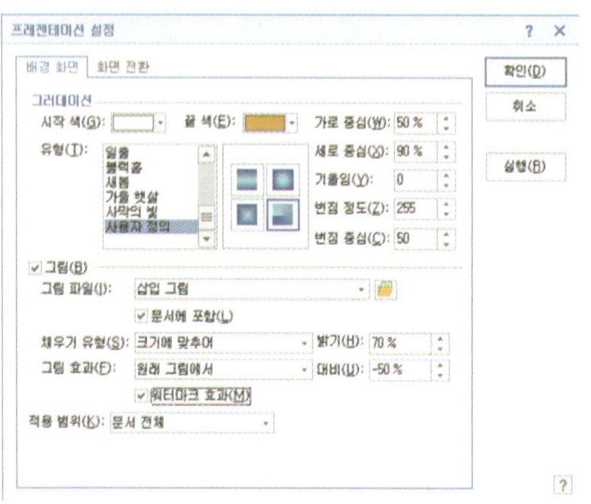

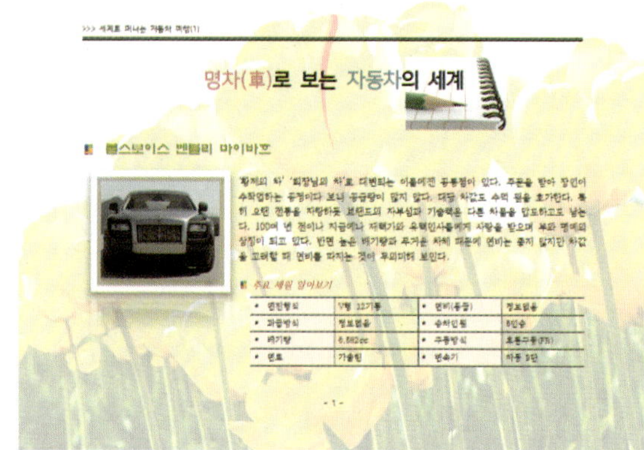

기초문제

01 준비파일을 열고 프레젠테이션을 실행해 보세요.

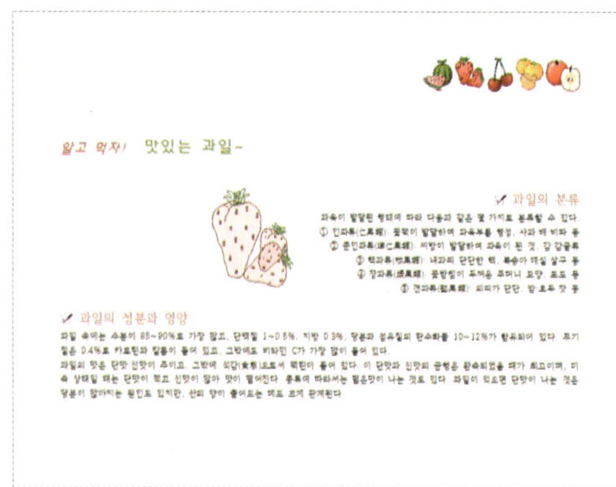

▲ 준비파일 : 과일 프레젠테이션.hwp

▲ 완성파일 : 과일 프레젠테이션_완성.hwp

조건

- [도구] – [프레젠테이션]
- 배경 화면 : 물안개, 원형(2)
- 화면 전환 효과 : 위로 펼치기

01 준비파일에서 배경을 삽입하여 프레젠테이션을 완성해 보세요.

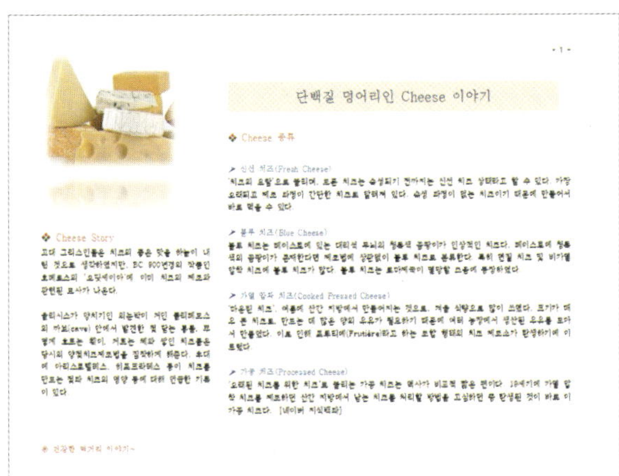

▲ 준비파일 : 치즈프레젠테이션.hwp

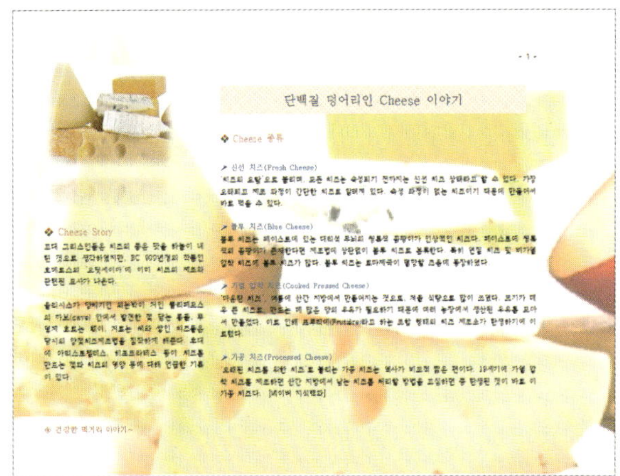

▲ 완성파일 : 치즈프레젠테이션_완성.hwp

- 배경 그림은 치즈1.jpg/Clipart/I-Tradition/OBJ011.JPG]을 선택
- 워터마크 효과 체크
- 화면 전환 효과 : 그림효과 : 밝기 30% 왼쪽 블라인드

02 준비파일을 자신의 블로그에 연결하여 올려 보세요.

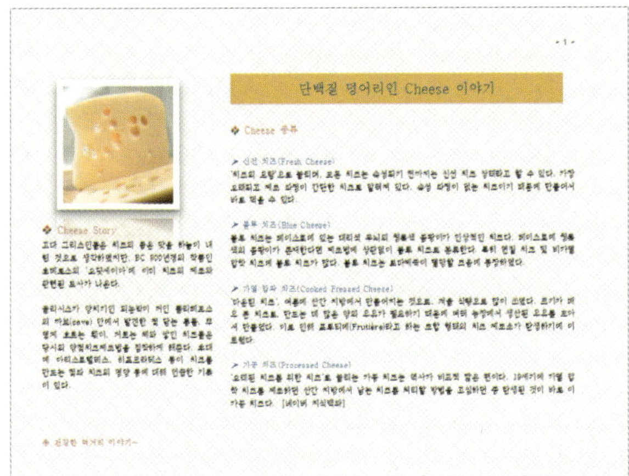

▲ 준비파일 : 치즈블로그.hwp

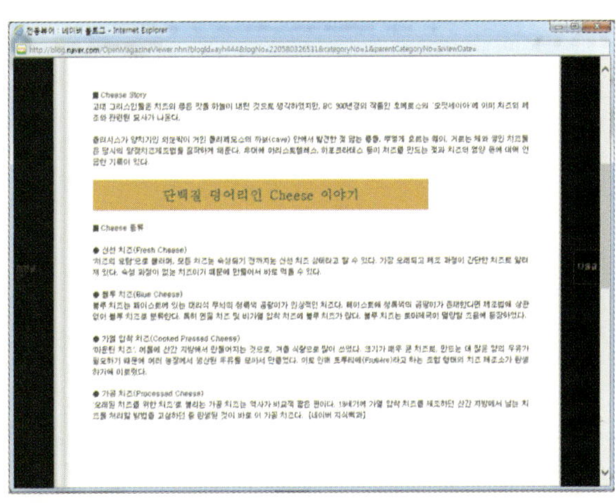

▲ 완성파일 : 치즈블로그_완성.hwp

20 SECTION
원고지와 수식 입력하기

한글에서 작업한 독후감이나 연구조사 내용 같은 형식의 문서를 원고지 형식으로 바꾸는 방법과 수학적 수식이나 화학식 같은 까다로운 수식 기호를 수식 편집기를 이용하여 간단하게 입력하는 방법에 대하여 알아봅니다.

PREVIEW

▲ 완성파일 : 정보의 기원 원고지.hwp

$$\sum_{k=1}^{5}(k+3)^2 = \sum_{k=1}^{5}(k^2+6k+9)$$
$$= \sum_{k=1}^{5}k^2 + 6\sum_{k=1}^{5}k + 9 \cdot 5$$
$$= 55 + 90 + 45$$
$$= 190$$

조건
- [쪽] – [원고지]
- [입력] – [개체] – [수식]

◀ 완성파일 : 수식.hwp

학습내용

실습 01 연구조사를 원고지로 쓰기

실습 02 수학 수식 입력하기

체크포인트

- [원고지 쓰기]는 원고지 형식을 선택한 다음 입력한 내용을 원고지 안에 채우기 하거나 [문서 마당]에서 원고지를 선택하여 직접 입력할 수도 있다.

- [수식]은 [수식 편집기] 대화상자에서 수식 명령어를 입력하지 않고 필요한 수식 템플릿을 선택하고, 빈칸에 값을 입력하여 쉽게 만들 수 있다.

연구조사를 원고지로 쓰기

▼ 준비파일 : 정보의 기원.hwp

01 원고지를 불러오기 위해 [쪽] 탭을 클릭하여 [원고지]를 선택합니다.

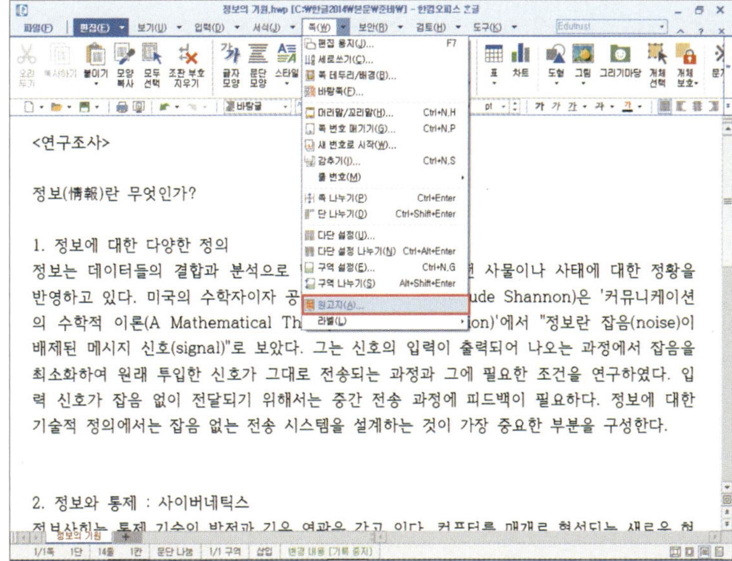

02 [원고지] 대화상자의 원고지 목록에서 '400자 원고지 1-빨강'을 선택한 다음 '현재 문서에서 내용을 가져다 채움'에 체크하고 [열기]를 선택합니다.

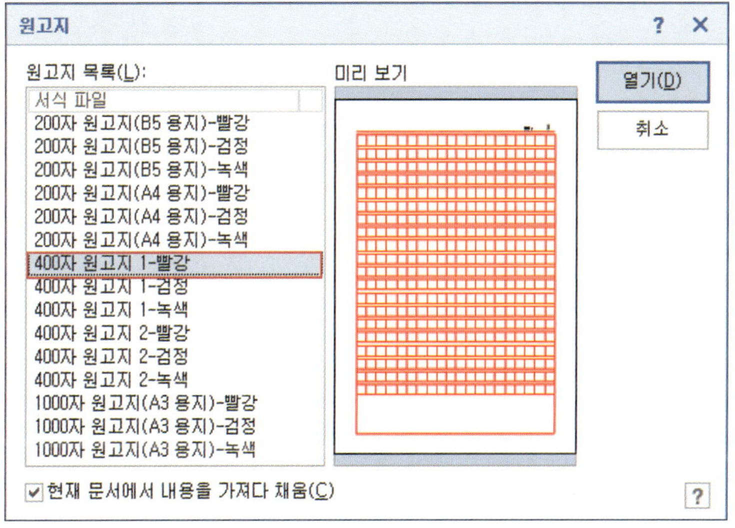

03 원고지 화면에서 제목을 가운데로 정렬하기 위해 블록을 지정하고 기본 도구 상자에서 [가운데 정렬]을 선택합니다.

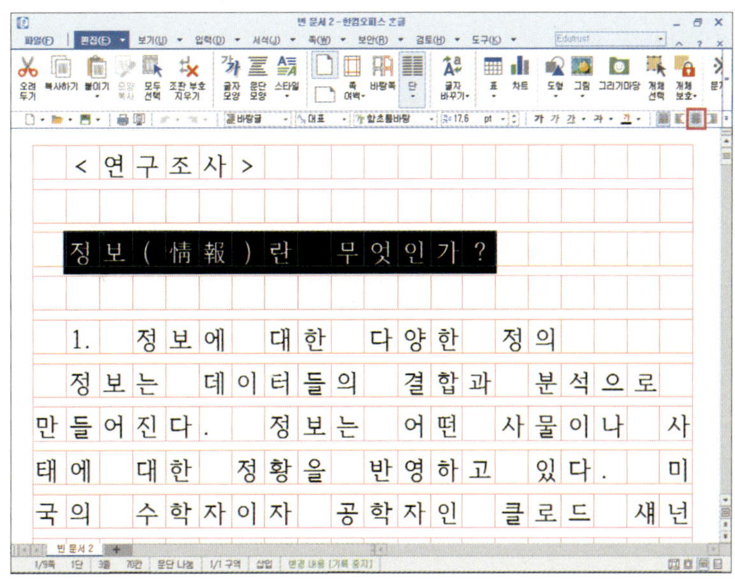

04 이번에는 학교와 이름도 블록을 지정하고 기본도구상자에서 [오른쪽 정렬]을 선택합니다.

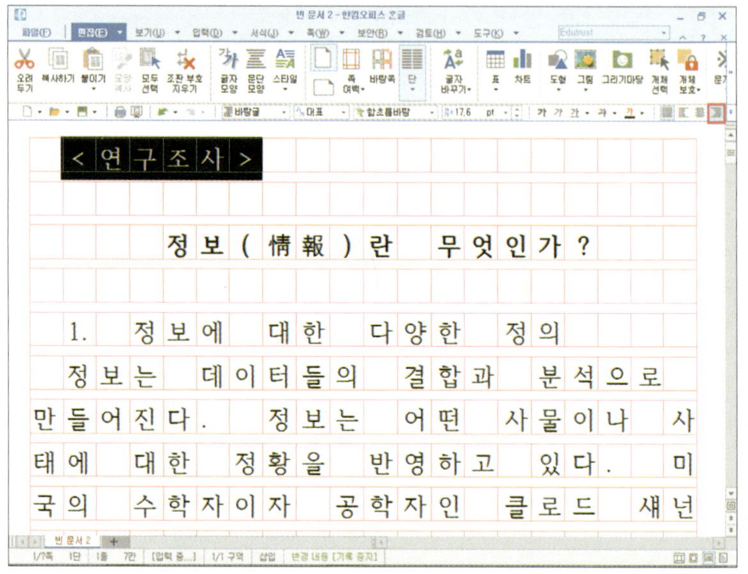

05 기본도구상자에서 ⊟(저장하기)를 클릭하여 '정보의 기원 원고지. hwp'로 저장합니다.

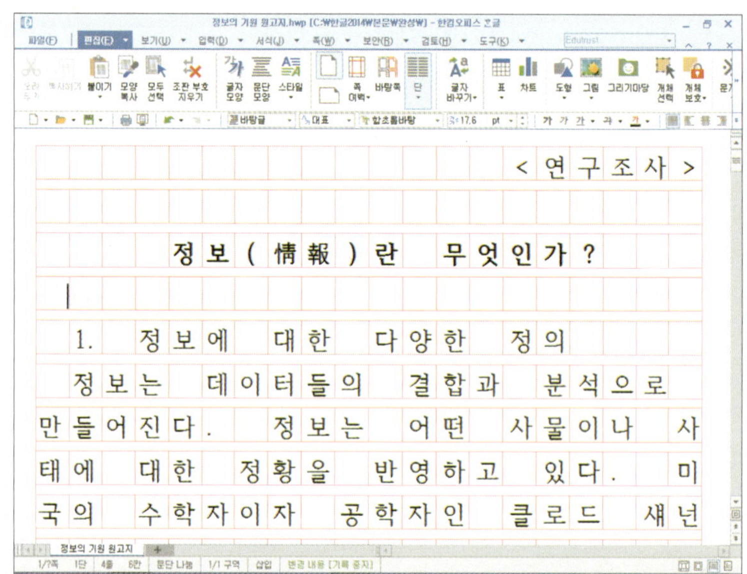

알아두기　　**원고지의 종류와 선택**

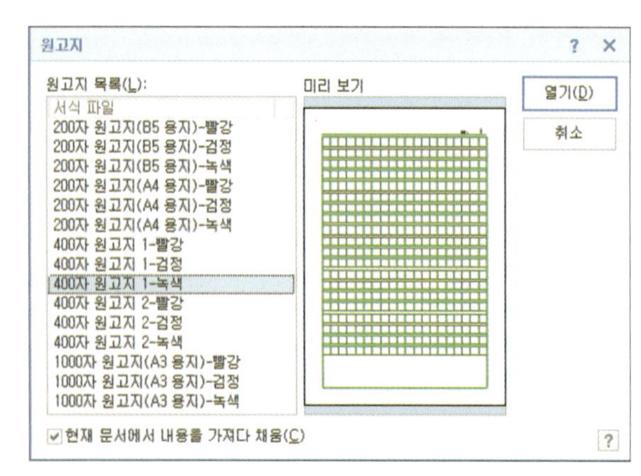

[원고지 쓰기]는 원고지 위에 바로 글을 입력하거나 입력된 문서를 [원고지 쓰기] 형태로 변경할 수 있습니다. 원고지의 종류는 B5 용지 크기의 200자 원고지와 A4 용지 크기의 200자 원고지, A4 용지 크기의 400자 원고지, A3 용지 크기의 1000자 원고지 중에서 사용할 원고지 종류를 선택합니다.

[쪽] – [원고지]를 선택하여도 되고 [문서마당]에서 제공하는 [문사마당 꾸러미]의 '원고지 문서'에서 원고지의 종류를 선택할 수도 있습니다.

수학 수식 입력하기

01 수식을 입력하기 위해 [입력] 탭을 클릭하고 [개체]에서 [수식]을 선택합니다.

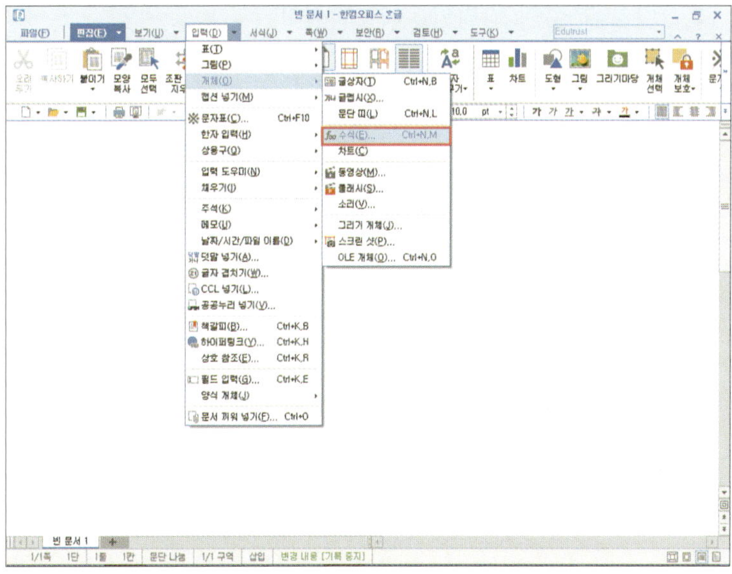

02 [수식 편집기] 대화상자에서 Σ (합)을 클릭한 다음 $\maltese$ 기호를 선택하여 합수식 기호 아래의 빨간 사각형 안에 내용을 입력합니다.

> **Tip** 수식 편집 영역에서 다음 항목으로 이동할 때에는 [Tab]을 누르고 이전 항목으로 이동할 때에는 [Shift]+[Tab]을 누릅니다.

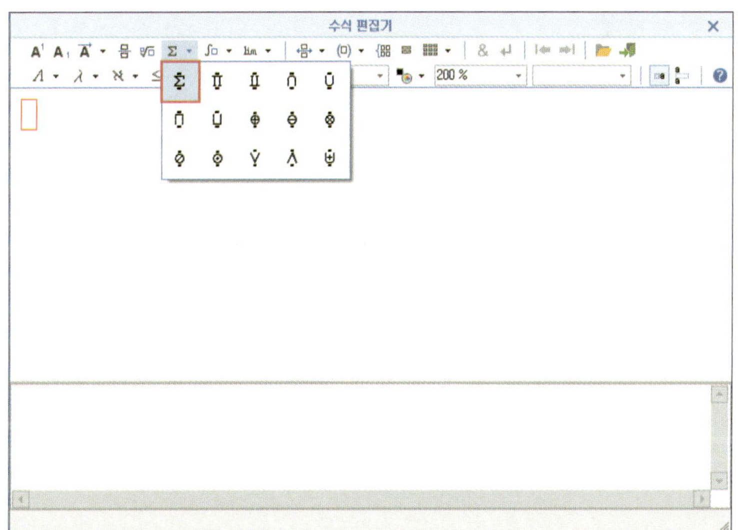

03 다른 공간으로 이동할 때에는 [Tab] 키를 눌러 위치를 이동하며, 다음과 같이 입력합니다.

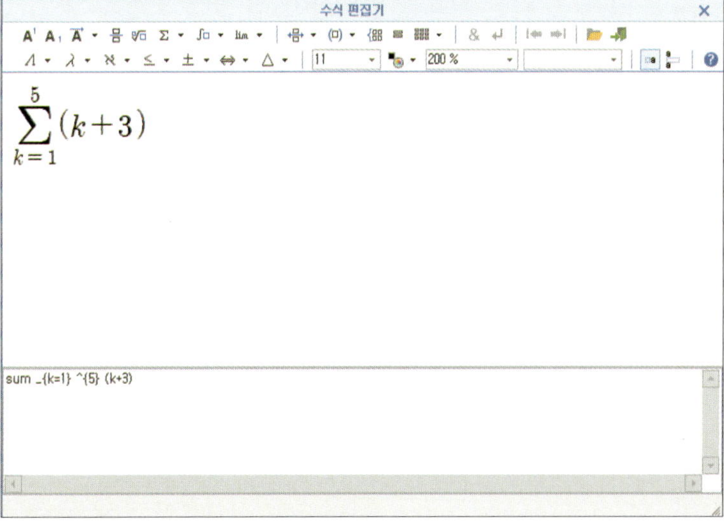

04 다음과 같이 입력한 다음 위첨자를 입력하기 위해 A¹ (위첨자)를 클릭합니다.

> **Tip** 아래첨자를 입력하려면 A₁ (아래첨자)를 클릭하고 입력합니다.

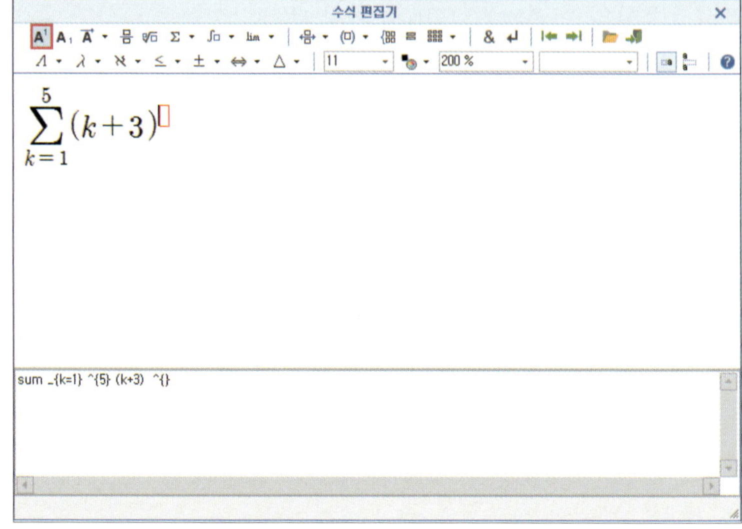

05 [Tab] 키를 눌러 이동하면서 위와 같은 방법으로 입력합니다.

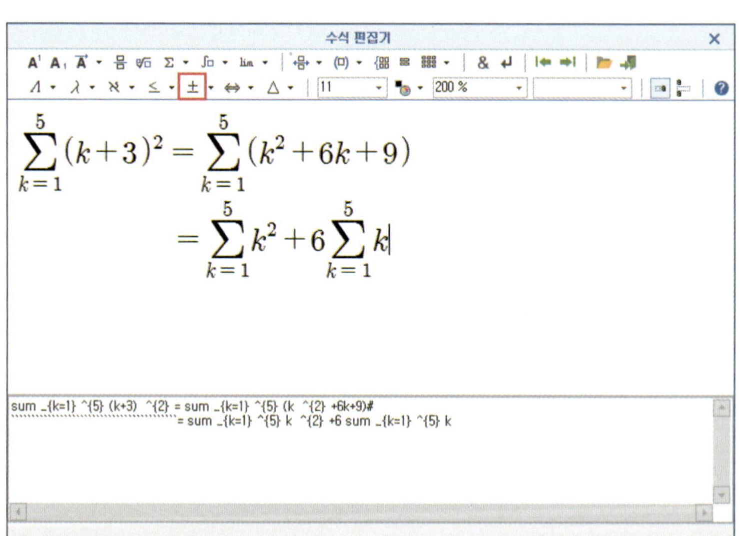

06 이번에는 연산 기호를 입력하기 위해 ± (연산, 논리 기호)를 클릭합니다. 연산기호에서 곱하기 표시인 · 을 선택합니다.

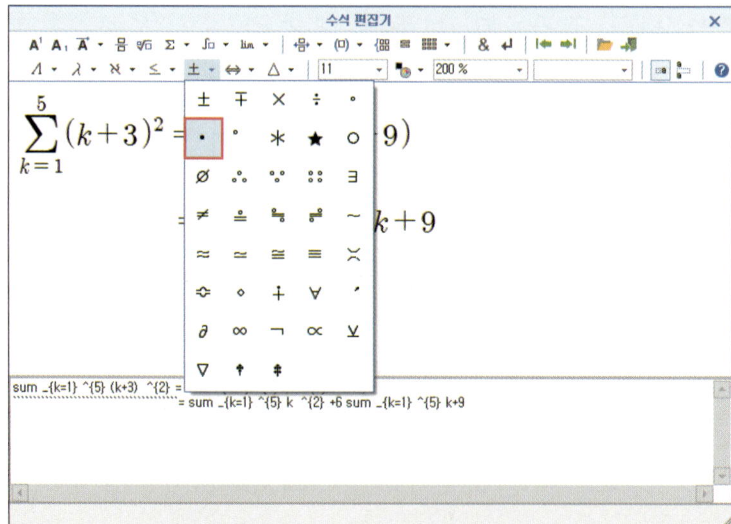

07 다음과 같이 수식을 끝내기 위해 (넣기)을 클릭합니다.

> **Tip** 수식을 재편집하려면 수식을 더블클릭하여 [수식 편집기]대화상자에서 편집합니다.

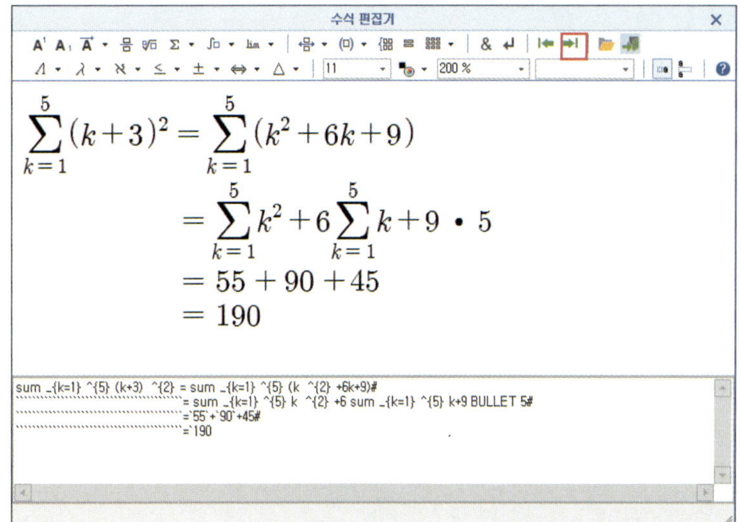

08 편집 화면에 수식 그림이 삽입되면 [저장]을 클릭하여 '수식.hwp'로 저장합니다.

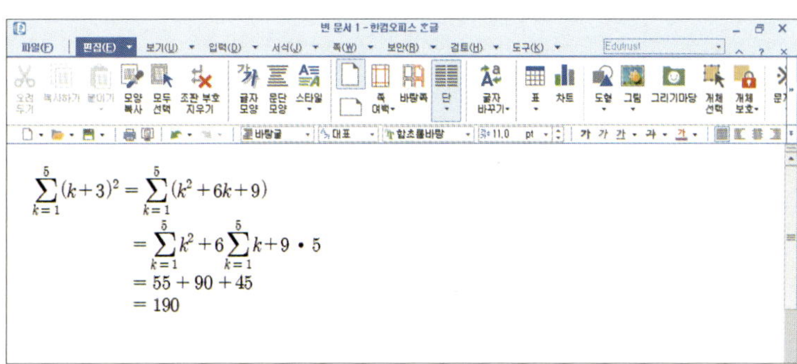

알아두기 | 수식 도구 상자

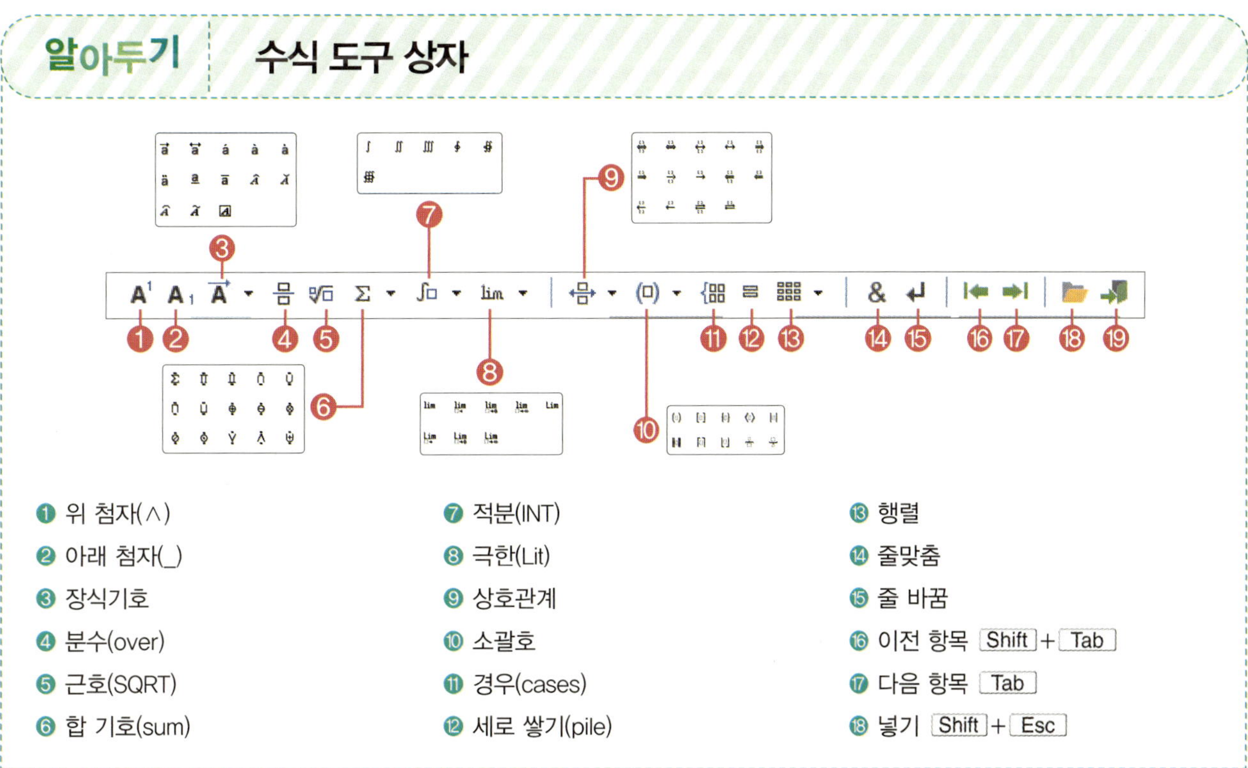

① 위 첨자(^)
② 아래 첨자(_)
③ 장식기호
④ 분수(over)
⑤ 근호(SQRT)
⑥ 합 기호(sum)

⑦ 적분(INT)
⑧ 극한(Lit)
⑨ 상호관계
⑩ 소괄호
⑪ 경우(cases)
⑫ 세로 쌓기(pile)

⑬ 행렬
⑭ 줄맞춤
⑮ 줄 바꿈
⑯ 이전 항목 Shift + Tab
⑰ 다음 항목 Tab
⑱ 넣기 Shift + Esc

기초문제

01   다음 수식을 입력하세요.

> 문제1) 다음 주어진 수식을 계산하세요.
>
> $$-\frac{1}{2}(4x-1)+\frac{1}{3}(6y+1)$$

▲ 완성파일 : 문제1.hwp

02   다음 수식을 입력하세요.

> 문제2) 다음 주어진 조건을 만족하는 값을 구하세요.
>
> $$f(x)=(x+\sqrt{1+x^2})^{10}\ \text{일때,}$$
>
> $$f^{'}(1)\text{의 값을 구하세요.}$$

▲ 완성파일 : 문제2.hwp

03   수식으로 다음 극한 문제를 입력하세요.

> 문제3) 다음 주어진 극한값을 구하세요.
>
> $$\lim_{n\to\infty}(1-\frac{1}{2^2})(1-\frac{1}{3^2})(1-\frac{1}{4^2})\cdots(1-\frac{1}{n^2})\text{의}$$
>
> 값을 구하세요.

▲ 완성파일 : 문제3.hwp

심화문제

01

준비파일을 원고지 쓰기 형태로 변화하여 보고 미리보기에서 여러 쪽으로 확인해 보세요.

준비파일 : 허브도감.hwp ▶

▲ 완성파일 : 허브도감원고지.hwp

조건
- [쪽] – [원고지]
- 200자 원고지(B5용지) – 녹색

02

수식으로 다음 문제를 입력하세요.

$$다음을 만족하는 값을 구하세요.$$

$$f(x) = \int (x^2 + x + 1)dx \text{ 일 때,}$$

$$\lim_{h \to 0} \frac{f(a+h) - f(a)}{h} \text{ 의 극한값을 구하세요.}$$

▲ 완성파일 : 적분.hwp

한글 2014

2016년 4월 18일 초판 1쇄 발행
2019년 3월 20일 초판 3쇄 인쇄
2019년 3월 30일 초판 3쇄 발행

펴낸곳 (주) 교학사

펴낸이 양진오

주 소 (공장)서울특별시 금천구 가산디지털1로 42 (가산동)
(사무소)서울특별시 마포구 마포대로14길 4 (공덕동)

전 화 02-707-5312(편집)

팩 스 02-707-5316(편집), 02-839-2728(영업)

등 록 1962년 6월 26일 〈18-7〉

교학사 홈페이지 http://www.kyohak.co.kr

책을 만든 사람들

저 자 | 안영희

기 획 | 교학사 정보산업부

진 행 | 교학사 정보산업부